杏林礼赞
手书心声

——中医药人的记『疫』

国家中医药管理局直属机关党委 编

中国中医药出版社
·北京·

U0674324

图书在版编目（CIP）数据

杏林礼赞 手书心声：中医药人的记"疫" / 国家中医药管理局
直属机关党委编 . —北京：中国中医药出版社，2020.9

ISBN 978-7-5132-6423-5

Ⅰ . ①杏… Ⅱ . ①国… Ⅲ . ①中国医药学—医药卫生
—人员—卫生防疫—先进事迹—中国 Ⅳ . ① K826.2

中国版本图书馆 CIP 数据核字（2020）第 178277 号

中国中医药出版社出版

北京经济技术开发区科创十三街 31 号院二区 8 号楼
邮政编码 100176
传真 010 – 64405750
河北新华第二印刷有限责任公司印刷
各地新华书店经销

开本 787 × 1092 1/16 印张 31 字数 501 千字
2020 年 9 月第 1 版 2020 年 9 月第 1 次印刷
书号 ISBN 978 – 7 – 5132 – 6423 – 5

定价 139.00 元
网址 www.cptcm.com

社 长 热 线 010-64405720
购 书 热 线 010-89535836
维 权 打 假 010-64405753

微信服务号 zgzyycbs
微商城网址 https://kdt.im/LIdUGr
官 方 微 博 http://e.weibo.com/cptcm
天猫旗舰店网址 https://zgzyycbs.tmall.com

如有印装质量问题请与本社出版部联系（010–64405510）

　　2020年年初，一场新冠肺炎疫情突袭荆楚大地，蔓延全国。习近平总书记亲自领导、亲自指挥、亲自部署，领导全党全军全国各族人民打响了疫情防控的人民战争、总体战、阻击战。经过艰苦卓绝的努力，我国当前疫情防控局势平稳，经济运行已经基本恢复。疫情发生以来，全国中医药系统坚决贯彻落实习近平总书记"坚持中西医结合、中西药并用"的重要指示精神，全力以赴参加疫情防控，为打赢疫情防控人民战争、总体战、阻击战贡献了力量。国家中医药管理局先后派出5批770余人的专业队伍驰援武汉，全国支援武汉的医疗队里有近5000人来自中医药系统，全国近100家中医医疗机构作为定点医院参加了救治工作。凭借几千年底蕴深厚、经验丰富的疫病防治理论和实践体系，中医药在疫情防控中发挥了治未病、辨证施治等独特优势，首次大范围有组织实施早期干预，首次整建制接管病区，首次中西医全程联合巡诊和查房，首次在重型、危重型患者救治中深度介入，成为这次疫情防控的一大特点，是中医药传承精华、守正创新的一次生动实践。

　　为了宣传展现中医药人在本次疫情防控中顽强拼搏、日夜奋战的感人事迹，集中展示他们在国家面临大疫时的责任担当和医者仁心的济世情怀，大力弘扬"生命至上、举国同心、舍生忘死、尊重科学、命运与共"的伟大抗疫精神，国家中医药管理局直属机关党委组织编写了《杏林礼赞　手书心声——中医药人的记"疫"》一书。该书生动记载了广大中医药人在本次抗击新冠肺炎疫情过程中，把人民群众生命安全和身体健康放在第一位，白衣执甲、逆行出征，全心全意投入防控救治的一个个故事。"国有战，召必应，战必胜"，在大疫面前，中医药人坚决响应党中央号召，冲锋在前、扎实工作、守土尽责，以实际行动书写了对党、对国家的无限忠诚，切实在维护人民群众生命健康的过程中践行了初心使命。

2020 年 9 月

Contents >>> **目 录**

⬤三 "疫"无反顾

五 因地制"疫"

六 记"疫"犹新

七 "疫"封家书

八 "疫"重情深

九　心在"疫"起

十　万众"疫"心

一

『疫』不容辞

中医悍将张伯礼：
侠肝义胆，"医"无反顾

世界中医药学会联合会　　杨　阳

2020年年初，一场突如其来的疫情，在全球范围内引发了一场没有硝烟的战争，无数人被卷入，人类付出了惨痛的代价……在对病毒一无所知的情况下，要怎么做才能打赢这场战役？危急时刻，千千万万医护人员"疫"不容辞，驰援救助；西医学和中医学优势互补，各尽所能。其中，中央指导组专家、中国工程院院士张伯礼72岁高龄，临危受命，奔赴武汉前线，征战"沙场"，为中医药充分深度参与疫情防控立下汗马功劳。

一、"没想到不来，一点都没想过。"

在央视的采访中，一向幽默风趣的张伯礼，在回忆当时奔赴武汉时曾一度哽咽……

张伯礼：知道当时武汉的疫情很重，也有思想准备要来，甚至自己想申请来，但是来那个瞬间……（哽咽）这么一下触到泪点上了。

记者：为什么说到这个时间的时候，您反应会这么大？

张伯礼：一个是悲壮，因为当时已经知道武汉情况是很严重的，并且对冠状病毒的了解远远不像现在那么多。我这个岁数本身在这摆着，说明疫情很重才让我来负责，否则不会让我这个老头来。

记者：您可以说不来吗？

张伯礼：绝对不能说，没想到不来，一点都没想过。不紧张不会叫你来，这是一个。第二个，领导叫你来就是一份信任，这份信任是无价的，绝对不能推。

这段采访只是平平淡淡的几句话，却体现了一位古稀之年的中医人奋不顾身、勇敢担当的精神。有人说"没有从天而降的天使，只有逆行而上的英雄！"他们在危险面前挺身而出，勇敢逆行，守护手足同胞，用坚毅担起职责，用专业拯救生命！

二、"我给中医药在抗议中的表现打85分，既是勉励，又是鞭策。"

在这次全民抗击疫情中，作为中华文化瑰宝的中医药全程深度介入治疗，形成覆盖预防、治疗和康复全过程诊疗方案。

张伯礼院士主动提出由中医整建制承包方舱医院，用中医疗法救治方舱医院里的轻症患者。由此，中医医疗队整建制接管8个重症病区和江夏方舱医院，并且在其他方舱医院都派驻4～8名中医专家，中医医师全程参与救治方案制定、病例讨论和查房；对出院患者，实施中医康复方案。在各个环节中，中医药都在发挥自己的作用。最终收效颇为显著，中医药总有效率达到了90%以上，有效缓解症状，减少轻型、普通型向重型发展，能够提高治愈率、降低病亡率，促进恢复期人群机体康复。

随着现代医学的发展并在世界范围传播，中医药传承与发展受到极大的影响和冲击。在这次疫情中，随着国家新冠肺炎诊疗方案不断更新，在专家组成员张伯礼院士指导下中医药的参与力度不断加大，看着越来越多的新冠肺炎患者经中医或中西医结合治疗治愈出院，中医药人挺起了自己的脊梁。

三、"你不要来看我，你看好你的病人就行。"

由于过度劳累，张伯礼院士胆囊炎发作，腹痛难忍，中央指导组的领导令他住院治疗。2020年2月19日凌晨，张伯礼在武汉接受了微创胆囊摘除手术，由于他的儿子张磊也是天津医疗队成员，到武汉后听说父亲病了，要去看他，张院士说："你不要来看我，你看好你的病人就行。"

术后，张伯礼的双腿又出现血栓，必须卧床，医生说要至少休息两个星期。张伯礼心系抗疫进展，最后住了一个星期就返回了江夏中医方舱医院。

2020年3月10日，江夏方舱医院休舱，父子俩在武汉共同抗疫20多天后首次见面，见面时间仅有10分钟。张磊说："我看他瘦了，但我没想到父亲瘦了15斤。我问他，身体还行吧，他说挺好的，不用管，回去带好队伍。"

他留下了这句话："我把胆留在这儿了，跟武汉是真正的'肝胆相照'。"

四、"山河春满尽涤殇，家国欢聚已无恙。"

张伯礼院士热爱文学，热爱写诗。

2020年1月27日张伯礼临危受命，飞赴武汉，在去武汉的飞机上写下一首《菩萨蛮·战冠厄》："疫情蔓延举国焦，初二星夜奉国诏。晓飞江城疾，疫茫伴心悌。隔离防胜治，中西互补施。冠魔休猖獗，众志可摧灭。"

在全国人民众志成城的努力下，他借鉴古人采取"中药漫灌"的建议收到成效，元宵节晚上，又赋诗一首："灯火满街妍，月清人迹罕。别样元宵夜，抗魔战正酣。你好我无恙，春花迎凯旋。"

2020年4月16日下午，经过了两个月的奋战，疫情得到了控制，张伯礼一行踏上了从武汉回天津的高铁，再次以诗抒怀："山河春满尽涤殇，家国欢聚已无恙。两月敢忘江城苦，十万白甲鏖战茫。黄鹤一眺三镇秀，龟蛇两岸千里黄。降魔迎来通衢日，班师辞去今归乡。"

张院士多次以诗咏志，诗词中丰盈着的家国天下，让我们看到的是一个中医人的情怀，是对祖国和人民所表现出来的深情大爱！

五、"中国已及时主动同世界卫生组织（WHO）合作，分享中医药参与疫情防控的有关情况"

目前新冠肺炎疫情在多国、多点大规模暴发，中国政府也多次表示愿同有需求的国家，开展中医药参与疫情防控的国际合作，并提供力所能及的援助。

张伯礼说，目前，中国已及时主动同世界卫生组织（WHO）合作，分享中医药参与疫情防控的有关情况，把中国最新版本的新冠肺炎中医药诊疗方案翻译成英文等多种语种。通过参与国际援助，中医中药在世界上的认知度得到了很大的提升。

"3月26日，我通过世界中医药学会联合会组织的中医药参与全球抗疫支持行动向国际分享了'中西医结合救治新冠肺炎——中国方案的亮点'。全程共计64个国家和地区，有数十万名参与者，包括部分疫情国世界中联监事会主席、副主席和理事会副主席等。在此之前，我和全小林院士等专家也和法国、菲律宾、意大利、韩国、日本、澳大利亚、美国等十多个国家医务工作者分享中医药治疗经验，提供中医验方等。"

中医药由国内抗疫到全球抗疫，张伯礼院士和中医药人一直都未停下脚步，为中医药充分深度参与疫情防控、发挥自己的独有价值，还在继续努力……

全力以赴，让中药香满金银潭医院

中国中医科学院西苑医院　李　浩

2020年3月31日18时，随着高铁慢慢停下，看到车窗外接站的西苑医院同事熟悉的面庞，我的心一下子放松了。昨日，恍若隔世，记忆已经被大脑割断两瓣。从1月25日作为首批国家中医医疗队队员到达武汉，66天时间里，在中国工程院院士、中国中医科学院院长黄璐琦的带领下，我和医疗队其他成员一起共接诊重症、危重症158名新冠肺炎患者，治愈出院140名患者，纯中药治疗痊愈88例。这158名患者，他们每个人的笑容，永远铭刻在我的心中。我想无论多少年后，如再遇到，我定能回忆起他们住院时候的点点滴滴。这60多天的经历：刻骨铭心！

从无序到有序

我们的队伍到武汉第二天，就在黄璐琦院士的带领下与金银潭医院的领导接洽，商讨接管病区事宜。金银潭医院是武汉市定点收治新冠肺炎患者的七家大型医院之一，主要收治重症、危重症患者。虽然是传染病医院，但一下子接诊那么多危重症患者，金银潭医院的承受能力达到了极限。

我作为第一批国家中医医疗队的医疗组组长，既要组织好病房管理，又要参与患者救治工作。在武汉的第一个夜班，令我终生难忘。当时，我和另外两位女同事一起值班，由于刚接手病区，刚刚熟悉流程和病房环境以及患者病情，一切显得有些无序。加上当时武汉天气阴冷、潮湿，医生办公室与病房相通，不能开空调，温度在零度以下，队员们冻得嘴唇发紫。但是我们不敢放松，因为对新冠肺炎没有了解，所以我们每个人都紧绷着神经，彻夜未眠地守在医生工作站，不断翻看病历，逐个熟悉每位患者的病情。

现在回想起来，还有点后怕，新冠肺炎重症患者的病情瞬息万变，刚开始根本就把握不住疾病发展的规律。第一个夜班就给我们来了一个"下马威"。第一个夜班的黎明前，一位77岁的重症患者病情突然恶化，老人短时间内出现呼吸加快、血压下降、意识不清。当时，队员王冰医生迅速穿上防护服，第一个冲进病房，为患者实施胸外心脏按压。这个柔弱姑娘的麻利和冷静让我印象非常深刻。

接着，我们两人交替操作。穿着厚重的防护服本身就很憋气，长时间心脏按压非常消耗体力，因呼吸急促，我们的护目镜很快布满了水雾，全身都是冰冷的汗水，但是谁也没想过放弃。当时这个老人的妻子跟他住在同一间病房，我们一边抢救，还要一边安抚她。抢救持续了40多分钟，却并没有挽留住老人的生命。第一个夜班，让我们感受到心痛，流下的不止有汗水，还有泪水。

我们病区都是这种危重患者，都在高流量吸氧，随时都可能出现意外情况。除患者病情重外，我们刚开始还遇到缺少防护措施、缺少中药、缺少抢救设备等困难。在北京有暖气，武汉这边却没有，所以进入病房，脱掉厚厚的羽绒服穿上防护服，瞬间就被湿冷的空气给吹个"透心凉"。

还好，在黄璐琦院士的亲自协调，以及西苑医院和广安门医院的帮助下，很快医疗、生活物资都充裕起来，我们不用为这些着急，专心治病救人。

中药香满金银潭医院

很快，我们的中药效果就凸显出来了。有一天，金银潭医院院长张定宇来到我们病区，询问能否让更多的患者吃上中药。原来，患者吃中药后，发烧很快退去，咳嗽很快好转，CT检查肺部的病灶消散得也很快。别的病区医生和患者听说之后，主动要求吃中药。征得黄璐琦院士的同意之后，将我们的治疗方法扩散到其他病区。

在国家第五版和第六版新冠肺炎诊疗方案的指导下，我们对患者初期、中期、后期、恢复期及病情危重程度进行了病证结合治疗。根据病情，遵循中医辨证施治理论，分别有颗粒1、2、3、4、5号方可以选用，体现了中医针对传染病病机演变规律性辨病治疗的特点。

在黄璐琦院士的组织下，我们每天对病区患者的治疗情况进行归纳总结。随着对患者诊疗进程的实时深入梳理和多次研讨，认为新冠肺炎患者有其共性、规律性的中医病机特点，即湿毒是贯穿整个疾病始终的核心病机。

针对这一核心病机，黄璐琦院士亲自带领团队讨论拟定了基本处方，又亲自征求前线多个团队专家及名老中医意见，最终确定了一个协定处方，取名"化湿败毒方"。该方的主要特点是清热化湿、解毒透邪。中国中医科学院科研团队不分昼夜进行科研攻关，针对化湿败毒方开展临床前的药理、毒理学等相关研究。结果显示，此方有很好的抗病毒、抗炎作用，安全有效。

该方成为我们团队治疗的核心方，已经被北京市食品药品监督管理局按照应急审批流程，批准成为北京市第一个治疗新冠肺炎的医院制剂。也是第一个拿到临床批件的治疗新冠肺炎的中成药。

成功救治一位83岁的婆婆

有一个患者让我很是牵挂。2月10日，我们的工作已经步入正轨。那天早晨我7点就赶到病房，梳理昨晚收治的14例新患者。完成早交班之后，发现住在23床的83岁的婆婆情况不是很好，静息状态下指氧小于80%，呼吸困难。我想无论用什么办法也一定要把婆婆抢救过来。我立刻给她把脉、看舌苔，然后给她辨证开方。婆婆服用中药后，第二天症状有所缓解，被纳入瑞德西韦观察病例，所以停用了中药。几天后，我发现婆婆的状态又不太好，她已经连续两天没有进食，我们的医护人员精心护理，同时又辨证使用中药。婆婆的病情日渐好转，并在住院近一个月时痊愈出院。对于这个近乎奇迹的病例，我们一直在跟踪随访。婆婆出院后身体恢复得很好，已经可以外出买菜做饭。这个好消息，让队员们感到欣慰，信心倍增。

感谢每一位队员

我要感谢我们的每一位队员，他们给我留下很深的印象。

他们中有抗击"非典"的老党员，有参与汶川地震救援的战士，也有刚从扶贫岗位归来的医疗专家。

新冠肺炎患者大多出现乏力、胸闷、喘憋、咳嗽、失眠等症状，为此，护士们将穴位按摩、耳穴贴压等中医非药物疗法引进隔离病房，效果明显；对于呕吐严重的患者，医生通过针灸帮助他们改善症状。中医特色疗法大大减少了药物的使用，赢得了患者的认可。有的患者在亲身体验后，甚至变成了中医迷，连连夸赞中医的博大精深。

随着病区里患者出院率不断提高，中医药的特色优势日益彰显。医疗队还专门建立了一个"查房APP"，每天值班医生都会将查房时获得的患者症状、体征、舌脉、体温等情况实时上传，进行统计、分析。大家欣喜地发现，相比金银潭医院其他病区，经过中医辨证治疗的患者，核酸转阴时间比医院其他病区的患者要缩短了3~4天，住院日也明显减少了2~3天。

除了中西医结合的治疗优势外，我们的队员们还很注意对患者的人文关怀。当时，病区里很多新冠肺炎患者常常会有难以自控的恐惧、焦虑情绪。于是，在接管病区后，队员们每天除了详察病情、诊脉、观舌象，还和患者充分交流、沟通病情，安抚、鼓励他们，提高患者信心。为患者提供力所能及的护理服务。

有一次查房时，一位躺在病床上的患者突然说："大夫，我憋得难受，想尿尿！"当时，杨志旭主任正在为一个60多岁的患者把脉。听到这位患者的话，他赶紧帮助患者接尿。

在隔离病区，队员们每天要穿着厚重的防护服工作，汗水经常浸透衣服，长时间佩戴N95口罩则会引起呼吸不畅、头晕胸闷。然而，每当面对患者，队员们都会时刻保持着最好的状态。一名患者家属在给队员们的感谢信中这样写道："为了能让患病的八旬父亲保持和家人的沟通，医护人员连帮他的手机充电这样的小事，都不厌其烦做过好几次。"

感谢黄璐琦院士

这次来武汉，我从黄璐琦院士身上学到很多。他严谨的治学态度、低调的做事作风和对队员无微不至的关怀，让我们所有人备受感动。

黄璐琦院士是我们的领队，也是我们整个医疗队的主心骨，无论是生活上还是学术上他都给予我们极大的支持。

除外金银潭医院南一病区，他还策划指导方舱医院452名患者，以及将军街路卫生院、张家墩社区及马池墩社区210名新冠患者进行中医药救治，取得满意效果。

他带领我们撰写的《新冠肺炎中医药临床评价标准和临床经验》被纳入国家第六版、第七版新冠肺炎诊疗指南。他带领我们研发出我国首个治疗新冠肺炎的中药新药"化湿败毒颗粒"获得临床批件，成为我国首个具有完全自主知识产权的中药创新药物。

他行事低调，在医疗队救治工作已见成效、科研取得阶段进展时，按照国家统一安排，他参与了两次新闻发布会，接受了媒体采访，每句话都用严谨的数据和充分的事实作为支撑，客观真实地介绍中医药全面介入、深度参与疫情防控的工作进展和工作成效，获得普遍认可。

关于未来

经过这次疫情，我想告诉年轻的中医人，一定要认真体会孙思邈的《大医精诚》。作为一名医生，面对患者，我们都要做到："凡大医治病，必当安神定志，无欲无求，先发大慈恻隐之心，誓愿普救含灵之苦。"

衷心希望，经过这次疫情，能让更多的人了解中医，热爱中医，同时也热爱我们的中华文化。

武汉抗疫心路

中国中医科学院广安门医院　　齐文升

2019年12月以来，湖北省武汉市多家医院陆续出现了"不明原因"肺炎病例，此后国家卫生健康委连续派遣3批西医高级别专家组赴武汉调研核查、指导治疗。2020年1月20日晚，钟南山院士在央视的节目中首次公布：新冠肺炎肯定存在"人传人"的现象。当时正值春运浪潮，民众正沉浸在回家的喜悦中，而中华民族却正面临一场疫情的"大考"。

紧急电话，"压力山大"

1月20日23时，我接到国家中医药管理局通知，要求紧急奔赴武汉，收集中医临床第一手资料，确立新冠肺炎中医诊疗方案。1月21日清晨，我像往常一样来到ICU病房，巡视了危重患者的病情后，简单收拾行囊，取消已安排好的春节出行计划，同北京中医医院院长刘清泉作为中医第一批高级别专家飞赴武汉，当时没多想，只是觉得领导的信任弥足珍贵，不能辜负，责任重大。

初次赴鄂，深入前线

我和刘清泉院长1月21日下午来到武汉，下了飞机，放下行李，便直奔医院，我们先后对武汉金银潭医院、武汉市中医院、武汉市中西医结合医院及湖北省中医医院4家医院70名患者进行了详细地诊察，包括普通病房的轻症患者和ICU的危重症患者。通过对该病临床特点、发病过程等信息的收集整理及深入思考，总结对新型冠状病毒肺炎的中医认识。

返京赴命，连夜赶稿

1月22日晚上10点，我们赶回北京连夜讨论修改确定了第一版国家中医方案，国家卫生健康委通过后，连夜向全国印发。我向上级领导提出"专家下沉，组建医疗队，占领一线阵地"等建议，均被采纳。

再度赴鄂，一往无前

1月25日贺岁的钟声刚刚敲响，中国中医科学院广安门医院接到紧急出征任务，同西苑医院集结成第一批国家中医医疗队，准备动身前往武汉市金银潭医院开展医疗救治工作，此时距离火车开动不到10小时。我主动请缨，作为国家中医医疗队（中国中医科学院）广安门医院分队队长再次赴鄂。出发的时候，医院为我们举行了出征仪式，大家都很义无反顾。我们知道要面对的是什么，但是我们不怕，因为我们专业素质过硬！

接管病区、中医抗疫

短短两天时间，我再次来到武汉。根据安排，我们支援的是武汉市金银潭医院，这原来是武汉市的传染病医院，现在主要负责收治重症及危重症新冠肺炎患者。我们国家中医医疗队接管南1区病区医疗工作，我们很快全身心投入临床，迅速梳理工作流程，有一个晚上，我们收了十几个患者，我带领队员给每位患者细致辨证、制订治疗方案。金银潭医院是纯西医医院，但其他区也有要求喝中药的患者，因此我常去其他病区巡诊、辨证、处方，这大大提高了金银潭医院的中医药治疗率和救治效果。

因为人手紧缺，我也承担了很多上夜班、收患者、写病历，甚至心肺复苏、转运患者等高风险、高强度的工作。我经常跟队员说要发扬"敬佑生命、救死扶伤、甘于奉献、大爱无疆"的职业精神。确实，我们的队员都特别能吃苦、特别能战斗，我们和死神赛跑、与病毒抗争、为生命接力。在金银潭医院的两个月里，南1区一共分4组，共收治重症危重症患者158名，出院患者140名。其中中医辨证纯中药治疗88例。我带领组员共收治患者39人，其中重型、危重型33人，纯中医治疗24人；参与会诊7次，共150余人；院外危重症会诊2次，共20人。

方案制定、科研总结

临床之余，我整理医案、总结治疗经验，参与了国家各版《新冠肺炎中医诊疗方案》的制定。依据国家中医诊疗方案，我协助中国中医科学院黄璐琦院长制定了化湿败毒方，临床效果很好。同时，我还参与新冠肺炎著作2部、重大攻关课题1项、写作临床心得20余篇。

我动员队员及广安门医院后方团队，对金银潭医院具有可比性的8个病区分析2月1日至2月29日的862例患者，南1区恶化死亡率为个位数，以确凿的数据证实了中医中药对重型危重型患者救治的效果。

回京修整，凯旋而归

在以习近平同志为核心的党中央坚强领导下，全党全国人民万众一心、众志成城，有效地遏制了疫情的蔓延，呈现疫情防控形势持续向好、生产生活秩序加快恢复的态势，中华民族经受住了这次疫情的"大考"。金银潭医院出院患者一天比一天多，住院患者一天比一天少，我们于3月31日受命回京修整。由于出色完成了新冠肺炎临床和科研任务，国家中医医疗队（中国中医科学院）被授予"全国卫生健康系统新冠肺炎疫情防控工作先进集体"称号，我被授予"全国卫生健康系统新冠肺炎疫情防控工作先进个人"称号。

凡大医治病，必当安神定志，无欲无求，先发大慈恻隐之心，誓愿普救含灵之苦。不忘初心、牢记使命，践行大医精诚的职业精神，是我们中医人最高的追求。

终生难忘的战"疫"67天

中国中医科学院广安门医院　陈　扬

　　2020年1月25日庚子鼠年零点的钟声刚刚敲过，春节联欢晚会中主持人们还在相互贺新春，一段急促的电话铃声，屏幕显示郭敬主任的名字，我知道要出发了！她通知我正式加入国家中医医疗队，随队赴武汉参加抗疫工作。挂断电话，我并没有感到紧张，一瞬间，在我脑海里仿佛回到了17年前抗击"非典"的经历，那是我永远抹不掉的记忆。因此，我心里很清楚接下来要如何参加战斗。我迅速整理好行囊，并布置好科里的工作，唯独放不下的是刚刚做完阑尾炎手术的妈妈，脑海中快速思索谁能替我给她换药、给她拆线？爸爸好像看出了我的担忧，于是拍拍我的肩膀，让我放心家里的一切，整装出发。

　　热闹的欢送仪式与寂静的火车车厢形成鲜明的对比，1月25日12点13分G67次列车全速前进，将我们带到了全国最大的疫区——武汉。那天的武汉阴雨蒙蒙，空气中带着一丝压抑，火车在武汉站只停留3分钟。我们使出了浑身力气搬箱子，列车员还有其他乘客也都纷纷帮我们搬运物资，他们明白我们是去做什么的，我从他们的眼中看到了敬佩与希望。医疗队一行25人，近80个物资箱在夜幕中的站台上，眼前庞大的车站空空荡荡。是啊，大年初一本该与家人相聚团圆的日子，如今我们带着责任与使命和同事在武汉"生死与共"，每一个人的脸上都写满了坚定，望着这支强大的中医队伍，我知道，此战必胜！

　　1月27日，经过黄璐琦院长积极的协调与沟通，最终确定医疗队接管金银潭医院南1病区。在此前一日郭敬主任已经在南1区卢斯霞护士长的带领下，深入病房半污染区查看环境，为医疗队员制定详细准确的防护流程，随行的陈素平老师也认真地查看了一番，手绘了第一张病区布局的草图，回到酒店后更是召集队员反复演练工作路线、穿脱防护服。那天我们一直练习到晚上11点多，面对未知的环境，防护是大家最重视的一件事。接下来探查污染病房的任务该我上场了，科学证实：人类的嗅觉是具有最持久记忆力的感觉之一，当戴上N95口罩的那一刹那，我仿佛又回到了抗击"非典"时的那年，只是此时不同的是，身在他乡一切都是陌生的。因为长时间的等待，防护服已经将我捂出了一身汗，湿哒哒的粘在身上极不舒适。一起进入病房的还有西苑医院的杨志旭主任等两名医生，我们与每位患者打招呼，尽管戴着口罩他们看不到我们的笑容，尽管在雾蒙蒙的护目镜下我们看不真切他们的样子，患者们听说我们是远道而来的专家，像吃了定心丸一样高兴，还有很多患者流下了激动的眼泪。我边走边观察，眼前的大部分患者病情需要大口大口吸着氧气，虚弱得几乎不能下床，有些患者是一家人一起住院。医生换防护服的条件也很艰苦，但我总是让其他医生先换，自己最后换。当晚我向郭主任汇报了情况，一起制定了医疗队护理人员工作流程，共有护士6名及护理部主任1名，采用"一带一"模式，由广安门医院的3名有抗击"非典"经验的护士王微、闫蓓和我，每人带1名西苑医院的护士，护理部郭敬主任全面质控管理，保证工作期间的安全性。

1月28日，医疗队很快开始进入病房开启工作状态，抗疫工作就此开始，谁也没有想到一干就是60多天。看着手机上每天报道武汉确诊人数的变化，患者换了一批又一批，医疗队的工作如火如荼。工作初期，黄璐琦院长就要求每天下午4点召开核心成员例会，汇报当日工作及问题，中医专家们坐在一起讨论病例，讨论中药方剂，为了证实中医药的优势同步启动了第一项临床研究——中西医疗效对比，这也为最后取得丰收硕果打下坚定的基础。一周后，医疗队陆续迎来第一批、第二批增援部队，医疗队的队伍增加到36人，其中护理队伍增加到14人。

污染病房内的工作与普通病房相比，有更多的防护制度需要遵守，随着工作渐入佳境，大家已可以熟练穿脱隔离衣，每天几乎洗手百余次，以至于到现在只要是洗手都会下意识的完成七部洗手法，防护不再是大家关注的重点，更多的是思考对于这样一群特殊的患者怎么去做好治疗及护理。然而在普通病房里那些看似简单的操作，在这里都变得异常困难。厚厚的防护服，每一步都走得很小心，生怕一个转身把防护服划破，护目镜经常起雾，使我们的工作难上加难。即便如此，我们走破了数不清的靴套，磨破了无数双手套。

除此之外，我们的治疗以中药为主，而病房内30余名的护理队伍是由五湖四海的护理兄弟姐妹支援组建而成，几乎没有接触过中药注射剂、中药颗粒剂，他们中最小的才19岁。为了保证中药应用的有效性，与郭敬主任讨论建立了3个护理专用登记表格，严格把控中药针剂、颗粒剂的应用，每班交接，全面掌握每名患者的情况。当然除了保证治疗还有护理，我清晰地记得有一名老奶奶，有双膝关节手术史，她因病情极度乏力不能下床，我一个人把她抱到椅子上，为她更换了床单，擦洗了身体，那时正好我的徒弟蒋建新来了，他和我一起给老奶奶换衣服，做完这一切我已经汗流浃背！我们做着护士的角色，也做着儿女的角色，想到这里我们立将病区内所有患者的行李整理归位放进衣柜，整理床单位、床头桌，所有的便盆、尿壶一律由我们来倒，卧床的重症患者我们帮着擦洗皮肤，换干净的衣服，不能自己吃饭的我们喂，拿不动水杯的我们帮他做特制长款饮水管，确保患者随时可以喝到水。这些行为影响了所有的护理人员，不到一个月的时间病房内的景象已焕然一新，患者的病情也逐渐变轻，能下床自主活动的越来越多，高流量吸氧机器几乎不用启动。傍晚，与李东旭、冷路兴护士一起下班走在回住处的路上，一抹晚霞笼罩半边天空，映衬着我们被N95口罩深深压痕，心里平静、满足！

3月20日武汉新增新冠肺炎确诊病例为0，患者对基础护理的需求越来越少，作为中医护理人的我们，觉得是时候开展中医特色技术了！穴位按摩、呼吸操、八段锦，患者们学习得很认真，非常乐于接受！边永君主任也如火如荼地开始了患者出院后的康复治疗。一夜之间近百余人入群，出院的患者像是找到了家，大家在群内相互鼓励支持，我在微信群内看到最多的词就是患者们报告今天已完成锻炼。这时的医疗队也已经开始到第三项临床研究了，黄璐琦院长指示由医疗队的王建大主任及11名护理人员来承担病例数据采集工作，我很有幸承担了数据采集的负责人，也加入了核心组例会的一员，每日例会都能聆听大咖们的丰富经验，印象最深的是针对复阳患者数量上的增多，齐文升主任提出关于"复阳"一词早在《内经》中就有记载，因为食用肥甘厚味导致脾胃受损而致，黄璐琦院长强调大家要重视，好好研究复阳的原因。因病例采集的工作我与金银潭医院的阮连国主任、柏涛医生、宋辉医生、匡医生每天有频繁地交流与沟通。在我们来之前他们就已经奋斗了近30天，可是他们仍然对待工作一丝不苟。对待患者耐心、热情，让我深深地感受到了武汉人民的朴实与真诚，他们都有一颗火热的心！

　　3月31日早8点齐文升主任、杨金亮医生、石嘉恒医生与南1区阮主任及其医生团队完成早交班，宣告医疗队圆满完成了此次援鄂抗疫任务，医疗队也早已收拾好行李，准备踏上归途！唯一遗憾的是黄璐琦院长还有任务不能与医疗队一同撤离，临行前他亲自到火车站拥抱了每一名队员，在手机的微信群内他写了一封长长的信："亲爱的各位战友：深夜难眠，明天你们就凯旋而归，回到亲人的身边，心里有很多话想跟大家说。你们坚定地执行国家的决策部署，舍小家为大家，大年初一千里驰援，守护武汉这座我们的共同家园，大家经历了66个日日夜夜的奋战，用仁心仁术承载起百姓的生命之托。你们不负职责和使命：接管金银潭医院南一病区42张病床，累计收治重症、危重症158名患者，新冠肺炎治愈出院140名患者，其中中医辨证纯中药治疗88例。在方舱医院452名患者吃上化湿败毒颗粒。对将军街路卫生院、张家墩社区及马池墩社区210名患者进行了救治，取得很好的疗效。你们边救治、边总结、边研究，撰写了《基于病例分析的新冠肺炎中医药临床评价标准》《中医药治疗重型新型冠状病毒肺炎专家经验总结和方案建议》，纳入国家第六、第七版诊疗指南；回顾性研究提出《中医药是治疗新冠肺炎的有效、安全选择》的论文已投稿国际顶级期刊，希望全世界共享我们的救治经验。体现临床疗效的物化载体——化湿败毒颗粒，成为我国首个完全具有知识产权的治疗新冠肺炎的中药新药并成功转让，收益将成立'中国中医科学院人才基金'，用来资助所有来鄂中医医疗队子女学习中医药的奖学金，支持中国中医科学院大学建设。这份沉甸甸的答卷是你们用生命书写的，为你们骄傲而自豪！在我肩上还有一份沉甸甸的责任，就是你们能健康平安的返回北京，此时此刻如释重负。由于工作需要，我不能跟大家一起返回，祝大家返程顺利！我们北京再见！爱您们的璐琦！"

　　13点38分G66次列车缓缓而行，即将把我们带回北京，送别的一路见到了最多的敬礼，听到了最多的感谢，眼眶湿润了一遍又一遍，终生难忘的67个日日夜夜！

武汉！吾捍！！吾辈可捍！！！

中国中医科学院广安门医院　李东旭

2020年1月22日，我还在睡梦中，手机铃声响起，是护士长来电："疫情暴发，院里需要应急医疗队，可能要奔赴武汉支援疫区战斗，东旭你能参加吗？""可以！""家里有困难吗？"我看了看还在熟睡的妻子，"没有困难！"放下电话，心里很平静。昨天，也是科里需要自愿报名应急医疗队，科内30多个人全员报名，疫情当前，挺身而出！

2020年1月25日，大年初一，由黄璐琦院士领队，第一批国家中医医疗队整编出发。2020年2月20日，我作为国家中医队第三批增补人员，即刻起出发前往武汉支援前线战"疫"。历经6个多小时的奔波，我们顺利抵达汉口车站。天色渐晚，整个车站只有淡淡的路灯和独行的我们。晚上7点，我们抵达驻地，远远地就看到黄璐琦院士一行人站在酒店门口等着我们。这是我第一次近距离接触黄璐琦院士，当时他已经与疫情鏖战将近一个月了，眼睛里布满血丝，看起来很疲惫，但是他握住我们的手却非常有力。一瞬间，让我的担忧烟消云散，平静之下增出一份豪气，能与黄璐琦院士并肩作战，我无比荣幸和自豪！

在经历严格的防护训练之后，2020年2月22日，我正式踏入金银潭医院，我们国家中医医疗队承担整个南1区，全部都是危重患者。帽子、口罩、护目镜、隔离衣、防护服、手套、鞋套、靴套、面屏，一切准备就绪，现在就要抛下一切，义无反顾地冲进去。一开始的内心还是有些紧张恐惧的，跨过污染区和半污染区的最后一道门，仿佛要跨越生与死的界线一般。我是一名医务人员，我的使命应使我如此，我是一名党员，我的党性要求我无惧困难！不再有丝毫犹豫，坚定地迈进病房。

在病房，我承担着大部分护理和少部分科研的相关工作，每日为患者发放中药并协助患者服用，仔细叮嘱患者的服药时间以及注意事项，观察患者的氧疗情况，仔细测量生命体征。随时与医生沟通患者的病情变化，严格管理中药制剂的滴注速度，严密观察患者的用药反应，后期还承担了海量数据采集的任务。密闭的环境和厚实的防护措施，使我完成这些任务后总有一种虚脱的感觉。一个班次下来，全身早被汗水浸透，内衣都能拧出水。N95口罩压得鼻梁生疼，每次摘口罩，都怕撕掉一层皮。

就这样，抗疫战争最终还是接近了尾声，直到我们接到了撤退命令的那一刻，我们欢呼雀跃！这一切的背后，是国家中医医疗队辉煌的战绩！在这里我想引用黄璐琦院士的一段文字来汇报我们的战果："亲爱的各位战友，深夜难眠，明天你们就凯旋而归，回到亲人的身边，心里有很多话想跟大家说，你们舍小家为大家，千里驰援，守护武汉这座我们的共同家园。大家经历了66个日日夜夜的奋战。用仁心仁术承载起百姓的生命之托。你们不负职责和使命，接管金银潭医院南一病区42张病床，累计收治158名患者，新冠肺炎治愈出院140名患者，其中中医辨证纯中药治疗88例。在方舱医院452名患者吃上化湿败毒颗粒。对将军街路卫生院、张家墩社区及马池墩社区210名患者进行了救治，取得很好的疗效。你们边救治、边总结、边研究，撰写了《基于病例分析的新冠肺炎中医药临床评价标准》《中医药治疗重型新型冠状病毒肺炎专家建议经验总结》，纳入国家第六、第七版诊疗指南；回顾性研究提出《中医药是治疗新冠肺炎的有效、安全选择》的论文已投稿《新英格兰医学杂志》，希望全世界共享我们的救治经验。体现临床疗效的物化载体——化湿败毒颗粒，成为我国首个完全具有知识产权的治疗新冠肺炎的中药新药并成功转让，收益将成立'中国中医科学院人才基金'，用来资助所有来鄂中医医疗队子女学习中医药的奖学金，支持中国中医科学院大学建设。这份沉甸甸的答卷是你们用生命书写的，为你们骄傲而自豪！"

护理队伍陪伴南1区病患度过了整整66天，护理人员从紧张焦灼到平静有序再到喜悦开心，患者的病情从危重恐惧慌乱到好转安稳自信再到痊愈出院喜极而泣，这是一段极大地转变，也是护理队伍极深的记忆！护理队伍忙碌疲惫但却斗志昂扬，更是做到了从接触病毒到安全撤离零感染！我为之无比的自豪！

武汉，一座英雄的城市！冀以尘雾之微补益山海，荧烛末之光增辉日月。尽我所能，抚慰荆楚伤痛；力所能及，守护江城安危！我有幸与我的袍泽兄弟齐心协力，众志成城，最终取得辉煌胜利！神州大地的春光依然无限美好！没有一个冬天不可逾越！祝福武汉，安康久远！祝福祖国，繁荣昌盛！

传岐黄之薪火　弘大医之精神

—— 第一支国家中医医疗队武汉抗击疫情工作纪实

中国中医科学院中药资源中心　　马晓晶

　　庚子新春，全国人民遇到了一场突如其来的巨大考验。新型冠状病毒肺炎疫情来势汹汹，从武汉蔓延并逐渐波及全国。为做好新型冠状病毒性肺炎防控工作，我院积极响应党中央号召，按照局党组统一部署，第一时间召开专题会议，部署新型冠状病毒性肺炎防控工作。从2020年1月20日到24日，我院迅速成立新型冠状病毒性肺炎防控领导小组和工作小组，并由黄璐琦院长担任领导小组组长。其间来自广安门医院、西苑医院、望京医院多名白衣战士们纷纷请愿，以"敬佑生命、甘于奉献、救死扶伤、大爱无疆"的职业精神，自愿履行职责，愿意积极投身到抗击新型冠状病毒感染肺炎的一线战斗中去。经过综合考虑，最终选派了由西苑医院和广安门医院的呼吸科、感染性疾病专科、ICU等相关专业的医护人员以及科研人员组成了第一支国家中医医疗队，他们大部分都参与过2003年"非典"救治，不仅能熟练运用中医诊疗技术，更有丰富的临床抢救经验。在黄璐琦院长的带领下，医疗队于2020年1月25日农历大年初一赶赴湖北武汉，支援新型冠状病毒肺炎防治工作。到达武汉当晚，黄璐琦院长及医疗队员就向金银潭医院有关领导了解医院患者救治情况，商讨病区接管有关事宜。紧接着医疗队进入病区，熟悉并制定接管方案，召开国家中医药防控专家组讨论会，落实普通型及危重型中医诊疗方案，商议疑似病例的中医药预防治疗工作事宜，并于2020年1月29日正式接管武汉市金银潭医院南1区，主管的42张病床，重点收治重症和危重症患者，开辟了中医药防控新冠肺炎的"战场"。

　　实际上，在病区的接管过程中，医疗队也面临了许多困难，在中西医并重、中西药并用的政策指导下，医疗队实地了解情况后，药品保障小组通过多渠道广泛联系协调，搭建中药供应保障平台，协调中药企业捐赠中药药品、物资等，并与金银潭医院配合协作，新增中药处方信息系统，进行中药产品入库、编码，以确保医务人员迅速投入战斗。

自接管病区后，医疗队有时候忙到晚上两三点，有时一天甚至只睡两三个小时。医务人员与后方数据分析人员远程召开工作例会，共同依据患者临床数据分析病情，优化治疗方案，以确保临床疗效。患者们使用中药治疗后，在乏力、咳嗽、口干、心悸、喘促5个症状方面均有明显改善，血氧饱和度也有较好改善。值得高兴的是，医疗队通过边救治、边总结、边研究，于2月3日迎来了第一批8名患者治愈出院的好消息。与此同时，黄璐琦院长针对性地提出了"医学视察期"，并在两个社区进行分层诊疗试点，对于初期症状不显著或仅仅示意为乏力的患者，设为医学视察期，经由及早干涉，及早分层，有效减轻了医院压力和居民的惊恐，也避免了在医院的交叉传染风险。

按照习近平总书记"传承精华，守正创新"的重要指示，黄璐琦院长带领医疗队和后方科研组继承古代先贤智慧，通过总结在金银潭医院的临床经验，反复实验，仔细分析数据，得出防治新冠肺炎确有疗效的中药创新药物化湿败毒颗粒，并于2020年3月18日获得临床试验批件，这是国家药品监督管理局批复的首个具有自主知识产权的治疗新冠肺炎的中药创新药物，彰显了中医药在应对新发突发重大公共卫生事件中的独特优势和作用。值得敬佩的是，我院与中国中药控股有限公司控股子公司广东一方制药有限公司签署《技术转让合同》，以1.5亿元将化湿败毒颗粒临床试验批件、专利及药品注册证书转让给广东一方制药有限公司，参与化湿败毒颗粒研发的我院国家中医医疗队全体队员、后方科研攻关组等一致决定：将化湿败毒颗粒转让收益用于中医药人才培养，设立"中国中医科学院人才培养专项"，鼓励更多人学习中医药、培养选拔中医药高素质人才，筑牢中医药传承发展根基，充分体现了中医药行业国家队的责任担当和能力水平。

历经66个日日夜夜鏖战，医疗队员们用仁心仁术承载起百姓生命之托，累计收治重症、危重症158名患者，治愈出院140名患者，其中重症124例、危重症26例，出院率达88.6%。他们指导方舱医院452名患者，以及将军街路卫生院、张家墩社区及马池墩社区210名新冠患者进行中医药救治，取得了满意效果。2020年3月31日，第一批国家中医医疗队中的32名队员圆满完成援助湖北医疗任务，安全撤离武汉。2020年4月7日，随着第一批国家中医医疗队领队黄璐琦院长及另两名医疗队队员抵达北京，我院医疗队员圆满完成援助湖北医疗任务，彰显了中医药人的大爱、忠诚与担当。

武汉归来，并不意味着战"疫"的结束，黄璐琦院长一刻也不停歇，马不停蹄地带领团队对化湿败毒方进行了药理和药效学的研究，用科学语言来说明中医起作用的原理，同时启动了海外寻药计划，计划在海外寻找新的药物，补充进已经几百年没有大规模更新的中药宝库中。面对新冠肺炎疫情在全球蔓延的形势，黄璐琦院长通过多次国际连线、联合签名等方式，及时向有关国家提供中医药援助，积极分享中医药防治新冠肺炎的经验和药物，深化疫情防控中的中医药国际合作，推动中医药成为各国共同增进人类健康福祉、构建人类命运共同体的重要载体。"中国方剂""中国经验"正在走向世界……

"盛世修本草。这是我们这代人的责任。推动中医现代化走向世界。我为人人，人人为我。"黄璐琦院长和他所带领的第一支国家中医医疗队，通过身体力行向全世界人民展示了他们传岐黄之薪火、弘大医之精神的初心和使命。

战"疫"中坚 岐黄亮剑

——记抗疫中医急危重症专家刘清泉

首都医科大学附属北京中医医院 张晨曦

2020年，注定是一个不平凡的一年，是广大医务人员响应党和国家的号召，发扬救死扶伤精神的重要时刻，也是国家和人民有需要，党员干部冲锋在前接受考验的关键时刻。

自2020年1月21日他临危受命，奔赴湖北武汉，作为国家卫生健康委员会医疗救治专家组中为数不多的中医药专家，参与一线抗疫战斗，担负武汉新冠肺炎患者的中医和中西医结合救治、方案制定、指导、管理等多项工作，在武汉抗疫一线奋战整整81天。刘清泉，中共党员，中央指导组专家，国家中医医疗救治专家组副组长，北京中医医院院长，中华中医药学会常务理事，中华中医药学会急诊分会主任委员，中华中医药学会医师规范化培训与考核分会主任委员。越是危急越要担当，越是艰险越要向前，能真正做到"匡时济世"，方是"医之大者"：刘清泉，就是这样的医者。

一、狭路相逢，17年后，再遇"老对手"

2003年，北京"非典"疫情期间，刘清泉时任北京中医药大学东直门医院急诊科主任，他身先士卒，救治病患，却不幸感染。但他不畏自身感染，自治自救，并协同专家制订中西医结合治疗"非典"方案，为打赢"非典"战役作出了重要贡献。

30余年来，他专注于中医急危重症和呼吸疾病临床研究。今天，面对疫情，刘清泉的初心不变：发挥中医药特色优势，遏制疫情，治愈患者。

二、率先抵鄂，一线奋战，初拟中医诊治方案

疫情就是命令，防控就是责任。作为中医界年富力强、有着丰富中医急诊救治经验的党员干部，就是要主动向前，全力以赴抗击疫情。

2020年1月21日，刘清泉受国家卫生健康委员会、国家中医药管理局委派，紧急奔赴武汉，开展新冠肺炎的中医救治。作为第一位奔赴抗疫一线的三甲中医医院院长，他抵达武汉后没有丝毫停留，从武汉市金银潭医院到武汉市中西医结合医院，再到武汉市中医医院……一家家定点医院，一位位感染患者，刘清泉长时间守在隔离病房里，望闻问切，记录情况，详细分析总结病证特点，开出治疗处方。他说："现在我们要摸清这个病的特点，中医能做些什么？找到中医救治规律，尽快制定中医诊疗原则和方案。"

短短数日，刘清泉不是在隔离病房诊疗病患，就是在会议室与有关专家研究讨论，先后会诊了百余例患者。同时，又紧急随国家卫生健康委员会指派的专家组到安徽省进行督察，进行中医指导。随着对新冠肺炎的认识逐步清晰，他与专家组成员共同研讨，最终得出结论：新冠肺炎当属"湿疫"，感受湿毒邪气而发病，从而初步拟订了《新型冠状病毒感染的肺炎中医证治方案》（第一版），提交国家中医药管理局，后纳入国家卫生健康委员会印发的《新型冠状病毒感染的肺炎诊疗方案（试行第三版）》中发布，为全国中医药广泛参与救治新冠肺炎病患奠定了坚实基础。

三、二次赴鄂，献计献策，不断优化中医诊疗方案

2020年1月27日，刘清泉作为中央指导组专家组成员、国家中医医疗救治专家组副组长，二次赴鄂，督查指导中医药在治疗新冠肺炎应用情况。他深知此行的重大意义，就是要不断总结经验和规律，明确中医治疗思路和方法，大力推进中医药在整个疫情防控、救治中的临床应用工作，达到提升治愈率、降低病亡率的目的。

疫情防控全国"一盘棋"，权威专家就是大棋盘上最举足轻重的"棋子"。作为专家组的中医药成员，就是要向国家提供最专业的研判建议和应对良策。在武汉期间，刘清泉协助张伯礼院士多次当面向孙春兰副总理建言献策，一些建议当

场被采纳，并迅速实施。在中共中央政治局委员、国务院副总理孙春兰主持召开的疫情救治专家座谈会上，刘清泉首次提出对感染新冠病毒的肺炎患者应按照病情轻重，分为社区、轻度、中度和重度，采取分级分类管理，并强调中医药要作为主力军早期全程介入。

针对疫情，刘清泉确定了"祛邪必先扶正"的中医治疗原则。中医药可激发人体自身防御抗病能力，达到祛邪与扶正固本相结合，通过胃肠同治、解毒活血的治则，使轻症患者趋向痊愈，中度患者控制其病情向重症、危重症转化，从而截断病情发展等。早期规范合理使用中药，还可以减少重症向危重症方向发展。体现了中医"治未病"理念提倡的"未病先防、既病防变、瘥后防复"中的"既病防变"的理论。

面对目前西医尚无特效治疗新冠病毒的药物问题，刘清泉强调：在几千年与疫病的斗争中，中医先辈用精湛的医术战胜了一次又一次的瘟疫。如今有了现代技术的支撑，一定会取得更快、更好的疗效，从而打赢疫情防控总体战、阻击战。中西医是打配合，不是打擂台。在面对这场重大的疫情时，中西医的愿望和目标是一致的，只要有益于疾病的康复，就必须联合起来。该用中医就要用中医的治疗方案，该用西医就用西医的治疗方案。只有这样才能战胜共同的敌人，取得最后的胜利。

四、承担应急攻关课题，科研成果促进临床疗效

与此同时，刘清泉还与张伯礼院士共同承担了科技部应急攻关专项——中西医结合防治新冠状病毒感染的肺炎的临床研究，观察运用宣清和化方（湿毒郁肺证）、感冒退热方（疫毒闭肺证）、新冠肺炎2号方（热毒闭肺）、血必净注射液、痰热清注射液、生脉注射液等中医治疗方案联合西医一般治疗对新冠肺炎的治疗作用。

研究显示，中西医结合治疗轻症患者有显著疗效。临床症状消失时间缩短两天，体温恢复正常时间缩短1.7天，平均住院天数缩短2.2天，CT影像好转率提高22%，临床治愈率提高33%，普通转重症比率降低27.4%，淋巴细胞提高70%。

2020年2月3日，在刘清泉亲自参与救治和指导下，武汉市金银潭医院首批以中医药或中西医结合治疗的8名确诊患者出院。2月6日，湖北省中西医结合医

院和武汉市中医医院两家新冠肺炎定点医院，23位患者"组团"出院。此后，武汉市金银潭医院、湖北省中西医结合医院、华中科技大学同济医学院附属协和医院等多家医院相继开展中西医结合治疗，更多患者服用了中药。"没想到中医药的疗效这么好！"这是患者的赞誉，也是中医药人为党和人民交出的满意答卷。

从新冠肺炎中医第一版证治方案提出，刘清泉和专家组便一直监测疫情的变化，不断优化方案，调整治疗思路，确定治疗法则。3月4日，《新型冠状病毒肺炎诊疗方案（试行第七版）》发布，进一步明确了中医诊疗方案的可行性。全国各地全面规范化开展对新冠肺炎患者的中西医结合治疗，取得了令人满意的效果。

五、掌舵首家中医方舱医院，直面挑战无畏担当

武汉江夏方舱医院是首个国家中医医疗队接管的方舱医院，2月14日开舱。刘清泉任中共江夏方舱医院临时委员会副书记、院长。

值守抗疫前线八十余天，几件衬衫、一件外套、一条西裤，几乎是他的全部行李。四处辗转，脚下的皮鞋已经磨出了白茬。每当北京后方亲人同事询问时，他总是一句："守好医院，我这里都好，什么也不缺。"

江夏方舱医院的医务人员，由来自天津、江苏、河南、湖南、陕西5省市360余人的5支医疗队组成。他们在医院统一的理法方药基础上，还将各自省市的治疗特色展示出来，互相借鉴学习。这里收治的新冠肺炎患者以轻症为主，采取中西医结合、以中医为主的方法救治轻症新冠肺炎患者。

江夏方舱医院从筹备到开舱，刘清泉把这里当成了家。早晨召开简短的院务会，沟通布置各项工作；上午查房，把脉问诊，查看化验检查结果，在统一的治疗方案基础上，辨证论治，一人一方。下午，奔波于武汉市金银潭医院、华中科技大学同济医学院附属协和医院等重症患者多的医院，开展重症患者中医会诊，指导治疗。晚上再回到"舱里"查看患者。

从北京到武汉、从重症病房到方舱医院，80多个日日夜夜，刘清泉没有停歇，往往工作到凌晨一两点才能休息。看着刘清泉一个人奔波忙碌，医院职工要求到武汉帮帮他，做些协助工作，他也婉言拒绝，嘱咐他们在北京做好疫情防控，确保医院零感染。新闻采访中，职工们看到刘清泉疲惫的样子，有职工关切地说："应该给我们刘院长发个强制休息令！"

六、构筑战"疫"坚强堡垒，体现特色关爱病患

作为党委副书记，刘清泉与党委委员共同研究设置了基层党组织。临时党委下设5个党支部，分别由天津、江苏、河南、湖南、陕西5支医疗队党员组成。健全的党组织构架使各项工作化繁为简，化零为整，让信息沟通更加便捷，工作更加有序，人心更加团结。同时，江夏方舱医院还组建一支特殊的党建力量，由患者党员组成的"大花山方舱社区"5个党小组，邀请江夏区中医院出院的新冠肺炎康复患者担任党小组的负责人，组建志愿者队伍，与医疗队一起共同抗击疫情。党小组的成立，让患者找到了依靠、感到了温暖，更有了战胜疫情、早日康复的信心和决心。

2月26日，在刘清泉率领的这支国家中医医疗队的科学诊治与奉献付出下，首批23名患者顺利出舱。入院时，他们全部接受医院推出一整套中医组合疗法：每天两袋中药汤剂；耳穴压豆调理患者咳嗽、头痛、失眠；穴位敷贴驱寒祛湿，缓解颈肩腰腿痛；八段锦疏通经络，调理气血，强身健体。从2月14日开舱，到3月10日休舱，江夏方舱医院共接收患者564人。运行26天，江夏方舱医院用三个零交上了完美答卷：①患者返阳率为零。②没有一例轻症转为重症。③医务人员零感染。

疫情发生以来，中医药参与疫情防控取得了阶段性的成效。刘清泉和无数中西医医务工作者，守护荆楚大地，竭尽所能，保护着患者的生命，保卫我们共同的家园。

中医药众志成城抗击疫情

—— 黄璐琦院士等中医药人的大义担当

中国中医科学院中药资源中心　　郝庆秀

庚子年春天，注定是一个不寻常的春天。这个春天，武汉人民遭遇了太多的磨难！这个春天，抗击新冠疫情，全国人民众志成城，同呼吸共命运，见证了太多的感动！

疫情就是命令，按照国家中医药管理局部署，中国中医科学院第一时间抽调精锐医护力量，组成第一批国家中医医疗队，于除夕之夜，在院长黄璐琦院士率领下，逆行而上，奔赴武汉市金银潭医院，提供中医医疗援助，为打赢防疫攻坚战贡献了中医力量。他们是首批最美"逆行者"，展示了中医药国家队的使命担当和风采。

疫情初期，西医没有特效药，缺乏有效的治疗手段，患者转重率高，重症患者死亡率高。黄璐琦院士在疫情一线注重发挥中医药自身的优势，成立医疗专家组，讨论诊疗方案，辨证论治。为了让患者尽快吃上中药，调集中药，驰援武汉。黄璐琦院士率领的团队研发出我国首个治疗新冠肺炎的中药新药"化湿败毒颗粒"，中医不仅讲究"未病先防"，也注重"既病防复"，康复期患者的恢复也能体现中医药优势，为已出院的患者配恢复期的中药，并给予指导，形成了一套完整改善肺功能的方法和技术。中医药全面、全程参与防控救治，对改善患者症状、加快核酸阳转阴、促进患者早日康复出院，均有明显效果。客观数据证实了中医药抗疫的疗效，也坚定了中医药抗疫的信心。

历经66个日日夜夜鏖战，黄璐琦院士带领第一支国家中医医疗队队员，承载起了百姓的生命之托，接管的武汉市金银潭医院南一病区42张病床，累计收治重症、危重症158名患者，治愈出院140名患者。他们指导方舱医院452名患者，以及将军街路卫生院、张家墩社区及马池墩社区210名新冠患者进行中医药救治，取得了满意效果。

　　黄璐琦院士带领第一支国家中医医疗队，用疗效为中医正名，临床疗效才是评价中医药优势的金标准。中医药的介入，改变了整个疫情抗击的进展。他们不辱使命，在荆楚大地奉献中医药人的大爱，书写着医者的担当与忠诚。

　　历史上，中医见证了多次的疫疠温病流行，此次抗疫过程，再次守护了国人的健康，取得了世人瞩目的成绩。

　　疫情面前，他们选择冲锋在前，穿梭在生死之间，用自己的热血挽救病患的生命，为我们构筑起一道牢不可破的铜墙铁壁。每个时代都有每个时代的英雄，灾难面前，他们毅然逆向前行，用实际行动谱写了一曲曲抗击疫情的感人事迹。他们是当之无愧的英雄，向英雄致敬！

二 站在"疫"线

杏林花开片片红

——全国基层名老中医药专家王化猛传承工作室： 一支抗击新冠肺炎疫情的团队

安徽省涡阳县人民医院刘永文　王秋芝

2020年1月21日上午，位于皖北的县城涡阳寒风肆虐，大街上依然热闹非凡，很多人穿上厚厚的棉衣，沉浸在节日的氛围里。正在县疾病预防控制中心开会的涡阳县人民医院副院长王化猛，突然接到发热门诊的电话，一名发热患者已经出现异常反应。王化猛作为收治新冠肺炎定点医院常务副总指挥，他立即意识到问题的严峻性，遂在县疾病预防控制中心的会场上，即时向在场的县卫健委领导报告，县卫健委迅速调派相关人员回应，经县疾控中心流调、取样，没有一分钟耽搁，很快，这种新型冠状病毒肺炎便被证明蔓延到了涡阳这座县城，且来势汹汹。从这天起，全国基层名老中医药专家王化猛传承工作室——这支抗击新冠肺炎疫情的团队便投入了紧张的抗"疫"战斗。他们由10位拥有多年临床经验的中医师组成，有的是省市名中医，有的身处科主任位置，有的在乡镇社区、卫生院坚守，有几位还是最基层的乡村中医师，虽然身处不同的医疗岗位，但他们都迅速投入这场战役，固守阵地，迈出了抗疫坚定的步伐。

一、第一时间响应，免费提供国医大师预防茶饮

在涡阳县人民医院与涡阳县中医院门诊大厅的导医台上，疫情期间摆放着一个装满中药汤剂的大桶，隔着不锈钢的板层，甚至能感受到汤药的沸腾。每天上午，药香扑鼻，前来候诊的人们走进门诊大厅，总能接到医护人员递来的一杯中药茶饮。这是国医大师徐经世拟方、王化猛工作室团队倡导使用的为就诊患者和医务人员免费提供的中药"预防新型冠状病毒肺炎预防茶饮方——双叶茶饮"。

双叶茶饮有解表、利湿、平秽、和胃功能，目的是预防新型冠状病毒肺炎的发生。

在疫情期间，王化猛老师带领工作室的所有成员，组建网络群，就疫情中遇到的诸多问题，在线上进行讨论交流。针对新冠肺炎，他们展开多个话题进行讨论，例如"寒湿疫"是什么样子、关于"除秽"的思考、"秽毒"是不是导致了"秽疫"这个命名，新旧版诊疗方案对中医药的提法更易、新冠病例恢复期的调理等，并进行激烈的辩论分析。

在抗击疫情中，所遇到的问题，学生们经常向国医大师徐经世请教。九十岁高龄的徐经世老师，始终与学生保持联系，总能在第一时间给出正确意见与建议，因此，学生们不会迷失方向。在徐老的指导下，王化猛在百忙中抽出时间将徐老提供的中医指导意见仔细整理，写成文章——《防治新冠肺炎，国医大师有话要说》，并迅速发表在《家庭医生报》上。3月23日，亳州市科学技术局下达了2020年全市重点研发计划新冠肺炎防控科技攻关项目，传承人郭娟主任主持的"国医大师徐经世双叶茶饮治未病理念切入新冠肺炎防治"欣喜在列，也标志着本工作室团队与时俱进，具有相当的科研实力。

二、第一时间流调，确诊全市首例新冠肺炎

县疾病控制中心在本次疫情期间发挥了巨大的作用。接到王化猛副院长的汇报后，作为工作室传承人之一、县疾病控制中心刘廷杰副主任医师立即启动疾控流调环节，率先进入县医院隔离病房，与值班医生协同工作。随着第一位新冠患者的确诊，刘廷杰又积极主动报名加入对患者进行追踪的工作中。他全身心投入这场看不见硝烟的战斗中，在抗疫一线连续奋战整整31天。为查清之前14天内所有与患者有密切接触者的信息，他穿上隔离服，戴上口罩、防护镜，带领工作人员与患者面对面沟通，利用多年来在基层工作积累的经验，采用"三步曲""鱼骨图"等方式走访调查，精准查找到感染来源和密切接触者的信息。

"您好，我是县疾控中心工作人员，您现在感觉身体怎么样，好些了吗？"对于一些不愿意透露，甚至隐瞒不报活动范围，情绪不稳定的患者，刘廷杰用拉家常或者提供一些中医药防治方法与患者拉近距离，取得患者的信任，很快就打开患者心扉，让他们能够积极主动地配合流调。

可以说，数千人的流调报告背后，都有这群隐形"逆行者"冲锋在前。这

些出没于感染病房、社区、楼栋的身影，承担着每一例疑似和确诊病例的流行病学调查工作，他们积极为所有遇到的人提供中医预防感冒发热方法，提供新冠肺炎防控知识，指导切实可行的防护措施。在他们的共同努力下，密切接触人群得到了快速确定，并及时进行了隔离观察，从而切断了传播途径，阻击了疫情的蔓延。一分努力，一分收获，流调顺利了，刘廷杰的"新型冠状病毒肺炎确诊病例溯源及基层防控指导研究"课题也已中标全市重点研发计划疫情防控科技攻关项目。

三、驰援武汉，发挥中医优势

随着武汉疫情的升级，全国各地4万余名医务工作者先后奔赴武汉援助。王化猛工作室团队中的庄捷就是其中的一员。庄捷，是全国基层名老中医药专家王化猛传承工作室传承项目负责人、涡阳县人民医院中西医结合科中医内科主任医师、亳州市第二批首席专家，他在母亲刚刚去世一周，还沉浸在悲痛中的时候，忍住泪水，向医院递交了两次申请，报名参加安徽省第三批支援武汉医疗队。2020年2月9日，他作为安徽省第三批援鄂的亳州市医疗队队长，率领12名医疗队员奔赴武汉市体育中心方舱医院，后又转战在武汉协和医院重症监护室。在方舱医院里，每天不断有新冠肺炎患者涌入，面对大量的病患，庄捷利用中西医结合的优势，应用清肺一号、清肺二号等中医药，针对患者后期气阴两伤的临床特点，发挥对应的中药颗粒等治疗特色，在患者康复期的效果尤为突出。

针对新冠患者并发症频发，庄捷对患者进行穴位按摩，发挥亳州华佗五禽戏的作用，固本培元，尽快让患者恢复元气，共治愈患者800余人，创造了医护人员零感染、患者零死亡、零回舱的佳绩。他们的医护团队，得到世界卫生组织专家的高度评价，在安徽的8批援鄂医疗队中，亳

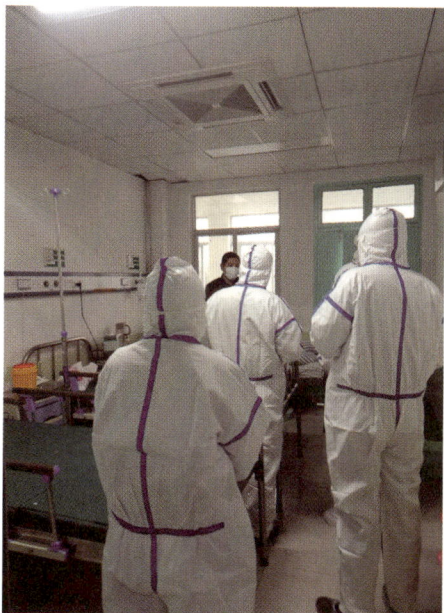

王化猛为全市第一例新冠患者会诊开方

州市医疗队是唯一获得"全国卫生健康系统新冠肺炎疫情防控工作先进集体"这一殊荣的集体，庄捷本人也被授予安徽省抗疫先进个人、亳州市抗疫先进个人称号，湖北卫视、"湖北·长江云"先后对他进行了采访，《亳州晚报》也曾用整版篇幅报道庄捷抗疫的先进事迹。

> 一夜风吹／那个新冠病毒的微体／突变成一座城市的标签／让亿万纠结的心持续寒颤／／发热是悲壮的理由／入舱的你我之间／不足3个厘米／请恕我啊／绝情的隔离只是为了更绝情地厮杀／／空间像企盼远方的客／风却像被感染了，气血凝滞起来／我白色的袍不会飘逸／／同是一个巷口／在方舱，你只能看到我悲悯的眼神／看不到半丝疲惫。
>
> 王化猛《在方舱，你只能看到我悲悯的眼神》

这是王化猛为庄捷那些进入方舱的英雄们写下的诗歌。作为工作室指导老师，王化猛也因庄捷医生而骄傲，作为诗人的王化猛，以诗言志，以悲悯的情怀，体现了一个医者的责任与担当。

"去时霜冬锁江城，归来樱花已烂漫。"2月9日出发，4月10日圆满完成任务，整整61天，庄捷带着他的《庄捷日记》，带领亳州援鄂医疗队安全归来。此时亳州的芍花也已盛开，疫情接近尾声，庄捷作为全国基层名老中医药专家王化猛传承工作室传承项目负责人，回到家的他仅仅休息半天，第二天便又投入紧张的科室诊疗和管理工作当中。这需要的是勇气和精力。庄捷是优秀的，他为工作室争光，为涡阳争光，为亳州争光，为安徽争光，可歌可颂。

四、阻击新冠疫情，中医巾帼也英雄

作为王化猛传承工作室传承人之一的郭娟副主任医师，是涡阳县中医院医务部负责人、呼吸内科中医专家、亳州市名中医。她负责预检分诊、发热门诊、疑似病例的转运、留观病房的设置、诊疗方案的培训等重要工作，同时还要不断将工作流程逐一落实并优化。如对1月23日来院就诊的王某、1月28日的马某、2月6日的狄某及时会诊，后确诊为新冠肺炎。她奔波在县疾控中心与县卫健委、县中医院之间，奔波于行政楼、病房之间，奔波于呼吸科、发热门诊与留观患者隔离点，来回奔波，她无悔无怨。2月1日，她又志愿参加抗疫心理援助热线专家团，为所有拨打热线的人及时提供专业化服务，是一名名副其实的专家志愿者。

郭娟还担任了涡阳县新冠疫情中医治疗组副组长，全程参与新冠肺炎患者和留观可疑患者的救治工作，直接开展查房、会诊和病例讨论疫情一线的各项工作，并负责中医药救治的疗效评估和日报等工作，确保患者在第一时间用上中药汤剂。她书写中医病历，指导中成药使用和中草药辨证施治，观察用药疗效等，费尽了心思。

1月27日晚20时，一个凄冷的夜晚，正在值班的郭娟临时受命，独自一人自闸北新区骑车去县定点医院会诊一位重症新冠肺炎患者，返回已近午夜。从2月12日至3月底，她坚持在新冠肺炎救治的隔离病房第一线，其间接触确诊病例十余人，疑似病例百余人。她认真对待每一位患者，详细问诊，辨证论治，理法方药，同病异治，一人一方一治则。如刘某，经开区人，于2月12日下午3时因核酸监测疑似阳性，诊断为新冠肺炎疑似患者。患者咳嗽，咳少量白黏痰。观其情绪低落，察脉左弦、右平和，不配合舌诊。中医会诊后考虑患者土湿木郁，予以中药汤剂新型冠状病毒肺炎1号方6袋，每次200mL，一日2次。

再如方某，因"发热伴乏力半天"于2月12日入院留观，给予抗病毒治疗后出现恶心，腹泻，舌中苔白厚腻，中医治疗组专家会诊后给以藿朴夏苓汤加减口服，另外考虑可能是抗病毒药物的副作用，为提高疗效，减少住院时间，加用藿香正气胶囊以芳香化湿，消除诸多消化道症状。21日复查胸部CT提示：病灶较2月16日明显吸收。持续低流量吸氧，血氧饱和度达98%，心电监护仪提示生命体征平稳，22日停心电监护。24日患者入院第13天，中西医结合治疗效果明显，守前方去黄芩，加鱼腥草。29日查房复查胸部CT：炎症较前明显吸收。新冠病毒基因检测呈阴性，于3月1日办理出院。

五、指导老师率先垂范，第一个冲在一线

王化猛，是全国基层名老中医药专家王化猛传承工作室的指导老师，安徽省名中医。他作为涡阳县新冠病毒疫情指挥部中医医疗组组长、涡阳县人民医院疫情应急指挥部医疗专家组组长，当发现全市第一例新冠肺炎患者张某后，在常规予以心电监护、吸氧的同时，第一时间运用中医辨证施治理念，予以实脾除

湿法，兼以祛风止咳，并随证予以行气泻肺之剂，7天后患者咳嗽停止，体温正常，血氧饱和度98%，饮食、精神良好，两周后痊愈出院。王化猛医师先后参与诊疗本县确诊的32例新冠患者以及后期7例复阳患者（隔离14天后返涡复检人员），对数百例疑似或者隔离病例排查并进行中西医结合诊疗，同时对患者后期的康复进行随访，搜集他们的中医体质量表，查验舌苔和脉象，给予患者后期的心理和中医药康复指导，将自己的中医药知识发挥到极致，他是全市最早使用中医药治疗新冠肺炎并取得较好疗效的先行者。

1月24日凌晨1时，忙碌一天后，他深感这个春节的工作任务太重。原打算带领全家人过年去乡下看望老母亲的，但他只好发了一条微信解释一下，告诉大家不能回去了。他处理各种事务，每天都要加班到深夜。除了看病开方，还要管隔离病房，管发热门诊，管隔离点宾馆，管防护用品如何采供，管值班后隔离医护人员的吃住，事无巨细，亲力亲为。几个月来的生活轨迹始终就局限在医院这个"周遭"地带。"新冠病毒不相信眼泪"，在看到或看不到的地方，都有他作为拼搏者的身影在晃动。

在大大小小几十项工作中，他把传染科的防护工作作为重中之重。疫情暴发时，全国出现了防护用品短缺，县医院也不例外，在最多达到近30例住院确诊和疑似患者的病房里，他需要确保万无一失。最艰难的时候，他顶住来自各方面的压力，力保传染科病房所有医护人员的防护用品供应到位。为了采购防护服，他不惜放低身段，四处"乞讨"。他拿出自己珍藏的好酒，请求认识的人，只为医院能采购到防护用品，以保障战斗在疫情一线隔离病房医护人员的安全。他管了所有人，管了所有的事，唯独忘了管自己。时间不允许他管自己，不允许他隔离保护自己。他是一个温顺性情中更显坚强的汉子。

2月23日凌晨，刚刚结束新型冠状病毒肺炎病例专家会诊，疲惫不堪的王化猛走出值班室。稀疏的几盏路灯，高高挂在灯柱上，南侧的停车坪夜色朦胧、若明若暗。此时此刻，天上的雪花还在零零碎碎地飘落，给灯火中的医院徒添一缕缕雪花的影子。他抬起手擦拭一下落在脸上的雪花，感觉凉凉的，揉一揉连续熬夜而肿胀的双眼，内心有一种说不出的滋味。一些感人的事、一些忘我的人，王化猛曾说这么多天来自己的泪点太低了。他的咽喉变得嘶哑，但为了疫情防控，为了更多人的生命和健康，他从未想到过放弃，他逼迫自己挺住，只有挺住才能意味着一切。

冬去又春来，3月5日，亳州108例患者的最后1例终于清零了。这时的王化猛松了一口气，绷紧的脸上方才展露出少有的笑容。

据涡阳县人民医院办公室统计，两个多月来，《健康报网》《安徽日报》《安徽省中医药管理局网站》《中国教育网络电视台》《安徽商报》等10余家报刊、网络媒体分别报道了王化猛参与疫情的事迹。中华中医药学会肝胆病分会的报道中，记者采访说：作为全国基层委员，王化猛连续奋战在32例新冠肺炎和数百例疑似排查的一线中医诊疗工作中，且主动放弃领取国家抗疫补助、放弃抗疫先进授予机会而主动分配给医院的30多位年轻医护人员，以激励他们的工作热情，这是难能可贵的。他说，涡阳县人民医院是全市唯一一个获得抗疫先进集体的县级医院，有近百篇文字报道医院可歌可泣的抗疫故事，这就是对他本人的最高奖励，他知足了。

六、名师出高徒，杏林花开片片红

随着疫情缓解，学校开学，工厂复工，但是疫情尚未结束，还没有从根本上解决，输入性病例增加，人们依旧在各自的岗位上坚守，抗疫防控之路依旧漫长。与此同时，他带领的工作室所有成员依然投入在抗击新冠病毒的战役中。

工作室成员王化云，坚守在发热门诊。身为主治中医师的他，平时少言寡语，性格内向。穿上防护服，则性情大变。面对患者，他成竹在胸，大胆判断，留观还是返家，细心果断，十拿九稳。

在传染科隔离病房支援的中医师陆锋，运用多年的临床经验，根据患者自身各项功能，判断中西主次，取长补短，互相结合，得到认可。他撰写的学术论文《对己亥年疫情新型冠状病毒肺炎之浅见》很有见地。文中运用五运六气学说，从武汉患者临床表现及中医专家援鄂后反馈的信息，结合近阶段医院收治的29位患者的发病特点，运用2019己亥年，为土运不及之年，厥阴风木司天，少阳相火在泉之运气进行分析，认为本次新型冠状病毒肺炎之类为邪气在少阳、太阳为患。同时分析对于老年患者或者有五脏等慢性基础疾病者，疾病传变较为迅速，最终出现重型和危重型，是为"温邪上受，首先犯肺，逆传心包"之传变机理；若早期干预，当有"使经不传则愈"之意。由此认为通过运气学说，分析国内新型冠状病毒肺炎之类为邪气在少阳、太阴为患，与小柴胡汤证有诸多类同之处。这些，他都是经过临床验证是可行的。

基层队员王桂平是城东社区卫生服务中心负责人，作为安徽省基层名中医，他担负着抗疫管理与防疫的双重任务。他每天早出晚归，不知疲倦地带领中心所有医护人员，仔细排查每一位发热就诊的患者，发现疑似病例，第一时间上报，严防死守，不错过每一位外来患者。

就职在乡镇卫生院的中医师潘悔改，每天面对大量乡镇村民。排查发热患者和外出返乡人员，他有极高的分辨能力，通过仔细观察，能快速有效地分辨出用药与非用药的发热人员，为检查节省了不少时间。乡村中医顾培军、徐好清，他们驻守在自然村里与群众面对面打交道，随时了解每一位村民的健康状况，测体温，询病史，开处方，他们是站在最危险的风口浪尖上的人，是疫情下最基层的工作者，是最辛苦、最可敬的人。

让我们记住在抗击新冠肺炎中搏击疫情、战胜疫情的工作室队友吧，体验这支来自基层中医的力量。他们是工作室带头人王化猛，工作室项目负责人庄捷，传承人郭娟、刘廷杰、王化云、陆锋、王桂平、潘悔改、顾培军、徐好清等。因为疫情结束后，他们又要回归到基层繁忙的临床工作中去，淹没在芸芸众生里，还是普通的一员。

每一场特殊战役，都需要一批英勇的战士；每一次生死搏斗，都会涌现出一批无畏的勇士！面对疫情，全国基层名老中医药专家王化猛传承工作室全体成员挺身而出、义无反顾，与时间赛跑、同病毒搏击，在疫情面前筑起一道道健康"防护墙"，为涡阳疫情防控诊疗工作作出了突出贡献，可圈可点。

病毒凶未已，万马战犹酣。相信抗疫团队的背后有千千万万个中医人，在每一个工作室的世界里，时间不曾流逝，而会成就不灭的抗疫记忆的一个个片段。

玫瑰铿锵战疫情

——记甘肃省新冠肺炎疫情中医药专家组专家王兰娣

甘肃省中医院　　张　强

2003年已经远去的SARS和2020年突然来袭的新冠肺炎都属于呼吸系统传染性疾病，都是通过飞沫和密切接触而传染的疾病。在两次战"疫"中，王兰娣都冲锋在前，巾帼不让须眉，赢得了"铿锵玫瑰"的美誉。

此次新冠肺炎疫情，再次把王兰娣推上了风口浪尖，作为甘肃省新冠肺炎疫情防控领导小组中医药治疗组专家，她身上肩负着重担。

对于突发公共卫生事件的处置，要发挥中医药治疗特色，这一点王兰娣并不陌生。她1989年从甘肃中医药大学中医专业毕业后，就一直从事中医内科临床工作。她在支气管哮喘、鼻炎、慢性阻塞性肺疾病、支气管扩张、肺间质纤维化、肺癌、肺心病、肺炎等呼吸系统疾病的治疗方面可谓经验丰富。她是甘肃省名中医，世界中医药联合会呼吸病专业委员会委员，中华医学会甘肃呼吸分会委员，甘肃省中医药学会肺系病专业委员会主任委员，甘肃省中医药内科学会委员，甘肃省中医药研究院哮喘病研究所所长。

正是由于王兰娣主任擅长呼吸系统疾病的治疗，才使得她在新冠肺炎疫情来袭时又一次担负起使命与职责。当甘肃省卫健委、甘肃省中医院领导把重任交给她时，她没有丝毫犹豫，而是欣然领命。

在甘肃省中医院肺病科门诊，看到坐满过道的候诊者，就知道今天坐诊的专家是王兰娣。不管人生的角色如何转换，她总是以微笑迎接着每一位患者，用精湛的医术为患者解除病痛。30年的从医生涯，她誓做一名良医的初心从未动摇过。

2019年入冬以来，肺病科的患者越来越多，王兰娣的门诊可谓"一号难求"。医院每天给她限定只挂50个号，可是，每天都不得不追加到七八十个，甚至上百个。凭着多年的从医经验，她发现这一阶段前来就诊的感冒患者明显增多。虽然大部分患者早期只有鼻塞、流涕、低热、乏力等表现，咳嗽、咳痰症状并不明显，但病情进展很快，给予感冒轻症的处方完全不能控制。所以，她建议科室在门诊的医生要采用清凉中药并兼祛湿之药，这样疗效更佳。同时，在此基础上制定科室协定方，更能取得满意疗效。

疫情发生后，她马上放弃休假，返回工作岗位，坚守在肺病门诊和感冒门诊。来自广州的患者李先生，干咳3周，在广州输液打针没见好转，在朋友的推荐下，他抱着试试看的心态来找王主任。王主任把脉后，为他开了6剂中药，他迟疑地问："我的感冒这么严重，不会是新冠肺炎吧？我要住院！"王主任镇静地说："不用住院，你先吃完这几剂药。"一周后，李先生提着一篮水果来找王主任，一进门就喊"王神医"。他说："真是没有想到，王大夫，您真的太神了。"

在王兰娣接诊过的患者中，还有一位是艾滋病病毒携带者。该患者自入冬以来一直发热咳嗽，四处求医。王主任知情后，一边把脉一边查看舌苔，望闻问切详细周到，患者非常感动，七尺男儿竟偷偷流泪。一个疗程后，因为疫情的原因，患者不能前来医院就诊，王主任便通过微信指导患者治疗。

自疫情发生以来，王兰娣的正常生活彻底被打乱了，她在完成本院工作的同时，还要以专家的身份对省内指定医院中医药防控疫情提供技术指导，随时随地通过远程会诊和网上讨论等方式对兰州市肺科医院、兰州大学第一医院西院区、甘肃省妇幼保健院等医院进行诊疗指导。

兰州市肺科医院是此次确诊和高度疑似病例定点收治医院。按照集中救治的原则，兰州市确诊的新冠患者80%以上都集中收治在肺科医院。作为省级中医药专家，只要有会诊的任务，她都会前往该院会诊。虽然大部分的患者都是轻症，但由于患者个体、感染病毒的情况不同，存在突变的情况。其中有位李姓患者，第一次会诊虽为轻症，但第二次会诊时发现患者咳嗽加剧、气短明显、精神状态差，即使服用清肺排毒汤疗效也不佳。经过仔细分析患者病情，王主任判断其为合并细菌性肺炎，随之调整方剂，加大清热解毒、解痉平喘之力。同时，每天跟进了解病情变化，直至患者临床症状明显好转。所以，对每个患者，王兰娣主任首先要仔细查阅患者病情资料，分析检验报告和检查单，了解西医治疗方案。之后，再与患者视频，观察其神态、语言、情绪，掌握临床症状，查看舌苔。最后，通过整体分析、综合判断，给出理法方药。每次完成这样复杂的诊疗过程，基本上都需要5个小时，专家付出的辛苦可想而知。由于王兰娣主任是呼吸专业的专家，所以，在确诊患者中她就管理了一半，工作量是相当大的。

老骥伏枥，志在千里；烈士暮年，壮心不已。已过知天命之年的王兰娣，一直都是在用"医者仁心，大医精诚"的格言来要求自己。每当遇到风险和困难时，她总是冲在前、干在先。当武汉前线医护人员告急时，她作为肺病科年龄最大的老主任，第一个向组织递交了请战书。在她的带领下，全科室医护人员纷纷请战，有3名医护人员奔赴前线。

由于繁重的工作压力，她那瘦弱的身体开始亮红灯，逐渐出现发热、咳嗽等症状。由于疫情当前，她又与患者密切接触过，同事第一时间就想到了被传染的可能。经过反复诊断、检查，排除了新冠肺炎。同事们建议她休息，但她满脑子都是患者和会诊。

在防控疫情的战争中，一座城市有几百万人在祈祷中守望；无数人在家人团聚时奔赴一线，不畏生死，与病毒赛跑。

冬已去，春又来；山河无恙，世间皆安。正是有了像王兰娣这样的"铿锵玫瑰"在一线把脉，甘肃患者的治愈率才会名列前茅。相信，我们每一天都离春天更近，春天就在眼前！

一场阻击战，一生湖北情

——湖北战"疫"个人心声

山东中医药大学　孙宪洁

疫去春来，我重新回到离开了57天的济南，回想起这57天（2020年1月25日—3月21日）的人生经历，历历在目，出发时的悲壮，培训时的认真，实战时的紧张压力，收获信任和感谢时的激动，离开黄冈的种种不舍与期待，这其中有汗水，有泪水，有收获，有成长。所有的苦难扛过了，就是幸福的甜蜜，所有的困难克服了，就是宝贵的经验。

一、从抉择报名到抵达黄冈

大家在生活、学习工作中都会经历很多抉择时刻。作为一名医务工作者，面对疫情，我的抉择就是承担职业赋予我的责任。我是1月25日下午接到的通知，当时刚刚从济南回到莒南老家两个小时，从看到通知到报名，用了不到1分钟的时间，没有半点犹豫，并不是说我有什么英雄情结，而是一种惯性，是由我的性格决定的，因为平时面对困难和挫折时，我总是这样想："不管是什么困难，只要做好自己能做的，做好自己应该做的，结果肯定是自己满意的。"再加上专业、年龄、工作经验我都是最合适的人选，所以我没有任何理由犹豫。这就是我们的职业责任，在需要时就应该挺身而出，敢于担当。

做出决定报名之后，我回头想的是怎么跟家人说，毕竟这是近几年来第一次陪家人一起过年，毕竟自己两个小时前刚刚从济南回到家中，公婆在准备年夜饭，孩子在身边兴奋地又蹦又跳，我的爱人是一名新闻工作者，深知此行的风险，但还是第一时间给我定了最早返回济南的火车票，那顿年夜饭吃得有点忐忑不安。饭后告知了老人要凌晨4点返回济南，公婆什么也没说，只是默默地给我准备了一些年货。孩子都早已习惯了我在各种节日的缺席，只说了句"妈妈早点回来"。

我个人的习惯，生活越是需要迎接挑战时，就越重视饮食和休息，只有这样我们才有体力和精力面对接下来未知的风险。达济南后，接到单位通知，下午两点去医院培训，我给自己准备了简单的午餐，去医院培训时，我就准备好了行李，随时准备着出发。在培训中便接到了电话，晚上8点在机场集合。

在单位、机场经历了各种仪式，一向默默无闻的自己，一下成了万众瞩目的焦点。我的内心是这样想的："第一，既然是去帮忙的，不能添乱，管理好自己的身体健康是第一位的，这是基础。第二，自己没有经历过这种情况，去了就一切服从安排，快速学习掌握一切知识技能。"

这一段经历中我，体会最多的是一个医务工作者的责任和担当。

二、战前培训到进入实战

"战前多流汗，战时不流血"。在这两天里，除了保证每天6个小时的睡眠，我都在反复的练习中，推敲每一个动作，抓每一个细节，就一个脱掉鞋套的动作，就精细到手应该触到鞋套的哪个位置，用哪个手指头，接触鞋套的哪一面，放入垃圾桶的路线怎么走，眼睛什么时候应该是闭着的，呼吸什么时候是屏住的，我真正见识到了，体会到了。就这样，一套完美的防护流程形成了，让大家心里都有了底气，也为山东首批医疗队的零感染打下了坚实的基础。除了这套让我对实战充满信心的流程之外，我的感触还有工作中合作共赢，无疑我们这138个人此时就是一个集体，一荣俱荣，一损俱损。我们大家携手前行，互相监督。

在我们培训的同时，领队和党员们已经冲锋到前线了，为大家打头阵，在大别山区域医疗中心，院感、护理、医疗齐上阵，当天晚上便开始收治患者了。党员作为防控疫情的先锋，用行动感染了每一个人，我感受到了太多来自党的力量。我的队长贾新华院长，我的组长杨汝燕护士长，他们时刻都在为大家服务。是什么让他们不知疲倦，我想那就是党员的身份，以前自己也曾多次写过入党申请书，但是这次我是亲身感受到了这支队伍的魅力所在，于是我怀着无比激动和崇拜的心情，于1月28日再次写下了入党申请书。

三、进入实战，我的多个人生第一次

第一次感受到了来自黄冈患者的发自内心的感谢。这是一位阿姨，她是这样对我说的："姑娘，谢谢你们，我和妹妹一起来到这里，一开始我的妹妹在重症监护室，经过治疗，她的症状都减轻了，今天转出了重症监护室。姑娘，你们住在哪？我家是批发水果的，我要让家人运一车水果过去感谢你们！"我真心地体会到了自己来到黄冈的价值所在，这更坚定了我的信念。

第一次经历了病房没有陪护，为将近40名患者打水、倒水、吸氧、翻身、吸痰、修理床头灯、拿被子、递衣服，这些全方位的服务，都是由我和我的战友两个人完成的。

四、工作步入正轨，患者充满信任

每天都会收到来自患者的感谢。退伍老兵的敬礼，几句感谢的话，一份写在手机屏幕上的感谢信，患者从怀疑到信任，从恐惧到一张张笑脸，从焦躁不安到可以在病房内健身跳舞。真情付出，让我们收获了患者的信任和认可。我真的要毫不谦虚地赞扬一下我们的护理团队，这是一个任劳任怨的团队，在这个病房里我们扮演了多种角色，个个都是超级英雄。我们是护士，执行医生的各种医嘱；我们是护理员，发饭、喂饭、任劳任怨；我们是修理工，修理马桶、水龙头，样样都能行；我们是心理咨询师，安抚患者，疗愈他们内心的焦虑；我们是快递员，患者与家属的物资交流均由我们完成传递；我们是卫生员，病房卫生、垃圾处理均要由我们动手来维护；我们是包容者，能包容患者的各种不良情绪，用微笑面对一切。很荣幸我是其中的一员。

五、从不舍到泪目的回家路

54天，我和队友们一共救治新冠肺炎患者411人，其中重症、危重症92人。3月18日，病房患者清零，归期确定，3月21日，我们要回家了。出发前，酒店工作人员、周边居民都赶来了，我只记得大街上马路两旁都是送行的黄冈市民，敬礼、鞠躬、高空呐喊；租车队、摩托车队、鲜花、掌声、热腾腾的煮鸡蛋。我感受到了那种真情，让我体会到，就算遇到再大的困难，大到国家小到个人，团结一心就能战胜一切！

疫情面前，我就是战士

甘肃省金昌市中医医院　李建宁

　　"我要去武汉！"今年春节期间，这句话成为医护人员的共同心声。2020年春节，一场突如其来的新冠肺炎疫情牵动着广大医务工作者的心，他们纷纷在请战书上签字，几乎等不到上级批示下来，就急切地想要去支援武汉。在这群人当中，许正龙就是其中的一个。

　　许正龙是甘肃省金昌市中医医院的一名副主任中医师，今年刚刚40岁出头，平时总喜欢剃光头，用他的话说，这叫"干练"。许正龙当大夫已经有20多个年头了，有丰富的临床经验，在工作中爱钻研，在生活中乐于助人，在大家心目中口碑很好，多次收到患者的感谢信和感谢锦旗。

　　新冠肺炎疫情暴发后，许正龙大夫同广大医务工作者一样，白衣执甲，一边诊治患者，一边学习新冠肺炎疫情防控知识，经常坚守在发热门诊处、预检分诊室、病区，日夜奋战在看不见硝烟的战场上，同时间赛跑，与病魔较量，为前来看病的患者、陪同人员测体温，询问流行病史，做登记，并进行诊治，一丝不苟。看起来简单枯燥乏味的工作，他却能坚持日复一日，从未有过半点怨言，展现出了救死扶伤、医者仁心的崇高精神。

　　根据国家、省、市相关要求，金昌市中医医院采取积极措施，在医务人员紧缺的情况下，抽调精兵强将，一边做好疫情防控工作，一边积极响应上级号召，动员医务人员支援武汉。"武汉，那可是疫区，病毒随时都会感染人。""武汉现在可是最危险的地方了。"有人议论着。

　　"会不会没有人愿意去？"医院领导们正想着，有人敲门："领导，我要去武汉！"院长抬头一看，原来是许正龙医生，他穿着白大褂，情绪比较激动。"国难当头，我要尽自己的一份力。"紧接着，办公室又进来好几个人，原来他们都是来请战的。不多久，一张请战书上便写满了医护人员的名字。一场疫情，似乎让大家变成了坚强的战士，他们在随时等待出发援鄂。"接下来就是艰难的等待，第一批，第二批，第三批……直到甘肃省第六批援鄂队员出发，我也没等到自己要去武汉的消息。"许正龙有点失望。

每天关注着武汉的疫情，那么多感人的故事，许正龙的眼眶湿润了。那么多医护人员顶着压力，冒着风险在"战场"上救人，而自己却使不上劲，许正龙也有点泄气、懊恼。日子一天天过去，眼看着病患一个个治愈出院，每天被感染的人数也在不断下降，许正龙心想："也许这次我是没机会了。"妻子在一旁劝她："不要紧，只要能治好患者，谁去都一样。"

3月14日，武汉的疫情形势已经大为好转。这天，许正龙突然接到一个电话，要他赴京，开展境外回国人员疫情防控工作，这让许正龙心头有点小小的惊喜。他简单地收拾好行李，告别父母、妻儿，在工作人员的带领下，坐上了去北京的飞机。他知道，国内新冠肺炎疫情在全国人民的共同努力下，已经得到控制，但是境外疫情在进一步加剧，大量的境外中国公民纷纷回国，为了防止疫情回灌，按照党中央的安排部署，各省分别派医护人员和工作人员到北京参加境外返京人员的健康防疫工作，而自己则有幸作为金昌市第一位赴北京参加防疫的医生，这样想来也是很幸运的。

3月14日，赴京一行人到达金昌驻北京办事处。经过一晚休息，3月15日，工作组在办事处姚明智主任的主持下，举行了第一次工作安排会议，明确了分工、责任、目的。会后，许正龙根据工作安排，对工作人员开展了新冠肺炎疫情防疫知识及消杀个人防护培训，让工作人员及时掌握了消毒液的配制使用知识，熟悉了穿脱防护衣物流程及注意事项。次日，根据甘肃省驻京办的最新安排，工作组又进行了第二次工作安排部署。许正龙一组的任务是根据甘肃省驻京办的安排，负责预检护送返京人员。

3月15日下午3点多，从非洲返回金昌的周某夫妇二人，到达北京大兴国际机场，许正龙和金昌驻京办的张永旭主任负责接送夫妇俩到集中隔离居住点，并对车辆进行消杀防疫。由于周某夫妇俩在次日9点要乘飞机返回金昌，隔离居住点离机场又远，许正龙和张主任马不停蹄，从机场把周某夫妇送到隔离点，一切安排妥当后。他们找了个有光线的地方，对车辆进行消毒，这时已是凌晨3点了，两人在车上眯了一会，凌晨5点准时到隔离点，与隔离点办好各种交接工作，再驾车护送周某夫妇到机场。办理好一系列手续后，将周某夫妇顺利送入登机口，送他们离开，这时天已大亮。

街上的行人买早点的、等公交的……开始了他们忙碌的一天。许正龙和张主任返回甘肃驻京办事处飞天大厦，本想稍作休息，可是任务没有完成，他们还要做好以下工作：根据防疫要求，规范地将用过的防护装备送到医疗垃圾存放点，对车辆进行消杀，买方便面充饥，抓紧时间休息，等下一项任务……每天，许正龙就像打仗一样，面对境外回国的人员，要做好疫情防控工作。"虽然我没有去武汉，但在北京的近1个月，我经历了很多，也锻炼了自己。"许正龙深有感触。

许正龙舍小家、顾大家，远离需要照顾的父母，远离需要关心的孩子，带着使命，带着责任，带着感情，义无反顾，在北京坚守了25个日日夜夜，圆满完成了赴京疫情防控工作任务，于4月9日凯旋。

"疫情面前，我就是战士！"这是许正龙的铮铮誓言。

许正龙，用他最美丽的语言和行动，书写着一个个不平凡的故事，为病患带来希望，为国家作出贡献，我们为他加油，为他骄傲！

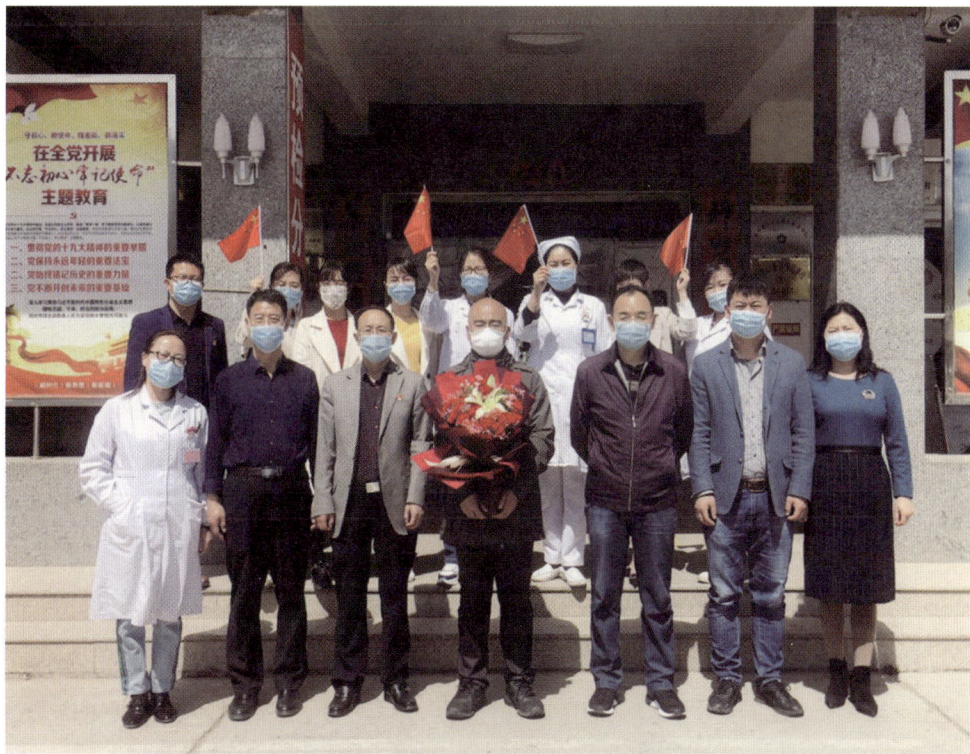

许正龙医师北京归来，与迎接人员集体合影

苁蓉当归

——一线的隐形战士：他们离家人很远，离病毒很近

广东省中医院　陈滢滢　欧阳芬

在"抗疫"战斗的白衣天使中，有一群人被称作"看不见的英雄"，他们就是医学检验人员。新春佳节起，他们就放弃与家人团聚，在祖国最需要他们的时候，毅然选择冲在第一线，冒着与病毒直接接触的风险，协助临床做医学检验工作。他们在自己的工作岗位上，在防疫的最前线，遵医德，守宗旨，不辱使命。

广东省中医院援助湖北医疗队里有两位检验人员，他们就是检验医师蔡壬辛与检验技师李国华。1月27日，他们出发前往武汉。两个年轻人与家人仅仅简单地交代了自己去做支援工作，无需担心。然而，只有检验专业人员才知道其中的险恶，这一程是与新冠病毒最近距离的一次交锋。

微信关怀

临行前，医院检验医学部学术带头人庄俊华满满不舍，在她眼里，这两个大男孩就像她的孩子一样，都是她团队培养出来的人才。从得知他们要出征开始，庄俊华就没停止过担心，一直叮嘱他们要注意防护，保重身体。每隔几天，她都要询问两位队员前方的"战况"，还会关心他们的家人是否有需要协助的地方。

时临春节，防护物资正是最紧缺的时候。尽管医院配备了医疗物资随队送往武汉，但为了让蔡壬辛、李国华和他们的家人更加放心，在检验医学部主任黄宪章的指导下，大德路总院检验科主任柯培锋想尽一切办法连夜四处筹集防护用品。送行的那天清晨，柯培锋将两位勇士的行李箱塞满了一次性医用帽子和手套。由于当时口罩尤为紧缺，几位科主任商议后，决定让两位队员把检验医学部刚购买回来的N95口罩全部带上。将队员送上去武汉的列车后，柯培锋又马上打电话给队员家属，不停地叮嘱："有什么需要解决的困难，医院和检验科会尽全力配合解决！"此外，黄宪章与柯培锋还组织科室人员制作祝福视频，给远方的战士们加油打气。

清晨送行蔡壬辛、李国华

一腔热血，千锤百炼任艰辛

"我只是恰好在国家用得到我的时候挺身而出罢了，我做了我应该做的事，平凡也普通，我愿意为祖国尽自己的微薄之力！"

蔡壬辛是来自广东省中医院大学城医院检验科的一名检验医师。他与妻子是

蔡壬辛日常照

同事，婚后把小家安在了广州，儿子还不到两岁，正是最活泼好动的年纪。同为医务工作人员，妻子非常支持他奔赴前线。

年前，蔡壬辛的岳父母早早回了老家过年。疫情日益严峻，蔡壬辛和妻子取消了同回老家的计划，留守广州等待医院随时的召唤。当蔡壬辛被通知入选医院第二批援助湖北医疗队时，问题也随之而来：妻子要值夜班，儿子谁来照料？

妻子提出让岳父母提前回广州，蔡壬辛于心不忍——老人家坐长途车有被感染的风险，天气寒冷，他们不但没法好好享受春节，还要赶回广州照料外孙，实在太辛劳。但是当蔡壬辛想到武汉疫区的患者们在急需等待救援时，他还是咬牙拨通了岳父母的电话，没想到，两位老人一口答应。当蔡壬辛看到老人们提着行李还有乡下大包小包的特产赶回广州时，眼角不禁湿润了。"知道自己能去武汉支援，我内心热血澎湃；但看到老人和妻子对我既支持又担心，我很感恩，也很心疼。"蔡壬辛带着百感交集的心情踏上了驰援武汉的征程。

疫魔是凶残的敌人，而作为一名战士，首先要学会如何保护自己。蔡壬辛日常工作的实验室是二级生物安全实验室，几乎不需要做三级防护，因此，他工作以来没有穿过防护服。虽然平时经历过院感防控的培训，但与长期工作在呼吸科、重症监护室的医护人员相比，他们的"家常便饭"对于蔡壬辛来说，却是一个不小的挑战。医院领导要求随队一起去的院感专家田碧文（医院感染管理办公室主任）必须严格培训和考核医疗队的所有成员，考核不通过不允许上岗。

进入隔离区就如同进入战场，病毒如同"流弹"一样防不胜防。要做好个人防护没有捷径，只有笨鸟多飞。队员们集训回到房间后，一向不甘落后的蔡壬辛就自己不停地练习防护用品的穿脱，直到大拇指因为重复动作变得僵硬、酸痛，他还舍不得把练习用的防护服收纳起来。旁边房间的小伙伴打趣地说："我觉得这

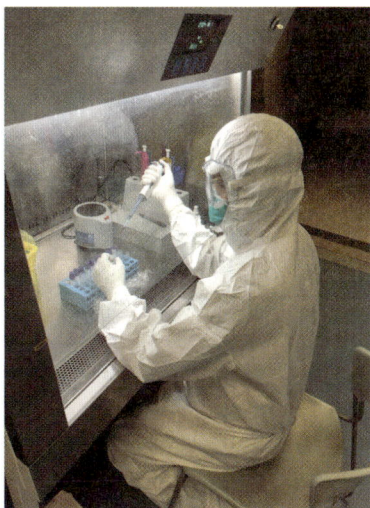

蔡壬辛在受援医院检验科实验室内工作照

两天就你练得最勤了。"终于，他顺利通过了考核，如期进入实验室支援，负责流式细胞检测的相关工作。

流式淋巴细胞亚群检测需要开盖取血，其中还要经历两次漩涡混匀，必然会产生大量的气溶胶，存在感染风险。为做好防护，蔡壬辛对检测流程做了优化——取消在仪器旁直接操作；样本经过初步消毒后，在安全柜内开盖取血，震荡混匀；在安全柜外到检测上机前都用保鲜膜覆盖样本，减少气溶胶的产生。

在武汉的日子过得飞快，白天的忙碌让蔡壬辛无暇思索。但到了夜晚，对家人的思念之情就汹涌而来。手机为他传递着家人的爱与关怀。

两边老人说："孩子，一定要好好照顾自己！"

妻子说："老公，今天你的微信步数1万多步了，工作是不是很忙？看天气预报说武汉明天会下雪，你记得多穿衣服。"

懵懵懂懂的儿子对着手机视频喊："爸爸！爸爸！"

……

蔡壬辛在日记中写下对儿子的话："儿子，爸爸只是恰好在国家用得到我的时候挺身而出罢了，爸爸做了应该做的事，平凡也普通。爸爸愿意为祖国尽自己的微薄之力！希望以后你长大了，也像爸爸一样，做一个对祖国有贡献的人！"

透过窗外，蔡壬辛看到周围的高楼都亮起了振奋人心的中国红："武汉加油！"他更深刻地意识到，这里的一切牵动着每一个中华儿女的心。作为这场战

"疫"中的一名战士，他应该临危不惧。

一往无悔，勇赴国疫奋韶华

"既然来了，就不能浪费每一分钟。能早日看到你们口中那车水马龙、人来人往的大武汉，即使再累、再危险，也值了！"

李国华日常照

李国华是广东省中医院大德路总院检验科的一名检验技师。一年多没有回乡探亲的他，早已计划好年初三值完班后便踏上归途，与父母相约年初四共吃团圆饭。

然而，新冠肺炎疫情来势汹汹。当看到医院党委发出组建援助湖北医疗队的报名通知时，李国华毫不犹豫地报了名。当收到第二天就要驰援武汉的通知时，还在科室值班的他匆匆退掉了回家的车票。同事们了解到土生土长于广东的李国华没去过北方，特地赶回医院替他顶班，让他去购买保暖衣物，有人还把自己的羽绒服拿给李国华穿。腼腆的李国华内心满是温暖，但很多感激的话到了嘴边却只剩下"谢谢"。他暗地里下决心：一定不能辜负医院领导和科室同事的期望。在原计划回家的那天，李国华坐上了那趟驰援武汉的列车，为了他对医者担当的信念，也为了背后这么多人的支持。

经过严格的院感防护培训后，李国华迅速投入战斗，在湖北省中西医结合医院负责检验科免疫室的工作。由于受援医院为收治新冠肺炎患者的定点医院，需要抽调该院免疫室的部分工作人员支援病毒核酸检测工作，加快核酸检测速度。

这样一来，免疫室的轮班人员少了，夜班的工作压力增大。李国华主动请缨援助夜班，减少下班休息的时间。受援单位的同事问他："白天工作已经很累了，你为何还主动申请上夜班？"他笑道："既然来了，就不能浪费每一分钟。能早日看到你们口中那车水马龙、人来人往的大武汉，即使再累、再危险，也值了！"

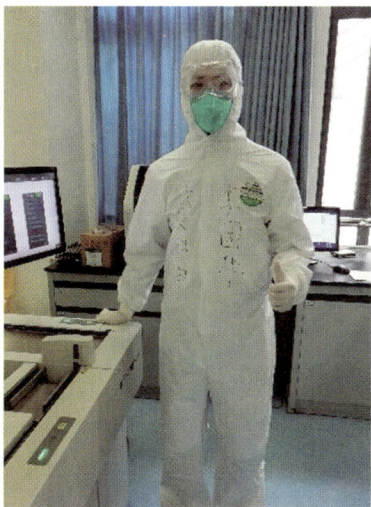

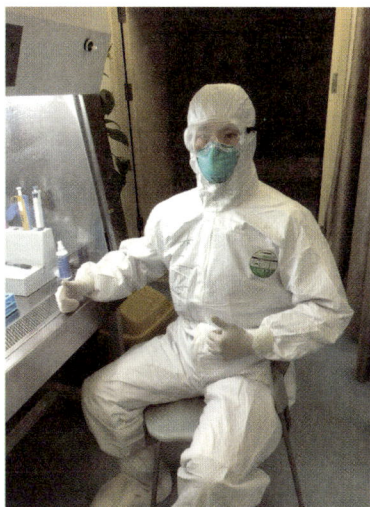

李国华在受援医院检验科实验室内工作照

然而，大家并不知道，每次夜班下来，李国华都感到头晕脑胀，汗水浸透衣裤，浑身酸软无力。当被问起是否害怕自己体力不支时，李国华云淡风轻地回应："我平时爱运动，体质好。现在在实验室里出汗，就当排毒了，睡一觉就能满血复活。"

李国华是个非常热心的人，平时见到医疗队队员们总是笑着打招呼，并上前询问："有什么需要我们解决的吗？"当得知临床医护对核酸检测存在一些检验方面的疑问时，他和蔡壬辛利用下班后的空闲时间给大家进行了一次特别的培训。于是，在酒店的走廊中间，一群"战士"在认真地学习如何做病毒核酸检测，并提出了各种疑问：

"核酸出现假阴性，可能存在哪些原因呢？"

"怎样提高病毒核酸的检出率呢？"

"取完样后应该怎样保存标本呢？"

……

两位检验专业的队员对每一个问题进行了耐心地解答，直到所有人都满足地点了点头。

李国华不仅在人力安排上给予湖北省中西医结合医院有力的支持，还带去了平时自己在医院学到的精细管理和5S管理法，优化了当地医院检验科生物安全柜的操作规范。他把加样枪按照使用顺序从左到右放置，又根据使用频率，将操作物品进行分区摆放，常用的实验物品摆前面，少用的放后面。李国华从标本操作的第一步到最后一步，逐个细节进行改进，使生物安全柜里的操作更加顺畅、规范，有利于气流循环，提高了操作的安全性，提升了工作效率。

蔡壬辛和李国华为医疗队队员解答检验方面的疑问

随着对新冠病毒的了解逐步加深，实验室的检测方法学也在不断增加。新冠病毒的抗体检测也逐步成为疑似患者的快速检测手段，可以为核酸检测提供补充或协同的作用，15分钟即可获取结果。很多厂家都开始研发新冠病毒抗体检测试剂盒。但不同厂家的出品检测性能不一样，怎么从众多厂家中挑选出合格且质优的产品呢？李国华根据之前的工作经验，把在特色质量体系中学到的性能评价方案应用到对几种厂家的产品进行评价，挑选出最适合临床检测新冠病毒抗体的试剂盒。受援医院检验科的领导和同事都对李国华赞不绝口。

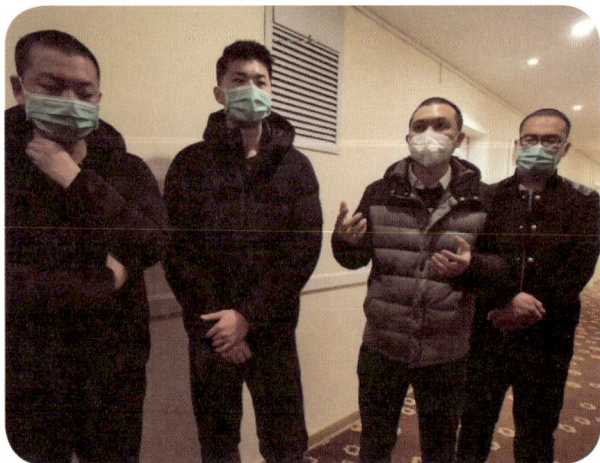

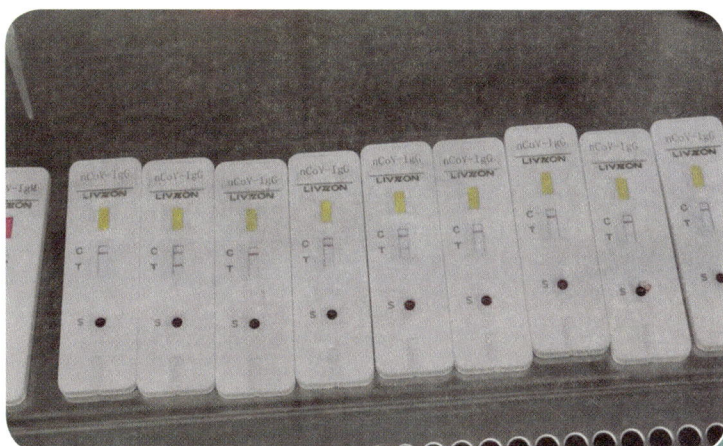

新冠病毒抗体试剂盒及检测结果

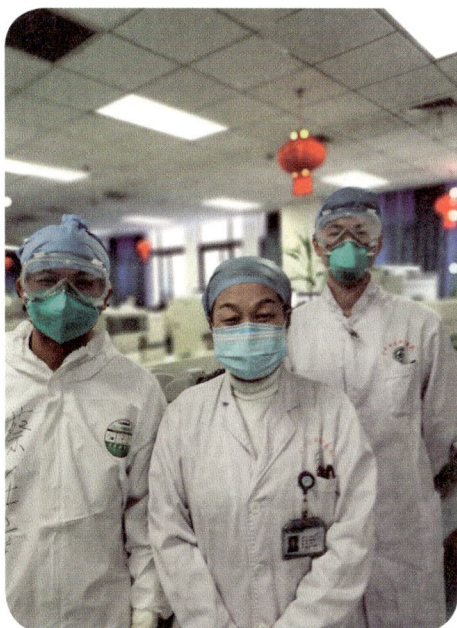

蔡壬辛、李国华与湖北省中西医结合
医院检验科原主任马杰的合影

一份使命，共度时艰铸医魂

在这场与病毒的战"疫"中，除了医生和护士，还有医学检验人员这样一群人在默默无闻地战斗，工作繁琐且精细。尤其是定点救治医院，他们承担着新冠肺炎患者各种高致病性标本的检验任务，具有被气溶胶传播而感染的风险。然而，却鲜少有人了解这种高危科室的工作内容和意义。

医学检验中很多数据对临床医生的诊断、治疗、预后评估都有重要意义。在国家卫生健康委员会、国家中医药管理局发布的《新型冠状病毒肺炎诊疗方案》中，特别提到了实验室检查值在疾病过程中的变化，尤其在第六版中还新增了"重型、危重型患者常有炎症因子升高"的内容。

举一个例子：有研究发现，患者免疫状态相关的检测中，淋巴细胞亚群可以体现宿主免疫功能和状态的变化。在发病早期，有相当一部分患者的X线胸片没有异常，但往往已出现了淋巴细胞数目的降低。如果患者临床症状好转，淋巴细胞也会迅速回升到正常水平。

尽管这些免疫数据不能代替病原体诊断，但可以为新冠病毒感染的诊断提供一定的辅助与补充信息。对患者免疫状态进行动态监测，有助于医生对患者

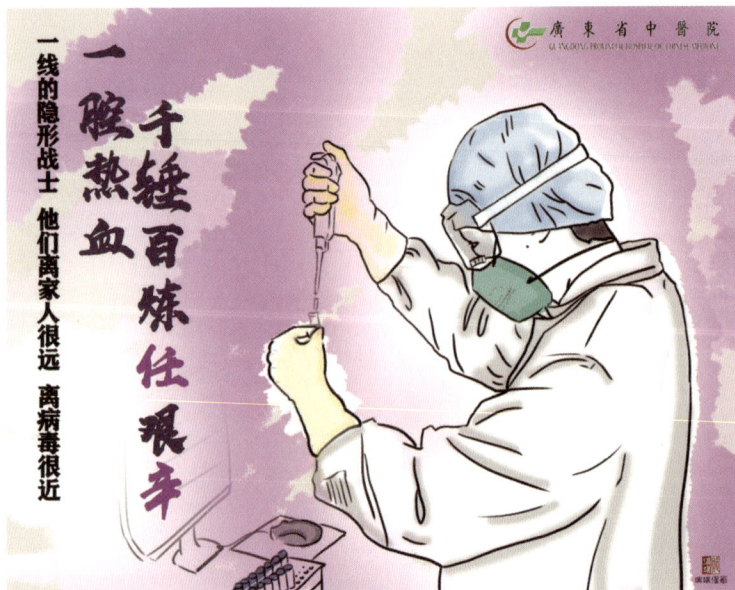

蔡壬辛

预后的评估，一旦病人有往危重病方向进展的可能性，医生可以尽早进行干预。因此，免疫功能的检测对新冠病毒肺炎患者的诊断、预后、危重预警发挥了重大作用。

对于来自广东省中医院的检验人员来说，他们还背负着另一个重要任务——用数据来证明中西医结合治疗的有效性。只有用更多的数据来说明中医参与治疗后的疗效，才能更加证明中西医结合的必要性。此外，有些患者临床症状还没显现，但免疫功能数据提示有转危重症的趋势，可以尽早对其实施

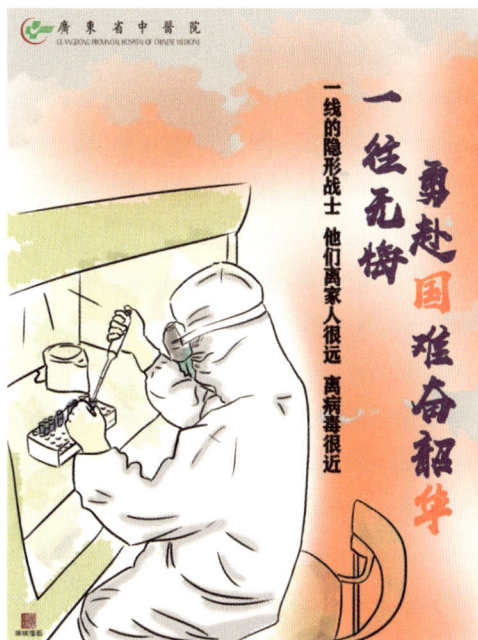

李国华

"一人一方"的个体化中医治疗，阻断重症患者向危重症发展，提升临床救治的效果。蔡壬辛和李国华热切地期待着自己的工作能为医疗队、受援医院带去更多的帮助和希望。

他们是这次"抗疫"战争中检验人的缩影，尽管他们没有近距离接触新冠肺炎患者，但他们却是离病毒很近的人。为了"健康所系、性命相托"的誓言，他们在这个看不见、摸不着的敌人面前无畏无惧，勇往直前。

当春天再次如期而至

广西中医药大学第一附属医院　桂雄斌

2020年3月初，大地回暖，南方的春天，在南宁石门森林公园樱花的盛开中如约而至。尽管还戴着口罩，但赏花心切的市民们已经走出家门，赏花、拍照，迫不及待要留住春天这刹那的美丽。

1000多公里之外的武汉，冬天似乎还不愿离去，受到疫情影响，城市仿佛还在暂停键中沉睡，只有一群忙碌穿梭的身影，那样鲜明生动……

你或许之前也曾和他们擦身而过，在每一个医院、每一个科室里。但是，他们平凡的面容和身姿，并未给你留下太多的印象——你说，这不就是一些小医生吗？也不是什么大国手、大专家；不就是一些小护士吗？文文静静的，看不出有什么特殊的才华。是的，就是这个小医生，下了夜班来不及梳洗，简单收拾行囊，就踏上了援鄂的征程，甚至都不记得给自己多添一件保暖的秋衣；是的，就是这个小护士，出发前剪去了为拍婚纱照攒了好久的长发。她的眼眶红了，却拼命忍着没让眼泪留下。更不要提那依依惜别幼子的母亲，那一个个争先恐后在请战书上按下手印的广中医人，有的已经是第二次请战，无论是2003年抗击"非典"，还是2008年支援汶川，都有他们拼搏的身影；有的则是承袭前辈之精神，"悲悯为怀，精益求精"，以大爱成就逆行。他们，汇聚起了磅礴的战"疫"力量，击退冬的黑暗，迎来了春的破晓。

在医疗条件简陋、医护资源紧张的湖北省十堰市竹溪县，医院第一批援鄂医疗队队长陈平和他的队员们，几乎"从零开始"，一边协助当地医院改进感控流程，一边抓紧对患者的救治工作，辨证处方，中西医结合，个性化治疗，取得了良好的临床疗效。在十堰市中医医院，李娇作为呼吸内科专家，与感控专家茹建国联手出击，巩固好防控疫情的"碉堡"。在拥有近千张武汉沌口方舱，队长欧阳曦和队员农彩芬争取到了首战的机会，成为第一批进入沌口方舱工作的医疗队队员，而两天后，沌口方舱已经满员，每天近10个小时的高压工作，成了每位队员的常态。同样常态的，还有那些湿透的衣衫以及护目镜、口罩留在脸上的印痕——这些印痕此消彼长，一直到方舱顺利休舱，才稍有好转。

战"疫"的日子里，陈平和他的队员们共收治确诊患者27例，疑似患者16例，无一例患者死亡。在这个过程中，作为检验专家的黄增超，每天阅片超过50人次，无一错漏。欧阳曍带领队员先守方舱，再战协和（华中科技大学同济医学院附属协和医院西院），胜利实现了患者零死亡、医护人员零感染、治愈人员零回头的目标。这些见诸报道的成绩，写下来似乎只有寥寥数笔，背后却是数不清的英雄往事。而这些面对疫情尚能一往无前的战士们，在面对荣誉的时候，却"退缩"了——"我的工作很简单，没什么值得嘉奖的""我做得没有别的队员好""这都是我应该做的"。当你让他们谈谈在战"疫"中最富有成就的事迹，他们只会笑着告诉你，离开方舱时，患者的笑脸和感谢，就是他们最大的成就。如果要再举一个例子，大概就是在二月二那天，给病区里几十个患者剪了新发型，既过了一回理发师的瘾，又给患者带去了好心情。

你看，我们广中医的战士们，性格就是这样的可爱不失幽默，但他们品质是多么的高洁谦逊，胸怀又是何其的宽广美丽！

2020年4月8日零时，我国新冠肺炎疫情防控的主战场——武汉，经过76天艰苦卓绝的战"疫"，终于涅槃重生。武汉长江二桥上，璀璨的灯光打出了"武汉重启，不负春天"的字样，离汉离鄂通道有序恢复交通，"闭关"已久的武汉市民走出家门，再一次点亮了这座英雄的城市。

冬日的"至暗时刻"已经远去，春天的明朗和灿烂再次如期而至。

请记住这些人吧——无论此刻，你是正匆匆赶着清晨的地铁为生活打拼，还是趁着明媚的阳光在公园赏花，或是已经回家，在昏黄温暖的灯下，与家人品尝一顿丰盛的晚餐。

请你记住这些人吧，记住他们护目镜后那双温柔却坚毅的眼睛，记住他们脱下口罩后平凡却可爱的面容，记住他们并不健硕却因精神而伟岸的身姿，记住这些"小医生"和"小护士"，他们正如同流动的细胞，无声，却那般有力，构建着生命的律动，守护着你认为平淡的日子里，那些数不清的幸福点滴。

他们，就是让春天如期而至的人。

他们，就是新时代最可爱的人！

聚青春力量，做先锋表率

——天水市二院青年医务工作者投身疫情防控第一线

甘肃省天水市中西医结合医院（市二院）　**王泰康**

关键时刻见真章，危急关头显担当。连日来，天水市中西医结合医院（市二院）广大青年职工坚决贯彻落实院党委的决策部署，挺身而出，不惧前险，始终战斗在疫情防控第一线，展现了新时代青年的担当作为，为打赢疫情防控战贡献青春力量。

2020年春节，注定是不平凡的春节，面对疫情，全院上下迅速联动，放弃假期，以医者担当，全力以赴做好疫情防控的各项工作。医院青年职工，主动请缨，奋战一线。家在外地的青年职工毅然决然地退掉了春节回家的车票、机票，"逆向而行"，第一时间折返到新型冠状病毒感染的肺炎疫情防控的前线阵地中。

一、最美逆行者驰援武汉，二院青年在行动

2020年1月27日，接到甘肃省委、省政府和甘肃省卫健委驰援武汉的指令后，不到1天，我院医务人员面对疫情无畏无惧，争相报名。经综合考虑，选派3名临床经验丰富、业务素质强的护士前往兰州集结，参加甘肃省第一批援鄂抗疫医疗队应对新型冠状病毒感染的肺炎疫情阻击战，其中胡晗、王丽红为我院科室青年骨干力量，在出征仪式上，她们表示，一定会不辱使命，全力以赴，规范操作，专业救治，保护好自己，服务于患者，展现出我院的医护风采，为人民的生命保驾护航。全院同仁都被三位同志主动请缨驰援武汉的无畏精神所感动。临行前，三位同志的眼神中含有诸多的不舍，但更多的是坚定和必胜的信念，与亲友和同事短暂告别后，她们毅然踏上征程。

二、在临床一线，青年医护人员因为需要，所以义无反顾

作为疫情防控定点救治医院，我院高度重视、快速反应，在第一时间成立感染科，组建医护团队，全体青年医护人员纷纷响应医院号召，主动请战要求加入，被抽调到感染科一线的医生、护士，大部分是其他科室的青年骨干。门急诊团支部书记张小玉怀有身孕，仍一马当先，勇担感染科一病区护士长的重任。她表示，虽然过年值班很想家人，但是在这个困难时期，就是要舍小家顾大家，作为青年医务工作者，更需要起到先锋模范带头作用。作为感染科副主任的青年医师王琦，要负责全院疑似及确诊患者的诊疗工作，了解每个患者的病情，肩上的担子很重，穿着厚厚的防护服，奔走在临床一线，指导其他医生工作，严把医疗质量关，密切关注患者病情变化。工作多年，王琦从没在家过一个春节，今年大年三十，当看到医院发出招募感染科医生命令后，当即主动请战，他说："作为新时代青年，疫情就是命令，作为医务工作者，防控就是责任，哪里需要我就要往哪里冲锋。"奋斗在一线的青年医护人员纷纷表示，养兵千日，用兵一时，这个时候我们不上谁上，请医院放心，请亲友群众放心，我们有能力保护好自己，更有信心夺得本次疫情保卫战的最终胜利。

三、在检查一线，青年医务工作者搭建起与患者之间的连心桥

检验科处在疫情防控检查的第一线，站在离病毒最近的地方，科室青年检验技师响应医院党委的号召，一天内，在科室主任带领下完成了检测筹备、生物安全防控、人员防护培训、规范标本送检、检测过程防护、检测后标本处理等重要工作流程，加快了诊疗进度，向临床提供有力的诊断指标，检验科青年工作者说，作为检验人，不像一线医生护士那样频繁接触发热病患而广为人知，也许我们不了解每一位送检患者的病情，不知晓每一份检测标本背后的故事，但是我们的心是热的，我们冒着风险努力架起医生与病原学证据之间、患者与病原学报告之间的桥梁。在放射科、CT室，检查发热患者，需要直接接触患者，有潜在感染风险，做完后要进行严格消毒。当科室提出需要安排这一工作时，青年工作者踊跃报名，在短短一小时就集结完毕，投入一线。为了节省防护用品，他们一穿防护服就好几个小时，防护服的面罩和眼罩容易起雾，严重影响视线。眼镜压着鼻

子很痛，也不能伸手去拿，只能咬牙硬忍着。青年工作者克服困难，为每一位患者做了详细检查，发出了一份份准确的报告。

四、在预检分诊一线，二院青年职工守住疫情防控第一道关卡

门诊、公卫科、院感科青年职工组成预检分诊的关卡，在后勤和保卫科的同志们的支持配合下，顺利在用于预检分诊的应急帐篷中有序开展工作。站在帐篷前，大家怀揣着责任与使命，对过往每一位患者测量体温，仔细询问并将发热患者护送至发热门诊，成为此次战役预检分诊的第一站。正值寒冬，门诊楼外环境温度在零度左右，工作人员却从未抱怨，而是用热情和信念，坚守承诺。在门诊部张晓艳护士长的带领下，大家撸起袖子加油干，没有一个人退缩，没有一个人叫苦叫累。这个冬天虽然冷，这个春节虽然忙，但是每一个青年职工的内心都因医院、家庭、社会给予的理解和支持而温暖，也因必会打赢这场疫情攻坚战的强大自信而坚定。

还有很多感人的故事在发生，面对防护物资短缺的情况，他们自制防护面罩，冒着被感染的风险，奔走在抗击疫情的第一线。

危急关头，青年与祖国和人民同在。"若有战、召必回、战必胜、定不辱使命"，在我院青年人身上得到了印证，青年职工的辛勤付出，为确保打赢这场疫情防控阻击战打下了坚实基础。结合行业特点及我院实际，未来，我们将严阵以待，随时等待上级部门统一部署调派。

疫情就是命令，防控就是责任，疾风知劲草，烈火炼真金，青年职工尽显当代青年医者热血赤诚、心系家国的大爱无疆！作为天水地区救治医疗机构之一，市二院全体青年必将恪守初心，勇担使命，时刻准备为全市人民打赢这场艰巨的疫情防控战筑起最坚强的防线。

二院一定行！中国一定赢！

凡人小事

甘肃省庆阳市中医医院　朱明霞

突如其来的疫情，打乱了所有人的生活秩序，在病毒肆虐的初期，我能做的就是保证医院出入口秩序，然后反复洗手。

那段时间我焦虑了，有时候会彻夜难眠，我的右手掌心洗破了，蜕皮流血。我提醒亲朋好友，没有急危重症不要来医院。复工之后，大批患者涌入医院，预检分诊压力瞬间增大，许多患者等了一个春节，终于等到医院开放。他们有的步履蹒跚，有的坐着轮椅，有的被搀扶着，焦急地等待从预检分诊通过。他们太需要有人解除他们的痛苦，但医院要保证安全，需要登记进入。

长江个子不高，面庞红润，敦实憨厚，他是我们单位维护保修摄像头的工作人员，从复工那天起，他就帮着患者扫码登记，这一干就是两个月。长江的家离医院不是很远，他每天早上骑电动车来医院，7点40左右上岗，一直到10点半，有时到11点多。有人提醒他在这样的环境中工作有风险，但长江天天和患者在一起。这期间，我也守了一个月，帮患者办理扫码登记，维持秩序。

我问长江，别人避之都唯恐不及，而你为什么要来医院？长江说在医院接诊的大多是本地患者，他们没有去过疫区，自己也想为抗疫尽份力。再说，很多本地患者不会填信息，来看病，就想帮他们，能帮多少是多少，以便他们尽快就医。我是医院职工，在如此大的灾难面前，做一点力所能及的工作，是职责所在，但长江没有义务。他的维护保修工作，也不需要每天来医院，但他就这是这么热心肠。

我们的预检分诊设在门诊门口，进院车辆和人员在指定区域扫码登记。长江每天在扫码区，与前来就诊的患者接触，拿他们的手机帮忙登记，还负责搀扶行动不便的患者，他的防护措施仅有口罩和手套。

在这两个月，天气像过山车一样变化无常，雪、雨、大风降温轮番出现，风和日丽的日子太少。那次大雨我穿了羽绒服，长江穿了雨衣，我们帮患者扫码登记。9点多的时候，我的羽绒服一个胳膊已经湿透，鞋子里面全是水，脚冻得没地方放，手指麻木不能伸直。在给一个老年人登记的时候，身后一个50多岁的妇女拽了一下我的衣襟说："天太冷，你穿少了。手冷吗？你得戴个手套。"我当时心里一热，眼泪就出来了。大风降温，长江帮手机欠费停机的一对老姐妹交了话费，然后帮她们扫码登记，老姐妹谢过长江，进了预检分诊，还回头招手说谢谢年轻人。

2018年，长江在庆城县桐川镇惠家庙村入党，他是农村党员，在疫情防控封村封路的时候，他在惠家庙村和小区的防控点执勤，复工以后他到医院工作。他说从小有当兵的愿望，像军人一样保家卫国，维护社会安定，这是他的梦想，他说疫情防控国家号召党员站在一线，他没有物资捐献给国家，所以他来了，做一个党员该做的。

这场灾难让我有机会和长江同干一件事，他没有逆行武汉的壮举，却心甘情愿做着微不足道的事情，给了我更多的感动。

疫情尚未结束，长江还在坚守。无数如长江一样有担当的平凡人，为抗击疫情付出了自己的心血，向社会传递着绵绵的爱和生机，让我们生活得温暖安定，充满希望。

抗疫出征破楼兰

辽宁中医药大学附属医院　隋吉峰

出征：己亥冬末，庚子春来，荆楚大地，染者数万

　　我是一名普通的重症医生，工作十年，平时喜欢做饭，新年将至一直在关注武汉疫情，学习病毒的防治，无暇烹饪，时刻准备应战疫情。党中央对疫情密切关注，除夕就派出了医疗队支援武汉，我深知疫情的严峻，也在内心做好了准备，不为良将则为良医，没考上军校的我怀着一颗上前线的心。除夕夜收到需要报名去武汉抗疫的通知就立即报了名，年初一整装，年初二医院动员会上，我向党组织提交了火线入党申请书，未入党门，先做党人，谁言医者皆文弱，不破疫情誓不回。

　　上午十点院领导班子、陈岩主任护送我们去机场为我们壮行，下午登上了飞往武汉的专机。匆匆地告别了家人，没有和二年级的女儿交代按时完成作

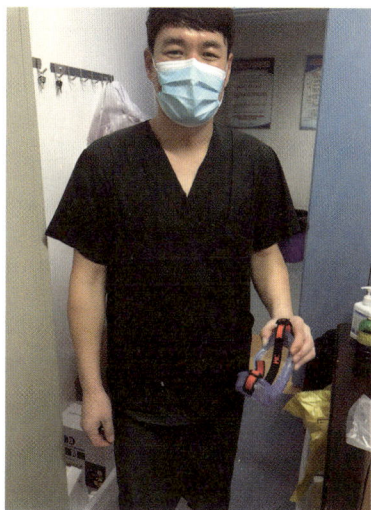

临出征，惜别两个孩子

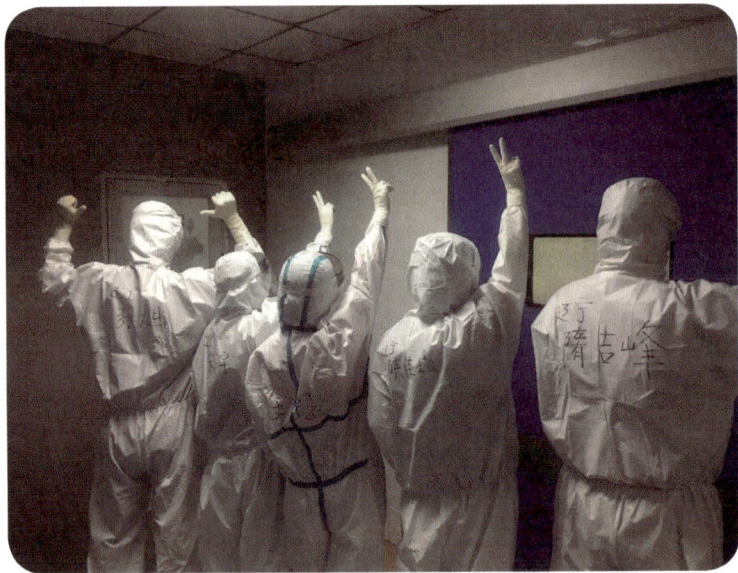

业，也没有好好地亲吻两个多月的儿子，带着家人、朋友和医院领导的祝福，带着一腔抗疫的热血，带着武汉人民的期盼，辽宁中医第一梯队出发了。临行时爱人让我注意安全，父亲夸我是好样的，姑娘录了抖音鼓励我，还有老母亲担心的默默流泪。

出发的路上微信朋友圈引古诗一句以表誓要抗疫胜利之情：黄沙百战穿金甲，不破楼兰终不还。

工作：平凡的医护征战沙场

"重症医学的专业使命，决定了我们必将成为此次阻击新型冠状病毒肺炎流行战役中的救治重症病人生命的主力军"。我们辽宁重症团队60人被分到协和江北医院，困难是有的，冯伟队长带领我们强防护、重排班，经过对病房"三区两通道"的简单重新改造，以及防护用品的筹备统计，我们正式接管协和江北医院ICU，其中包括ICU13张床和重症病房38张床。交接的时候他们当地ICU郭俊主任介绍病房情况几度哽咽，病人多、条件差、工作累，长时间精神和身体的压力让人几近崩溃边缘。我们的进入，终于可以让原有的医护人员得以喘一口气。

日常工作从清晨5：50开始，起床洗漱、吃饭，带上必要的物品，有洗烫消毒好的刷手服、7.5#手套，为什么要自己备手套呢？因为北方人手大，他们常备的无菌手套7.5#的经常缺货，长时间戴小号手套手指会缺血疼痛，所以手套用自备的。7：10坐上专门接送医护人员的巴士去那个没有硝烟的战场。有人问我面对被感染的风险有没有害怕，我告诉他害怕也没有用，防护好才能保命，只有健康才能救治更多的患者！到ICU都会站在柜子前闭目10秒思考接下来要做的每一个步骤，用沐浴露做眼镜的防雾处理，穿刷手服，准备手套、帽子、口罩、鞋套、隔离衣、防护服、水靴，按步骤穿好进入病房。第一天白班，一名肾衰患者要做血液净化，穿中心静脉，安装管路，顺利上机。开始感觉穿隔离服操作不是一件容易的事，带三层手套去穿刺中心静脉，手的灵活度下降，触感变得不灵敏，一通操作下来自己能感觉到汗水在顺着脖子往下流，划过皮肤的感觉是热的，不经意间汗水已经湿透衣背。

一名患者氧合差，呼吸机支持力度很高，肺复张＋高PEEP不能满意的提高氧合，我们五个医护人员一起给患者做了俯卧位通气，这时候需要一名护士站在床头固定患者所有的管路，尽量避免患者的气管插管、中心静脉导管、鼻饲管脱落断开，因为每一次的管路脱落断开都会使患者和医护处于危险之中，取下心电监护电极贴，四个人抬患者在床上移动、翻身、摆体位、垫软枕、联心电监护，观察氧合，重新调呼吸机参数，停下来看看时间，20分钟很快就过去了。指南推荐每日16个小时俯卧位通气有利于改善氧合指数，为了避免压力性损伤，间

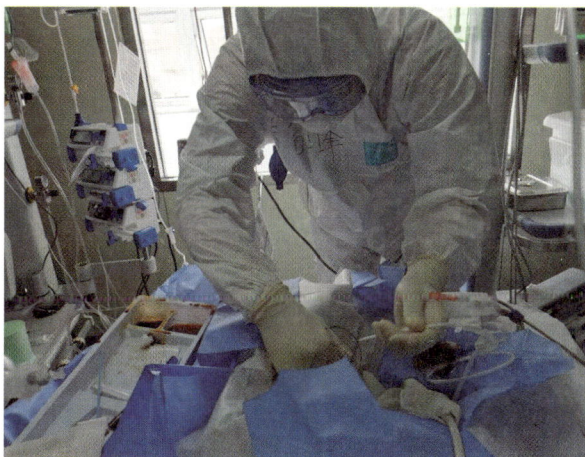

给患者穿血滤用的中心静脉

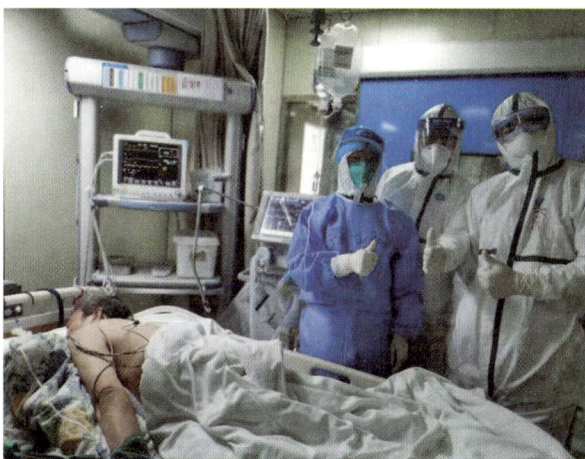

俯卧位通气患者氧合改善

隔4个小时我们要给患者做姿势和受压部位的调整，多的时候每天会给4个患者做俯卧位通气。由于患者多，氧气压力不足，很多患者需要用氧气瓶供氧，患者的吸氧浓度都在60%～100%，频繁更换氧气瓶成了日常工作的一部分，一两个小时就要换一个，有时候用车推，着急了就两个人抬。所有人都知道累，但是累也要干，为了在监护仪上看见满意的数字，为了患者能够重新活过来感受人间的美好！

我们医生排班也是弹性的，白班8小时，夜班16小时，只是根据人员调动休息的时间会有变化，要忍耐口罩勒耳朵疼、压鼻梁、颧骨皮肤刺痛、胸闷，手套撸的指尖疼，穿防护服闷的流汗，脱防护的寒冷，还有穿纸尿裤不太方便解大小便。有一天，武汉下雨，气压低，早上出发时戴上口罩就感觉气短胸闷，但还是照常去上班了。上午10点多我正在床头调呼吸机，队长突然问我，老隋你还气短不，我愣了一下，早就忘了气短的事了。紧张而又高强度的劳动，注意力专注确实可以让医护忘记疼痛，还有很多值得记录的瞬间，无暇记录。刚开始工作的时候，下了班身上酸疼，吃完饭就想躺着，两天休息都要在床上度过，后来适应了才好一些。

为了节省防护服，为了物资能多撑几天，很多医生护士都选择不喝水、不吃饭，还带上成人纸尿裤，这样也不必去厕所。由于ICU的劳动强度大，我们选择穿纸尿裤，避免出汗太多会虚脱，毕竟，多一套防护服，就能有人在前线坚持一天。队友们都说不要打扰身边那个突然站立不动的人，他会撒不出来尿。

正是工作，热血沸腾，同事说我有点亢奋，第一个下夜班写词一首《江城子·驰援武汉》，医大一院ICU马晓春主任表扬说有重症人的风采。

江城子·驰援武汉

医护聊发少年狂，左背包，右拉箱，卫帽防服，千里赴楚乡。为抗疫情逆风行，万劫千难，立如松。

请命胸胆尚开张，鬓微霜，又何妨！勇气在胸，誓要保汉阳。会战病毒守日夜，众志成城，疫去安康。

一个月下来ICU的患者都已转出，重症病房患者也少了许多，我们也算取得了阶段性的胜利，进入休整期。55天的重症工作结束了：入驻时患者人数14人，新入院患者人数50人，患者共计总数64人。其中危重症患者64人，死亡患者12人。转出人数52人。深静脉置中心静脉导管42根，股静脉置血滤导管4根，血液净化4人，心肺复苏23次，纤维支气管镜吸痰11次，气管插管26次，机械通气45人，俯卧位通气11人，26次，ECMO1人次（中南医院ECMO团队操作）。

感恩：我是辽宁中医人

衣服、药品、食物，还有珍贵的防护用品，院里都是优先给我们的，我的主任、我的同事，还有院领导时刻挂念着我们的情况，微信、电话的关怀与开导都胜过三冬暖，为了让我们能够安心工作，医院领导班子多次登门慰问并送去生活必需品，心中有一种强烈的归属感叫我是辽宁中医人。

很多人都称逆行的医护是英雄，其实在我们只是普通的临床医生、护士，披上了战袍，忠诚于职责。我在感动着别人，同时也在被别人感动着，身边的战友夏思思就在我所支援的医院（武汉协和江北医院）接受抢救。夏思思救治的患者已经痊愈，而她却只能永远活在我们心中。

医院寄来防护和生活物资

写在最后：幸得山河无恙

临走的时候，在武汉知音莲花湖酒店，酒店员工、志愿者、蔡甸人民自发为我们送行，互诉感谢、依依惜别。在抗疫胜利日，我们搭载南航胜利号航班，从"凯旋门"登机，坐在了"功勋"舱位，飞往我们美丽的故乡沈阳。飞机降落在桃仙机场，我们接收到了航空界的最高礼遇水门礼，省里领导亲自迎接我们，一路上有辽A00000的警车队伍为我们开路。沈阳的父老乡亲和辽宁中医的亲人们自发的夹道相迎，发自内心的呼喊"欢迎老铁回家"，呼喊声回荡耳畔，直拨心弦，我被感动得热泪盈眶。来到辽宁大厦开始了14天的隔离休整，吃上了55天以来最好吃的饭菜，还有大学量身定制的东北烧烤。大厦员工无微不至的关爱，值得每一个人铭记。这些都是给英雄的礼遇，而我只是一名平凡的医生，只是穿上防

医院领导班子慰问抗疫家属

医院领导壮行

护服，践行了一个医者的誓言，党和国家却给了我们英雄的荣誉。感恩祖国、感恩家乡、感恩辽宁中医、感恩我的亲人和朋友们。我们走时赤手空拳，回时沾满花香；走时寒冷正月，回时初春暖阳；走时疫病肆虐，回时万民安康，愿我的国从此山河秀美，岁岁吉祥！

洗尽铅华　依旧最美

浙江省杭州市富阳中医院　徐珊珊

有一种幸福名为阖家欢乐，她们是家庭的女主人，是父母的女儿、丈夫的妻子、孩子的母亲。

有一种召唤名为十万火急，她们是医院的护士长，是业务的骨干、行业的精英、重生的希望。

有一种信仰名为救死扶伤，她们是援鄂的先行者，是英勇的代表、尽职的楷模、真正的天使。

行走在富阳街头，她们是亮丽的风景，知性，美丽；奔忙在富阳中医院，她们是学习的榜样，冷静，理智。当美丽的外表配上护士的白衣，她们用日复一日的坚守，化身为无数人心中"天使"的模样；当多年锤炼出的医疗护理技术遇上突如其来的新冠疫情，她们毫不犹豫冲向最前沿的战场，在武汉洗尽铅华，依旧最美！她们就是富阳中医院大内科（兼心内科）护士长徐建芳和ICU护士长张夏倩。

春节是中华民族的传统节日，五千年的中华文化赋予了它"幸福团圆"的标签。2020年春节，神州大地上空却笼罩着一层阴霾，人们惴惴不安——突如其来的新型冠状病毒肺炎疫情以武汉为圆心，飞速向外扩散。党中央审时度势，发出了武汉封城、各地居家隔离的决议。

大年三十晚上，张夏倩、徐建芳接到医院需要护士驰援武汉的紧急通知。此时，她们儿女绕膝，双亲在旁，却思绪万千，心系武汉，毅然作出了报名驰援武汉的决定。经过层层筛选，浙江省杭州市富阳区援鄂医疗队名单上张夏倩、徐建芳的名字赫然在列。

钟表的指针指向2月8日夜里十一点三十分，当她们告诉家人自己即将远赴武汉的消息时，她们的丈夫沉默了，不发一语，只是默默地收拾着行李箱；张夏倩的女儿13岁了，已经懂事，懂得了妈妈要去做什么，也知道将面临什么样的危险，她的眼睛里难掩悲伤。

2月9日的太阳像往常一样升起，这一天却拥有不一样的意义。徐建芳吻别两个还在熟睡的幼子，张夏倩的女儿却躲在妈妈的怀里，泣不成声。两位丈夫侧立在旁，看着他们的妻子，这个自己最爱的人，自己发誓要去守护一生的人，去往人人唯恐避之不及、最最危险的地方。人到中年的男人知道什么是责任，什么是"逆行"，也知道这一去，虽然有各种安全防护措施，但是依然有可能是天人永隔。彼此心照不宣，默默祈祷。

飞机载着她们，就这样在天空飞翔。人本没有翅膀，作为医护人员，她们降落在最需要她们的地方。2月9日晚，天使们飞抵武汉。下飞机前一刻，两人手紧紧握在一起，"平安回家"成为二人的约定。

她们剪去了长发，剪去了身为一个女人珍爱的饰品。这一头长发，陪伴着她们从孩提时代到碧玉年华。多少个清晨，她们对镜梳头，呵护备至；多少个午后，她们的指尖掠过发梢，引来一片艳羡的赞美。为了戴防护帽时不让头发露出来，减少感染概率，她们毅然剪掉身为一个女人的最显著标识，只保留"天使"的身份。青丝落地，便是收起女性的娇弱，扛起千斤重任。

她们穿上防护服，穿上她们在战"疫"一线的铠甲。肥大的款式掩盖住了她们曼妙的身姿，单调的颜色也不符合女性的审美。但她们钟爱这一身洁白，珍视这为国奉献的契机，严格按照要求穿戴，一遍又一遍相互检查。同济医院光谷院区E1病区里多了两个忙碌的身影，分发早饭，检测体温、血压、血糖、血氧饱和度，给危重病人吸氧，打开水……跟古人行军打仗一样，战事危急时人不卸甲，马不下鞍。这一场战"疫"，她们穿着防护服，做任何事都是放慢十倍的速度，做任何事都是付出十倍的艰辛。可她们牢固树立安全意识，宁肯让汗水浸透里衣，也不要让家人的泪水洒满归途。

她们拿起医疗器械，担起了身为医护人员的责任。简单的一根棉棒，蘸满生命之水搽在患者干裂的嘴唇上；一张白纸一支笔，让听不懂方言的她们得以与病患正常交流，及时做心理疏导，得知他们的苦楚，获取他们的感谢。昏暗的灯光下，她们送来良药、送来呵护、送来温暖，对病魔来说，她们披坚执锐，势不可挡；对病患来说，她们仁心仁术，似三月柔软的风，如春日甜甜的雨。

她们遮住了秀美的面容，只露出一双坚毅的眼睛，满怀关切之情。一班4个小时，真正下班却已经是8个小时。不去亲身经历，无法真正了解连日神经高度紧张、身体高强度劳动是什么样的感觉。寥寥数语又岂能尽诉这犹如赴汤蹈火的激情？看着她们脱下防护服后脸上深深的勒痕，这是怎样的一种压迫感，才会让她们秀美的容颜变成这般模样？这又是一种何等伟大的英雄气概，才会让她们奋不顾身冲上战场！"万里赴戎机，关山度若飞"，战"疫"无反顾，甘当花木兰！

他日一别，恍如隔世。当再次与凯旋归来的你们相拥，我们泪如泉涌：思念、心疼、钦佩、喜悦……百感交集。轻抚那伤痕未消的脸庞，轻触那尚还扎手的短发，我们深深地感慨：回来就好……

洗尽铅华，逆行而上，你们用忠臣和担当，诠释着白衣天使大无畏的精神，书写着巾帼不让须眉的英勇气概，让我们用最深的敬意礼赞英雄逆行，用最高的礼遇迎接最美天使归来！

张夏倩在支援武汉期间送她女儿的礼物

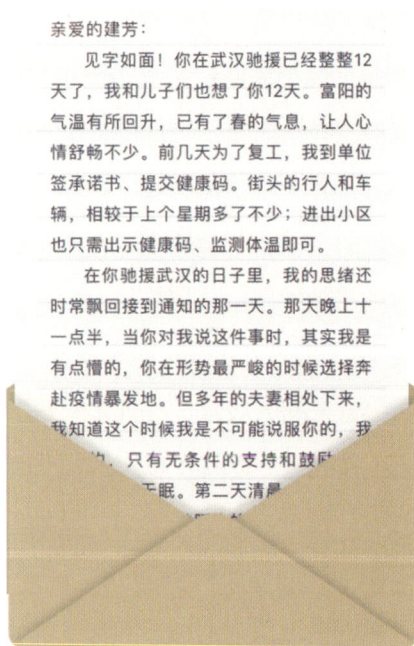

亲爱的建芳：

　　见字如面！你在武汉驰援已经整整12天了，我和儿子们也想了你12天。富阳的气温有所回升，已有了春的气息，让人心情舒畅不少。前几天为了复工，我到单位签承诺书、提交健康码。街头的行人和车辆，相较于上个星期多了不少；进出小区也只需出示健康码、监测体温即可。

　　在你驰援武汉的日子里，我的思绪还时常飘回到接到通知的那一天。那天晚上十一点半，当你对我说这件事时，其实我是有点懵的，你在形势最严峻的时候选择奔赴疫情暴发地。但多年的夫妻相处下来，我知道这个时候我是不可能说服你的，我只有无条件的支持和鼓励……

徐建芳在支援武汉期间收到她老公的来信

我在武汉打"怪兽"

浙江省宁海县中医医院　**顾丽娜**

今年的春节，我们经历了一次前所未有的、全国性的灾难——新冠肺炎疫情。1月27日晚上八点半医院群里招募一名护理支援武汉。"我报名！"我第一时间响应，因为从疫情防控战打响的第一时间我就想冲锋去武汉，还有就是因为我的爱人赵启杰，1月22日（腊月二十八），他就对我说："这段时间我可能不回家了，隔离病房已经开始收治新冠肺炎患者，我作为感染科医生必须得进去。"从那天起他进驻县第一医院的隔离病区。当我告诉他我要去武汉时，电话那头的他沉默了下，然后对我说："我支持你，你放心去，就是我不能来送你了，你到武汉一定要做好防护。"

1月28日（正月初四）上午8点，我作为宁海县第一批驰援武汉的医务人员前往杭州，和大部队会合组成浙江省第二批援助武汉医疗队。当夜，我们这支由40名医生、97名护士、1名消杀人员、2名行政人员和10名医技人员组成的医疗队伍，出征武汉。

晚上9点，飞机落地武汉天河国际机场，这是一个曾经人烟熙攘的地方啊，可是那天晚上除了几盏灯亮着，除了我们这一群医务人员，什么都没有。这是我第一次明确地认识到疫情的暴风眼有多可怕，在马路上唯一能看到的只有警车和救护车，第一次感受到警铃和救护铃的声音这么直击人心，但是我们不怕，相反热血澎湃。

没有做太多休息，隔天我们就进行了短期整训工作，包括我们住的酒店也进行改造，设立了污染区、缓冲区、清洁区，确保我们的自身安全。整训完毕马上投入到新冠肺炎隔离病区的工作中。我们医疗队整建制接管了武汉科技大学附属天佑医院两个重症病区、一个危重症病区和检验科。上班路上我们间隔而行，当然重中之重就是身上的装备。

我相信大家已经从各类媒体报道中看到过我们身体的负重。而情况确实是如此的。我们每次进入隔离病区中，都要先穿好厚厚的防护服。这个防护服，并不是你们见到过的那么一件，首先我们要穿一件不透气的防护服，外面再加一件厚厚的隔离衣，戴上护目镜，还要穿三层手套，脚上还要穿鞋套，同事之间再相互检查3~4遍。所以，光穿防护服这一个过程就需要半个多小时时间。工作期间，因为防护服太厚了，很容易出汗，也会打湿护目镜而影响工作；因为手套穿太多了，制约了手指的灵活度，在给病人护理的时候，我们只能放慢速度，保证精准操作尽量不伤到病人。更关键的是，由于防护服供应量限制，所以我们不舍得脱下，一穿就是6个小时以上，不吃不喝，不上厕所。医护紧张，患者激增，我们由5人轮班改成3人轮班，加上防护服穿脱，一个班耗时近10个小时，为了更有效地工作，我吃了整整两个月的药以推迟经期，高强度的工作让我的战友在工作期间甚至晕倒了。有一次，因为手套尺码偏小，等下班脱去手套后，我发现大拇指指盖已经瘀青了。脸上的勒痕、全身过敏皮疹、失眠、极度心动过速，条件的苛刻也一度造成了我们团队的恐慌。

我被分配在了隔离七病区。整个病区41张病床，转出一位马上就换上一位，床位使用率100%。而住在这里的病人基本上氧饱和度很低，都脱不掉面罩吸氧，有些病人即便自己感觉良好，但脱离面罩不久，又开始胸闷气促。

在这里从事的护理工作，与我在宁海的日常工作截然不同。在重症隔离病房里，不允许护工和保洁人员进入，各病房的病人是更不允许相互走动。因为疫情的特殊性，病人身边没有家属的陪伴，这个时候我除了要做好本职工作，还要成为他们的家人，照顾病区内所有病人的吃喝拉撒。给病人发饭，烧开水，倒垃圾，病区消毒，陪护和保洁等工作，工作量和工作强度倍增，但是我们没有丝毫抱怨。因为驰援就是我们的任务，救助病人就是我们来到这里的唯一目的。

记得我从隔离六病区分配到了隔离七病区。这里我遇到接手的第一个病人，他在病房里说得最多的一句话就是谢谢。2月8日上午7点左右，我跟往常一样，在病区给每位病人分发早饭，有一位60多岁的患者对我说："一份我吃不饱，可以多给我一份早饭吗？""我先把其他病人的早饭分好，有剩下的我就给你送过来。""谢谢，谢谢！"他喘着气但努力说着谢谢，等我发完早饭把剩下的早饭带去给他，他躺在病床上，因为血氧饱和度底，呼吸急促，脸上带着面罩吸氧，身上还上着心电监护，手上在输液。看着病人难受的样子，我于心不忍，慢慢地帮他把病床摇起来，我剥了鸡蛋，一点点喂给他吃，然后再喂中药。在这近20分钟里，他拿下面罩说了声谢谢，又带上呼吸几口氧气；又拿下说谢谢，我说我知道，这是我应该做的。

这几天我一直关注着他，过了两天，他病情加重，不断咯血，看到我过来，他说请给个袋子，看着他非常难受的样子，我很想去帮助他，他拿过袋子费力地说了声"谢谢"，紧接着将血吐进袋子里。整个过程没有再讲任何话。当时我的眼眶就红了，看着病人那么难受我却无能为力，护目镜起雾了，我赶紧走开，我怕我会哭，会弄湿护目镜，这样就不能护理病人了。当天下午他的病情再次加重，需要立即送ICU，可是那段时间是病情高峰期，一床难求，ICU也只有在第二天才能腾出床位。

第二天，他终于进了ICU，那几天我每天都会问王平医生，病人情况怎么样？好点了没有？开始那几天，王平医生告诉我情况还可以，刹那间，我的心情就放松了，可是一周后，王平告诉我，病人熬不住还是走了，听到这个消息我的眼泪就止不住留下来了，那一句"谢谢"一直在我的脑海里，前段时间承受的压力让我一下子跌落到谷底，一直以来我觉得自己很坚强，可是那瞬间我觉得我很无助，很无力，没有帮到他，也没有帮到他们。队友们安慰我鼓励我，告诉我必须情绪隔离，但是要做到真的很不容易，很难，我只能尽量控制自己不去想，那几天下班回到酒店，奚书记对我进行心理疏导，帮助我缓解心理压力，我必须让自己坚强起来。只有自己强大起来，才能更好地帮助更有需要的人。

因为我们接管的都是重症病人，病人自身处于体能不佳、活动受限甚至不能自理的状态。年纪大一点的老人家甚至不知道家人在哪里。

这其中让我印象深刻的是一位92岁的老爷爷，是敬老院送过来的一位患者。那天我上夜班，我看见老爷爷就带了几件衣服，其他日用品都没有。我过去问需要什么的时候，他别的都不说，就告诉我他没有电话，已经好久没有联系上儿子了，想家里人了。我问他记得家人的号码吗？他想了很久报了一个号码给我，第一次打打错了，第二次又错了，听到电话那头的否认，老人很沉默，我鼓励他再想想，说不定下一个号码就能打通了。老人家又努力想了很久，终于缓缓地报给了我一个号码，报号码的时候老人家一直看着我，他的眼睛没有那么清澈，却让我感受到了信念的托付。当着老人家的面，我打通了这个电话，幸运的是这次我打通了，接电话的是老人的儿子，他在那边很着急地说打电话找不到人，而自己也在家里隔离不能出来找人，根本不知道他爸爸住院了。听到电话那头儿子的声音，老人家的情绪一下子激动起来，我马上把电话给老人，父子俩隔着手机聊了好久好久。

恋恋不舍地挂掉电话后，老人家的情绪明显好转，还告诉我肚子饿了，但是那个时候已经过了晚饭点了，我求助外围老师，让他们送点吃的过来，看了老人家没有任何生活用品，我想办法给他弄了纸巾，还有杯子等，老人家握着我的手说："谢谢你，孩子。"

当老人家说到孩子时，我也想起来了我正在上一年级的孩子赵梓博。我和丈夫都在抗疫一线，只能让他去奶奶家或者外婆家。微信里，他总是会问我"妈妈你什么时候回来呀""妈妈，我想你了""妈妈，你回答我呀？是不是我不乖，你总是不回我""妈妈，我想看看你"，当他想和我联系时，我在工作，而当深夜下班我能拿到手机时，他已经睡着，看着微信里有很多语音留言，我只能在心里默默地说："等妈妈打完'怪兽'就回家。"

武汉是一座英雄的城市，隔离病房的门是一扇扇生门，看到有些患者上午入院下午离开，有些患者上个厕所仅仅几分钟的时间，也成为一种告别。一个个生命的消逝，一幕幕生离死别，一度给我们的心理蒙上阴影，但是我时刻告诉自己：我是一名护士，是一名战士，是他们生的希望。虽然工作艰难，但是看着他们一个个绝望求助的眼神，想要活下去的信念，想想这些，我们还有理由去拒绝和退缩吗？

52个不分昼夜的日子里，我和我的战友与死神赛跑，与病毒拼搏，在不断工作磨合中，病区内各组护士之间也逐渐形成默契。大家懂得对组员之间互相体谅，对体弱同事格外照顾。工作中有好的经验会及时与大家分享，并在全院推广。同样的，我们也和患者培养了深厚的感情。记得2月14日情人节那一天，我们护理团队一直在想着给病区里的患者送上一份特殊的情人节礼物，因为没有鲜花，有着手工功底的来自温州的老师提出用手工纸花代替，就这样大家带着祝福做出了一朵朵玫瑰花。可想而知，当患者收到这份特殊的礼物时，也是格外的惊喜。将自己的食物带到医院给年老体弱患者增加营养，对生活不能自理的患者给予生活照顾，协助吃饭、喂药、大小便排泄，等等，为了排解住院期间的孤单和无聊，我还主动教大家做八段锦操，不但能强身健体，也能融合感情。在此时，我们和患者就是一条船上的"战友"，唯有携手并进才能风雨同舟。

经过了52天的艰苦工作，我们终于圆满完成此次抗击新冠肺炎的任务，累计收治患者192人，其中，重症108人，危重症32人，135人治愈出院，做到了"打胜仗、零感染"。在这52天，我见证了无奈、热血、感动、不舍，我从最开始的期盼早日回家，到最后希望时间过得慢一点，我第一次体会到什么是战友，什么是团结，52天让我看到武汉医务工作者的素质，英雄的城市，英雄的儿女。

我们浙江救援组也因为表现突出，受到了国家三部门表彰，被授予"全国卫生健康系统新冠肺炎疫情防控工作先进集体"称号。

大疫当前，我也看到了很多优秀的党员不畏艰险、无私奉献，坚定站在疫情防控第一线，就像我的组长邵玲，她就像一位大姐，不但细心关照我们的饮食起居，在她的严厉监督和细心指导下，让我们熟练掌握了动脉采血、无创呼吸机等操作技能。还有我们浙江团的护士长张绍圣，作为男护士长，有护士病倒了他顶上，有科室整改了他顶上，挂在他嘴上最常说的一句话："我是男人，该照顾女孩子的时候就该多做点。"

正是他们在疫情斗争中表现出英勇无畏、舍己为人的高尚情操，再次坚定了我入党的信念，到武汉不久，我再次向组织提交了入党申请书，也得到了组织的批准火线入党，成了一名光荣的预备党员。

离别家人迅速集结，我抬头仰望天空，忍住眼泪；削去秀发换上戎装，我看着地上缕缕青丝，用微笑掩盖眼泪；工作中累得晕倒，我拥抱我的战友安慰着说我很好；看到病人痛苦挣扎甚至死去，我却无能为力，我攥紧拳头忍住眼泪，告诉自己我要坚强要努力。因为，我知道我是战士，战士流血不流泪。但是当我踏上回家的归途，看见家乡的亲人们在各个路口迎接我们的时候，我终于忍不住了。因为此刻，我不再是病人的希望，我只是离家归来的女儿、妈妈、亲人、朋友，而我的亲人们就在前面等着我回家，这一刻，我终于可以做回我自己。

经历了大劫难，才能看出一个国家的强大。在武汉抗疫期间，我们每天都可以看见从全国各地不同医院不同科室前来支援的医疗团队，我们素未谋面，却亲如一家，因为我们都是祖国的儿女；后期，我们每天都可以接收到来自各个地方，甚至远在海外的同胞寄来的物资，真的让我对"一方有难，八方支援"有了深切的体会。而此刻，我能在武汉毫无顾虑地战斗，最后凯旋而归，离不开宁海县委县政府等各级领导和社会各界给予我的帮助和鼓励，我知道我守卫武汉，你们守卫宁海，守护我的家。感谢各位领导、各位兄弟姐妹，你们在大后方想方设法为我提供各种医疗物资和生活物资，给予我源源不断的勇气和力量，你们是我最坚强的后盾。

生长在这样的国家，我觉得很幸运、很幸福。虽然，疫情还未结束，但是我始终相信只要我们同舟共济，守望相助，就一定能够彻底战胜疫情。

疫情下的温度

中国中医科学院西苑医院　谢晓磊

请愿出发

2020年注定是不平凡的一年。春节前夕，新冠病毒在武汉突然暴发，感染人数与日俱增，牵动着全国人民的心。2020年1月25日，中国中医科学院西苑医院首批国家中医医疗队员出征武汉。我也在请战书上坚毅地按下了带着体温的红手印，虽遗憾这次出征队伍里没有我，但作为增补人员在后方听从指挥，整装待发，随时准备奔赴抗疫一线。为帮助即将出征的战友们采购生活用品，准备医疗物资，我和护理部的老师们放弃了与家人一起吃年夜饭，加班加点以最快的速度为战友们准备好行囊。接下来的几天医院进入了严防死守的战备状态，每天都在紧张有序地忙碌着。就在第一批队员出发后的第9天，我和其他6名战友作为首批国家中医医疗队的增补人员坐上了开往武汉的列车。那天的情景永远深刻在我脑海里，坚如磐石。临行前领导们的嘱托、同事们的叮咛、亲人们的牵挂，一条条"祈祷平安""期盼凯旋""加油鼓劲"的信息淹没了我，感动的眼泪伴随了我一路。当时我告诉自己：加油谢晓磊！一定要圆满完成援鄂任务！一定不辜负领导、同事和亲人们的期望。

初到武汉金银潭医院

列车到达武汉，一下车车站里的宁静加剧了楚地的湿冷，唯有列车离开我们的视线时列车员们异口同声地"加油！你们是最棒的，武汉加油！中国加油！"高呼声给了我莫名的温度。

走出车站，偌大的城市空空荡荡，除了呼啸而过的救护车，几乎看不到行人。此刻，空气的沉寂、刺骨的寒冷夹杂着内心的恐惧如同战争的第一颗炮弹向我袭来。

到达驻地就开始了轮番的培训，反复演练防护用品的穿脱顺序，严格考核防护服的穿脱方法，就算吃饭、睡觉、走路、洗澡，这一切都在我脑海里一遍一遍地上演。因为，我深知除了救治患者，我们还有同样重要的任务——就是保障医疗队员的零感染，所有人必须严格执行防护用品的穿脱顺序和院感专家的要求，只有这样才能去救治更多的患者。

进入隔离区，眼前的景象令我愕然，病房里、走廊里都是病患，一双双恐惧、无助、不信任的眼神，深深刺痛了我。顾不上思考太多，只有埋头工作。喂饭、翻身、清理二便、更换衣物等，我了解每一位患者的护理重点，知道每一位患者的生活需求，尽我所能去帮助他们。每每下班时防护服里面的衣服都会湿透，护目镜下的雾气早已变成水珠无数次滴落下来，脸上的口罩压痕也成了最美的勋章。艰难的第一个星期过去了，病房环境和氛围渐渐有了质的变化，患者的脸上开始展现笑容，护患间的关系也越来越融洽，从开始换点滴都说不用我们，到追着我们聊天，和我们诉说着家里发生的一切，彼此间有了特殊的信任和依托，一切都有了新的温度。

印象深刻的一件事

有一天，一位患者阿姨在病床上拉着我的手说："好孩子，这几天降温了，能帮忙把这条秋裤带给我的老伴吗？他的关节一直不好。"看着老人祈盼的目光，泪水不停地在我眼眶里打转，我跟阿姨说："叔叔住的病区条件很好，如果冷了护士会给他加衣服，放心吧，我下班一定会把这条秋裤给叔叔送过去。"事实上，阿姨的老伴在几天前就已经去世了，我们谁也不忍将真相告诉挂念着老伴的阿姨。那天我和阿姨聊了很多，知道了他们的孩子都不在身边，老两口相濡以沫一辈子。也就是那一次她记住了我的名字，出院时阿姨拉着我的手说："孩子，我虽然看不清你们的脸，但是我会永远记住你们是国家中医医疗队，是你们善意的谎言支撑着我。我要好好地活着，国家为了我们得到救治全力以赴，你们为了救治我们不计危险，千里驰援，只有勇敢地面对疫情，听从医护人员的话，康复出院，才能对得起国家，对得起你们的付出。"

那一刻，让我真正体会到了我们的职业价值，体会到了这场战"疫"除了医务工作者冲锋在前，更有每一位中国人的辛勤努力和默默付出！即便她是一名患者，也在用自己的力量来支持着我们战胜疫情！

发挥中医特色技术

作为国家中医医疗队，在救治患者的同时，也充分发挥了中医特色优势。了解到病区里失眠的患者很多，李静主任立即想到了将耳穴贴压用于这些患者身上，不仅为患者解除了病痛，还完成了"耳穴压豆技术在改善新型冠状病毒肺炎患者失眠症状的临床观察"，并获得护理科研立项。全程参与症状的采集到实施干预以及科研数据的整理，用循证数据展示了中医护理的特色优势。除了金银潭医院外，在武汉客厅的方舱医院、雷神山医院也留下了我奋斗的足迹，协助院士团队进行临床症状采集和中药发放，直到医疗队撤离的最后一天还在隔离区不停地忙碌着……

感恩感谢

无论是作为党员还是一名护士，我只是做了自己应该做的。国家给予了我们最高的礼遇，人民给予了我们最高的赞誉，医院给了我们最有力的支持和关爱，亲人们给了我们最高的关注和关心，让我们一直带着温暖护理我们的患者。其实，我深深地知道后方的领导和同事们也很辛苦，医院每一个环节的防控都不能放松。在此想和大家说一声："你们辛苦啦！"感谢中国工程院院士、中国中医科学院黄璐琦院长的统一部署和领导，感谢医疗队每一位战友的团结、包容、相互鼓励和支持，因为有了你们，我克服了心理上的各种障碍，克服了身体上的各种不适，挑战了全新的自己！

人的一生需要有这样一段刻骨铭心的经历，需要有这样一段在磨炼中成长的机会。出征武汉，今生无悔！今后我会以更加饱满的热情和更加温暖的服务去照护我们的病患，恪守"敬佑生命、甘于奉献、救死扶伤、大爱无疆"的职业精神，随时准备为党和人民贡献自己的一切，继续书写最完美的医患篇章。

在战"疫"一线历练成长

中国中医科学院望京医院　池　宇

　　适逢佳节，本该是阖家团圆、举杯欢庆的时候，一场新型冠状病毒感染的肺炎疫情弥漫在华夏苍穹，使本该有的"年味"荡然无存。疫情防控阻击战的号角吹响后，无数医务人员冲上前线，直面病毒，与之顽强搏斗。我们待出征人员也没有停歇，用坚守、奉献以及心中大爱，筑牢防线、守护家园，尽展责任担当，全力以赴助力打赢疫情防控阻击战。

　　靠前作战，勇当疫情防控的"排头兵"。病毒就是魔鬼，防控就是责任。作为护理人，当接到上级领导指示后，我没有丝毫犹豫，责无旁贷，身披战袍逆行而上。第一时间加入门诊预检分诊队伍，听从门诊办具体工作安排。农历正月初九，一场鹅毛大雪突然而至，疫情笼罩下的北京显得更加寒冷。当日我值预检早班，清晨6点，在大多数人还享受假期带来的"福利"时，我已头顶黑夜、脚踏积雪，在寒风中瑟瑟前行了，公交车成了我的专列。通过多日对患者认真细致地问询、体温检测、个人信息记录等，发现每天都有外地返京患者未自行隔离就前来就诊。针对这一问题我及时与上级领导反馈，协助医务处起草制定了《望京医院就诊须知》及《望京医院就诊患者承诺书（试行版）》，便于患者及时了解疫情期间医院相关规定及患者就诊时能客观真实的配合流行病学调查，确保做到零感染、零漏诊。

　　尽心尽力，当好排忧解难的"急先锋"。面对复杂多变的疫情形势，医院决定封闭部分出入口，并在门诊、急诊、住院部、医技楼入口处设置预检筛查卡口，筑起外防输入、内防扩散的有力防线。疫情就是命令，我身为社工部专职干事，听从院领导调度，第一时间抽调志愿者及支部党员积极参与防疫工作。在时间紧、任务急、物资紧张、人员不足的情况下，我连夜拟定各岗点工作职责、流程、宣传标语、为志愿服务队排班、申请物资，各岗点消毒剂、口罩、体温枪……样样不能少。"麻雀虽小，五脏俱全"，我时刻告诫提醒自己防疫工作容不得一丝闪失，一定要细致周密。无论是为上岗人员做岗前培训，还是指导监督消毒隔离，大到严把岗点各方面管理，小到规范医用垃圾收集、处理，志愿者服装消毒、上岗人员签到等。每项工作都做到了严谨细致、亲力亲为，白天忙岗点，晚上写日志、做流程整改。夜以继日，有时变身暖心"管家"，有时变身"絮叨老妈"。即使是在上岗前最繁忙的时候，我也总要反复提醒大家，做好个人防护，穿好棉衣，注意保暖。对进出人员要求落实"口罩必戴、身份必问、体温必测、信息必录"，与志愿者们齐心协力、严防死守，构筑望京医院钢铁防线，积极推动全院疫情防控工作扎实有序开展。

随着疫情防控严峻形势的不断增强，为防止人员聚集，杜绝交叉感染，保证门诊就诊患者及家属的安全。根据《北京市卫健委关于二级以上医院实行非急诊全面预约通知》的要求，门诊取消现场挂号，改为预约制挂号。按照医院抗疫工作领导小组的指示，之前在此工作的志愿服务团队撤离调整为科室分区分片网格化管理。由我与6个科室（眼科、口腔科、耳鼻喉科、皮肤科、儿科、超声科）医护人员一起驻守门诊一层大厅，助力门诊防疫工作。门诊大厅，是人员最为聚集的地方，患者及家属就诊出入的必经之道，要彻底盘活门诊大厅，做到守土有责、守土尽责、以点带面、无缝衔接，我感到工作压力巨大、难度接近爆表。基于前期志愿服务管理经验，我及时调整心态、积极配合、主动作为，以零死角、零感染为己任，抓紧时间与6个科室负责人沟通后，快速集结成临时作战"部队"，在门诊办窦锐主任的指导下，及时准确设定大厅工作位点、人数，按文件要求制定位点工作职责及各楼层就诊导引说明。使每位上岗人员做到有岗有责，流程明确顺畅，同时通过鼓舞士气，调动大家的工作热情。通过实际运行，工作成效受到院领导和督导组专家的认可。日常工作中依旧本着志愿服务理念，尽己所能，帮助能帮助的人，做好能做的事，用专业的医学知识、温柔的言语、不厌其烦的态度及时解决患者的就医困惑，帮助高龄、空巢、行动不便的老人完成就诊。

最难忘的一件事是一名80岁老人为瘫痪在床的老伴来门诊开药，因儿女远在国外，求助邻居才预约到号源。疫情期间为减少人群聚集，医保中心对慢病药量放开至2～3个月，老人药钱没带够也没和看诊医生说明，拿到处方到窗口交费时才开始犯难。看着老人焦急的目光，及对药品的急需，我主动帮其垫付了700元药费，并帮他提着重物一路搀扶送上公交车。疫情严控，关爱更浓，望京医护人员抗大疫、有大爱。

大疫当前何所惧，一片丹心向阳开！迄今为止，我已在抗疫一线工作80余天，没有豪言壮语，只有扎实工作，在战"疫"一线用实际行动践行共产党员的初心与使命，践行白衣天使的担当与职责。疫情还在继续，抗疫路上，我必将全力以赴为打赢打胜疫情防控阻击战继续贡献自己的力量，在战"疫"一线历练成长，在"新冠疫考"中交出一份满意的答卷。

不忘从医初心，勇作守护群众健康的白衣战士

甘肃省天水市张家川县张棉驿乡卫生院　**王　彦　马芳菊**

　　他是基层的一名中医全科医生，他和所有医务人员一样都秉持的是一颗救死扶伤、全心全意为人民服务的初心。他作为一名共产党员，疫情面前，舍小家为大家，把人民群众的身体健康和生命安全放在首位，在这场没有硝烟的"战疫"中充分展现着一名共产党员应有的素质和担当，他就是张棉驿乡卫生院的王彦。

　　1月24日是大年三十，是中华民族的传统节日除夕，这是一个万家团聚的日子。当大家沉浸在阖家团圆、享受家庭欢乐之时，他在当天凌晨的六点钟，接到张家川县卫健局疫情防控命令，召集大家召开紧急会议。在会议中，按照张家川县新型冠状病毒肺炎疫情联防联控领导小组办公室要求，张棉驿乡地理位置特殊，且临近国道566线，随即决定在张棉段设立县级疫情防控卡点，要求严格实行24小时值班制度，为过往车辆司乘人员检测体温。危急时刻，他顾不得个人

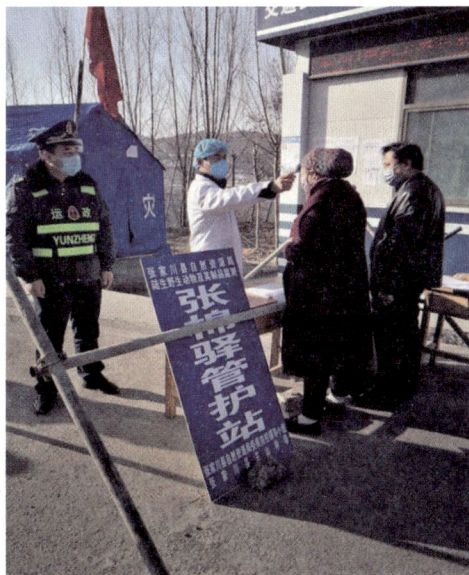

王彦在国道 566 张棉段为过往人员测量体温

利益，第一个请求在除夕夜值班，以实际行动践行一名医务工作者"不忘从医初心、守护群众健康"的使命。

自从在疫情防控卡点值班以来，他深入一线疫情防控检测点轮流值班，恪尽职守，夜以继日，为打赢这场没有硝烟的"战疫"勇于担当，迎难而上。把照顾家里的担子全部交给了妻子，他的母亲平日里患有类风湿疾病，父亲患有慢性支气管炎、高血压，均需长期吃药，1岁多的小儿子、6岁的女儿也需要人照顾。值班二十几天的视频通话中，女儿一直在问，爸爸你什么时候回家，我想你了！你上班走的时候弟弟还不会走路，这几天都学着走路了。你在外面冷吗？吃饭了吗？吃的什么饭？在女儿的追问中，自己不由得感到心里酸酸的。大年初一夜晚，女儿急切地打来视频电话，视频中女儿问："爸爸你怎么戴口罩了？还穿白色的衣服？这是发生什么事情了吗？晚上你还在值班吗？你什么时间回家？我和爷爷、奶奶、妈妈、弟弟等你吃饺子呢！今天你不在弟弟都哭了。"面对女儿的问候，他眼泪溢出眼眶。因为他自己深知自己是一名医生，更是一名共产党员，人民有难，自己应该主动去为他们解除痛苦，没办法只能委屈家人。

从大年三十出去，就是连续二十多天的值班。这个年过得与众不同，年味儿也异常独特。卫生院本来就女的多，男的少，他每天都要求自己去卡点值班，尽量让女同志不要去，也让其他同事多休息一会儿。正月初六的晚上，又是他的夜班。这天晚上正好下着大雪，气温也比平常降低了好几度。夜晚寒风刺骨，卡点其他同事们都感觉有点儿扛不住，所以要求乘客下车后在室内测量体温。作为一

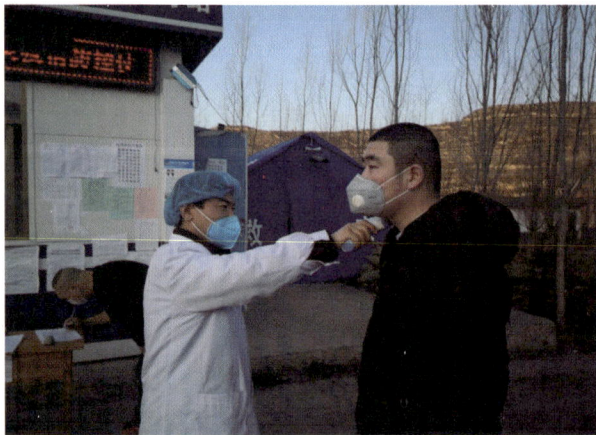

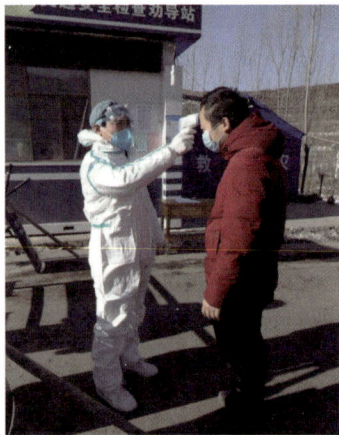

王彦为过往人员测量体温

名医生的他考虑到大家的安全，夜深知被感染后的后果，他委婉地拒绝了同事们的要求，还是坚持就地检测，安全检查后就地放行。

2009年12月他被分配在张棉驿乡卫生院工作，在职期间，他严格要求自己，努力钻研专业知识，时刻提醒自己"业精于勤，荒于嬉；行成于思，毁于随"。他不断充实自己的专业知识，努力考取执业医师、中医执业药师、主治医师等证。在平时遇到临床病人，他总是尽自己最大能力，以和蔼可亲的态度为每一位患者解除痛苦。在医院里，他团结同事，爱岗敬业，遵守医院各项规章制度，医院哪里需要就上哪里。作为一名从医十几年的医生，他自己知道被传染后的后果。他给值班其他同事们解释道："我们是一个团体，如果我们这个团体里面的某一个人被感染了，其他人也面临着被感染的危险，我受点冷受点冻没什么，只要大家安全就好。"他底下穿好隔离衣，戴好护目镜，穿上厚厚的黄大衣去外面测量体温。同事们看他冻的直打哆嗦，要求替换一会儿，他为了让大家少受点冻就拒绝了。北方的气温还是比较反常，一天冷一天热。有时候面对夜晚低气温，体温枪都冻得读不出数据，他为了保证过往人员体温测量准确，让乘客耐心等待，自己把体温枪揣怀里暖一会，然后给乘客测量体温。面对每一位过往的人员，他总是以热情和蔼的态度去面对，从不对过往人员发脾气。

他舍小家为大家，主动前往一线承担值班任务，把风险留给自己，把安全给大家。泡面代替了年夜饭，坚守岗位代替了团圆。

"生命重于泰山，疫情就是命令，防控就是责任。"作为一名共产党员，同时作为疫情防控的主力军、人民健康的守护者，他恪守从医誓言，克服严寒，他严格为每一位过路的司乘人员检测体温。据他回忆，大年初九的早上，一位从庆阳过往的司机带着一家老小去天水上班，途经张棉驿乡卡点，父亲心脏病突发，急需用药，年后上班的他忘带急救药。听到老人家心脏病发作了，看到老人家痛苦的表情，他急忙去卫生院为老人家拿来速效救心丸舌下含服。老人家服下药物十分钟后，痛苦慢慢的缓解了。看到老人家痛苦缓解，他心里也特别高兴，老人家的儿子紧紧握住他的手表示感谢。

在值班的二十多天中，他严格要求同事们佩戴口罩。在没有口罩的情况下，他劝导同事对戴过的口罩二次利用，教会他们如何对佩戴过的口罩减少污染，佩戴后如何保存。他也严格要求过往司乘人员佩戴口罩，劝阻他们疫情期间尽量少出门，少串门。对同事讲解新型冠状病毒肺炎的发病原因、基本症状、如何预防、感染后如何治疗、面对患者如何隔离、如何防止身边及其家人减少感染，并教会大家如何测量体温，教会了同事们六步洗手法。在连续20多天的时间里，张棉乡卡点经过车辆2000余辆，测量体温6000余人，为决胜这场"战疫"提供了有力保障。

作为一名共产党员，誓言就是担当，自疫情防控阻击战打响以来，他主动请缨，积极参与，冲锋在前，从不言苦，连续二十几个日日夜夜坚守疫情防控检测一线，在国道566线张棉段张棉驿乡对过往车辆司乘人员测量体温，一站就是七八个小时，轮到夜班，就是十几个小时。他用实际行动践行初心使命，为坚决打赢新型冠状病毒肺炎疫情防控阻击战贡献力量。

在连续工作的这20余天，他承载了比平时更重的压力。不论是白天还是黑夜，他一边在一线卡点执勤，一边还要回单位加班加点为卫生院三栋楼进行全面消毒。他主动放弃休息时间，背着喷雾器在整栋楼上一层一层地去消毒，消毒完室内再进行室外消毒，彻底地把卫生院三栋楼全部消毒完毕。消毒完毕后他会整理收拾第二天值班用的防护衣和其他防护用品，为接班的人员解除后顾之忧。一天的忙碌没有什么，但长期的坚持和付是出需要信念和毅力。他一如既往，任劳任怨地舍小家为大家，不怕劳苦，饱含了一个党员的责任与义务。

2月21日，接到县新型冠状病毒肺炎疫情联防联控领导小组办公室的通知，张棉驿乡国道566线张棉段卡点要求撤除，他是最后一个收拾完东西，拖着疲惫

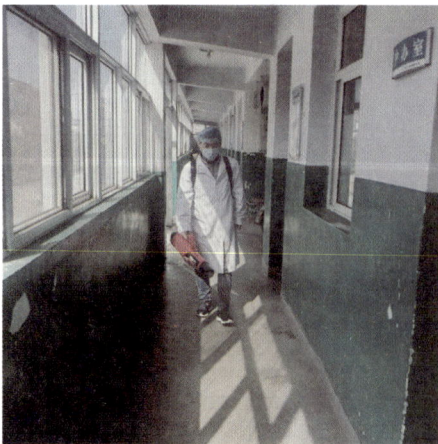
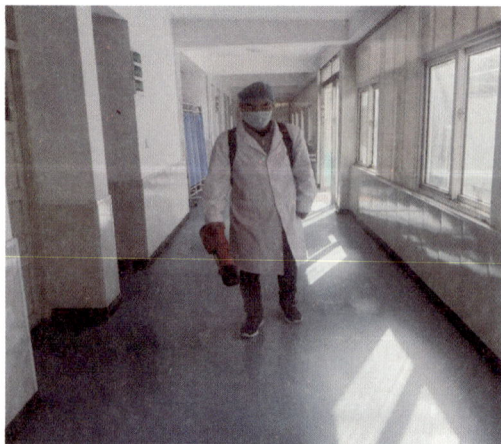

王彦为卫生院科室及楼梯消毒

的身躯回家的。卡点撤除了，他回到单位，依旧每天背着喷雾器为整栋楼早晚消毒两次。

随着时间的推移，从武汉回到张家川的人员越来越多，张家川县新型冠状病毒肺炎疫情联防联控领导小组办公室要求，武汉回到张家川的人员要在宾馆进行14天的严格隔离，每个卫生院要配一名医护人员对他们每天进行体温测量。他主动请缨去宾馆为武汉回到张家川的人员测体温、消毒。

疫情在继续，坚守在继续，作为一名共产党员，同时作为一名基层医生，王彦始终牢记"不忘从医初心、守护群众健康"的使命，以身作则，用于勇担，他不断给同事鼓足勇气，与全院同事及全体乡村医生跟新型冠状病毒肺炎疫情抗争到底。"没有战胜不了的疫情，相信在我们党的领导下，大家手拉手，心连心，认真干好本职工作，一定能打赢这场疫情防控阻击战！"

一袭白衣，不惧生死，以生命赴使命，用行动诠释"医者仁心"。

 "疫"无反顾

90后已是祖国值得骄傲的孩子

中国中医科学院西苑医院　周振琪

看到习近平总书记对90后的回信内容，内心受到万分鼓舞。身为90后这一代人，总觉得很多时候还被领导、家人"呵护"着，80后、70后在我们面前的担当比比皆是。在这场无声的战役打响后，很荣幸受到党支部和院领导的信任，奔赴武汉一线进行支援工作。

初到武汉市金银潭医院，内心没有什么害怕，不知道当时是什么样的心情，只想着我一定要做好医生、领导们的配合工作，不要因为个人原因拖了后腿，便毅然剪去长发，避免在影响在武汉的工作。也有人问过我怕不怕，我说："我们最好的团队、医护都在这里，我不怕的！就算真的不幸感染，我相信我的战友、领导一定会治好我！"对于我们中医团队的高度信任，是我一直以来的强大后盾，我也坚信这坚固的后盾可以带给武汉人民同样的保护！开始的一段时间，我是不太敢和家人联系的，爷爷曾和我说："国家需要，有一技之长咱就上。你加入党组织时候，我们就为人骄傲，现在也是；听领导指挥，听组织安排，保护好自己！"从一开始，我便谨记组织和领导们的句句叮咛。正如习总书记的信中所说，90后是有着蓬勃力量的，堪当大任，我很激动受到总书记这样的夸赞与肯定！还记得17年前的"非典"之战，白衣天使前赴后继，用血肉之躯为我们除去病痛阴霾，那年我才小学二年级。正是从那时起，"白衣天使"成为我一直以来的理想，长大后如愿以偿步入工作岗位，未曾料到却遭遇这场无声的战役，还记得第一次穿起防护服时，那种内心的责任感，我一直铭记于心。保护好自己，才可以打赢这场持久战！治好患者，才可以给党和国家交上一份合格的答卷！我深知手小责任大，肩窄依然要扛起这份重任。一路走来，看到患者出院时欢喜的热泪，看到新闻上习近平总书记脸上熟悉的笑容，我知道，我们团结一致，已经取得了很大的成果！

　　来支援两个月了，总有亲友问候我，是否缺少生活用品，而我最坚定的回答他们"一切都好"！紧急的救治工作有序进行，全国上下团结一致，捐物捐食材，有序地保障着我们的一切，让我们没有后顾之忧地"勇敢前行"。

　　有人说我们是英雄，我觉得我们的祖国才是，她是一位英雄"母亲"，照顾着我们的"病痛生死"，呵护着我们的衣食起居。相信我们摘下口罩，在阳光下奔跑，在春日里畅快呼吸的日子很快就回来了！

　　也请党和国家相信，您90后的"孩子"已经长大，我们依然怀揣理想，手握技能，肩有担当，稳步前行，做您骄傲的孩子！疫情未消散，依然需谨慎，作为一名90后党员，我愿一直把自己的青春、汗水播撒在党和国家最需要的地方！

战"疫"故事分享

广西北海市中医医院　莫庞丽

2020年是不平凡的一年，一场疫情，改变了我们的生活习惯。今天和大家一起分享我们在武汉抗击疫情的一些经历和感受。

2月19日，我担任北海市第二批援鄂医疗队队长，我们队共18个人，来自北海4家医院的队员，带着领导、同事、家人、朋友的嘱托，跟随广西第六批援鄂医疗队，共150人，踏上了前往武汉的征程。我们将接管的是武汉市中心医院，很多队员相继换上N95口罩、戴上一次性帽子，我还特意摸一摸口罩有没有戴好，再吹气试试密封性好不好。后来，我对大家说，我们不怕，我们队员中很多干过重症、急诊，来之前医院也给大家做了专业培训。我们不是孤军作战，身后还有强大的祖国人民，相信我们一定会战胜困难的，就这样，我们11个队员相互鼓劲。很快就克服恐惧心理，投入到战斗准备中。

我作为护理组副组长，2月25日，我第一批进入病区开展工作。进入隔离病区不到半小时，贴身衣服就被汗水浸湿了，耳朵鼻子被口罩勒得疼痛，走路稍微快点，就感到憋气，各种不适，我还是咬着牙撑着。2月28日，是我们北海小分队的队员第一天上班，由于我们队员中李俊娴、苏惠如、冯琼几位年龄偏小，资历尚浅，看到和我儿子差不多的孩子，我还是放心不下。那天我原本是休息的，但我还是决定5点半就起床，跟随大家一起上班，这个点是很难吃下早餐的，但大家为了保持体力，还是强迫吃点，水也不敢多喝。由于我们住在郊区，要坐1个半小时的公交车才到医院，在路上好几个队员都出现了晕车，其中谢思是最厉害的，中途还让司机停车，吐了两次，看到她吐得那么厉害，脸色苍白，走路都有些不稳，到了医院，整个人一下子就瘫在椅子上。我看到真是心疼，我让她休息，说不行就别进病房了。她摆摆手，说没事，过几分钟就可以了。我协助队员们穿好防护服，检查放心了，才让她们进去。经过短暂的休息，谢思也和大家一起进入了红区。那天大家平生第一次穿上了纸尿裤。尤其是秦华，我们都开玩笑，说他一个男同志，终于有机会体验女同志特殊时期的这种感受了。在隔离病房，刚开始队员们都有种窒息的感觉，加上第一次近距离接触患者，心理免不了有些恐慌。后来大家相互加油鼓劲，很快就进入了工作状态。由于我们团队在医院加强了急危重症及相关专业技术培训，大家底气十足，也非常团结，很快就很默契，工作也得心应手了。病房中一位患者需要采血，做血气分析，也可能是因为戴护目镜的原因，上一班的护士抽了好几针都没抽成功，队里年纪较小的"95后"护士苏惠凭着在重症的经验，戴着三层手套，给患者操作，"一针见血"，又稳又准。我走了一圈，发现我的担心是多余的，我们的姑娘们个个表现都很出色，我感到很欣慰，很踏实。下班回到驻地酒店，为了保证自身安全，我们经过清洁消杀，已经是下午5点了多，忙完我们才吃的"午饭"。对于我们的队员，我有过担心，我担心队员因为晕车，体力不支而发生意外，于是我调整了排班，决定带着我们的队员一起上班，并叮嘱大家身体如有不适，一定要说出来，并强调一定要两人一组进出病房。我想，有什么好方法来缓解晕车不适呢？在返回酒店的公车上，我想活跃一下气氛，叫大家唱唱歌，没想到这帮姑娘好几个都是麦霸，越唱越起劲。到酒店了，她们突然发现自己怎么没晕车呢？后来我们在公交车上唱歌成为必修课，唱歌防晕车也传遍了整个医疗队，我们北海小分队也成了明星小分队，好几个麦霸也成了医疗队的"红人"，医疗队队员有什么活动都会邀请我们北海小分队。为了增强抵抗力，我还组织队员们练八段锦，后来其他小组队员也纷纷加入，我们的队伍不断壮大，我们也得到了自治区领导的表扬。

在疫情肆虐的特殊时期，住院患者都没有家属的陪伴，有的刚刚失去亲人，大部分患者都是恐惧、焦虑，非常依赖我们，特别需要得到关爱。我们非常注重对患者的心理护理，平时加强巡视，与患者多沟通，尽最大能力满足患者所需。比如，病房有位认知功能严重衰退的老人，每隔5到10分钟便按一次铃，但队员们始终耐心地照料她，不厌其烦地喂药给她。一位阿姨说肠胃不好，我们便为她煮了粥，我们把北海带来的海鸭蛋、医院自制的香囊，还有我们收到的爱心食品都分给患者们等。我们凭借过硬的专业技术和一颗温暖的心，让患者感受到自己不仅是在接受治疗，还被关爱着，带给他们必胜的信心，我们也和患者结下了深厚的友谊。

病房有一位95岁的老爷爷，刚入院时精神差，脸色晦暗，张着口喘气，还不时咳嗽，看上去很痛苦。队员们和我说，爷爷不肯配合治疗。这位老爷爷，还合并有不稳定型心绞痛、心力衰竭、极高危型高血压、焦虑抑郁等多种基础疾病，生活无法自理。我马上过去，问爷爷怎么不让护士打针，爷爷说："我都90多岁的人了，现在啊，全身都难受，你们不用管我了，别把药浪费在我身上了。"为了让老人尽快得到有效治疗，我拉着他的手说："爷爷，您听我慢慢跟您说，国家正在紧急从全国各地调拨物资到武汉，所以您不用担心药品短缺。另外，各省抽调了大量的医务人员支援湖北、武汉。您看，我们就是从广西过来支援的，我们国家现在的政策是不顾一切代价治病救人。您把病治好了，病毒就不会传染别人，其他人就不用遭罪，您好好地配合我们治病，也是对国家做贡献呀！有我们大家在，您一定会好起来的。爷爷，我知道您身体难受，但只要坚持一下，我们就可以把您的病治好，我们一起努力好吗？"爷爷眼角泛着泪，轻轻地点了点头，我伸出大拇指说："爷爷，好样的！"经过两周的精心治疗和护理，老人的病情明显好转，爷爷想下床走动，我和队员庞叶就扶着他下床活动，在得知爷爷3个多月没理过发，我立即到隔壁科室借来剪刀，叫来同一组上班的队员苏惠如、庞叶一起帮忙给爷爷剪头发。在剪的过程中，爷爷说要帮他拍照和发视频，给他的女儿和远在美国的儿子看看。他女儿收到后立即打电话过来表示感谢，说："你们做得比我们儿女想更周到，更细致，真的好感谢你们！"看到老人笑得像个孩子，我们也感觉很欣慰。

在武汉抗疫的日子里，来自医院大后方的关爱，也让我们感动得流泪。赖晓玲出征不久，婆婆的肾结石就发作了，这让她很是揪心。医院领导得知后，马上为她婆婆开通了绿色通道。张慧仙父亲患有癌症，也是她心中最大的牵挂，医院得知后，便安排了医生护士，上门为老父亲诊疗、抽血检查。在武汉抗疫期间，我们正是有了强大的后盾，才没有后顾之忧，才能全力以赴地战"疫"在一线。

2020年3月20日，是我们最高兴的日子，我们所在病区将进行清零，组员们站好最后一岗，穿着防护服，一手提着包，一手帮患者拉着行李箱，虽然行动作有点笨拙，姑娘搬运也有些吃力，但也无法掩饰内心的喜悦。我们欢送着一个个康复患者出院。他们拉着我们的手，要和我们合影，还激动地说："你们冒着生命危险来救我们，你们是我们的大恩人，如果不是特殊时期，我们一定要买束鲜花，送面锦旗，来表达我们心中的谢意。"说到这里，我们的队员忍不住流泪了。离开病区的当天，我们对病房进行巡查、清理，进行了消杀工作，将一个干干净净的病房留给武汉市中心医院。下班了，脱下防护服，队员张慧仙发现左脚起了水疱，她说痛并快乐着。

去是寒冬，归来已是春风，我们一个不少地平安回来了。

这次疫情，我们只不过是在最前线做了一个医务工作者所应该做的事情，护士这普通平凡的工作，让我感受到了生命的美好、人性的美好，我重新认识了护士这个职业的价值和意义，也感受到国家、社会和人民给予了我们充分的肯定和褒奖，它将激励我们在今后的工作岗位上更加忠于职守，更加全心全意为人民服务。

不负韶华，终亦无悔

广西河池市中医医院　覃　微

2020年年初，一场突如其来的疫情袭击江城各地，山雨欲来风满楼，一时间，确诊病例增加，疑似病例攀升。困难接踵而至：防控物资匮乏、医生护士缺乏……武汉，面临着前所未有的防控压力和风险。我的亲人们在受苦，我的同行们在英勇奋战，而我——毫不犹豫地拨通了科室领导的电话：我是党员，我是中医急诊人，我要到前线去！

经过院内层层选拔，我有幸肩挑使命，并担任医院驰援武汉医疗队长，于2月19日，与其他4名同事共举河池中医大旗，带着河池人民的期望、医院领导的重托，跟随着广西第六批驰援湖北医疗队，义无反顾地奔赴武汉，用医者仁心和同胞爱心援助武汉一线。

这次远征，前路凶险，医院领导和同事们像送儿女出征一样，有着太多的担心和不舍。特别是谭翱院长，他一直跟着我们的车队，从河池到南宁机场，直到我们登机。看着院长慈父般的身影久久不愿离开，一股酸楚涌上心头。

我们的任务是接管武汉市中心医院，这是最早收治新冠肺炎患者的医院之一。队员们简单休整后就进行了岗前培训，为节约穿防护服的时间，并避免交叉感染，我和同事们毅然剪掉了一头秀发，头发剪了还能再长，为了能更好地照顾患者，也为了自己和同事们的健康，这些都值了。

我们医疗队共分为10个小组，每组12人，我们组由来自河池市、玉林市、防城港市、上思县等队员组成，我被选任副组长。我们入住的酒店离武汉市中心医院有45分钟车程，平时工作来回一趟大概要12个小时，每天都是早出晚归；进入病房前要求很严格，必须在感控老师的指导下穿好里外三层防护服，加上尿不湿，一个个瘦小的身躯竟变得饱满笨重，防护服不方便也不太透气，转身、蹲下这种日常的动作有些困难；汗水容易把内层衣服湿透，护目镜里也容易起雾，为防止因穿脱而浪费防护服，工作时间不吃不喝、不上厕所。

除了做好日常的治疗护理、病房清洁消毒工作外，我们还用情志疗法、推拿等中医方法，助力患者治疗。我们和患者不仅是医患关系，更是亲人。记得27床的黄叔叔，他的妻子在疫情中去世，他因照顾妻子也不幸感染，因为担心他备受打击而发生意外，我们始终默默地陪在他身边，耐心地给予持续疏导和安慰，使他心态逐渐好起来，以积极接受治疗。几天后，他的病情逐渐好转，他流着泪对我们说："这是我人生的最低谷，是你们给了我第二次生命。"出院时，他感慨万分，是我们让他有机会、有能力回家照顾年迈的母亲和幼小的儿女，履行作为儿子和父亲的责任。此时，我深深地理解了这句话的意义："有时去治愈，常常去帮助，总是去安慰。"

每当工作结束时，患者给我们竖起大拇指，或是鼓励的眼神、真挚的笑脸，即便是衣服被汗水浸透了，双手被泡得发白，额头、耳后、鼻梁布满了一条又一条的勒痕，可是我很开心，因为我做了有意义的事情。

在武汉市中心医院奋战的35个日夜，我们真正做到了患者零死亡，医务人员零感染，医疗差错零发生，得到了武汉市人民的认可和各级领导的肯定，体现了医疗队员们的责任与担当、不畏艰险、迎难而上的奉献精神，而我本人有幸荣获第二十三届"广西青年五四奖章"。"白头不改扶伤志"，在今后的工作中，我们将一如既往地发扬伟大的抗"疫"精神，去守护人民的生命与健康！

大家无惧无畏，积极主动请缨，签下前往战"疫"一线的请战书。我作为共产党员，在国家需要的时候，义不容辞，挺身而出

2月19日踏上了驰援武汉的征程。院长更是放心不下，随车护送到南宁吴圩机场。
一路谆谆叮嘱：要我们工作中要保护好自己，团结一致，克服困难，勇担使命

为抗击新冠病毒疫情，我们众志成城，团结一心，身先士卒，冲锋一线。带着院领导的信任和重托，带着同事的牵挂，更带着家人的不舍，义无反顾奔赴武汉

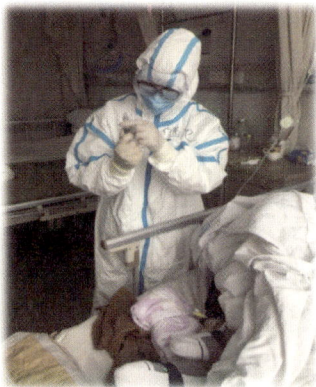

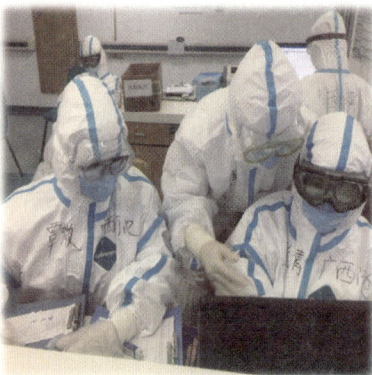

输液、抽血、发药、送饭……我们认真细致地完成各项日常护理工作

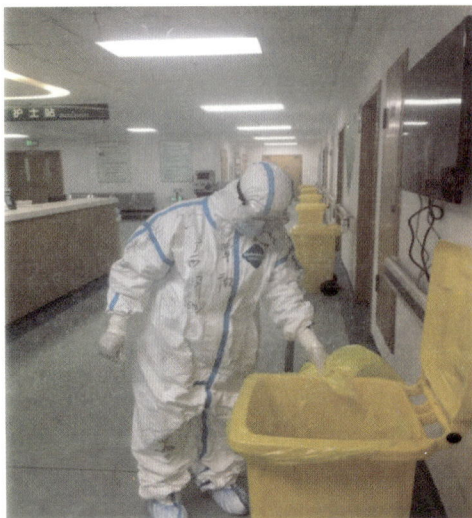

除了做好日常的治疗护理外，还要完成病房清洁消毒工作

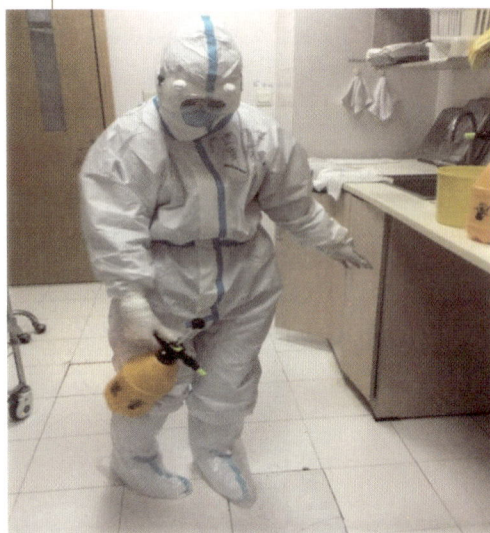

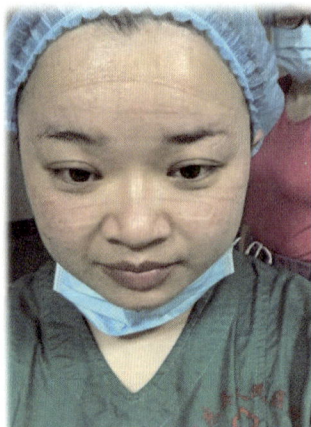

工作结束后，脱下防护服，额头、耳后、鼻梁经常都是一条又一条的勒痕

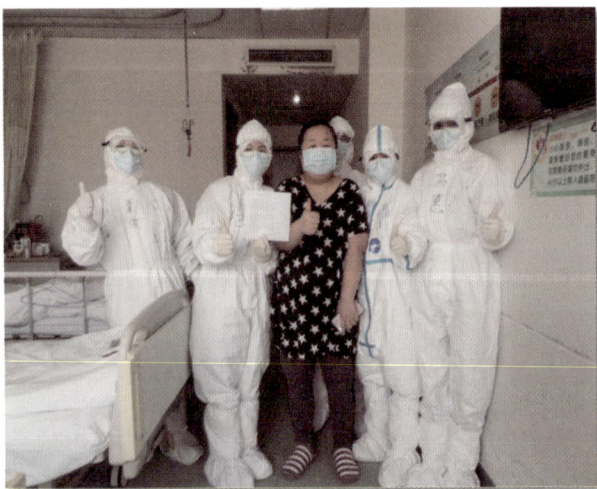

经过不懈的努力，看到医院的患者一个个痊愈出院，并给我们写下感谢信，我们内心是无比地激动

35 个日夜，记录了武汉抗疫战斗胜利的时刻，也得到了河池市委市政府领导的肯定

覃微荣获第二十三届"广西青年五四奖章"

为隔离病房带去信心与希望

宁夏中医医院暨中医研究院　　李晓龙

作为宁夏选派进驻宁夏第四人民医院（宁夏确诊患者集中收治医院）隔离病房的中医专家，我将要走进收治新冠肺炎患者的隔离病房，参与患者的中医药救治工作。

在进入隔离病区前，想到马上要面对重症患者，内心有一些紧张。但是想到作为一名党员、一名基层党支部书记、一名中医药工作者的职责使命，以及请战书上"不计报酬，无论生死"的铮铮誓言，我深吸一口气，继续按照前期培训规范，认真穿好防护服，戴好帽子、护目镜、脚套、手套……

穿戴好隔离服后，护目镜及眼罩导致头部的紧箍感，给身体中带来的厚重感，让我一时难以适应。虽然近在咫尺，护目镜前弥漫的雾气，让我和同伴彼此难以辨认的同时，一种同甘共苦、共赴沙场的战友情和豪迈感油然而生。

接着，我们缓慢地适应着笨重的身体，没走多远就感觉周身湿透了。隔离病房前，大家不约而同地举起右拳，为彼此加油鼓劲。

隔离病房收治了宁夏境内所有确诊患者和部分疑似患者。作为一名主任中医师，我的任务是要发挥中医药特色优势，通过问诊、脉象、舌象，辨证施治，从而帮助他们重获健康。

住在负压病房的重型患者李先生是我治疗的第一位患者。患者有明确的流行病学史，2020年1月24日发病，凌晨出现发热，体温39℃，咳嗽咳痰，血常规提示淋巴细胞下降。在仔细查看患者舌苔之后，我无意间捕捉到他的眼神：恐惧、紧张、期盼、渴望混杂在一起，传递给我的信息是："医生，一定要救我。"我会意而坚定地点了点头。

当我告诉他，我是来自宁夏中医医院的中医主任医师时，他非常高兴，一句接一句地把自己的感受告诉我：咳嗽、气短及发热。经过中西医结合治疗，他的病情明显好转。他还说自己喜欢中医，不停地感谢我们，表示如果能够痊愈出院，一定好好工作，报答和感谢这样的好时代。

在隔离病房中医诊治工作中，看舌苔是关键的环节之一，但要通过雾气笼罩的护目镜看清患者舌体，则需要保持足够近的距离。虽有风险，但使命和职责告诉我，必须通过舌苔，掌握患者病邪的盛衰变化，这样才能对症下药，帮助他们重获健康。

日常工作中，我曾无数次诊脉，但隔着双层乳胶手套触摸患者浮沉不定的脉象，我还是第一次。通过静心沉着、反复揣悟，我最终较为全面地掌握了患者的气血和脏腑状态。

在这里，不少人不相信自己会得这样的病，甚至自责，觉得自己给大家添了麻烦，所以，心理疏导是一项急迫而艰巨的任务。作为一名工作近36年的中医内科主任医师，这也是我的强项，从医学的通俗解释、循循善诱到加油鼓劲，我竭尽所能，让患者感受到他们没有被抛弃，他们并不孤单，白衣天使永远是他们的坚强后盾。

时间过得飞快，一上午很快就过去了，诊断完所有患者，在走出隔离病房时，疲惫感瞬间袭来。脱下防护服，来到清洁区，恰如走出战场，看到暖暖的阳光从窗户透进来，我忽然感受到一股春天的气息。这一刻，我真正懂得了"情怀""使命"两个词的含义。家是最小国，国是千万家。国有难，家怎能安？作为一名共产党员，作为一名医务工作者，疫情面前，我有责任、有信心与众多奋战在疫情防控阻击战中的同仁们一道，战"疫"到底，不获全胜，绝不收兵。

众志成城，平凡英雄

广西中医药大学第一附属医院　曾　清　何　艾

　　2020年注定是不同寻常的一年，基于血液科医师的职业敏感，从2019年年底开始的流感，到发现疫情，我们担心由于血液病患者的特殊性及治疗带来的免疫缺陷，过节居家期间一旦放松警惕，感染会给他们带来无法挽回的伤害。于是，2020年1月19日，我们召集患者及家属进行节前的患者教育，交代在即将到来的中国人欢聚团圆的佳节中需要注意的各种安全注意事项。可就在这样一个欢庆的气氛中，谁都没能预料到更大的灾难会降临。

　　这是一个从未经历过的特殊的春节。血液科所有人员都自觉地取消外出，原地待命，因血液病基础疾病，加上治疗，若患者不慎感染，将是灾难性的。对于本次疫情，大家都积极学习国家及各地颁布的各种诊疗防护规范，并广泛阅读相关文献，各种最新研究进展，结合我科疾病的特点，将中医辨证与现代研究相结合，使用科室口炎2号方，进行患者的日常预防，并使用中医方法增强患者体质，同时制定了科室的各种消毒隔离措施，不厌其烦地对患者及家属进行教育，医务人员严格执行消毒制度，在防护物资匮乏时，自制防护用品以备需要，毫无怨言地配合医院的各项工作，抽派人员支援发热门诊，积极参加相关排查工作，做好每个门诊及住院患者的流行病学排查。由于我们的及时行动，保证了我们的患者没有延误治疗，没有发生新冠肺炎感染及密切接触事件，保证了科室的各项医疗工作有条不紊地开展与进行。

　　在这场百年不遇的疫情中，每一位医务工作者深知坚守岗位的重要性，科室的许多同志第一时间向医院递交了抗疫请战书。我们的护士龚靖华在下夜班的当天，接到要作为医院第二批驰援武汉的医疗队队员出发到武汉的通知，她毫不犹豫地收拾行囊，来不及与家人告别，当晚就随队出发了。作为她亲密的战友及兄弟姐妹，科室在自身防疫物资不足的情况下，尽所能地为她准备可能需要的各种物品。在我们的眼中，平时她只是一个经常和小孩子们玩在一起的大孩子，碰到小虫子还会吓得哇哇大叫，但是作为一名医务工作者，大家都明白自己肩负的职责，正如一位护士长所说："哪有什么白衣天使，不过是一群孩子换了一身衣服，学着像前辈一样，治病救人和死神抢人罢了。"医院的这批医疗队支援的是武汉沌口方舱医院，在到达后，小龚就把自己的秀发剪短，每次入舱前，她都需要在临时搭建的集装箱里穿防护服，零度以下的气温让人瑟瑟发抖，但是她和她的队友们仍然严格按照流程穿好了防护服，整个流程需要至少半小时。N95口罩、外科口罩、一次性隔离衣、防护服，以及护目镜、双层帽子、双层手套、鞋套和长靴套，在层层武装保护下，可爱的小姐姐瞬间变成了笨笨的"大白"，只有防护服上的名字才能将她辨认出来。穿着不透气的防护服，密闭的护目镜及口罩，会憋得她头晕口干，行动迟缓。数小时的工作，不能吃、不能喝，更不能上厕所，一边适应防护装备带来的窒息感，一边不能停歇地安抚患者，及进行测血压、量体温、发药等各种医疗工作……舱内的工作就是如此繁重。3月10日，沌口方舱医院休舱后，她又随队友自发请战至华中科技大学同济医学院附属协和医院西院参与重症患者的救治工作，并在抗疫中加入了中国共产党。

国家和人民在召唤，不管是抗疫一线还是支援后方的各行各业，每一个戴着口罩的脸庞露出的目光都凝聚着坚定的信念，包括海外侨胞在内的每一个流淌着中华民族血脉的人们，都为了打赢这场抗击疫情战争，默默地奉献着自己的力量。国强则民强，有国才有家！每一位普通人都不忘初心，牢记使命，以勇敢负责的精神，坚守自己的岗位，认真履行本职工作，用实际行动筑牢疫情防控的每一道防线。

这世上哪有什么岁月静好，只是因为有人在替我们负重前行，而我们每个人亦都在努力为别人负重前行；这世上哪有谁是天生的英雄，只是因为人们需要，有人愿意牺牲自己，他们是英雄，每一个平凡人都是我们心中的英雄。

抗疫新木兰辞

广西中医药大学第一附属医院　　黄　沂

　　唧唧复唧唧，唯闻女叹息。为何有所思，为何有所虑?

　　女言有所思，女言有所虑。新年序幕启，突闻疫情急。新冠疫魔肆，全民齐阻击。奋起歼疫敌，防线牢矗立。不畏病毒戾，唯愿民安逸。

　　荆楚鏖战激，巾帼闻讯起。手印表心迹，危难显勇毅。号角声声急，千里赴戎机。执手相别心依依，回首双亲倚门犹伫立。不曾问归期，愿为国效力。执手相别心依依，期盼重聚思念藏心底。

　　雪夜赴江城，银霜铺满地。胸怀坚意志，寒光照铁衣。削落万缕丝，披上防护衣。犹若金盔甲，不破新冠终不弃。

　　守护在方舱，征战在竹溪。战场扬党旗，初心永牢记。护目镜束起，青春留印记。汗水湿白衣，年长犹当益。

　　中西巧施治，团队一盘棋。香囊助防疫，功法强呼吸。耳畔飘絮语，唤醒新希冀。招招破难题，处处焕生机。方舱首战捷，又奔协和西;不驱新冠魔，不会言胜利。妙手抚阴翳，仁心送暖意;身怀高超技，驱邪志不移。

　　出征寒冬日，归来春风起。堤上展新枝，花开亦有期。木兰归故里，再着绣花衣，眉梢藏英气，战疫有佳绩。

　　江城与广西，凝聚强合力。相逢非旧识，同舟当共济。巾帼凯旋时，功勋耀天地。

逆向而行，义无反顾

江苏省中西医结合医院　　罗　鑫

田月香，江苏省中西医结合医院普外科的护士长，院第二批援鄂医疗队的队长，获江苏省人社厅、江苏省卫健委"记功"奖励。

"国家有需要，必将出征！"今年37岁的田月香，有着15年党龄。2020年2月9日，江苏省中西医结合医院动员报名去湖北支援的当天，正好是她的生日，她特意找到护理部主任，她说："请无论如何，也要安排我到一线去带队！"最支持她的丈夫，默默为她准备好了一切生活用品，鼓励她说："你是党员，又是护士长，走向前线责无旁贷。你放心去，我会好好照顾老人和儿子。"田月香说："虽然舍不得孩子，但我相信他会理解'有国家才有小家'意味着什么。"

一、南京到黄石，家人支持

2020年2月11日晚，满载310名江苏省援黄石医疗支援队队员的大巴车车队，由武汉天河国际机场顺利抵达黄石。这是田月香第一次到黄石，因为疫情而来，她不是一个人在战斗。虽然一路上看不清这座城市的样子，但给她的印象是温暖的。一下车就有人抢着帮他们拿行李，驻地还为他们准备了晚餐。疫情发生以来，大家都很辛苦，点点滴滴都让田月香很感动。特别是她们的后续行李一件不落地全部到位了。"我真希望明天快点到来，这样我们可以快一点投入工作，跟那些正在遭受病痛的患者们说："别怕，我们来了！你们此刻正在经历的，我们一定可以一起战胜它！"田月香在她的日志中这样写道。

为了怕老家的父母担心，临行前田月香并没有说自己将出发到黄石支援。在到达黄石后，突然接到了父亲的电话，电话的那头父亲略带担忧地问她："你是不是去武汉了？"田月香坚持说自己还在单位上班，嘱托父母照顾好自己，做好个人防护，不用担心她。沉默片刻后，她的父亲说："无论你在哪里上班，都要照顾好自己。虽然我们会担心你，但该咱上的时候就得上，爸爸妈妈永远支持你！"

二、合理感控改造，管好物资"弹药"

2月12日和2月13日，援黄石医疗队护理人员都在接受严格的岗前培训。田月香说，主要围绕穿脱防护服的步骤及驻地防控感，最大限度地降低感染率。穿脱防护服看似平常小事，这里也变得异常艰难，穿脱一次要有33道程序。熟练穿脱防护服是个人防护的事情，建立穿脱衣服的流程就是集体的事情。有时候为了一个细节，队长、主任、护士长、前方院感专家、后方院感专家讨论多次才能决定，田月香说："只有真正建立比较良好的流程，我们才能培养出最佳的个人防护习惯，最大限度地解放每个队员。"

田月香被分配在感控组，仅用3天，就完成了黄石市中医院病房的合理化改造。首先，田月香和江苏医疗队的队员与院方感控科对接，一起去4楼监护病房，再次督促分区改造工程的落实，帮助4楼护士长梳理污染区的物品放置，重新分区，并协助整理清洁区，5楼再次查看现场落实情况。

后来，田月香被调到物资保障组，她最主要的工作就是为大家做好物资的接收、整理、分发，以及队员们的后勤保障工作，每天下货、审核，然后将接收到的所有物资，按照不同的防控标准进行分类整理，根据不同岗位的感控需求，为医疗队员配备不同的防护用品。田月香坚定地说："在疫情防控阻击战中，黄石就是我们的'战场'，物资就是我们的'弹药'。这些防护用品直接关系到医疗组队员们的安全，所以，我们每一步工作都要仔细再仔细、小心再小心。"物资保障组几乎每天都要忙到深夜12点，只要能为最前方"战友们"做好后勤保障，田月香觉得，再多的付出都是值得的。

三、不负入党誓言，不负领队职责

与田月香一组的队员王婷婷，要去临床工作了，她知道后第一时间和领导请示，要和王婷婷一起进入病房一线工作，田月香说："作为一名党员，同时是她们的领队，我有这个责任和义务保护她们。"领导赞许并安排她进入病房熟悉工作环境与流程。田月香第一次参加了江苏队给患者的加油打气活动，他们给每个患者赠送了鲜花、香囊，护士长很用心地手绘了漂亮的爱心图画，给他们鼓励，希望他们保持乐观心态，积极配合治疗，争取早日康复出院。患者都很开心，纷纷感谢江苏队一直以来的努力，这份苏鄂之情永远记在心里。"岂曰无衣，与子同裳，哪里有需要，我们党员就到哪里去！召必回，令必战，战必胜！"

她进入病房上了1周的"感控班"，除了进行生活办公区域物表和地面的清洁，以及消毒工作等基本工作外，重点配合进入隔离区的医护穿防护服及监督，离开隔离区的医护脱防护服，虽然没有直面患者，但是确保每一个医护人员的安全也同样至关重要。

因为工作需要，田月香又被紧急调到物资保障组，物资可能随时会来，她一直处于待命状态，田月香记忆犹新地说："'白衣天使'的称号，让我无比自豪，但也感受到肩上沉甸甸的责任，在出征仪式上，带领队员宣誓的场景仍历历在目。不论在哪一个岗位上，我都不敢有丝毫松懈，甘愿舍弃自己的休息时间，而在需要我的时候，我会义无反顾地冲上去！"田月香说："能力越大，责任越大。"她同样认同"责任越大，能力越强"这样的逻辑，她说："我不知道自己的能力有多强，但我知道我的责任有多大。"

四、远和近，身与心

南京和黄石相距500多千米，田月香与家人距离遥远，田月香笑着说："我们的心一直都在一起，之前儿子给我写了一封信，因为工作忙碌，一直没有回，心里有些内疚，但儿子似乎并不在意，积极地每天与我视频，小小的他抱着吉他自弹自唱，《成都》《后来》都是他的经典曲目，也许会有些瑕疵，但在我心中，那就是世界上最美妙动听的音乐，心在一起，哪里都是家！"与田月香同在物资组支援的江苏省肿瘤医院吴雷，他也是南京中医药大学毕业的，田月香曾与他聊到是否有共同的老师，神奇的是，他们曾经是同一个班主任：南京中医药大学护理学院孙蓉老师，在黄石，他们一起和老师视频，老师很关心他们的安全，约定好回去一起相聚，疫情让本来相距很远的他们，为了共同的目标，奋斗在一起，"所以什么是远？怎样才是近？"田月香思考着，这是一个意义深远的问题。现在，相聚越来越近了。

"疫情虽险，必能战胜！"这是田月香常说的，相信这一天会很快到来。

逆行先锋陶莉莉

浙江省长兴县中医院潘　建　兰

人物简介：陶莉莉，女，汉族，中共党员，1982年3月出生，大学学历，主管护师职称，现任长兴县中医院急诊科护士长、内科第二党支部纪检委员。曾先后获评长兴县十佳护士及技术能手奖、长兴县卫计系统优秀共产党员、湖州市"防疫一线表现突出的共产党员"等荣誉；所在的浙江省援武汉第二批医疗队（驻武汉科技大学附属天佑医院）被评为"全国卫生健康系统新冠肺炎疫情防控先进集体"。

新冠肺炎疫情发生以来，陶莉莉同志一直坚守一线岗位，毅然报名成为长兴县首位支援武汉的医疗队员，用十几年的护理工作经验，全身心投入到支援武汉的工作中。

一、主动报名的"逆行先锋"

新冠肺炎疫情暴发初期，陶莉莉坚守在急诊一线岗位并积极学习防疫新知识和诊疗方式，严格按照国家的规范要求进行流程梳理，加强护理人员培训，强化急诊预检分诊工作，把握好到医院急诊患者输入的第一道关口，力求在急诊区域内第一时间发现疫情，及时分流，做到早发现、早隔离。

当省内第一批医疗队出征武汉时，她预感问题的严重性，早早做起了家人的思想工作，及早获得家人支持，免去后顾之忧。除夕夜，正和家人团聚享受年夜饭的时候，她看到医院发布需要护理人员去武汉支援的信息，便做了人生中最重要的一个决定：立即报名参与这场没有硝烟的战斗，并保持随时待命。作为全县首位报名驰援武汉人员，陶莉莉说自己当时没有过多思考，就像被一种神奇的力量吸引着，就一个念头"我要去"。考验来临时，作为医务工作者，没有退缩的理由，作为一名党员，更要义无反顾。"

事事敢于争先的陶莉莉从未停止过努力的脚步，她的挺身而出一点都不意外。2006年担任急诊科护士长后，陶莉莉在学习管理经验和提高专业技术上更加努力，先后两次到省级三甲医院进修，学习新理念新技术，提高技术创新能力，并发明了新型洗胃管防滑咬合器（已申请专利），她发明的便携式多部位可冰敷用具申请实用新型专利已获受理。她带领急诊团队在医院的急救技能竞赛中多次获得一等奖、二等奖，带领QCC团队多次获得长兴县卫健系统品管大赛一等奖、二等奖，QCC"缩短胸痛患者D-to-D的时间"获2019年浙江省医院品管大赛铜奖。在省级刊物上发表论文两篇，论文《经口和鼻置管对药物中毒的洗胃效果》在湖州市护理论文评选中获三等奖。凭借过硬的操作技术，她勇挑"导师"重担，成为医院护士、实习生的操作培训老师。

工作之余，陶莉莉热心于志愿服务和公益事业。利用业余时间进企业、进学校、进基层卫生院等教授急救技能；在日常随访时，她进家庭、入社区开展健康知识讲解；定期走访慰问困难群众，自掏腰包为西北的孩子购买学习用品。她说："能把自己学到的技能传播出去，帮助更多的人，是件有意义的事情。"

二、奋战一线的"白衣战士"

到达武汉后，陶莉莉被安排到武汉科技大学附属天佑医院重症病区，担任普通医疗5组的护理组长，承担了本组人员手卫生、穿脱防护服的培训、考核工作。疫区的情况让她暗暗下定决心：要像蜡烛燃烧一样拼尽全力，即使个人的力量很渺小，但能多出一份力就多出一份。

前期防护物资极度缺乏，为了尽可能多地接收患者，医疗人员从5人一组缩减到4人一组，进隔离病房的工作时间从4小时增加到6个小时，根据院感要求，一个班下来基本上要9～10个小时，穿上令人缺氧窒息的防护服，带上密闭的两层口罩、护目镜、面屏，再加上三层手套、两层鞋套，每天在装备的裹挟下，必须不吃、不喝、不上厕所坚持八九个小时，工作任务的繁重程度可想而知。

作为护理小组组长，陶莉莉不仅要做好自身的防护，还要照顾好小组里的每一位成员。每次穿防护设施前，她都会贴心的将大家的护目镜涂上防护液，在进入隔离病房前，会再三仔细检查队友的防护措施是否到位。每次下班时都会认真地监督队友脱下防护装备，防止最后的职业暴露，自己总是最后一个离开工作点。她说，队友的信任、团队的协作是战"疫"一往无前的最好盔甲。

由于陶莉莉有着丰富的危重症工作经验，在天佑医院，她承担了科室内危重患者的抢救、穿刺、呼吸机操作等难度较大的工作任务。其间，一位患者因曾多次遭遇穿刺失败，产生恐惧心理，抗拒治疗。在她的细心安抚和多次沟通下，患者给出了"最后机会"。面对"一针见血"的结局，大家都高兴不已。虽然看不清脸，但老人记住了她的声音，在声音的传递中建立起了信任，并能准确说出陶莉莉每次为自己穿刺的具体时间，这份信任令她十分感动，过命的交情也让她们成为患者最亲的人。

凌晨4点，陶莉莉背着沉重的药水桶在病房喷洒消毒，汗湿了两层衣服，褶皱脱皮的双手，出血的鼻子和满是压痕的脸颊。由于不规律的班次和饮食，陶莉莉常常会失眠、胃痛，甚至出现内分泌失调。她始终坚持轻伤不下火线，如今鼻子上的印迹成了那一段岁月留下的"最美标记"。

援鄂期间，陶莉莉同志还参与了《浙江省第二批援鄂抗击新冠肺炎紧急医疗队医疗工作手册》的编写，为战胜新冠病毒献计献策。她作为浙江省抗击新冠肺炎紧急医疗队第七临时党支部的副书记，湖州市援鄂医疗队临时党委委员，不仅要出色完成本职工作，还要协助支部书记做好多名优秀医务人员一线入党的工作。

三、温暖人心的"白衣天使"

作为医护人员，总说有时去治愈，常常去安慰。天佑医院收治的都是危重症患者，既无家属陪护，更无保洁人员、消毒员，所以，陶莉莉等护理人员承担着多种角色、多重任务，既是护士，也是陪护、保洁员和消毒员。隔离病房的患者不能随意走出病房，有些患者的亲人、朋友因此病离世，心理上的打击非常大，出现了消极心理，她看在眼里、急在心里，通过跟专业心理咨询师学习如何去宽慰患者，打消他们消极的心态，让患者知道不是他一个人在和病毒战斗；病区有一位新冠肺炎伴肺栓塞的患者，需要绝对卧床休息，她在工作时间为患者端茶倒水，协助患者在床上大小便，指导患者做床上功能锻炼和呼吸功能锻炼，充分展现了作为医护人员的风采。

她说在武汉最难受的一次经历，是前一天晚上，刚刚聊过天的年轻患者，第二天就因病情恶化而离世。这样的猝不及防让她总想对患者好一点，更好一点。

平时她总将自己的水果、糕点送给患者，加强营养，将自己的生活用品送给患者应急。看到情绪低落的患者，会主动跟他们握手、耐心安慰，给他们拥抱，以鼓励患者战胜病毒；会毫不畏惧地给精神躁狂的脑梗后遗症患者喂饭；会细声细语、耐心开导精神抑郁的患者入眠；脆弱的人更需要他人的温暖，病毒没有特效药，她的关爱是给予患者的"强心剂"。

有一位外省的婆婆，因去武汉探亲染病，和老伴先后感染，刚到天佑医院治疗时因担忧家人安危而焦虑不已，拒绝吃饭，不配合治疗。她总觉得老伴已经不好了，什么都听不进去。这位老人的情况牵动着医护人员的心，通过多方打听后，得知她老伴正在其他医疗队治疗，利用工作站手机让她和外省的儿子、住院的老伴、隔离的女儿取得联系后，终于心情好转，积极接受治疗，后来顺利出院了。

为了表达对陶莉莉等医护人员的感谢，其中一位和父亲一起住院的患者潘老师特意写了一份感谢信送到当地媒体。潘老师在信中记录，医护人员对患者的照料可谓无微不至：每天都会来帮他们拖地消毒；下午空闲的时候，又常常播放音乐帮他们舒缓心情；发餐时会鼓励他们多吃，增强自身免疫力……

"他们不但治愈着我们的身体，更时时刻刻抚慰我们的心灵。""虽然他们都全副武装，我看不见他们的表情，但我能从他们的眼睛中看到微笑，感受到友善，他们是真心真意对待每一位患者。"从当地媒体报道中，我们读到了陶莉莉等医护人员对病患的态度。陶莉莉说，出院患者的一张张笑脸，足以化解工作中的所有辛苦和烦恼，让人充满力量。

2020年3月19日，浙江省第二批援武汉医疗队员顺利完成援鄂工作，回到浙江。陶莉莉说，武汉人民的热情及最高礼仪的送行，家乡人民热情隆重的迎接，让自己感激不已。她表示：去时无惧无畏，归来更要努力，这一段"战疫"经历是人生中浓墨重彩的一笔，永生难忘，必将激励自己更加勇往直前，不负使命！

我是曹屹，请战出征！

重庆市江津区中医院　蔡彦彦

2020年2月1日，"主任，我是曹屹，我有汶川地震、雅安地震的救援经验，这次援鄂我请战出征！"在看到医院征集援鄂人员的通知时，正在彭水支医的曹屹，立即向医院护理部主任陈小娟拨打了这一通电话。"彭水离江津有3个小时车程，医疗队明天就要出发，你来得及吗？""来得及，我一定赶回来！"

一段简单的对话，饱含着曹屹舍我其谁的自信和救死扶伤大爱。陈晓娟主任告诉我们，这其实已经是曹屹主动请缨参加的第3次大型救援了。

第一次出征——汶川！

2008年5月12日，四川汶川发生8级地震，医疗救护资源极其缺乏。5月13日0点，曹屹和他所在的医疗队就已奔赴抗震救灾的第一线——重灾区什邡市，

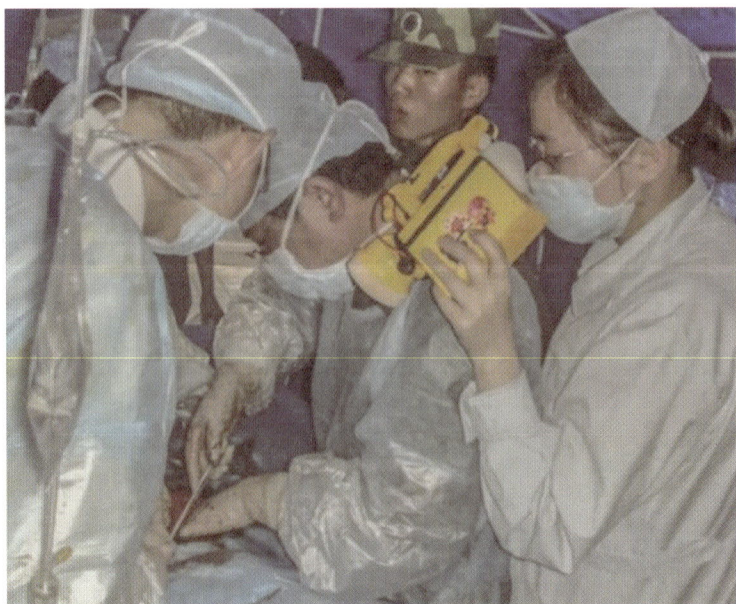

马不停蹄地展开了紧急医疗抢救工作。医疗队的队员有2名急诊科护士，其余全部是外科医生，这意味着，作为男护士的曹屹，不仅要发挥体能优势接送伤员，还要作为器械护士与主刀医生密切配合手术。这对他来说，是检验、是挑战、更是历练！汶川救护，是25岁曹屹的第一次"出征"，为期48天。

雅安——"快一点，再快一点！"

"快一点，再快一点！"这是急诊科护士曹屹在雅安地震中重复得最多的话。对于危重病人来说，快一秒钟就多一点希望。2013年4月20日，四川省雅安市芦山县发生7级地震，曹屹再一次主动请缨来到抗震救灾的前线。他所在的医疗队，统一接受调配后驻扎在雅安市第二人民医院，主要承担往四川大学华西医院转运病人的任务。在到达的第一个24小时内，他们就成功转运5名危重病人。雅安第二人民医院离华西医院有138公里，也就意味着在这一天里，他们不眠不休地奔波在这"生死线"上。平均每天有10多个小时是在救护车上抢救和转运伤病员。雅安，是曹屹的第2次"出征"。

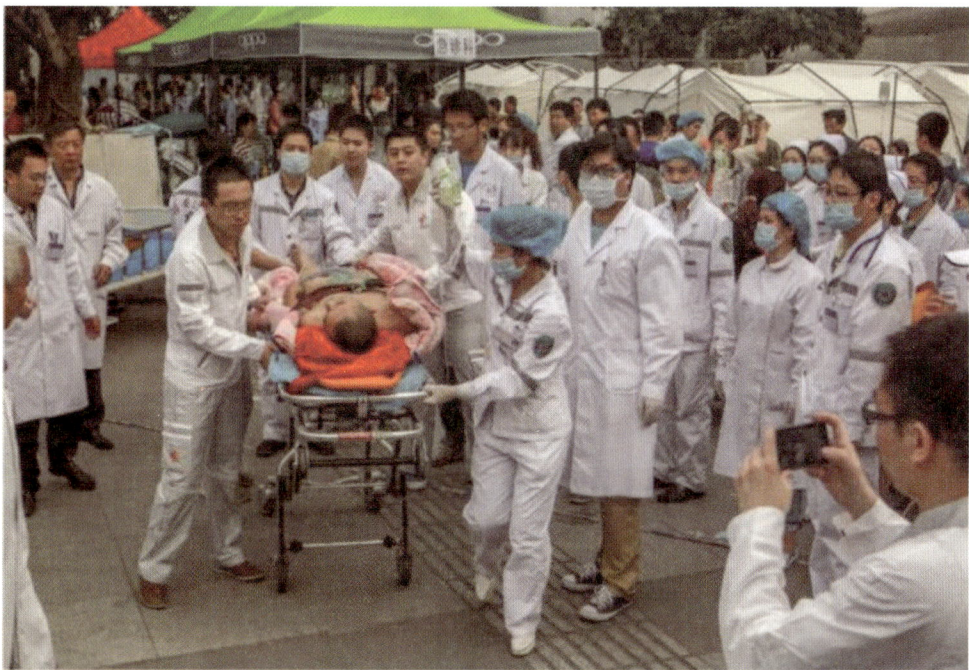

雅安救援现场，曹屹所在医疗队正在紧急转运救治危重病人

武汉——战红区！

2020年新春，新型冠状病毒肺炎疫情突发。凭借出色的护理技术和丰富的救援经验，曹屹再次志愿报名并获得批准，和医院另外3名战友作为重庆市第二批援鄂人员踏上征程，2月2日下午飞往武汉。这是他的第3次出征。

接受了专业的防护知识培训，顺利通过考核后，2月5日，医疗队正式接管武汉大学人民医院重症病区，曹屹在陌生的病区开始了他的第一次值班。这一次，他上的是红区。红区就是污染区，也是重症监护室里直接接触危重患者的区域。每班的4个小时里，红区的护士必须像一只不停转的陀螺，保持高强度、高频率的运转——持续观察和判断病情变化、实施抢救、执行医嘱、管道护理、血气分析参数监测、密闭式吸痰、口腔护理、鼻咽拭子采样、患者转运与交接、心理疏导和支持……在重症病区，他们不仅是承担危重症患者密集护理工作的护士，还是负责患者生活护理的护工、物资搬运和分配的后勤人员、医疗设备的维修管理者、患者情绪疏导的心理治疗师、病区环境的保洁员。不能饮水、不能上厕所的这4个小时，汗水在防护服里慢慢渗透，湿了又干、干了又湿。曹屹打趣地说，下班脱下防护服的感觉，就像卸下了一套几十公斤重的盔甲。3天后，重庆医疗队接管病区后的第一名重症新冠病人病情好转，在转到普通病房之前，她拉着曹

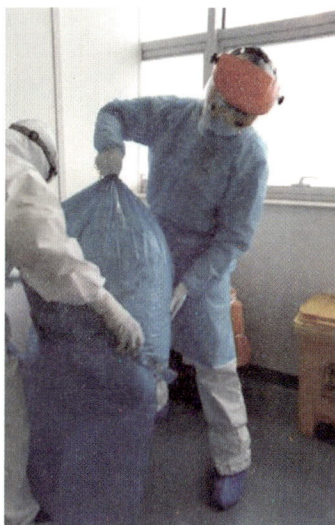

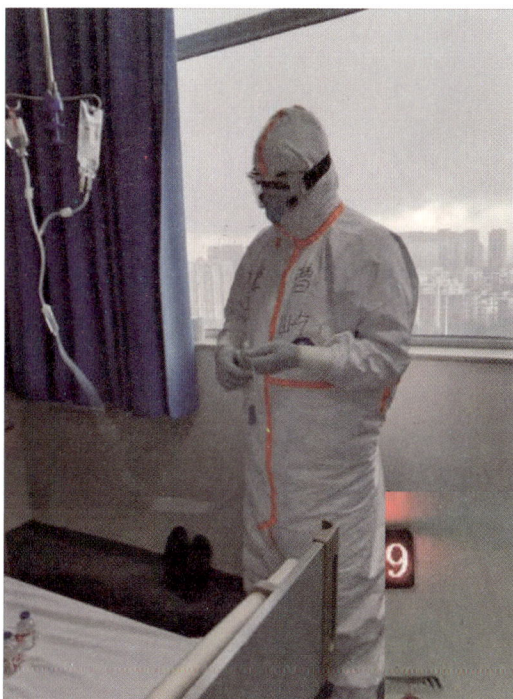

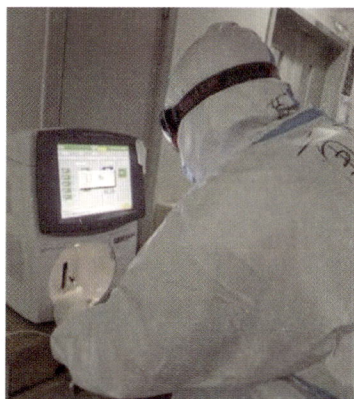

屹一定要和他合影留念。"谢谢你们，重庆来的天使们！虽然没见过你们的脸，但我认得你们的眼神，是你们在我人生最艰难的时候给了我信心和力量！"

来到武汉的第十天，曹屹向临时党支部郑重地递交了入党申请书。他很钦佩身边的党员同志们，他们用自己的行动诠释了共产党员不畏生死、不计得失、冲锋在前和科学防控的精神力量。他觉得，自己必须在战"疫"工作中锤打、历练，成为他们当中光荣的一员。

2月14日，武汉迎来了一场春雪。下班后，曹屹和队员们在雪地里合影留念。看着院区里傲雪挺立的寒梅，曹屹觉得它们就像此刻在荆楚大地上携手战"疫"的同胞们，只要大家心手相牵、众志成城，必将打赢这场疫情阻击战！

在抗疫战场火速入党，是我一生的骄傲

中国中医科学院广安门医院　冷路兴

2020年2月20日下午1点，我踏上了开往武汉的列车，同另外两名同事一起作为国家中医医疗队的增补队员驰援武汉。

出发前夜：备战　待命　离别

我是中国中医科学院广安门医院的一名普通男护士，年前单位对驰援武汉发起了倡议书，我第一时间报名参加医疗队。大年三十，医院对我们医疗队的成员进行了相关培训，院领导们慷慨激昂的讲话让我备受鼓舞。2020年2月17日夜里收到院领导的通知，我将于2020年2月20日作为第一批国家中医医疗队增补队员出发前往武汉。我希望不再有人因为这些病毒直接或间接地受到伤害，作为医护工作者我义不容辞冲到前线。

到了该出发的日子，我像平常早起上班一样跟父母说了句，我走了啊。来到医院，护士长亲自帮我整理东西，查看是否有遗漏，随后和科室的同事一一告别。当天院领导们还为我们出发的3个人特地召开了一个出征仪式，并亲自将我们送上了火车。

在火车上，我内心很激动，但更多的是紧张。我不知道前方的路是否凶险，不知道能不能胜任前方的工作，不知道我的身体能不能扛得住。但我知道来到这里是干什么的，我是来挽救生命的。

披盔戴甲，挥汗如雨

2020年2月20日下午6点多，我们顺利到达了武汉站，司机师傅把我们接到了酒店。当我们和第一批战友们会合的时候，就好像见到亲人一样，特别亲切。

黄璐琦院士亲自在酒店门口迎接我们，吕文良院长把房卡交给了我，跟我同一个科室的王微老师更是无微不至地帮我收拾房间。

第二天我们先是接受穿脱防护服的培训，原本我之前已经联系很多次了，但是在这不一样，不能有一丝大意。医院感染办公室的陈素平老师一次次地帮助我们完善穿脱防护服时的细节。终于，我可以熟练地穿脱防护服了。

2020年2月22日，我第一次进入金银潭医院的病房，第一次真正接触到感染的患者。作为一个重症监护室的护士，金银潭医院病房里的工作对于我来说并不困难，但第一天上班还是有些吃力。当天的气温最高达到了25℃，防护服才穿到一半我已经满头大汗了，我心想这跟我平时打篮球比起来算不了什么。可当我进入病房以后，感觉好像不是那么回事了。因为紧张的关系再加上穿着厚重防护服和N95口罩，我感觉到缺氧，头很昏昏沉沉，这项工作真的很不容易。跟我搭班的陈扬护士长似乎发现了我的异样，赶紧让我去窗边透透气，过了好一会儿我才慢慢缓了过来，马上继续投入到工作中去。

我参加工作快6年了，自认为是一个各方面都还挺优秀的护士，但是在这些天的工作中发现自己离优秀还有些距离。17床是个83岁的老奶奶，因为本身有一些基础病再加上高龄，病情不是很好。老奶奶情绪比较低落，怎么劝她都不想吃东西。正当我束手无策的时候王微老师来到她身边，握着老奶奶的手，特别亲切地跟她交流。因为地域差异口，有些方言听不懂，王微老师就让隔壁床的患者帮忙翻译，最后才知道是这里的饭菜不合口味。第二天又是我俩搭班，王微老师想办法给老奶奶带了她爱吃的饭菜，慢慢地，老奶奶的病情一天天好转。在这个过程中，我从王微老师身上学到了有经验的老护士对待工作的这种精神和热情。

不负韶华，光荣入党

在武汉的工作是忙碌的，身边的共产党员坚定信念、义无反顾、冲锋陷阵的光辉形象感染着我，他们的所做所行影响着我。他们真真正正做到了切实地把人民群众的生命安全和身体健康放在第一位，全心全意为人民服务。我能和他们站在同一个战壕里工作感到自豪。自新冠肺炎疫情发生以来，习近平总书记夙兴夜寐，多次召开有关会议并实地调研指导，发表重要讲话、作出重要指示批示，亲自指挥、部署，坚决打赢疫情防控这场人民战争、总体战、阻击战。这让我深深认识到，作为当代中国的青年，要想更好地为人民服务，为国家和民族奉献自己的力量，就应该自觉站到党旗下，加入我们党这样一个伟大、先进的组织中来，积极主动地接受党的教育和培养，不断成长、不断进步。所以我向党组织上交了入党申请书。由中国中医科学院院长黄璐琦同志及中国中医科学院广安门医院副院长吕文良同志为我做入党介绍人，并于2020年3月31日返程火车上宣誓成为中国共产党预备党员。能够在这时入党，是我一生的光荣，我将继续不忘初心，砥砺前行，发挥当代年轻人的作用，为国家、为人民作出应有的贡献。

"爱"就一个字，药师们用行动诠释

中国中医科学院广安门医院　药剂科党支部

新冠肺炎是一场突如其来的疫情，给百姓的身体健康和生活造成了严重的影响，面对来势汹汹的疫情，广安门医院药剂科党支部的全体党员分别在各自岗位上为保障防疫药品供应，放弃假期、坚守岗位、忠于职守，充分发挥党支部的战斗堡垒作用，发挥党员的模范带头作用，用实际行动诠释着一个"爱"字。

请战书，诠释一个"爱"

"疫情就是命令，防控就是责任"，药剂科党支部充积极宣传防控知识，倡导药剂科全员为医院疫情防控工作的顺利开展献计献策。支委和党小组长带头坚持不信谣、不传谣；为职工减轻心理压力，精神饱满的迎接每一天的"战斗"。除夕前一天，药剂科党支部就向党委写了请战书："若有战，召必回！"随后年轻的共产党员和积极分子张玉、陈贤春、杨洋等20余人也纷纷递交了请战书，并按上了鲜红的手印。药剂科党支部微信工作群里一句又一句"请战""报名"此起彼伏，大家踊跃报名，都表示愿意战斗在抗击疫情的最前线。在很短的时间内，支部收到了很多请战书，在请战书中，大家无一例外地陈述自己的业务特长和优势，对自身的困难却只字不提。一个个鲜艳的红手印、一句句主动请战的铮铮誓言，大家都在用实际行动诠释着"大爱无疆，医者仁心"的精神，诠释着药学人员无私奉献、至精至诚的初心和使命。他们在请战书中这样写道："我们有着丰富的药学经验，现今我们自愿请战去一线更是责无旁贷！药剂科党支部坚决服从院党委统一调遣，随时听从党的召唤，为党旗增光添彩！"他们用无声的行动诠释着心中的"爱"。

为身边的同事输入"爱"

疫情期间，大调剂的王建欣住在朝阳医院的呼吸科ICU病房，病情危重，药剂分会及时向上级汇报说明情况，在春节前夕将院工会5000元慰问金交于家属手中，给予精神支撑、鼓励和持续关注。经过一段时间的治疗，王建欣生命体征已趋于稳定，但又出现了严重的高热和癫痫症状，看到家属无助的眼神，在特殊时期不能探视病人的情况下，科室王丽霞和杨响光主任想尽一切办法帮助联系本院的专家会诊，调整处方和用药。党支部倡议大家爱心捐款被家属婉言拒绝，但是从王建欣的妻子留下感激的热泪中，看得出科室与支部给予的"爱"的行为已深深的感动和支持着她。"爱"就在我们身边，我们用实际行动践行着"一方有难，八方支援"的承诺。

为"一线"的队友奉献"爱"

大调剂药房的药师们在党员郭琦和孙咏梅的带领下，第一时间调配"解毒避秽方"，全员停休并加班加点。临床药学人员也被分配到调剂的各个小组当中，听从安排参与到协定处方调配的各个环节，从事分装、装袋、封口、称重、装箱等工作，大家积极努力，保质保量完成任务。后方的全力奔跑只为给"一线"的战友送去一份守护和安心，争取一份希望和可能，使他们能精神饱满地投入抗疫的战斗。大调剂年轻党员王颖携同组员刘瑞环、王燕燕同志一道自发组织周边朋友们捐款5000余元，购买生活物资打包装箱，送达前线同事们的手中。对待身边的百姓，年轻的药师们还利用微信、抖音等新媒体宣传中药预防方不同规格的使用说明，以及疫情防控热点须知和口罩的正确佩戴方法等科普知识。大家纷纷表示：能够融入帮助防控疫情的主力军中非常自豪和骄傲，利用自己的所长，保障人民多一份健康，为百姓提高免疫力多一份守护，再苦再累也值得！

为百姓惠民就医，药师们不怕麻烦传递"爱"

疫情期间的互联网医疗，我们是北京市中医医疗机构的第一家单位，这就给药房工作增加了难度，线上线下的磨合期间中成药、西药、颗粒、免煎、小包装、散片调剂都相继开出了处方，短短的一个星期内出现了很多难以想象的困难，杨响光副主任带领王薇、孙咏梅组长梳理程序、查找原因，甚至自己垫钱保证患者的用药。他们再一次用实际行动证明，在关键的时候药剂科的党员勇于担当的精神。

疫情可以冲淡佳节的喧嚣与热闹，却抹不去药师们心中的一份信念，往昔的同事和朋友已经到达武汉第一线投入到紧张的救治工作中，余下的药师除了为他们鼓劲加油，更重要的是做好本职工作。为了减少患者来医院的次数，慢性病医保患者可以取3个月药，药师们不仅积极报名参加值班，而且每天早早来到药房清洁消毒、上药备药，为了每一个患者拿到需要的药品做好最后一个环节的工作，在每一个医生护士的背后就有一个敬业的药师默默守护！

煎药室的党小组长庞春燕父亲因车祸入院，老人本应需要更多的陪伴，但她深知年底工作量大，又赶上疫情，在完成每天必需的门诊病房代煎的同时，还要为全院职工和广大就诊患者煎煮预防新冠的代煎汤剂。身为党员的她没有选择休息，窗口没人，她就去窗口发药。下班后再去医院了解父亲每天的病情变化，虽然看着父亲因外伤感染体温高烧不退，她也会偷偷流泪，但是在工作中没有表现出任何不同……所有的操作都严格按照规章制度有条不紊地执行……

一事面前勇担当，关键时刻彰显"爱"

还记得那日，我院发热门诊接诊了一位新冠肺炎疑似患者，煎药室接到任务，需要为患者煎煮中药并安排人员将药送去发热门诊。突如其来的疫情，让大家有些措手不及，在心理上难免会有些胆怯和不安，年轻一点儿的同事，甚至有些茫然，不知道该怎么做，大家你看看我，我看看你。庞春燕老师深知这个疾病的严重性和强传染性，然而疫情就是命令，接到电话的同时，几乎没有任何犹豫，她就跟主任请示要求自己去送药。她说"我是党员，我去送药。"两个小时后，一个瘦小的身影就出现在了发热门诊的门口，虽然口罩帽子将整个人几乎全部捂住，但是却一眼就能看见她胸前闪闪的党徽……不需要用语言描述，药剂科的党员时时刻刻把安全让给了群众，把危险留给了自己，在关键时刻起到了先锋模范作用。

每时每刻，总有人挺身而出，也总有力量温暖着我们！大疫面前，彰显担当，药剂科的党员和每一名员工默默为这场"战役"贡献着力量！在这次疫情捐款活动中，药剂科共捐款：15952元。

大疫来临，药剂科全体人员在党支部的带领下，同舟共济、共克时艰！

春风已拂面，何惧料峭寒？相信"爱"能战胜一切困难！

愿春暖花开时，能看见每一个人的笑脸！

愿在春风中，在阳光下一起肩并肩！

燕尾帽下的爱和使命

中国中医科学院望京医院　　季英霞

这是个"特殊"的春节，随着疫情的到来，我们每个人常规的生活好像按了暂停键，不能与亲人团圆，无法与好友促膝。疫情病毒的警报犹在耳畔，时刻警醒着我们。

坚守本职，传递希望

当疫情来临的时候，或许我们每一个白衣人都不能冲到防疫的最前线。但是，"做好自己的事就是对疫情防控最大的贡献"，警报拉响，各项防疫工作如同上紧了发条一般，争分夺秒的启动起来。科室是门诊、急诊、住院一体，我们所有的医护人员都如常到岗。从上级领导到院领导，从医院各处室部门到护理部都紧绷防疫的弦。最基本的七步洗手法培训，从护士到每一位保洁和护理员师傅；从医疗队培训穿脱隔离衣、防护服到护士长把关每一位护士的熟练穿脱演练；从应急物品的准备到入住科室观察病房的每一位患者；从疑似患者转运流程的演练到本院职工发热的应急处理流程演练……

随着严密的疫情防护措施和制度纷至沓来。护士们所担负的责任愈发重大，护士是制度和防护措施的直接执行者和落实者，每个人都是一道防线，绝对不能有丝毫松懈，也不能被击垮。疫情初始，每一名护理人员都是压力和希望并存。疫情期间，护理部配发的护理简报当中不仅包含日常护理事务，也时刻叮咛我们牢记作为护士的道德准则——慎独修养。疫情期间，全院施行无陪护制度。踏入病房的一刻，患者便进入一人一病室的观察期，他们内心的焦虑与孤单可想而知。此时，每一名护理人员都尽心尽责完成本职工作，努力给予患者更多的心理疏导。护士们从未忘记点亮从南丁格尔手中接过的那盏在165年前点燃希望的小马灯。点亮这盏希望的灯！给躺在病床上失意的人们温暖的话语，温暖的力量。

在如此紧张的氛围下，我也时时感受到涌动的暖意。我院一张张按满手印的请战书，一句句斩钉截铁的"我报名"，一直在脑海中闪现。新闻中，抗疫妈妈紧抱孩子，不舍得放下，那来不及擦干的眼泪画面让我眼睛温热、心里发烫。疫情期间，父亲多次叮嘱我，亲人盼你身体健康，孩子小，老人老。在医院工作不能大意，对自己负责，对患者负责，也是对家人负责。当时感觉父亲的话有些老生常谈，现在细细琢磨，总让我有一些说不出来的感动。想到在巨大的身心压力下，那些奋战在武汉的白衣战士"舍小家，为大家"，冲在最前线筑起了一道坚实的防护墙，同是白衣人的自己，内心总是不能平静，因为感动，因为无尽的牵挂，因为共同的抗疫使命！

同是白衣人，何须曾相识

在单位绷紧防疫的弦，我也时刻关注着武汉抗疫前线的白衣战士们，在武汉工作的昔日同窗发布的一条求助信息引起了我的注意。我们都是白衣人，深知其中的压力、风险和彷徨，彼此的支撑和鼓励是最好的防疫良药。昔日护理同窗、亲朋好友踊跃筹到了一笔小小的募捐款。在这个过程中，我们看到了平凡人无尽的善行，同为白衣人相隔千里的帮助撑持，四面八方、素不相识的捐赠人的大爱和坚持。每一颗爱心都不应被辜负！每一次善举都不应被放弃！我们深知团结和坚韧是应对疫情最有力量的底气！所以，有了募捐者最后的坚持，所以，有了同为白衣人为了共同使命的全力以赴！

相信希望，无问中西

抗疫是场持久战，我们作为中医系统的白衣人，深知中医药在"未病先防""既病防变"方面发挥着巨大的优势，也深知中医太极拳、八段锦等在提高患者身心健康发挥的巨大作用。西医还在探寻病源并努力研制疫苗，中医也在展其所长、持续发力。中西医珠联璧合抗疫是我们现在所拥有的最佳抗疫利器。

作为中医院的一名护士，我们熟悉小小耳穴、经络穴位、瓶瓶罐罐、中药颗粒……我们深知其中包含的大大学问！让患者受益，提高机体免疫力和生命质量是我们的职责所在。还有更重要的使命就是做好中医药文化的宣传者，中医药包含着中华民族几千年的健康养生理念及其实践经验，凝聚着中国人民的博大智慧。让我们珍惜前方白衣战士们，牺牲自己冲在最前线筑起的防护墙，再坚实的防护墙，也需要我们不断保持精神和身体的正气，这样才能取得抗疫的最后胜利！我们最普普通通的每一位护士，都可以发挥大大的能量，带动身边照护的每一位患者，每一位亲朋好友。

护士姐妹们，无论来自西医还是来自中医，无论来自武汉抗疫的最前线，还是抗疫的大后方，当我们戴上燕尾帽的那一刻，我们就变成了战士！所以，不管未来遇到何种风险，我们都要坚守使命、听从指挥、临危不惧、勇往直前！

逆　行

中国中医科学院望京医院　**斯博妍**

在新冠肺炎疫情肆虐武汉的时候，中国中医科学院望京医院护理部火速组织援鄂医疗队，我也在第一时间上交了请战书。护士长谷老师找我谈话，了解我的想法。我说："作为一名医务工作者，这是我的使命和担当，作为党支部副书记，疫情就是战场，关键时刻就是要冲锋在前，作为一名高年资主管护师，具有丰富的临床经验和娴熟的操作技能，舍我其谁。"说到此处。我从护士长的眼神里读出一丝顾虑。我知道她担心我的膝关节，几天前刚拍核磁，我被诊断为骨关节炎、关节腔积液。刚刚注射了玻璃酸钠第一针，医生叮嘱我尽量少活动，不能长时间久站；我知道她担心我家中的孩子，正值中考的紧张时期没人辅导；我知道她担心我的老父亲，刚做完冠脉支架介入治疗，情况还需观察。虽然有诸多的困难但最终我还是坚定地告诉领导："您放心，家里一切都会安排好的。"

回家后，我左思右想，还是要告知父母详情，因为孩子要请父母帮忙照看，并且希望父母能理解。当父母知道我递交请战书，参加援鄂医疗队，他们的态度非常支持，说："你虽然是家里的顶梁柱，但同样是国家的人才，国家培养了你，关键时候一定要为国家和人民服务，你去支援武汉吧，家里不用惦记。"我坚定地对父母说："我既然选择了这个职业，也就选择了责任和坚守。救死扶伤是我的天职。面对国家和人民的需要，有再多的困难我都不怕！"习主席说："关键时刻冲得上去，危难关头豁得出来，才是真正的共产党人。"面对女儿，我不知怎么开口，女儿仿佛读懂了我的心。"妈妈您多带些口罩，我为您骄傲，我等您回来！"原本还在想着怎么跟女儿解释，闻听此言唰的一下我眼泪就掉下来了……

在积极备战培训后，参加援鄂第一批医疗队的名单下来了，意外地没有我！我赶紧找到了护理部高主任，主任对我说："第一批名额有限，已经满员。"我立

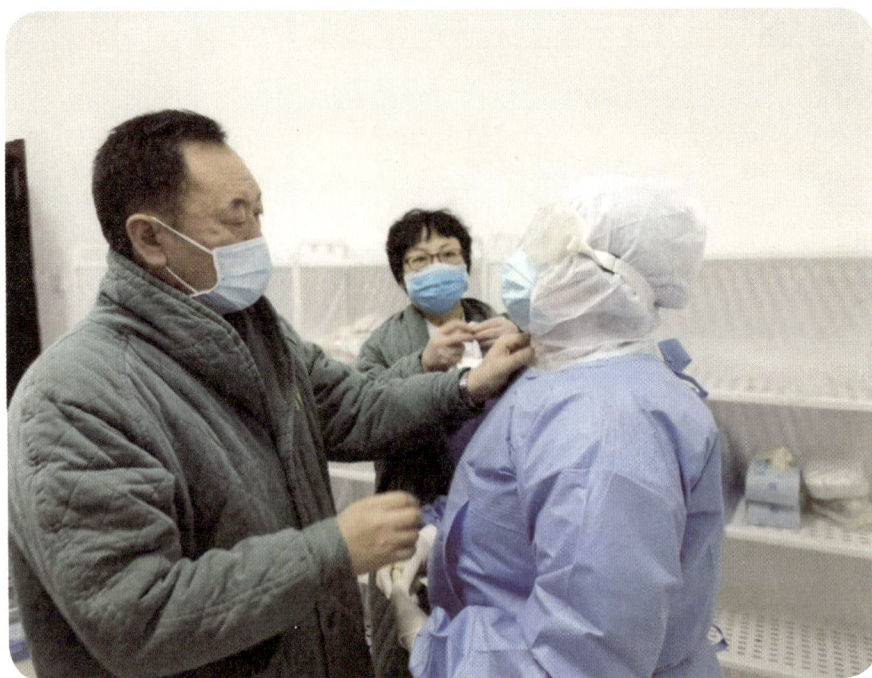

进入病房前领导还在仔细地为我们检查防护服的严密性

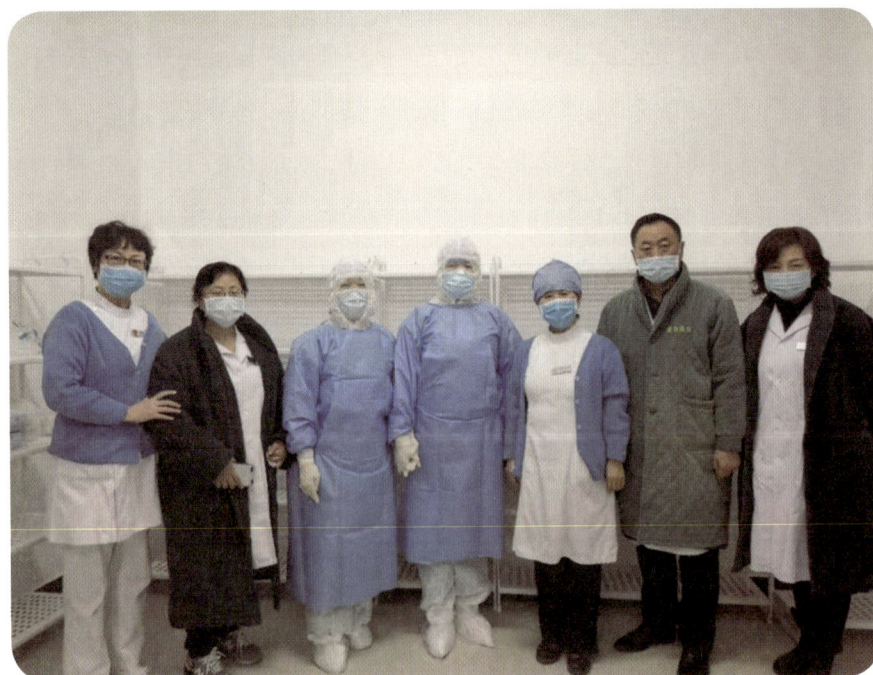

即恳切地向高主任申请："请领导考虑，让我加入第二批。"

由于疫情已经在北京出现，我院要以最快的速度组建留观病房。在接下来的工作安排中，我光荣地被安排在留观病房的建设，负责病房护理工作。24小时内紧张而有序地顺利组建成我院第一个留观病房，我倍感自豪！

工作中坚守岗位，一丝不苟。乐观的微笑洋溢着自信，希望每个带着恐慌的患者都会被我的精神感染，从而能够放松心态顺利接受治疗。

我作为第一批进驻并参与筹建感染疑似病房的护理骨干人员之一，与护士长王鑫和急诊科护师张洁琼密切配合，强强联手，全身心地投身到这场没有硝烟的战斗中。筹建当晚就顺利收治了两名疑似患者。由于是隔离病房，患者均是发热患者，一方面既要鼓励患者多饮水，多摄入饮食增强抵抗力；另一方面又要面临患者的排泄物增多转运的问题。疑似患者的体液及排泄物都要经过严格封闭，这就需要我们多次进入病房为患者清理——在自身呼吸困难的情况下为患者做生活护理、症状护理、心理护理。女子本弱，为医则刚！别看我个子矮，在隔离病房为患者更换桶装水时，那也是相当灵活给力的！

在患者住院的第二天晚上，应当进行第二次核酸检测采样。为了节约防护装备，为了发扬党员先锋作用，为了给年轻的同志树立榜样，我主动请缨进病房为患者采血。穿着厚厚的防护服，头上戴着重重的面罩，双层手套，灵活度明显降低！给患者系上止血带后，紧张的患者却情绪不稳，影响静脉穿刺。我立即耐

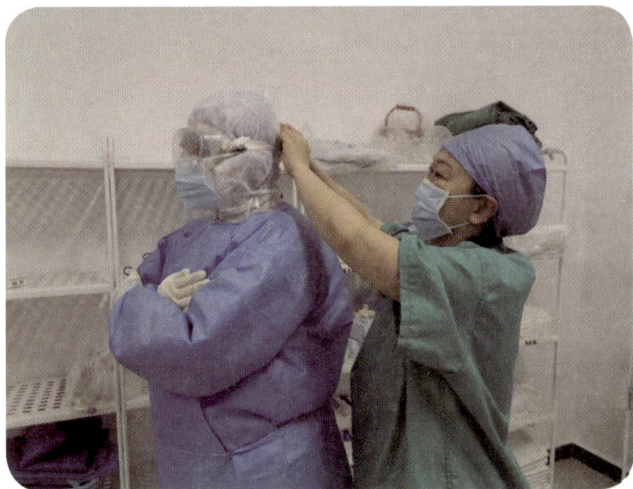

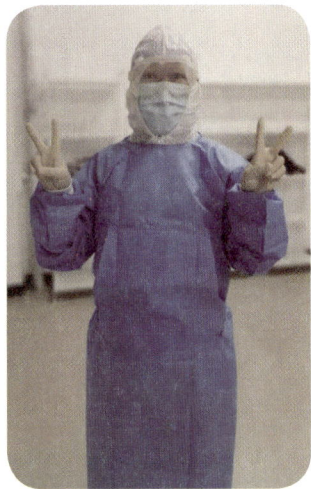

穿起厚厚的防护服，灵活度明显降低，给日常工作增加了难度

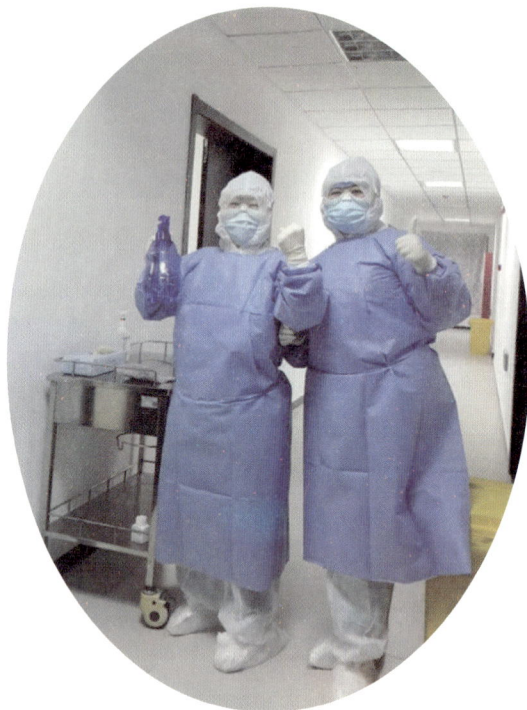

坚定的信心

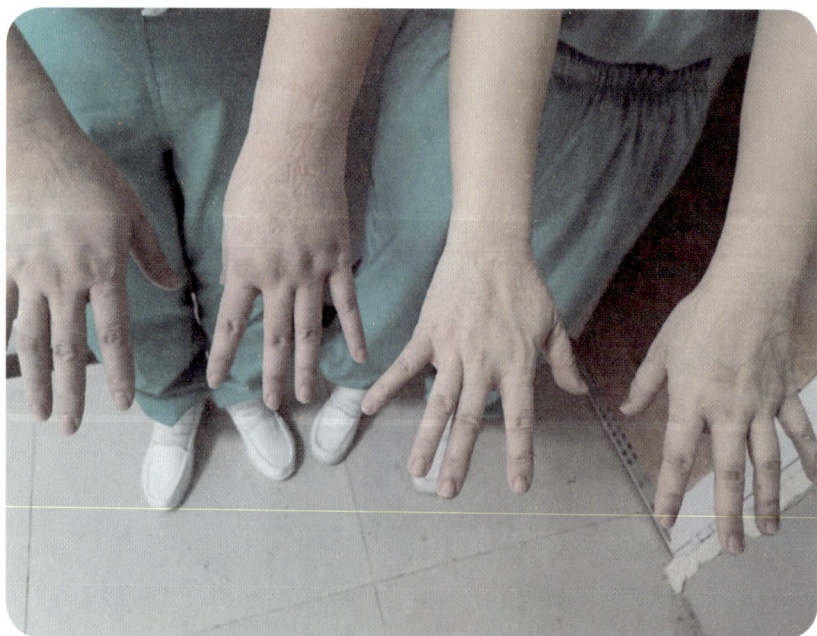

医护人员的双手在工作中被浸泡得"白白胖胖"

心地进行心理疏导。待患者情绪稳定后，发现患者的血管又细又滑，穿刺十分困难。护目镜下不清晰的视野下，凭借自己多年的临床经验和手下的感觉，一针见血！穿刺成功！紧接着一鼓作气把第二名患者血样也顺利采集完毕。正当要准备脱掉防护装备走出隔离病房时，接到通知即将收治第三名患者。但是这名患者还在发热门诊排查中，需等待一小时。此时，我的膝盖已经开始隐隐发痛，但还是以轻松的表情对护士长说："我在这里等候。"膝关节的疼痛迫使我很想坐着，但穿着厚厚的防护服，蹲下去就怕站不起来了。空荡荡的楼道里我一顿一顿从这头走向那头，让两条腿轮换着承担体重。看着钟表，时间一点点地过去了，好想有个板凳啊，这时楼道里传来了声音，"您小心点，这有台阶，我给您消一下毒"，这是发热门诊护士姐妹那亲切的声音，终于迎来了这位患者。当打开病房门的时候，一名非常焦虑和紧张的年轻女性出现在我面前，我抵抗着身体的疲劳，用温和的口吻，耐心地为患者介绍环境、生活注意事项以及病房的各项制度，做好解释和安抚工作。患者虽然理解和接受，但是她不太习惯医院为她准备的生活用品。她想让家里人把她自己的东西送来。为了缓解患者焦虑的情绪，我继续等待了半小时，护士长顾虑我的身体情况，要求我撤下来！我却很坚持，这点小困难没什么。在武汉的兄弟姐妹他们在病房一待就是七八个小时，我对自己说坚持、坚持、再坚持！终于家属回来了，把东西转交到患者的手里瞬间，我如释重负。终于完成所有的任务了！终于在做完消毒隔离工作后！终于可以脱掉这个厚厚的防护服了！摘下所有的防护用具时，看着手套里面泡白了的双手、勒红的脸颊、麻木的双腿，这就是隔离病房里的一天。

在护士长王鑫的带领下，没条件创造条件，有困难克服困难。为了让我们更好在前线战斗，每次护士长都是为我们做好后方工作。张洁琼是我们护理小组里的力量担当，搬大件物品时总是抢着干……这些只是所有护理姐妹们的一个缩影，只是所有"逆行者"中的一员，竭尽所能贡献自己的一分力量。截至现在疫情还没有完全被击退，我们还要做好充分的准备来应战，我作为一名老党员，同时在院领导和同事的关怀与帮助下，我必将坚守到底，随时应战。

2020年的这个春天鲜花依旧绽放，春风依旧拂面，因为是一批一批"逆行者"的汗水与泪水在浇灌，愿摘下口罩微笑相视的那一天早日到来！

最后，向所有奋战在一线的医务工作者致敬！

小 我

中国中医科学院望京医院   鞠榕榕

2020年1月20日早上8点，刚下夜班的我拖着疲惫的身躯，急忙回宿舍收拾完行李，朝着地铁站冲去！快一年没回家了，距离上次尝到妈妈的手艺已经时隔很久，特别想念家里我的那张席梦思和那一床的娃娃们，家里可以赤脚走地板穿短袖吃雪糕，家里很惬意。

除夕，家里卫生快打扫完毕，爷爷叫我贴春联。"来了，来了！"我欢快地答应道。每年最开心的就是回家打扫卫生，贴春联除旧迎新嘛！

这时，群里微信响个不停，工作群里医院发的紧急通知，科主任的号召，护士长的动员……一时间，我有点懵了！

看着微博上武汉医务人员发出的求助动态，我喘不上气来！一阵阵心疼，我立即联系了在武汉的小伙伴，"你怎么样？医院开始召集报名了！"

"我们科都踊跃报名了，我也想报，毕竟我就在武汉！"

我有些动容，"我也想去！"刚说完，护士长给我打来电话"榕榕，医院开始紧急召集医疗队，我报名了，你能从江苏立即返京参加支援吗，你跟父母商量一下，立即给我电话！"

立刻吗？可我爸妈不在家，怎么办？我如热锅上的蚂蚁，急得团团转。去吗？我是家里的长女，我才20多岁，父母怎么办？不去吗？我当初为什么选择学医，不就是为了救死扶伤吗！

"爷爷，我想去武汉支援，您怎么看？"

"你也大了，有些事自己做决定吧，你去我是支持的。"爷爷说完，默默地转身去了厨房，不再看我。

晚上，爸妈回来，他们还没下车，我就匆匆跑过去，"护士长让我跟你们商量，去武汉支援的事，你们怎么看？"

妈妈赶忙下车，抓着我的手，哽咽得说不出话。

"我同意你去！你要是男孩子，我肯定送你去前线了！去，必须去，这是件光荣的事！你现在就跟护士长说，你同意去！"爸爸慷慨激昂！

饭桌上，莫名地安静，突然爸爸出声"姑娘，把我们家的红酒拿出来吧，我们爷俩来喝一杯。我抬头看着他，看他有点笨拙地开着红酒，手微微颤，瓶塞好不容易打开了，"咱也别拿酒杯了，直接拿碗喝吧！咱爷俩还没怎么一块喝过酒呢！"说着，给我满上了！

而妈妈不停地给我夹菜，不一会儿我的饭碗里堆得老高。

我放下筷子，果断地给护士长发了信息：护士长，我请求支援武汉。然后我开始拼命地吃妈妈给我夹的菜，吃得很多，很多。

那晚，我给家里包了红包，守完岁就睡了，睡得很踏实，一夜无梦。

截至2020年3月8日，全国参加支援这场战役地医务人员达4.26万人，女性医务人员有2.8万人。

其实这世间哪有什么白衣天使，都是这些勇敢的白大褂在跟死神做斗争；这世间哪有什么无私，都是一群小我成就了大爱；这世间哪有什么一蹴而就，都是一群普通人做着伟大的事！这场疫情，我们终将胜利！召必回，回必胜！向我们最美的"逆行者"致以最崇高的敬意！

青年力量，初露圭角

中国中医科学院眼科医院　马克信

习近平总书记在给北京大学全体援鄂医疗队90后党员的回信中说："青年一代有理想、有本领、有担当，国家就有前途，民族就有希望。"我以切身体会说一下我对这句话的感受。

除夕夜，医院发布医疗队号召令，几乎所有人都是第一时间出于职业本能报了名，忘记身后种种羁绊。大年初一抗疫医疗队名单公布，初三就需要集合训练。很多队员刚到家又坚定地踏上归程。2020年2月1日接石景山区卫健委的通知，眼科医院成立由我和耿丽娜、董慧超等8人组成的医疗队，我担任队长。除了我，她们大都是90后女孩。出征前领导指示我，全体队员要一个不少的带回。

医疗队于2020年2月3日进驻区定点收治医院。我们花了一周的时间内将它改造成专门医院。虽然有区政府的全力支持，但一切都要从头开始，压力和工作量可想而知。医疗队跟兄弟单位的同事们，一起齐心协力、分工合作，在非常短的时间里完成3个病区共100张病床的筹备。

定点医院确诊病房的第一个夜班是护士张慧杰当值。凌晨两点，一个患者因为双眼剧烈疼痛和对新冠病毒的恐惧，几近崩溃，几次要冲出病房，张慧杰出手阻挡，差点被撕破防护服。面对突发状况，她沉着应对，耐心安慰患者，充分发挥作为眼科护士的优势，不厌其烦地用专业知识和临床经验给患者医治、讲解。最后，不但缓解了患者的目痛，也缓解了患者的焦虑情绪。

医疗队的耿丽娜、董慧超等队员最初被安排到防护组，在定点医院，防护组是整个医院安全风险和后勤运转的保障，需要耐心、细心和体力付出。她们的工作时间比别人更长，起初防护物资紧张，别人工作6个小时，她们就要工作8个小时，脸上留下当下最美的"压痕妆"。她们出色完成了这份繁重而关键的工作，实现工作人员"零感染"的目标。

定点医院的检验科只有两个人，而张晓芳便是其中之一。出于人员备份的要求，每次只能一个人上班。她要在狭小的操作间内，冒着气溶胶感染的风险，独自完成全院的检验，每次工作结束后还有必不可少的善后消毒工作。

看到她们严谨、认真和设身处地为患者的工作的样子，我觉得她们真的是一群天使。

医疗队有我和张慧杰两名党员。我们针对医疗队中女孩居多、年龄偏小的情况，坚持党员率先垂范，对队员生活上多关心照顾，工作上耐心指导。经过疫情的考验，队员们成长很快，思想认识不断提高，纷纷递交了入党申请书。关京京在入党申请书中说："打赢这场没有硝烟的战争，需要一支先锋队去攻坚克难，越是艰险越向前。共产党员就是这样的人，我也要成为这样的人。"

定点医院工作即将结束时，队员们跟我说，咱们去支援武汉、支援小汤山吧，咱们现在身体状况都很好，这段时间也积累了很多经验，可以立即开展工作。那一刻，我不由得对她们肃然起敬。

复盘这段时间的工作，除了业务上的收获外，我更多感受到一种力量。这种力量来自很多像我们队员这样的青年一代。他们特殊时刻的担当、危急时刻的勇敢彰显了中国青年的价值。这种力量让我坚信，疫情不过一瞬，中国未来可期。

管中窥"疫"

——基层防疫保障人民安康

中国中医科学院中药资源中心 李 颖

疫情的突如其来,显得这个冬天格外清冷而漫长;白衣战士勇敢逆行,全国人民共克时艰,又常常让热泪充满我们的眼眶。医务人员是最可敬可爱的人,冲锋陷阵救死扶伤,而基层的防疫工作者们,保卫后方坚守岗位,同样是值得歌颂的英雄。

我的表哥在山东省济宁市兖州区兴隆庄街道工作,春节假期我从北京返回山东老家,本来每次回家都要与一大家人聚一聚,但今年的特殊情况,老家疫情防控工作紧张严密,表哥因为工作关系更是经常24小时值守。虽然没有相聚,但还是听说了很多防疫故事,见证了乡镇(街道)一线基层,看到了党员干部们如何为了抗击疫情而努力。

除夕前一天晚上,兴隆庄街道紧急召开专题工作会议,防疫战时指挥部正式成立,疫情防控进入紧锣密鼓的筹备阶段。大年初二,所有的包村干部下沉一线,到村里督促指导防疫工作。当天,绝大多数村庄拉起了围挡、设置了路障,每个村仅留下一个出入口,尽可能切断病毒传播路径。第二天,所有村的值班卡点建立起来,村干部、志愿者24小时值班蹲守,为每个出入的村民量体温、做记录,架起了一道道"生命防线",守卫群众健康。党员干部们加班加点,仅仅用了一个晚上摸排了所有农户的情况信息,建立了近期武汉返回、途径武汉返回、省外返回的"三张清单",摸清"家底"后,防疫工作的重点更加明确了。一个星期后,随着疫情形势趋紧,村里的党员干部们结合实际创造了"信(外来人员介绍信)、卡(每户每人两天出入一次的登记卡)、证(身份证或户口本)"相结合的门禁制度,更加有效地实现了"外防输入、内防传播"。这些工作看似平常,但能在短短几天内，就把工作安排妥当，是中国速度的具体表现，迅捷的响应速度，让兴隆庄未有一例确诊病患。

老家的信息相对于大城市稍稍滞后一些，疫情初期的防控工作存在一定难度。于是，当村民不戴口罩出门的时候，卡点的志愿者把他们劝回家去了；于是，当有人聚众聊天的时候，村干部坚决把他们哄散了；于是，当外来车辆要进入村子的时候，值班的干部把他拦下了；于是，当极个别群众以"出门上厕所"为由频繁进出的时候，部分公厕果断被停用了……正是这一个个"于是"，让戴口罩、勤洗手、少聚集、不串门成了老乡们的习惯，身份证和"健康码"成为大家出行的必备品。疫情防控最紧张的时候，基层工作者们即使在寒风中瑟瑟发抖也坚持值班，即使手指冻开裂了也一直手握测温枪。默默无闻的一线防疫人员，正是他们的日夜值守、私的奉献、责任担当，才守住了基层的防线。

疫情发生后，兴隆庄境内的公益企业、爱心人士主动联系当地政府，纷纷慷慨解囊，自愿开展了捐赠活动。企业家们佩带口罩并主动保持距离，有条不紊地把一箱箱口罩、消毒液、方便面、棉衣等物资堆放在一起，也有人直接捐出善款用于抗击疫情。大家奉献爱的力量，令人心生暖意，肃然起敬。

兴隆庄，这个人口不足5万，方圆仅50多平方公里的小镇，在抗击疫情的过程中折射出泱泱中华众志成城、披荆斩棘的民族精神，涌现出一个又一个伫立在党旗之下，义无反顾坚守在防疫一线捍卫生命健康的"逆行者"。见微知著，我们可以洞见，在全国各地无数个城市和乡村，都有这样感人的事迹，也都有一个个平凡的奉献者。

此时此刻，还清晰记得当时不停看新闻、看微博的感觉，看到了许多以前从来不曾看到的人和事，跟着着急、跟着感动、跟着雀跃……那些隐藏在中华民族基因深处的韧性，流淌在每个中国人血脉中的精神气节，每逢国难当头就会喷薄而出的凝聚力、战斗力，在共抗疫情的艰难岁月中再次呈现，成为新时代的荣耀图腾。我想，不管是像表哥和其他一线工作者，还是听从管理守在后方的你我，每一个人，都是抗疫的英雄，是无数个勇于担当尽责的党员、干部、群众，挺直了新时代中国的脊梁。

岂曰无衣？与子偕行

陕西省中西医结合医院/西安市第五医院　王　颖

2020年的春天，注定难忘。疫情袭来，气势汹汹，医护人员与时间赛跑，同病魔较量。当所有人面对病毒惊恐不已，纷纷避让时，医护人员笃定"该冲锋时就要冲锋"的信念，挺身而出，无所畏惧，成为坚定的逆行者。我们心连心，手拉手，肩并肩，筑起了一道坚不可摧的生命防线。

面对这场没有硝烟的战场，我院上下齐心协力抗击新冠肺炎。医院感染性疾病科的人员，都是从各个科室抽调、重新组成的"新家庭"，是医院在这次疫情中的一线科室，承担着我院发热和疫情高危患者的分拣工作。"岂曰无衣？与子偕行"，便是感染性疾病科金静主任的鼓舞士气之语。金老师最常对我们说的话就是：有任何事情就给我打电话，我们一起解决。《诗经·秦风·无衣》这样写道："岂曰无衣？与子同袍。王于兴师，修我戈矛。与子同仇！岂曰无衣？与子同泽。王于兴师，修我矛戟。与子偕作！岂曰无衣？与子同裳。王于兴师，修我甲兵。与子偕行！"这首先秦诗歌，表现了秦军战士出征前的高昂士气；此刻也鼓励着我们互相召唤，舍生忘死，同仇敌忾，成为我们抗击新冠肺炎的慷慨战歌。

感染性疾病科工作紧张、忙碌、繁琐，但都在有条不紊地进行着。科室的每个成员，从接到一线工作那天起，几个月来，一直坚守至今。那时候防护物资紧缺，仅有的几个N95口罩，接诊的医护人员都是依病情佩戴；那时候防护面罩也所剩无几，大家一起动手，用透明文件夹及影像片来代替；防护服一穿都是大半天，生怕换早了浪费了。也正因防护物资的紧缺，使得我们相互间的问候都很简单：保护好自己！

记得疫情初期，护士王燕负责每日防护物品的申领、发放，督促日常防护流程、操作，消毒隔离，和及时的上传下达工作，因为工作性质原因，当时已经连续上班10天，期间曾因接触高度疑似患者被隔离，但在解除隔离后，依然写出请战书，要求继续留守一线。她说："那里有她熟悉的流程、熟悉的标准，更有熟悉的战友！"穿起工作衣，家里的一切困难都抛到脑后，想的只有如何做好每个细节！护士陈艳说："来到感染性疾病科，这里虽有风险，但无怨言；有困难，但无退缩！"成洁医生在说到"防护物资紧缺、医护如何自力更生"之时眼眶湿润了，当问她怎么了，她说："喜忧参半，心情复杂！"一天晚班，科室接到了预检分诊的电话，护士倪倩、张照轩，医生吉建华，迅速穿好防护装备，详细问诊、检查、化验，经我院专家、市级专家会诊后高度怀疑为新冠肺炎，需转胸科医院进一步诊查，夜间转送人多、120车辆少，此时的患者情绪激动，为了安抚患者情绪，张照轩多次近距离接触，为了更大的节省物资，他们三人一晚上没有更换防护衣；为了工作效率，一晚上没有休息，直至凌晨5点，该患者由120转送至胸科医院，他们继续投入到终末工作及消毒当中。医生刘茜，举起自己的小拳头，说道："我怎么才能在这次抗击新冠肺炎中做到更好，我们怎么才能在这次新冠肺炎中更好地发挥中医的力量！"

在这样的大家庭里，有多位同事和爱人同时取消休假，有好几位是二孩的母亲，有本打算回老家最后毅然退票的，有已经连续值守了几年春节期间班次的，有家中老母亲正患病高烧40℃的，有出门前孩子写下稚嫩的日记"妈妈我有点害

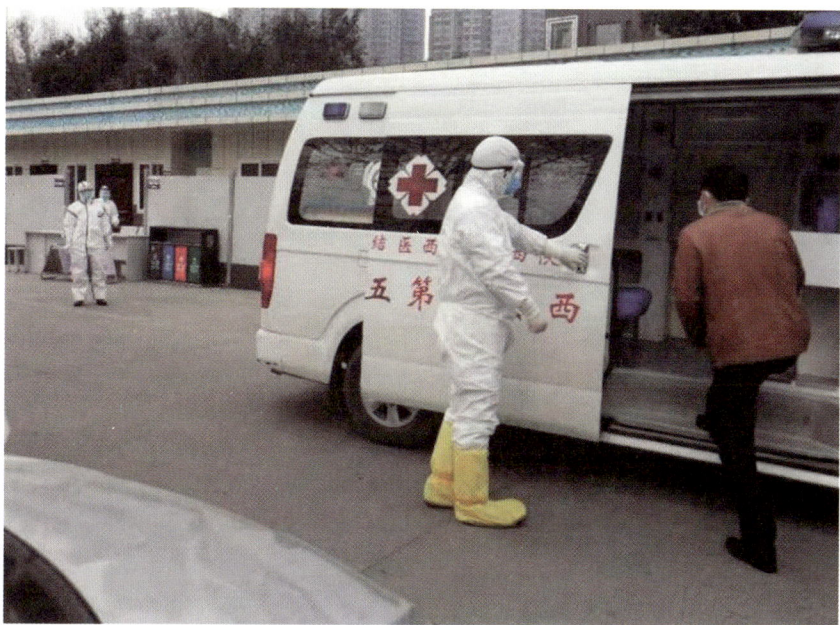

我们齐心协力，筑起一道坚不可摧的生命防线

怕"的……这里的每个人都克服各种家庭困难，舍小家为大家，用行动把白衣天使的"职责"书写得淋漓尽致。大家一致表示："作为非定点医院，我们虽然不见得能当英雄，但是也绝不当逃兵！"感人的话、感人的事就是在这样普通的对话与工作中频繁出现，因为这里的每个人心中只有一个念头：一起努力，打赢这场硬仗！

近日，境外输入病例数和无症状感染者人数的增加，继续提醒每个人，铠甲不能卸，警钟需长鸣！让我们这个大家庭继续那句"岂曰无衣？与子偕行"。我想，这应该就是这个春天最美的画面吧！

武汉再遇花木兰

——记省中医院援鄂前线护理团队

甘肃省中医院　张　强　王　颖

　　在2019年举行的第72届世界卫生大会上，2020年被确定为国际护士和助产士年。根据世卫组织发布的最新报告，护士和助产士在提供卫生保健服务方面发挥着至关重要的作用。目前，全球有2200万护士和200万助产士，占全部卫生工作者的一半。为了实现到2030年全民健康覆盖的目标，全世界还需要增加900万名护士和助产士。

——题记

　　弯弓征战作男儿，梦里曾经与画眉。几度思归还把酒，拂云堆上祝明妃。

　　看着援鄂前线护理人员铿锵有力的步伐，读着杜牧的这首赞美花木兰的诗，我不由得有这样的感慨：古时惊叹花木兰代父从军，今日喜看中医人为民参战。

　　南北朝时的花木兰，代父从军源于一个"孝"字；现代版的"花木兰"，奔赴"前线"是为了国泰民安。

　　面对这场突如其来的严峻考验；面对这场没有硝烟的战争，"逆行者"用最执着的坚守，最坚定的信念，最无悔的行动，演绎着一个又一个不为人知的感人故事……

　　在挺进湖北的支援队伍中有一支年轻的护理队伍，她们是甘肃省中医院护理部派出的28名护理人员，从2020年1月28日起，分五批次奔赴武汉抗疫一线。这些护理队员中，女性占到了90%。年龄最大的43岁，最小的刚满24岁，平均年龄32岁。她们既是母亲，又是女儿。在科室，她们是业务骨干；在家里，她们是好妈妈、好妻子、好女儿。她们义无反顾地主动请战，再现了"花木兰"代父从军、决战杀场的英雄豪气；彰显了护理巾帼朝气蓬勃、爱岗敬业的职业风范。

宣父犹能畏后生，丈夫未可轻年少。省中医院出征武汉的护理团队是一个年轻的、富有朝气的团队。一个个坚定的"逆行者"背影后面，联结着的是各自家人无尽的牵挂，她们用人间最美的信仰，人性最质朴的善良，以自己单薄之躯撑起了中华民族的脊梁。

基辛格在《论中国》中说："中国人总是被他们之中最勇敢的人保护得很好。"现在，武汉有难，湖北有难，祖国有难，她们舍小家为大家，以大无畏的勇气伸出援助之手，去解救更需要保护的人们。出征前，她们是这样说的："你保护世界，我保护你！"

这些日子，我们既看到了铮铮铁骨的英雄男儿，也赞叹不甘人后的现代"花木兰"。无论是在武汉市中心医院，还是在方舱医院，都能看到穿梭在患者之间的甘肃省中医院护理团队"花木兰"们矫健的身影。

未雨绸缪，厉兵秣马待出发

护理人员，为"护士"与"护理师"的统称，最有名的当属南丁格尔。从事医院管理的人都知道，一个医院的运行，护理团队是功不可没的。在疫魔肆虐的武汉，护理人员承担着大量繁重的治疗、护理和患者的心理疏导任务。

甘肃省中医院护理团队是一个拥有853名护理人员的团队，女性占95%。曾经获得过国家中医药管理局"全国中医医院优质护理服务先进单位""甘肃省首届丝绸之路国际文化博览会医疗卫生保障工作先进集体"等多项荣誉称号。在汶川地震、玉树地震、舟曲泥石流等重大自然灾害事故中用专业、信念和奉献坚守一线，用实际行动捍卫了省中医院"半边天"的殊荣。

2020年1月26日，护理部接到要选派5名护理人员驰援武汉的消息传开后，"让我去吧""首战必我"等请战声响彻重症医学科、急诊科、肺病科等护理单元。护理部向全院发出倡议后，全院护理人员纷纷响应，有400余人向护理部递交了请战书。护理部培训科副主任唐锐第一个站了出来，她说："我的孩子大了，家里没有负担，作为一名共产党员，我先去。"

请战书上一个个鲜红的手印，就像一颗颗跳动的心，传递着医者的仁心与担当；展现着医者的初心与大爱。

陈燕，在2008年玉树地震时就在爱心病房工作，现在的她已经是一个不到两岁孩子的母亲；呼吸科护士长刘晓霞，多次请缨支援前线，其实从疫情一开始她就没有离开过工作岗位，就在去武汉支援的前一天还在医院发热门诊值完24小时班。

疫情发生后，在护理部主任王颖带领下，医院全体护理人员迅速行动、未雨绸缪、厉兵秣马，积极做好一切支援武汉的准备。从2020年1月24日开始，全体护理人员取消假期，组织学习疫情防控相关知识；反复演练穿脱隔离服；梳理应急状态下护理工作流程等一切都有条不紊地进行着。此时，她们的心里只有一个概念，"严阵以待，备战有我，担当作为，休戚与共！"她们用自己的实际行动践行着白衣天使的神圣使命；用坚定的意志和大无畏的革命精神筑起了阻击疫情的坚实堡垒。

吹响"集结号"，义无反顾上战场

"青山一道同云雨，明月何曾是两乡。"黄河，汉水，甘肃与湖北虽相距千里，但两地人民的心是连在一起的。"驰援武汉"的号角已经吹响，甘肃省中医院护理团队斗志昂扬，不再彷徨，而是踏着黎明的曙光，去迎接胜利的光芒。

由于前线护理人员急缺，甘肃省中医院分六批共派出了具有呼吸、重症、急诊和其他科室工作经验的护理人员唐锐等28名护士奔赴武汉和兰州市肺科医院。

从人员集结、物资打包到"甘肃方剂"颗粒中药准备、出发前动员……甘肃省中医院护理人的快速反应，无不彰显了这支队伍"招之即来，来之能战"的政治素养，在抗击疫情的关键时刻，她们用"医者仁心、大医精诚"的职业担当奏响了杏林医者的最美之声。

年轻的她们，拥有不变的誓言；年轻的她们，充满着青春的希望。她们坚信：既然选择了蓝天，也就一定要飞翔，哪怕有一天会有一双滴血的翅膀；既然选择了拼搏，也就选择了风雨，哪怕会有荆棘丛生在未来的路上。从站在起跑线上出发的那一刻起，她们注定要追着东升的朝阳。

烈火见真金，黄鹤楼前展风采

誓言总是美好的，而实现誓言的过程是坚苦而卓绝的。28名现代"花木兰"义无反顾地踏上了正值冬春之交乍暖还寒的荆楚大地。

康复医学科护士长张燕琴与"新冠病毒"的初次"短兵相接"是在2020年1月30日。她在日记中这样写道：1月29日下午5点，全体赴鄂医疗队员刚刚接受完培训后接到紧急通知，要求选派一组队员前往武汉市中心医院新病区收治疑似病例。省中医院援鄂医疗队员毫不犹豫地主动请战，唐锐、张燕琴、杜雨津、南英姬、胥飞5位护理人员全被选中，下午6点多整装出发前往武汉市中心医院。队员们进驻后迅速进入工作状态，完成病区交接及环境整理工作，铺设病床、学习电子病历操作流程，克服种种困难与心理恐惧。第一天就收治疑似病例5人，其中一例为高龄、高危的"大白肺"患者。

山川异域，风月同天。这是几位"80"后们第一次"武汉之旅"，传说中的黄鹤楼已经梦见过多少回了，她们多么希望疫情快点过去，去亲眼看看黄鹤楼和武汉长江大桥。

苗东英、李楷是此次护理队伍中的"护花使者"，与宋媛媛一起作客武汉城市客厅——方舱医院。2020年2月7日，当她们接到指示前往方舱医院开展工作时，她们才明白真正的战斗在等待着她们。

方舱医院占地约1500亩，共分ABCD四个馆，苗东英、李楷、宋媛媛所处的是其中的A区。这里用于收治核酸检测呈阳性的患者，一旦病情变重，患者就将被转送到不远处的金银潭医院。

对很多人来说，"方舱医院"是个很陌生的概念。其实，这是来自解放军野战机动医疗系统的名词，方舱是使用各类坚固材料组合形成的可移动整体，方舱医院往往指临时搭建、便于移动的医院。方舱医院曾在汶川地震、玉树抗震救灾中发挥过重要作用。

甘肃护理团队接管的床位有200多张，本着应收尽收的原则，方舱医院一开馆入住率就很高。苗东英、李楷、宋媛媛接管的患者年纪普遍小于60岁，病情基本稳定，个别患者会有胸闷、气短、呼吸困难等症状。

一轮大夜班后，她们发现，语言并不构成障碍，障碍是患者的心理需要疏导。"有的患者认为自己的病情非常严重，需要转院；有的后半夜不停地翻身；还有的实在睡不着，起身在病区走来走去……"护理中，她们跟患者讲的最多的是配合治疗的必要性和保证充足睡眠的好处。

在护理间隙，苗东英想起了出发前好多人说的话：加油，回来你就成英雄了。他说：我不想当英雄，只想当一个平凡的医务工作者，当一个好儿子、一个好丈夫、一个好父亲。

时间过得很快，到武汉已经十几天了，因为队员调整，倒班频率和工作强度随之增加。经过反复的沟通、梳理、磨合，队员们的工作逐渐进入了轨道，各项工作有条不紊地进行。每天除了给患者输液、吸氧、测量生命体征等常规治疗外，还需大量的时间给患者做生活护理（如喂饭、喂水、喂药、换尿不湿、擦身），心理疏导、处理病房垃圾、消毒、拖地、患者一日三餐的发放。为了让护理人员认识到环境卫生对我们自身以及操作安全的重要性，唐锐每天都跟班督促，反复优化工作流程，为大家创造安静、整洁、安全、舒适的工作环境。刚到病区的患者，情绪焦虑急躁，经过努力，她们渐渐地让患者有了希望和笑容，听到最多的话语就是"谢谢你们从那么远的地方来帮助我们"。

厚重的隔离衣，并没有阻隔她们与武汉人民的心。黄昏时刻，当队员们在楼下散步，看到院子里的梅花开了，一派欣欣向荣的景象，她们似乎看到了希望之花、胜利之花。

突如其来的一场春雪，让她们体验了一把南方的冬天。她们和往常一样，迎着春雪继续出发。到达目的地，全副武装后处理医嘱、给予治疗、引导检查、沟通交流、功能锻炼、推拿手法……与其说是护理患者，倒不如说是和朋友、亲人交流。当她们看到患者的各项指标达到要求可以出院，激动地给家人打电话的样子时，她们释然了……

十几天的坚守与付出，她们用心温暖了患者，用爱呵护着患者，在医患共同努力下，曙光和希望将不再遥远。

苟利国家生死以，岂因祸福避趋之。在疫情面前，作为甘肃省中医院的护理人员，她们毫不犹豫地冲向了战场，她们也在用自己的实际行动践行着一名护士、一名共产党员所应有的勇气、责任和担当。正是因为有这样一群守护生命的"花木兰"，有这样一个勇挑重担、冲锋在前的团队，才使得医院在组建疫情防控医疗队时有了战时保障。

　　经过风雪洗礼后的江城，必将迎来风轻云淡、艳阳高照的日子。没有一个冬天不会过去，也没有一个春天不会到来。

　　疫战无所寄，且赠一枝春。伟大的白衣逆行者们，待到山花烂漫时，我们会摘下口罩，一起去晒太阳、放风筝、赏春景，去自己想去的地方，见想见的人。

　　感谢每一位在抗疫战争中逆行而上的女英雄！

　　致敬每一位在抗疫战场上勇敢前行的"花木兰"！

疫路"风景线"

陕西省西安市中医脑病医院　万晓洁

2020年春节注定是一个不平凡的春节，一场突如其来的疫情防控阻击战，在中华大地骤然打响。有一首歌《等你回家》，这样唱道："除夕的碗筷刚摆下，一声召唤你就离开家，用身体筑防线与病毒拼杀，逆向而行平凡中伟大……"白衣驰援，点点星火汇聚成"人间天河"，抗疫路上，你们是最美"风景线"！值得我们点赞、仰视和学习！

2020年1月27日晚上9点25分，西安中医脑病医院护理部主任胡冬芳在微信"一起议事群"里发了这样一个消息："各位护士同仁好！目前武汉新冠病毒肺炎形势严峻，一线医护人员紧缺，各位请思考后报名给我，参加湖北支援行动。收到请回复，谢谢！胡冬芳"。这一天是大年初三，是阖家团圆的时刻，刹那间，李晓彤报名、梁飞报名、刘亚妮报名……226名护士姐妹纷纷报名请战。

经过严格的遴选，西安中医脑病医院13名医护人员分四批，先后奔赴武汉支援，冲在疫情最前线。作出这样的决定，得要有多大的勇气啊！差之毫厘，就会有被病毒感染的风险。可是，他们在祖国危难之际表现出的是民族大义及作为医护人员的职责和担当。

没有生而英勇，只是选择无畏，因为恪守生命至上的信念，所以无所畏惧，逆风前行。脑病七科屈萍经多次请战很荣幸成为13名战"疫"勇士中的一员，生于1994年6月的她，是队伍中年龄最小的一位，同时她也是一名共产党员。在请战时她说："作为一名党龄7年的党员，入党誓词中的一句话，我时刻铭记在心，'随时准备为党和人民牺牲一切'。对我来说，抗击疫情，守护生命，是我义不容辞的责任和使命。"

2020年2月21日，屈萍作为陕西省第二批支援湖北国家中医医疗队队员，出征奔赴武汉江夏大华山方舱医院，开展新冠肺炎感染病人的医疗救治工作。

2020 年 2 月 21 日西安中医脑病医院欢送屈萍出征

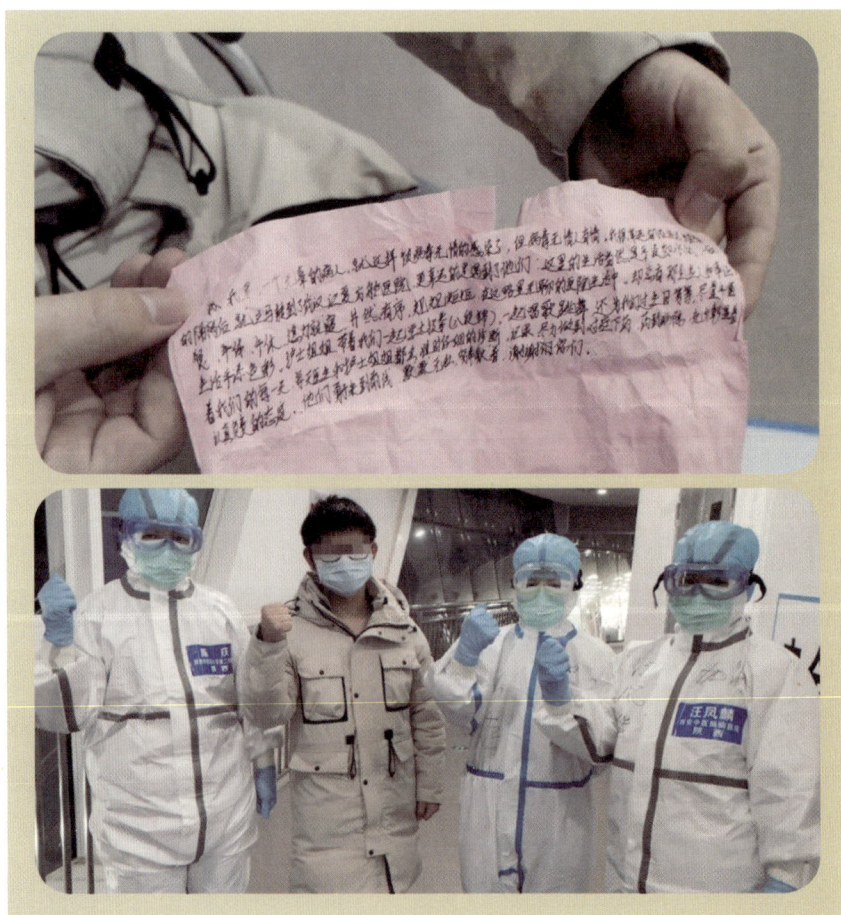

方舱医院小朱深夜"告白"

方舱医院的护理工作是细小而又繁琐的，屈萍和多数护士一样，不仅是一名护士，同时也是患者的"保姆""情绪树洞"和"娱乐教练"。2月26日凌晨2点，一位患者的深夜告白，让她感慨青春无悔。舱内的生活简单而规律，凌晨时分患者已经安睡，可在陕三病区住院的22岁大学生小朱却穿着整齐、坐卧不安。当屈萍巡查到他跟前时，他小声地问道："姐姐，我有些话想对你们说，你们可以听一下吗？"在巡查工作完成后，屈萍和其他护理人员应小朱的请求坐在走廊上听他念信。小朱展开经过反复折叠、紧紧攥在手心里已经发潮的信纸，认真地读道："我是一个无辜的病人，就这样被病毒无情地感染了，但病毒无情人有情，我很幸运确诊后马上转到了武汉江夏方舱医院隔离，更幸运的是遇到了你们，我相信自己一定会康复出院，最怕出院前来不及向你们说一声感谢！"听到这里屈萍的心里一阵酸楚，病魔无情，人有情，她很开心自己能给小朱传递出力量，给他温暖！

作为一名共产党员，她坦言："从请战到出征，我都是带着救死扶伤的信念，但经过那晚我才明白，治病又医心更为珍贵！很多同事、朋友都说我们是英雄，可我觉得只是换了一个地方继续为了人民的健康战斗而已。我们是医务工作者，为患者减轻痛苦、带去希望就是我们的职责！"世上没有从天而降的英雄，只有挺身而出的普通人。这也许就是我们这个时代最珍贵的东西。

与此同时，有一群人虽然没有奔赴一线，但是尽职尽责坚守在本职工作岗位。我院脑病七科儿童托养中心住着5个延安福利院的孤残儿童，疫情期间，护士长孙倩天天在医院，几乎没回家，一直守护这些特殊的孩子，像对自己的孩子一样悉心照顾。记得2月2日晚上9点32分，一个孩子突然发烧，大家的心都悬了起来，此时护士长说："有我在，我来陪伴你，不要害怕，我们一起渡过难关。"经过护士长一整夜的细心护理，孩子体温降至正常，精神状态较前好转。当看到孩子天真稚嫩的笑脸，她满眼的疲惫，随风而去，露出了欣慰的笑容。我们都深深地记着护士长说过的一句话："虽然外面疫情严重，但我们绝不能让孩子们受到一点伤害，一定要保护好我们的孩子，让他们平平安安的来，安安全全的回家"。

疫情就是命令，防控就是责任。孙倩已有30年党龄，她时刻将入党誓词铭记于心，"履行党员义务，执行党的决定，对党忠诚，积极工作，随时准备为党和人们牺牲一切"，以实际行动履行自己的誓言。2月15日这天，是孙护士长最痛心的

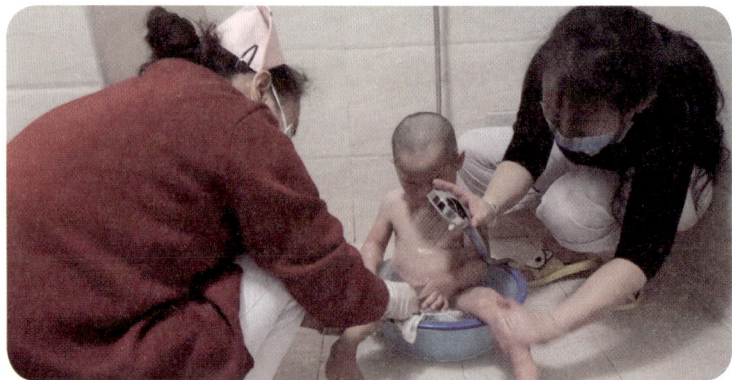

孙倩护士长对托养孩子悉心照顾

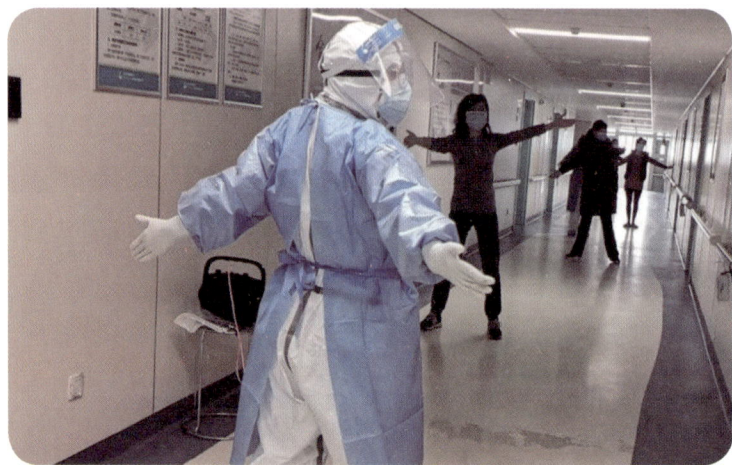

孙倩护士长教患者打八段锦

一天，正在医院工作的她听到了一个噩耗——父亲突然离世。此时的她感到天旋地转，悲伤像洪流一样涌上心头。可在这个非常时期，时间不允许她过度地沉浸在个人的情感之中，她只利用半天时间去殡仪馆看了父亲最后一眼，将父亲的遗体火化后，擦干眼泪，强忍着悲痛返回医院继续工作。她全身心投入防疫战斗，接到医院通知，康复楼12层要规划建成"康复驿站"，安排接收一批新冠肺炎治愈后医学观察的患者。于是她立即组织脑病七科和脑病十科护理单元的全体护士召开会议，在短短2小时内，按照医院防控办要求，对病房的物品进行了搬运整理及消毒。以二级防控为标准，在病区设立"三区两通道"，在做好防护的基础下，顺利完成接收工作。

工作期间为了确保护士姐妹们人身的安全，在大家进入病区前，孙护士长要仔细检查每个人的防护服、隔离衣、口罩、护目镜的穿戴是否规范，待大家进入病区后，她才最后一个进入病区。离开病区前，她还需要全程监督每一位护士姐妹，一件件脱掉隔离设备，并做好手部卫生。等大家离开后，她又是最后一个脱去防护服。"摘掉护目镜的那一刻，才能感觉空气的涌入，我又活过来了。"她自嘲地说。为了缓解隔离患者的焦虑情绪，护士长多次进入病房和患者嘘寒问暖，聊天谈心，了解患者的心理，和护士们一起组织患者在楼道散心，练习八段锦……她坚守在工作岗位，心系患者，默默付出，无私奉献。

在结束医学隔离观察时，王阿姨在回家前拉着孙护长的手深情地说："谢谢你，无微不至地照顾我，让我看到了人性最动人的光芒——无条件的爱。病魔无情，人有情，有你们真好，带给我这么多不期而遇的温暖和生生不息的希望，谢谢你们让我在这里感受到了家的温暖。""这是我们医护人员应该做的，现在你可以回家了，我们也很高兴。"孙护士长深切地回应道。

这些白衣天使们平凡的工作，不平凡的坚守，聚小流而汇大海，在祖国需要他们的时候，勇挑重担，隐忍了艰辛和寂寞，陪伴了一批又一批的患者，照顾了一个又一个的病人。

等迷雾散去，人间灯火通明。请不要忘记，曾有一盏灯，用自己的微光撕开了暗夜的一角，又经千万人接力，才让这世间薪火不断，温澜潮生。这就是我们的白衣天使，你们永远是最亮丽的"风景线"！

四 力排众"疫"

东方医者的风采

——记奋战在武汉抗疫一线孟捷主任医师

北京中医药大学东方医院　闫剑坤

一、我只是四万分之一

2020年初春，武汉的樱花已经悄悄地开了。远在新疆的父母还不知道他们的儿子已经在疫情前线工作一个多月了。"母亲患恶性肿瘤，年初还因为急性心衰在当地住院治疗。本来是计划春节回家探亲的，一切都被这突如其来的疫情打乱了。""最初在党支部群里接到报名通知，没怎么想就报名了。其实我右膝关节韧带撕裂还没有完全恢复，走路略远、站立时间稍长就会疼痛，膝关节活动范围还没有达到受伤前的状态。但疫情当前，作为共产党员，作为支部里党龄相对比较长的，觉得应该起到带头作用。""我在英国的导师和朋友都非常关心我，也非常关注中国疫情的变化。我告诉他们，全国一共四万医护人员前来支援，而且救治都是免费的，中国政府举全国之力抗击疫情，我只是四万分之一。"孟捷主任回想一个多月前报名参战的情景。

近天命之年的他，在医疗界特别是中医界还算是"年轻人"，深厚的中医学功底使他坚信，几千年来守护着中华民族繁衍生息的中医药学，一定能战胜这场疫情。因此，他决定要在国家危难之际，用其所学尽一份力。

二、展现中医药学的独特魅力

"因为新冠肺炎尚没有确切有效的西药治疗，中医药历史上在治疗疫病方面有着丰富的经验，我们开始收治的患者除了普通型，还有一部分重症。一些老年患者还有合并肿瘤、糖尿病、高血压等基础病，中药能更快退热，通过辨证论治，解决患者呼吸道症状，如干咳、呼吸困难，还有一部分以腹泻、恶心呕吐等消化症状为主要表现。对于有的恢复期患者表现以气虚、阴虚等，用中药调理身体功能恢复很快；还有一些患者因为亲属患病，对疫情恐惧，出现焦虑失眠，使用耳穴压豆能帮助患者改善睡眠；有些患者出现腹胀、胃肠痉挛，使用针灸能很快缓解症状。对于部分符合出院标准的患者，出现不同程度的肺纤维化症状，通过中医辨证，加用活血通络、软坚散结的药物，促进其肺部病灶吸收等，有非常好的效果。"孟捷主任说。

"例如一位确诊患者，入院时除发热咳嗽，还伴有便秘等症状，舌质红，苔黄厚，我们给予宣肺清热通腑法治疗，并且根据门诊资料和患者病情特点，按古代医家张仲景所说'观其脉证，知犯何逆，随证治之'，不能拘泥于一方一证，而且急性传染病病情变化很快，我们只开两剂，两天就要根据情况调整治疗方案。经过我们的针对性治疗，患者体温正常，大便通畅，舌苔很快好转，但随后表现为口干渴，这时中药调理主要以清肺养阴、生津止渴为法，复查核酸转阴，CT检查病灶吸收，但有纤维条索，出院处方就在清肺养阴的基础上，加软坚散结的药物，建议用百合银耳等膳食调养。"

为助力驰援武汉医疗队的诊疗工作，北京中医药大学校党委书记谷晓红、校长徐安龙、中国工程院院士王琦国医大师、姜良铎教授、王庆国教授组成医疗专家组，在北京通过视频，与孟捷主任等前线医疗队就新冠肺炎疑难病例进行了远程会诊。前后方专家就辨证难点、后期中医治疗方案等进行了交流，北京中医药大学专家组对患者下一步用药和诊疗方案进行了具体指导。孟捷说，大学及医院作为我们坚强的后盾，让我们更坚定了战胜疫情的信心。

三、超越身体极限，终于看到曙光

进入武汉的第1天，天气非常冷，冻得牙齿打颤。孟捷洗了热水澡后才感觉稍微暖和了一些，但是他的心里很忐忑，害怕自己刚来第1天就病倒，那将会影响整个团队，全体人员都要被隔离。他在不安中度过了在武汉的第一晚，那天是正月初三。

刚到武汉的第1周，确诊病例增加非常快，队员们目睹了危重患者从急诊刚转到病房就抢救无效而死亡。大家心里想的是，一方面要救治患者，另一方面一定要保护好自己，保护了自己就是保护了整个团队。开始看到的死亡病例都是高龄和有基础疾病的患者，心里想着只要做好自我防护就不会感染。加上平时身体还好，即使感染了也应该不会很严重，但后来得知有的年轻医生因感染而死亡，心里有些害怕了。毕竟也是快50岁的人了，今年正是本命年。孟捷说，来的时候爱人让他带红内衣，带红绳，他说进隔离区为了避免感染和消毒方便，不能穿戴自己的东西进去。

每次进隔离区穿防护服都是考验。穿戴好以后，护目镜里很快会有水汽，看东西很费劲，戴上防护服的帽子，听力也会下降，在病区里走路都很笨拙。开始天气冷，护目镜里的水汽到窗户跟前吹一吹冷风就会好一些，后来有几天天气很热，刚穿完衣服就完全湿透了。穿脱一次防护服需要近1个小时的时间，进隔离病房后还要穿尿不湿，而且不敢喝水。早班7点进病房，下午1点出来。前一天晚上就不敢喝水，等于十几个小时不能喝水。脱防护服的时候要全身喷消毒液，为了保持通风，窗户都是开着的，消毒液喷到身上非常冷，有时进到眼睛里，刺得眼睛生痛。每次出隔离病房，脱完防护服，觉得轻松，但只穿手术衣胳膊都露着，又感觉非常冷。

到武汉第4周的时候，觉得心情比较低落，有一个阶段病例增长得非常快，我不知道什么时候疫情才会结束。北京中医药大学东方医院党委李书记、郭书记挨个给我们队员打电话问候，给了我莫大的精神鼓舞。逐渐地，我们所在医院门诊的患者在大幅度减少，局部病例开始下降，我们病区越来越多的患者出院了，终于看到了曙光，我相信武汉整体病例下降的拐点很快会来到。

四、患者满意，所有的付出都是值得的

"孟捷大夫，您好，作为受您救治患者的家属，我非常感恩您细致的问诊、开药；耐心地解答宽慰。非常感恩您为患者的付出。这一次您作为白衣卫士冲在疫情第一线，老将对'新毒'，殊为不易。我及家人为您祈福加油，愿逢凶化吉，早日平安归来。孟大夫，您是最棒的！"

"孟医生好，我是4号床孙进，感谢你们团队努力，能回家很开心！欢迎5月初来看樱花，来了请一定告知一声。再次致谢！"

一位位患者治愈出院，孟捷主任收到了太多这样的微信。他说，患者早日康

复是我最大的心愿，医护人员和患者，以及全国人民齐心合力，我们一定能战胜疫情！

在驰援武汉医疗队同事们的眼中，孟捷大夫是一位名副其实的"暖男"，他像极了武汉三月的暖阳，对待患者总是那么和蔼可亲，不厌其烦。因为沟通不便，或者患者年龄较大听力不好，孟大夫常常要跟患者沟通很长时间。有的时候患者一听说我们是北京来的医疗队，还会将自己家人的身体问题向孟大夫询问，对此他都非常热心地给予解答。

北京中医药大学东方医院先后派出两批驰援武汉医疗队，驰援武汉定点新冠肺炎患者收治医院——湖北省中西医结合医院。孟捷说，我们是一个团结的集体，在队长王彤主任的带领下，遇到困难大家要互相鼓励，互相打气，生活上要互相帮助。我因为是回民，在武汉，饮食上还是有些不方便。大家把会把我能吃的让给我，王兆嘉和孙艳荣老师会想办法帮助大家改善伙食，换换口味，在歇班的时候我们一起在楼下晒太阳、散步。

"我们就像战场上冲锋陷阵的战士，战斗已经到了关键时刻，我们要一鼓作气，打赢这场疫情阻击战。在发挥中医药学特色抗击疫情的道路上，我需要努力的地方还有很多，我将会继续传承探索，更好地发扬中医药学。"凡大医治病，必当安神定志，无欲无求，先发大慈恻隐之心，誓愿普救含灵之苦，是孟捷不变的初心和使命。

新冠诸症无良策，大黄一剂起沉疴

——一位新冠肺炎患者的救治感悟

甘肃省庆阳市中医医院　马周旺

庚子新春，瘟疫肆虐。荆楚大地告急，党中央、国务院全面决策部署，全国医护人员火速驰援武汉。"苟利国家生死以，岂因祸福避趋之"，作为一名呼吸科医务工作者，我主动请缨参加疫情防控工作，是甘肃省第一批支援武汉医疗队队员。

2020年1月28日下午4时，飞机降落在武汉天河机场。安顿好住宿，我们接受了一天的理论培训，于第二天晚上，我被分配到武汉市中心医院发热19病区。

时值疫情高峰，患者人数暴增。病区很快满员了，对患者进行了分组管理。其中有一位老年患者的治疗过程让我记忆深刻，感触颇深。

患者李某，女性，80岁，确诊为新型冠状病毒肺炎，合并糖尿病、冠心病、高血压。入院后意识不清，呈昏睡状。病情很严重，医生向家属交代了病情，下了病危通知书。开始给予吸氧、抗病毒、降血糖、纠正心功能治疗，经过半月的治疗，患者核酸转阴，意识逐渐恢复。停病危，改为病重。可是每天出现间断咳嗽，口干，下午低热、腹胀，进食后恶心欲吐，半夜就胡言乱语。腹部X线片、生化复查排除了肠梗阻、电解质紊乱。大家百思不得其解，找不到问题所在，病重也停不了。我们小组进行了讨论，大家一筹莫展。组长对我说："你是学中医的，不妨用中药试试。"我看了下患者的舌象，舌体偏红，苔燥，脉弦滑。以阳明腑实证为主，给予了调胃承气汤加减。没想到，口服中药后患者第二天出现了腹泻，一夜之间上了3次厕所。老人说虽然拉肚子，但是不胀满了，全身也不发热了，饮食也增加了。大家很兴奋，都问我缘由。我琢磨着，恍然大悟，一定是大黄发挥作用了。

《伤寒论》原文212条记载："伤寒若吐、若下后不解，不大便五六日，上至十余日，日晡所发潮热，不恶寒，独语如见鬼状。若剧者，发则不识人，循衣摸床，惕而不安，微喘直视，脉弦者生，涩者死，微者但发热谵语者，大承气汤主之。若一服利，则止后服。"

吴鞠通《温病条辨》说："承气者，承胃气也。盖胃之为腑，体阳而用阴，若在无病时，本系自然下降，今为邪气盘踞于中，阻其下降之气，胃虽自欲下降而不能，非药力助之不可，故承气汤通胃结，救胃阴，仍系承胃腑本来下降之气。"患者中焦失衡，上不能宣肺，故咳嗽、喘息，中不能升清，故恶心、纳差，腑气不同，化热扰神，故谵语不眠。

这不就是中医理论"六腑以通为用，以降为顺"的道理吗？上述诸如腹胀、低热、谵语各种症状，口服中药后消失。一剂大黄解决了我们所有人的烦恼。我告诉老人别怕，调整处方后就不会腹泻了。经过后期健脾化湿、益气养阴治疗，老人恢复得很好。出院追问病史，家人告诉我们，老人有个习惯性便秘的毛病，没想到让我给治好了，说我的中药太管用了，甘肃医疗队的中药太神奇了。留下了我的电话，回去后身体不适，就打电话让我开中药。

中药治疗新冠肺炎有其独特的优势。不仅可以预防，还可以防传变。中医有"正气存内，邪不可干"之说。以玉屏风散加减，可以增强免疫力，预防疫疠之邪。在整个治疗过程中，患者口服寒湿疫方、清肺排毒汤后，还能够防止轻症患者转为重症，这也是中医参与后，后期重症人数减少的一个重要原因。

经历了这次疫情，我更加坚信中医学的博大精深，相信中医经典方的神奇疗效。在今后的临床工作中，我们一定要运用好中医这把利器，深挖病机，解决各种疑难杂症。

千里赴鄂，只为"缘"

中国中医科学院西苑医院　王　刚

众志成城，共克时艰；坚定信心，同舟共济。2020年的春节，当大家还沉浸在迎接春节的喜悦中时，一场突如其来的疫情袭来，武汉成为抗击疫情的主战场。

这时有人选择逆行，请命于危难之际，稳如泰山；有人守护，舍身于非常时期，坚如长城。他们离开温馨的家庭，离别家中的亲人，奋不顾身地前往一线。他们写下请战书，按下鲜红的手印，义无反顾，奔赴没有硝烟的战场，他们成了逆向而行的英雄。

疫情就是命令，防控就是责任。只要我们同仇敌忾、共克时艰，在防控疫情过程中始终发挥"人民战争"的优势力量，就一定能打赢这场疫情防控阻击战。我毅然决定"逆行"，自己偷偷报上了名，并有幸被选中了。在跟爱人表明时，她说："老公，我是一名共产党员，如果没有怀孕，我会积极报名，你现在还没有成为党员，我希望你能像党员一样要求自己，替我完成一个党员的任务，你不用担心家里，我不能给你拖后腿，家里我会照顾好我自己还有没有出生的孩子的。"

感谢我的爱人，是她让我没有顾虑地走向前线，让我做一名医务人员应该做的事情；感谢我的母亲，是她给我加油，挺起一家人的担子；我感谢所有人，是他们让我懂得了什么叫奉献。

来到武汉，我们很快投入"战斗"，在黄璐琦院士带领下，我们团队进驻的是武汉市金银潭医院的南一区，我们暗下决心：坚决完成任务，全力以赴救治每一位患者。

进入病房的瞬间，我对武汉人民的认识又加深了，这里的每一个人都很坚强，他们都是英雄。作为国家中医医疗队，中医药自然不会少，我们每天都为患者送去中药，我们会为他们把中药泡好，督促、协助他们喝下。有的患者一开始有抵触情绪，认为中药不能治好病，我们就要开导他们，告诉他们中药的重要性。到后来，这些患者主动要求喝中药，他们认为中药能够更好地帮助他们治病。

记得16床的一位患者，是个30岁出头的小伙子。他自己无法下床，说话时喘憋得厉害。经过团队的专家为他诊疗，为他开了中药，服用几天后，症状明显好转。后来，他主动要求服用中药。不久，他便能下床活动，他还帮助我们劝说刚来的患者服用中药。他的睡眠质量较差，我们护理团队又为他进行贴耳穴，治疗效果明显。出院前，这个小伙子还主动请我们跟他一起拍了一段抖音短视频。

此次的武汉之行，让我更深刻地认识到，中医药承载着中国古代人民同疾病做斗争的经验和理论知识，是在古代朴素唯物论和辩证法思想指导下，通过长期医疗实践逐步形成并发展成的医学理论体系。中医尊重自然规律，不仅用药物来治病，还运用一年四季的气候来调整人体状态，运用针灸、艾灸等方法来调节人体的阴阳平衡。

感谢缘分，让我了解了武汉人民的英雄；感谢缘分，让我懂得了奉献；感谢缘分，让我更加热爱中医药。中医药是中国的国粹，我相信，中医药在未来会越走越远！

援江城，岐黄赤子勇担当
战新冠，中医科研助安康

——记中国中医科学院中医临床基础医学研究所
抗疫英雄吕诚驰援武汉

中国中医科学院临基所　刘　斌

庚子年正月初一，由中国中医科学院队员组成的第一批国家中医医疗队驰援武汉，在这群最美逆行者中，有一位平凡的中医科研逆行者，他就是中国中医科学院中医临床基础医学研究所的吕诚研究员。

一、愿献赤诚心，直为战新冠

大年初一，临危受命后，仅有的短短几小时准备过程中，他没有更多的时间去担心害怕，也没有更多的时间和家人告别，匆匆收拾行囊，带着单位领导的信任和嘱托，踏上了抗疫之路。

北京西站，旌旗猎猎，国家中医医疗队整装待发，面对未知的严峻疫情形势，没有人知道此次行程有什么在等待着他们。看着送行的领导、同事，他和医疗队队员都清楚肩上的责任有多重，他们所有的不舍、不安，慢慢都变为了坚定、毅然，从没有一个新年像今年这样，让人更加憧憬着希望、健康和平安。开往武汉的列车徐徐出站，医疗队立即开始了紧张的战前准备工作：院感培训、清点物资、任务分工、个人防护……抗疫战斗俨然已经打响。

作为一名科研工作者，他深深地明白，一定要全力协助医疗队完成中医临床救治任务，并将宝贵的临床经验凝练成严谨有效的科研成果。他深知："中医药在防治传染病领域的话语权不能仅靠临床疗效去争取，更要靠科学、严谨的中医药临床循证证据，让世人信服！"

二、江城鏖战执白甲，不破新冠终不还

武汉市金银潭医院是疫情的暴风眼，中医药与新冠疫情的战斗在这里首先打响。国家中医医疗队到鄂后，稍事休整，便投入到与新冠病毒的生命争夺战中，不分昼夜地承受着疲劳和艰辛。他是此次中医药临床疗效评价研究的"中转枢纽"，为了保存下珍贵的临床数据资料，一方面要协调安排前线采集数据的医护人员，统筹设计采集数据的类型，并汇总核对数据的准确性，另一方面要与后方随时沟通联系，组织专家解答疑问，确保前线后方的信息畅通和临床数据一致。

中医药临床试验的设计、注册是科研成功的关键，他及时将一线医护面临的实际情况与后方进行沟通，也将临床试验的关键信息仔细反馈给一线医护，确保试验能够顺利、严谨进行。病房是病毒污染区，医护人员获取到的一手资料均来于此，为了克服困难，他通过多方联系，在大年初三，抗疫最困难的时候，调配了数十部新手机，通过安装紧急开发的数据采集系统，保障了从病房向后方传输数据的平台支撑。后方与武汉相隔千里，遇到困惑之处，哪怕仅仅是一个细节问题，他也会不厌其烦地通话数十分钟解释清楚，为的是确保前线后方思路一致、

待从头，收拾旧山河，朝天阙

步伐一致、方向一致，为的是最大限度发挥中医药的作用，早日战胜新冠疫情。对他来说，传回的数据不是冷冰冰的数字，而是像患者就在他的面前，煎熬着他们的煎熬，痛苦着他们的痛苦。随着患者的痊愈，他和医疗队队员一样，为他们开心，为他们祝福！

科学研究，容不得半点马虎。他的手中有3部手机随时待机，不论有多晚，只要手机声响，必须第一时间做出回应。在武汉的74天，他经常都要到凌晨2点之后入睡，他说："这与一线医护人员比起来，根本不算什么，他们在最艰险的战场日夜奋战，我能做的，就是把他们冒着生命危险换来的珍贵数据保存好、整理好、分析好，不能辜负他们的付出。"

在武汉抗疫每天的工作例会上，通过与医护人员交流救治情况，所有患者的病情他都记得非常清楚。他和医疗队队员会为病区患者的离世，而感到悲伤和焦虑，医护人员悲伤于未能从死神手中抢回一个生命，而他焦虑于临床科研不能迅速得出结果，反馈指导临床。他们都知道，挽救一个生命，就是挽救一个家庭，他们愿意竭尽全力去和命运抗争，因为这是对生命最大的尊重。

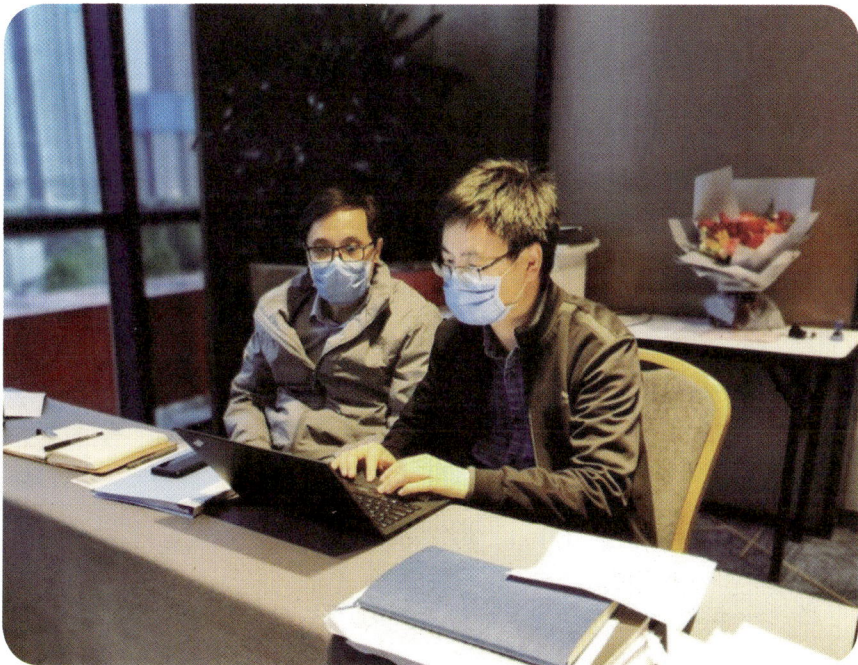

吕诚向黄璐琦院士汇报中医药抗疫科研进展

三、中医扬威疫霾散，山川依旧解甲归

武汉是一座伟大的城市，武汉人更是英雄的人民，他们承受了我们想象不到的磨难，他们为全中国付出了太多牺牲。独自隔离的恐慌，担心感染的悲观，无药可用的绝望……这一切，都因中医药的到来发生了改变。他为武汉战斗了74天，参与并见证了中医药在抗击新冠疫情中发挥的重要作用。看着中医药临床救治的分析结果，他很欣慰中医药证明了自己的价值，不管外界如何争论，中医药这一祖先留给我们的宝贵财富，为武汉、为中国带来了希望，这是中国人真正的福祉。

随着疫情的全面控制，前线捷报频传。因为工作原因，他未能和医护队友同时间返回，在为队友凯旋返京送行的时候，他流泪了，这是不舍的泪水，忘不了他们一起并肩战斗的日日夜夜；这是祝福的泪水，祝福着他们平安健康的回家团聚；这是胜利的泪水，自豪着他们为武汉拼过命……1周后，他完成了后续科研工作，返程归京，当重新回到北京西站，他感到恍如隔世，过往的74天像一场梦境，却又那么刻骨铭心。但他明白，这场战"疫"还没有真正结束，作为中医科研工作者，信念依旧，征程依旧，奋斗依旧！

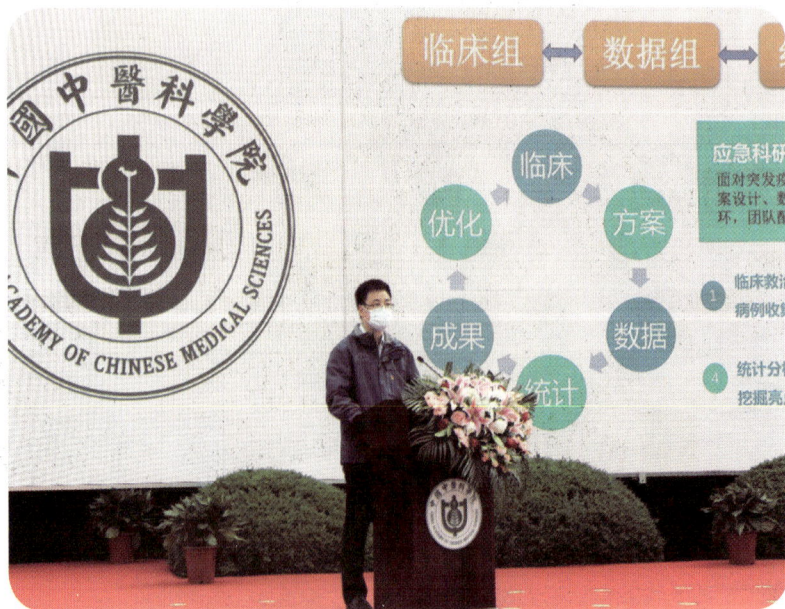

"科学与协作"报告会上，吕诚讲述武汉中医药抗疫记

四、后记

吕诚研究员是我的研究生导师，大年初二，我返回北京，参与到科研攻关组为前线医疗队提供科研支撑，让我有了与英雄并肩战"疫"的机会。在采访导师的过程中，每个细节都深深地感动着我。他说："在武汉的74天，使我浴火重生！"我想象不到浴火的过程有多么煎熬和痛苦，但我知道，春暖花开，英雄归来的重生有多么欣慰和感动！向所有为抗击新冠疫情奉献一切的医学工作者致敬！

中医即生活，生活即中医

重庆市渝中区菜园坝街道社区卫生服务中心 **罗黄庆**

中医药的抗疫经验，已经成为中国抗疫方案的突出亮点。好消息不断传出，在疫情阴霾的笼罩下，尤其给人以振奋，也让我们深埋于心的中医药这份民族情结不断地被牵动。我们因为生为中国人而感到幸福，为生在社会主义中国而感到自豪，为生在有中医药护佑的中国而无比骄傲！

在抗疫前线，众多有关中医药抗疫成果的方案、措施和数据跃然纸上，新冠肺炎患者对中医药治疗的认可度不断提高，身在后方的我们，也使用着中医药庇佑着健康。特别是我——出生于中医世家的中医人。

因为爱人奋战在石柱县人民医院一线，我又坚守在渝中区社区医院一线，每天穿梭于各小区，没法照顾儿子，于是把他托付给了在北碚老家的外公外婆。虽然一家三口各自分散在重庆三个地区，但幸运是家人健康，更幸运的是，在老家跟着老中医的儿子，彻彻底底地过着"中医即生活，生活即中医"的好日子。

天亮了，鸡鸭的喧闹声唤醒沉睡的儿子，他睁开眼睛，伸伸懒腰，打一打太极拳，吃完外婆做的养胃白粥、一点野菜。便背着小背篓，和外公朝家后面的荒山出发。

一路上，野草和树丛说起悄悄话，小鸟和虫子奏起交响乐，伴随着外公和儿子的脚步声，一场"大型演唱会"开始了。看，紫色小花朵，如点点繁星，在绿油油的草丛间闪耀，儿子挥着锄头，一挖一拔，抖一抖泥土，一株紫花地丁就顺利到了背篓中；黄色太阳般的花骨朵，在阳光照射下，熠熠生辉，儿子相同的动作，又把一株蒲公英收入囊中；最喜欢的是红红的小豆豆，在藤蔓的尽头摇晃着，用手顺着长长的枝条，开始拔河比赛，一边拔啊拔啊，一边缠绕着，排风藤打结做成团扔进背篓……大功告成，背着满满的收获，儿子兴高采烈地回家了。

看着所有草药倒进大盆中，泥水四溅。又看着一堆杂草放进大铁锅中，蒸腾的雾气迷了眼，如入仙境，灶下的柴火发出噼里啪啦的声响，锅里的水翻滚着，咕噜咕噜地吐着欢快的泡泡。然后，一锅草药水就熬好了。黑绿色的药汁，散发着浓浓的花草香，迎着泥土的香气，扑面而来，似乎顿时觉得口渴了，儿子用碗舀起来，像武松打虎前喝的那碗酒一样，一口下肚，打个嗝都充满草药香。

大锅中药熬汤预防瘟疫

夜晚来临，儿子点燃一根艾条，追随着艾烟的飘香，满屋子跳着欢快的舞蹈，把艾烟留在每个角落。他学习到：艾烟可在人体周围空气中形成天然消毒气幕，在人体上呼吸道形成消毒药膜，达到预防效果。

我们全家人都特别享受这种"中医即生活，生活即中医"的快乐。我们也特别希望，每个人都懂一点中医，从而可以从容地面对疾病，保护好自己。更希望小孩子们可以学习中医。上医治未病，这是最有深远意义的中医智慧。

当前抗疫战场上，古老的中医便焕发着新的生命力，成为抗击疫情的利器。且回望中华民族历史，中医和疫病的抗争从没有停止过。据史书记载，从公元前243年到1911年，中国发生重大疫情共350多次。中医药对传染性疾病的治疗具有良好的效果，这就是我国中医药文化的精髓所在。

"疾风知劲草，烈火炼真金。"

让我们多学一点中医，可以增强民族自信！

让我们多学一点中医，可以多一点仁爱，照顾好自己，照顾好至亲，照顾好所有爱我们和我们爱的人……

让我们多学一点中医吧，因为中医即生活，生活即中医！

为全球战"疫"贡献"中医方案"

——记黑龙江省中医药科学院副院长江柏华教授

黑龙江省中医药科学院　李　强　金冠男　杨天一　王　涛

"6000公里的航程不再是中医与世界的距离，而是中医与全人类联结的纽带。"江柏华说，"当我乘着满载着抗疫物资的飞机前往俄罗斯提供医疗救援时，心中升起的是让古老中医走向世界、造福人类的强烈愿望。"

问诊，踏遍白山黑水；施治，集成良药良方；救援，贯通"一带一路"。每临大疫，黑龙江省中医药科学院副院长、黑龙江省中医新冠肺炎防治专家组组长江柏华教授总会不辞劳苦、挺身而出，以自己的不懈努力证明着中医药的宝贵价值。

4月17日，国家中医药管理局发布嘉奖通报：以江柏华为骨干的"清肺排毒汤"应急项目组荣获全国卫生健康系统新冠肺炎疫情防控工作先进集体称号。该方是目前政府抗击新冠肺炎疫情投放量最大的中药方剂，为打赢抗击疫情的总体战、阻击战发挥了重要作用。

大爱如山，医者无疆。为新冠战"疫"贡献"中医方案"，这是"苍生大医"江柏华始终不渝的初心和使命。

西行万里证国医 —— 为俄罗斯阻击新冠疫情送去"中国经验"

"谢谢你，中国！"这句话是江柏华赴俄罗斯援助抗疫一周时间内最常听到的话。

4月11日，中国政府赴俄抗疫医疗专家组一行10人抵达莫斯科。满满7天在俄罗斯协助防控疫情的密集行程，给身为专家组成员的江柏华留下了难忘的记忆。

"我特别荣幸能作为中医专家代表国家为俄罗斯的疫情防控提供力所能及的

帮助。"江柏华说，"毕竟，这是中医沿'一带一路'走出国门、走向世界的一个历史性时刻。在我看来，俄罗斯同行和患者的感谢更多的是对古老而神秘中医的致敬。"

自11日抵达莫斯科以来，10名中国赴俄罗斯抗疫医疗专家组成员，奔波在俄罗斯防控新冠疫情一线，与俄专家交流互动，积极协助俄方抗疫。中方专家耐心细致地答疑解惑和中医药的显著疗效，赢得了俄罗斯医疗人员的高度评价。

4月13日上午，正在莫斯科第15号医院考察交流的中国抗疫医疗专家组接到了中国驻俄罗斯大使馆的信息——一名在莫斯科友谊大学就读的中国留学生刚刚被确诊为新冠病例，正在学校接受隔离，希望专家组能够协助指导治疗。

"我来为他诊断治疗。"江柏华主动报名。4个小时后，在留学生完成了俄方规定的必要医学检查后，江柏华和另一名专家组成员与这名河南籍留学生进行了线上诊疗指导。

临时搭起的笔记本视频架起了专家们与患者的沟通之桥。江柏华亲切和蔼的目光、耐心细致的解答，让视频另一端的留学生慢慢平静下来。

"这名留学生听从了我们给予的应对病情建议，情绪变得稳定。"江柏华说，"我委托大使馆为他送去银连清瘟解毒口服液，这是我研制的抗病毒中药制剂，在国内治疗新冠肺炎效果很好。我还加了这名留学生的微信，告诉他有需求随时找我。"

专家组组长、黑龙江省政协副主席郝会龙介绍说，中国赴俄专家组成员不仅学养深厚，更有丰富的临床经验。在俄期间，江柏华和医疗专家组访问了莫斯科当地定点收治医院，与当地医生共同探讨救治方案，结合国内抗疫工作实践经验，向俄方医护人员介绍了隔离防护方法、病毒检测方法、入出院标准、临床用药和治疗策略等方面的经验。

"非常感谢中方分享了宝贵经验，俄罗斯将积极借鉴中国抗疫方案。"莫斯科斯克利福索夫斯基急救科学研究院实验诊断部主任米哈伊尔·戈德科夫表示，俄罗斯将积极借鉴中国抗疫经验。

经驻俄使馆安排，江柏华和医疗专家组还同在俄华侨、华人、中资企业及留学生代表每天举行视频会议，介绍防疫知识和经验，并发放了防疫物资。

在这批防疫物资中，有连花清瘟胶囊两万盒、中药预防香囊两万个，以及江柏华研制的瘟疫治疗药物——银连清瘟解毒口服液350盒，它们大部分被无偿送给了在俄华侨、留学生，还有一部分作为礼品送给了俄方官员和专家。

"专家组的到来为在俄同胞带来了祖国的关心，发放防疫物资如雪中送炭。"莫斯科鲍曼国立技术大学学生章轩说，"衷心感谢祖国专家在艰难时期送来的温暖，让我们能够安下心来学习，我和同学不再着急回国了。"

13日，莫斯科市长索比亚宁会见了中国抗疫医疗专家组，他说，在这一艰难时期，来自中国的医疗专家组西行万里，为俄罗斯运送药品、个人防护用品和医疗设备，提供的援助是"无价的"。索比亚宁表示，国际经验在疫情防控中有非常重要的作用。俄方正借鉴中方抗疫经验，并希望这一经验惠及其他城市。

中医药能否在国际阻击新冠疫情中发挥主力作用，这是江柏华最关心的事情。离开俄罗斯后，确诊患上新冠肺炎的留学生在微信中给江柏华留言：吃了他提供的银连清瘟解毒口服液后，多次核酸检测已呈阴性。又过了几天，江柏华接到驻俄大使馆官员的电话，通知他马上加工一批银连清瘟解毒口服液发往俄罗斯，因为俄方使用后认为这剂中药对新冠肺炎有着"出奇的疗效"。

每临"大疫"挺身出——"江氏药方"两次抗击疫情见证中医奇迹

"您和同事以救死扶伤为己任，用实际行动生动诠释了新时代中医工作者的大医精诚、大爱无疆。"近日，一封来自绥化市政府的感谢信向江柏华带队的省中医救治专家组表达了诚挚的谢意。

在援助绥化"战疫"过程中，江柏华带队的专家组对患者逐一诊查，坚持"因人施治，精准施治"，科学运用中医药理论，对患者一人一方，并根据患者病情变化随时调整处方，在提高新冠肺炎患者治愈率、减少重症转化率、最大限度降低病死率方面发挥了重要作用。

截至3月11日，绥化市累计新冠肺炎确诊病例47例，中药汤剂或中成药结合西医治疗使用率达97.87%，39名患者通过中西医结合方法治疗痊愈出院，占比97.5%，中医学在绥化"抗疫"一线大放异彩。

疫情就是命令，时间就是生命。1月20日，国家卫生健康委发布1号公告。次日，黑龙江省中医药管理局立即组织成立以江柏华为组长的中医防治专家组，共同商议应对措施，研究新型冠状肺炎的中医诊疗方案。

1月22日，专家组根据已知的疫情状况、发病特点、临床表现，结合黑龙江省地域特点，仅用两天时间就制订《黑龙江省新型冠状病毒感染的肺炎中医防治方案（第一版）》并予以发布，用于指导各地市的中医治疗和预防。

抗"疫"期间，江柏华带领专家组先后进驻黑龙江省传染病医院、哈尔滨市传染病医院、哈尔滨市胸科医院、绥化市第一医院、大兴安岭地区第一、第二医院、加格达奇区医院指导中医救治工作。总结制订了三版《黑龙江省新型冠状病毒感染的肺炎中医防治方案》，研制出银连解毒汤、麻石清瘟口服液和芩连止咳口服液中药制剂用于新冠肺炎的治疗，临床疗效显著。

江柏华的中医治疗方案采取的一人一方、一人一策，大大缩短了确诊病患核酸检测"阳"转"阴"的治疗周期，有效促进了患者肺部病灶吸收。目前黑龙江省新冠肺炎患者救治中，中医治疗使用率达95.26%，有效率达90%以上。

在多次抗击疫情的实践中，江柏华研发的药方屡建奇功。

早在2009年甲型H1N1流感疫情暴发时，江柏华第一时间率领中医医疗队开赴黑龙江省疫情较重的黑龙江大学，创制纯中药抗病毒制剂"金石清瘟解毒口服液""银连清瘟解毒口服液"，清瘟解毒系列煎剂还被省卫生行政主管部门推荐作为抗击甲流的首选药物之一，在抗击甲流发挥了巨大作用。

在此次抗击新冠疫情行动中，江柏华先后进入了省、市传染病医院、胸科医院，通过详细问诊，结合舌象、临床试验室检查等，将清肺排毒汤、银连解毒汤辨证应用于新冠肺炎患者的治疗中。

统计数字显示，江柏华研制的银连解毒汤治疗全省确诊患者77例，其中省传染病医院12例、市传染病医院24例、胸科医院41例，患者临床症状均明显改善，疗效显著。服药患者一般在3～5天症状改善，7～10天肺部CT病灶明显吸收，核酸检测多在10～14天转阴，其中集中观察胸科医院25例患者在治疗14天后核酸检测全部转阴。

"中医药是中华民族的瑰宝，是5000多年文明的结晶，是中华优秀传统文化的重要载体。"江柏华说，"中医药全程参与此次疫情的防治工作，全程发挥作用，彰显了中医药的特色与优势，它的优势正在于辨证论治，根据疾病的不同发展阶段，因人、因时、因地，三因制宜确定相应的治疗方法。"

此生无悔付岐黄——甘守青灯古卷愿为苍生大医

"看了患者的舌相，我判断对患者的治疗应由以解毒为主转到以化痰通络为主，在中药配方中应增加贝母、丹参、地龙的剂量。"这是3月初江柏华为齐齐哈尔患者马某远程视频诊疗的一幕。几天后，被称作"毒王"的马某治愈出院，他是齐齐哈尔市治愈出院的最后一名新冠肺炎患者。

辨证精准，施治精确。这是同事和患者对江柏华高超医术的一致评价，而高超医术的背后则是他几十年如一日对中医的苦学钻研。

今年56岁的江柏华是哈尔滨人，与中医的结缘是一次偶然的邂逅。高三时，成绩优异的江柏华因一场胸膜炎住院休学一年，但他仍坚持高考，结果成绩并不理想，阴差阳错考上了黑龙江中医药大学。

没想到的是，让很多人望而却步的中医经典，江柏华却甘之如饴。多年的沉浸苦学下，江柏华不但熟读精通了数十万字的《黄帝内经》《伤寒杂病论》等中医药"四大名著"，甚至可以整卷背诵。2008年，江柏华参加全国第二批中医优秀人才选拔考试，名列全省第一；毕业考试，其成绩排名全省第一、全国第八。

江柏华师从著名国医大师张琪先生，并成为张琪的关门弟子。学道在于经典，问道在于名师，悟道在于思考，成道在于临床——这是江柏华始终坚守的座右铭。

"学经典、跟名师、做临床，是做一名好中医的必修课。"江柏华说，"恩师的教诲让我感到身上的担子很重，为弘扬中医我愿甘守青灯古卷，做苍生大医是我毕生的责任和使命。"

如今，江柏华不仅担任着黑龙江省中医药科学院副院长、硕士研究生导师等职务，还收获了国务院政府特殊津贴专家、国家中医药管理局重点学科中医肺病学科带头人、第二批全国中医优秀临床人才研修项目优秀人才等荣誉。他主持完成多项省部级科研课题，获黑龙江省政府科技进步二等奖4项、省中医药科技进步一等奖4项、国家发明专利1项，成为国内对慢阻肺、肺间质纤维化、支气管哮喘等呼吸系统疾病进行中西医诊治的知名专家。

尽管事务繁忙，江柏华仍每天手不释卷，就连出国都在带上几本医书。"江老师不是在医院出诊，就是在医院看书。"江柏华的学生、黑龙江省中医药科学院医生李强说，"他把时间都用在了钻研中医医术上，许多中医经典都倒背如流，每味中药的药性都熟稔于胸，这一点让我们年轻医生非常佩服。"

厚积薄发的中医素养让江柏华对突如其来的新冠疫情第一时间作出判断：新型冠状病毒肺炎属中医"瘟疫"之"湿疫"范畴，传播途径为"寒湿疠气"之邪自口鼻而入。其病因病机为感受寒湿疫疠之邪，引动体内湿热之邪，由外湿与内湿相合相引，进而发展为"湿热毒邪瘀阻"。

"'大疫出良方'是中华民族几千年来同疾病作斗争的实践经验总结。中医药传承几千年，在中华民族发展历史上有着对抗瘟疫的丰富经验，每次瘟疫来袭，中医药均发挥着十分重要的作用。"江柏华说，"我相信，随着国家新冠肺炎诊疗方案不断更新，中医药的参与力度不断加大，新冠肺炎治疗的'中国经验''中医方案'一定会走向世界、造福人类。"

敬佑生命，全力抗疫

江苏省镇江市中医院　李　珲

晴天霹雳降瘟疫，众志成城战冠魔

疫情就是命令，岗位就是责任。一场没有硝烟，人人参与的战斗打响了。仅两个月，坚持中西医结合治疗抗击新冠肺炎的"中国方案"，就取得了阶段性胜利，震惊了世界，保卫了国人的安全，谱写了一曲曲可歌可泣的赞歌！

一方有难八方助，千里驰援救众生

突如其来的瘟疫肆虐着荆楚大地，救我同胞刻不容缓。钟南山、火神山、雷神山、方舱医院，还有一支支医疗队从祖国各地逆行而上，一个个医护人员舍小家为大家，奔赴战疫一线。我院的孙玮、肖花这一对优秀的姐妹花，得知医院要派两名护士去湖北驰援，她们主动请缨："我是呼吸科护士长，这个时刻义不容辞！""我是危重症专科护士，有多年中西医结合护理经验！"她们为人母、为人儿，面对疫情毫不犹豫，光荣成为镇江市援鄂医疗队队员！她们带着院党委的重托、带着家人的期盼、带着全院职工的美好祝愿，义无反顾，勇往直前，与大冶及其他驰援的医护人员一起并肩作战，无惧生死，用汗水和热血全力以赴，共同打赢这场疫情防控阻击战。在大冶人民医院，她们战斗在重症病房，每次进入隔离病房前，大家都会在防护服上写上"江苏＋姓名"，从这一刻起，她们代表的就是江苏形象！穿上闷热的全套防护装备后，视觉、听觉、灵敏度都大大下降，动作也变得迟钝，最主要的是闷得喘不上气，平日里轻松搞定的护理操作变得耗时耗力，一会儿工夫汗水就湿透了衣衫，防护面罩布满雾气，但她们还是用顽强的意志克服了重重困难，很多对于其他护理人员来说的老大难血管，她们都能"一针见血"；其他人员不会用的仪器设备，她们能熟练操作；凭着精湛的专业技术、精心细致的护理，赢得了病人的一致称赞，创造了一个个生命的奇迹，出色完成了各项救治任务，展现了江苏医疗队的风采！成为了中医人的骄傲！英雄归来，百花为你盛开！

临危不惧英雄色，侠胆义肝医护魂

越是艰难的工作越能磨炼人的意志，越是危险的地方越能彰显中医人的高贵品质。在我院疫情防控的最前沿——预检分诊台，全天候战斗着一支平均护龄近30年的铁娘子，她们是潘粟香、龚敏、王红香、王允槐、吴玉芳……在医院最需要她们的时候，没有一句怨言的挺身而出，构筑起医院疫情防控的第一道防线。为了保证正常的就诊秩序，她们每天提前15分钟就全副武装上岗，为了节约防护物资，坚持在岗不喝水、不上厕所。她们认真履行职责，严格执行预检分诊制度，不放过一点蛛丝马迹，为每一个就诊患者及陪同人员测体温、询问流行病学史、登记信息，一个班下来口干舌燥、喉咙沙哑；遇到分诊至发热门诊的患者，她们需要专人全程陪同、引导就医，确保发热患者就诊轨迹的可追溯，从接诊开始直至就诊结束，一刻不能离开患者身边，错过就餐时间、延迟下班已是常态。正是她们的敢于牺牲，勇于担当，确保了医院抗击疫情工作的顺利开展，为大家的平安作出了贡献。常常会有患者问，你们是不是害怕我们来自武汉啊？回答当然不是，我们防的不是武汉人，我们防的是病毒！她们没有豪言壮语，用实际行动感动着患者，感动着身边的每一个人！

呕心沥血研方剂，驱毒扫霾中药情

中医药是国之瑰宝。自古以来，中草药强身健体，救人无数，在这次抗击疫情的战斗中，更是功不可没。我院专家组多次研讨，结合地理、气候及古方等，研制出具有扶正固表、疏风散邪功效的"肺炎预防方颗粒"，用于呼吸道病毒感染的预防；推出融合多种中草药特制的"辟瘟囊"，可佩于胸前、放于枕边、置于房中或悬挂车内，和气养生，扶正抗疫。一方一香囊，适用于所有人，尤其是老年人、有基础疾病和免疫力低下的人群。不仅满足来医院问医求诊的患者，还开通快递送药上门，方便了因疫情隔离不能出行的市民。同时医院还加班赶制了500个中药香囊，赠送给市公交总公司，将香囊悬挂于公交车内，助一线公交人积极抗疫，为百姓公交出行增添一层平安保护。为助力我院广大医务人员的健康保障，院领导还为全院近600名职工每人发放10付预防颗粒剂，小小颗粒，承载着领导的关爱，温暖着职工的心。中草药在抗击疫情、治病救人、严防严控中起到了不可估量的作用。敬佑生命，大爱无疆！

悬壶济世杏林暖，医者仁心大地春

病毒无情，人间有爱。在我们医院，在我身边，职工每天坚守着平凡的岗位无畏无惧，携手同心。视患者为亲人，患者以命相托，医护用命相救，如急救中心、影像科、检验科、血透中心、后勤保障部门……他们用百倍的勇气，铿锵的誓言，优质的服务，积极投入这场"战疫"！一场灾难，一场考验！我们在院领导的带领下，上下拧成一股绳，共克时艰。坚守岗位，尽职尽责，默默奉献，实现全院职工及家属零感染。我们欣慰，我们骄傲，我们自豪！一个个平凡人的故事，一幅幅温馨的画面，一封封诚挚的感谢信，一面面鲜红的旌旗，谱写了我院抗击疫情的胜利凯歌，彰显出中医人的魅力！这就是我们镇江市中医院，这就是我们镇江中医人！

雷神山日记：用中医药为家乡人民撑起一片天

上海中医药大学附属龙华医院　曹　敏

不知不觉来到雷神山医院已一月有余，在与上海中医药大学各兄弟医院医疗团队并肩作战、共同奋斗的这段日子里，有所辛苦有所甜，有所感悟有所想。

主动请缨，为家乡贡献力量

从上海中医药大学博士毕业后，我就一直在龙华医院急诊科工作。很多年没来武汉了，武汉欣欣向荣的景致、东湖的微风、武大的樱花、黄鹤楼白云千载空悠悠的历史沉淀，是我年少时的回忆！春节期间，新冠肺炎疫情暴发在武汉。前方缺医少药，我心急如焚，国难当头，作为一名医务工作者，作为一名龙医人，更当身先士卒，运用自己所学的知识，为这座城市贡献自己一点微薄的力量。于是我主动报名参加抗疫工作，有幸成为上海国家中医医疗队成员，奔赴武汉前线。

行程太匆忙，来不及和家人告别，便踏上了武汉的征程。不过在女儿小小的脑海里，我如一名剑客，能将新冠病毒一一消灭。于是带着单位的期盼，带着家人的期许，我毅然前行。刚来到武汉，迎接我们的是一场雨雪，顶着-3℃低温，从机场赶回酒店，深夜我们匆忙搬运医疗物资，稍微休息了一会儿，一早我们就马不停蹄奔赴雷神山医院，到场一看，现场还是一片工地，医院还是一个简易的工房，但想想10天建造一所医院，已是奇迹，看看外面辛勤劳作的工人，深深体会到哪有

曹敏女儿绘画战疫

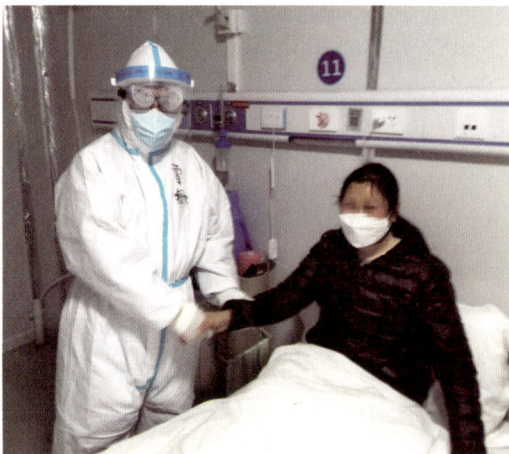

曹敏与患者握手合影

什么岁月静好，只是有人替你负重前行。这也让我深深为"中国速度"骄傲，而支撑这种速度的是人民的团结与信念。

时间紧迫，由于接管的病区尚未完工，我们自己搬运物资，规划布局病房，忙得不亦乐乎，同时还要进行操作演练等，常常忙碌到深夜，但也咬紧牙关坚持下来了。"娘家"龙华医院将各类保障物资源源不断送过来，科室同事也对我们关怀备至，趁着医院送物资的机会，赶紧给我们夹带点"私货"，甚是感动。

用中医药为患者撑起一片天

历尽艰辛，病房总算于2月20日起收治患者了，我作为接收第一批患者的医生，穿好防护服、隔离衣，戴好护目镜、防护面屏，早早进入隔离病房，焦急而紧张地等候病人。患者是被专车接送而来，原本空荡荡的病房，一下涌进41位患者，看到患者如释重负却又心事重重的样子，让我意识到形势的严峻。正式开始工作，分诊、安排床位，带领患者进病房，说实话，首次面对新冠肺炎患者难免有些紧张，但身上的责任不容我们想太多，务必井然有序地把每一位患者安排妥当。

一位60多岁的患者，她儿子也是战斗在一线的医务工作者，她呼吸困难、发热、气促、胸闷，氧饱和度只有80%，为了让儿子安心上班，她自己忍受痛苦和恐惧，默默承受，见到我，她紧紧抓着我的双手说："医生，我一定好好配合你治疗。"另外一位患者，病情严重，吸着高流量的氧气，依然不能缓解胸闷、气促等症状，她面色发绀，躺在平推车上推进来，一问才知她已予抗生素、抗病毒、激素等方式治疗10余天了，但效果不好。望着他们焦急的眼神，默默下定决心，我一定要以最大的努力，救治每一位患者，每位患者背后都有一个大家庭在等着他平安归来！几小时下来，身上已经湿透了，摘下护目镜，里面全是水，而这就是我每天的工作状态。

SARS（"非典"）疫情那年，中医药发挥了巨大的作用，面对新冠肺炎疫情，我们依然坚信中医药治疗必定是一种有效的方法。于是我看温病、读伤寒、搜文献，不断总结经验。救治病人，中医先行，充分发挥中医药优势，运用中药汤剂、针刺、艾灸、穴位敷贴为患者进行个体化治疗；运用中医冥想减轻患者焦虑情绪。一个月内，病区接收病人破百，出院60余人，其中危重者20余人，我亦深深体会到了中医的魅力，这也更加坚定了我们中医人的信念，中医药必定能够撑起一片天。

发挥自身优势，不断砥砺前行

我出生于湖北，有语言优势，懂当地方言，便做起了兼职翻译，为医患传递病情信息，架起了病人和医生、病人和护士之间的桥梁。我还积极与病人沟通，进行心理安抚。犹记得有两位新冠肺炎患者，呈谵妄状态，与其他人完全无法沟通，我便自告奋勇，作为他们的管床医生，经受被攻击、被感染的风险，为他们悉心救治。其中一位患者不吃不喝，又哭又闹，反复拔针，毫不间断，镇静药物效果亦不佳，我害怕他跌落床下，就时时陪伴着。后又深夜带着病人做检查，会诊，终于安全处置完病人，才松了一口气。工作中，我尽心尽力，加班加点已成常态，什么危险我就上，同事们戏称我是"C5病区劳模"，其实这里的每位战友都在竭尽全力救治病人。

除了语言优势，我也有专业优势。作为第六批全国老中医药专家学术经验继承人，我长期跟随导师吴银根教授临证。吴老师曾是上海市防治SARS中医专家组组长，如今又是上海中医药防控新型冠状肺炎专家组组长，对病毒性肺炎的中医救治深有体会。针对新冠肺炎，团队开发出肺炎清方，针对新冠病毒感染后所致纤维化，运用吴老师研

曹敏与急诊科同事合影

曹敏与院领导及科主任、急诊科同事合影

制之化纤煎，疗效甚佳。在学术经验学习期间又游学于陈以平教授，遵其学术思想，对新冠肺炎伴肾损伤，亦有一定体会；再加之博士研究生导师周端教授的不断指导，在处方用药方面，我得心应手。同时，根据方邦江主任急性虚证、截断扭转疗法之学术思想，我积极干预，收效颇佳。

我有幸被任命为病区危重病小组常务副组长，同时光荣火线加入中国共产党，这成为我人生的新起点，今后必将以自己的工作岗位作为切入点，努力圆满完成各项工作和任务。同时，我从《湿热病篇》中探索新冠疗法，钻研"阳明法"，观察其助脱机、减少呼吸机使用之效果，也希望后期能出成果。临床工作中我发现咽拭采样有一定风险，于是设计出了一种保护性面屏，并积极申报了专利。我还有幸被推选为中华医学会急诊分会武汉雷神山急危重症专业委员会、中国医师协会急诊医师分会武汉雷神山急危重专业委员会这两个学会的常务委员兼秘书长，这让我备受鼓舞。我想这是责任也是动力，医学之路，任重而道远。

我长年从事急诊工作，经常无法陪伴家人，心中甚是愧疚，但家人对我很是理解。此次驰援武汉，得到了家人的大力支持，让我充满了力量。同学们、朋友们的声声问候，让我倍感鼓舞，医院对家里的照顾让我无比温馨，上级领导的慰问让我们信心十足，同事朋友的鼎力相助让我们无畏艰辛，战友们的齐心协力让我们披荆斩棘。

　　我们每个人都是一滴水，力量十分微弱，但聚在一起，共同努力，就可以成江成海，战无不胜，攻无不克。我相信国家，相信人民，相信一起并肩作战的医务工作者，通过多方面的精诚合作，一定能战胜疫情。

曹敏在武汉火线入党

赴鄂抗"疫"录之诗记

上海中医药大学附属岳阳中西医结合医院　邓玉海

短暂的42天赴鄂抗"疫",却可能成为我这一生中最值得回味的记忆之一。在这特殊的日子里,除了和第四批国家中医医疗队上海分队的战友们一起并肩战斗,也用文字记录了一些当时工作生活的点滴。其中有些并未认真雕琢的诗词歌赋,也让自己将那点点滴滴的生活与工作串联了起来。不可否认,中医药在这次新型冠状病毒肺炎的疫情中,还是发挥了巨大作用的;而能将海派中医的一些经验带到当地,帮助诊治病患,促进病情改善,作为一名中医人还是颇为自豪的。

如今,就让这一首首朴素的诗词,带我回到那不一样的岁月中吧……

第一节　出　征

1.《出征·抗疫前行》

备战已久。2020年2月15日晨,等来了出征的通知,上海中医系统组建了第四批国家队,赴鄂支援。多年未归家乡,难免感慨,我愿为抗疫救援尽绵薄之力!

> 负笈求学居沪上,忽闻疫至返家乡。
>
> 百二勇士同相助,中西医学共铿锵。
>
> 病毒不解情与义,申江何惧慨而慷。
>
> 宜将剩勇追穷寇,不可沽名学霸王。

2020年2月15日于上海东航至武汉航班FM9009上草题

第二节　迎　战

2.《迎战·海派中医》

调整磨合并培训后接管雷神山C7病区。2020年2月19日午后,终于开科收治新冠病毒肺炎患者，不到5小时便已收满48名患者。忙碌之余，赋诗一首以振奋精神，期待早日得胜收兵！

> 雷神山里群英会，昨夜遥闻战鼓擂。
>
> 擦掌磨枪迎新冠，劈波斩浪破旧垒。
>
> 中西合璧齐发力，内外兼修共显威。
>
> 不要人夸好颜色，只留清气伴君归。

2020年2月20日于值夜班归来醒后草题

3.《鹧鸪天·初战告捷》

抵汉已有十日，开科收治病患也有六天。大部分患者经中西医结合治疗后症情好转，已有患者连续核酸检测阴性，待复查胸部CT报告好转即可出院。有幸与前批支援金银潭、武汉三院的队友相会，相互激励，只待春暖花开，一起面朝大海！

> 转眼冬归春又来，江城料峭待花开。
>
> 出征旬日多思绪，镇守六天少雾霾。
>
> 黄鹤去，潜龙抬。玉宇澄清万里埃。
>
> 旗开得胜休得意，班师回朝酒畅怀。

2020年2月24日于二月二龙抬头理发后有感草题

4.《鹧鸪天·医者情怀》

病区收治病患轻重不一，但经中西医结合治疗大多颇有成效。只是诊治中仍旧发现心理问题与饮食问题，这是在医疗过程中需要解决的基本问题。对于针对病患究竟该选择什么方案治疗，我想，有效的就好，能最优就更好。

> 药起沉疴肩并行，神通各显病还轻。
>
> 黄家湖外欢离院，珞珈山前笑赏樱。
>
> 悲旧恨，叹余情。中西携手盼清零。
>
> 克敌新冠同发力，无问身前身后名。

2020年3月8日深夜巡房后有感

5.《定风波·吟啸且徐行》

抵汉近一月，收治病患亦两旬有余，首批病患均顺利出院，难免有些激动。而在短暂的相处中，感受到了家乡人民的坚持与英勇。不经意想起东坡居士的

"莫听穿林打叶声，何妨吟啸且徐行"，雷神山的经历也是颇为跌宕起伏。

> 二月江城封禁中，
>
> 一声号令赢粮从。
>
> 各路精英并肩进，
>
> 谨凛，
>
> 不求一役毕其功。
>
>
> 合璧中西多自信。
>
> 宽悯，
>
> 沧桑历尽异寻同。
>
> 归去来兮香暗沁，
>
> 笑饮，
>
> 樱花飞处映桃红。

2020年3月13日夜间有感草题

6.《满月题记》

新冠肺炎疫情发生之后，从1月24日到3月8日，全国有346支医疗队共4.26万人驰援武汉和湖北。而我们不知不觉，也抵汉满月，收获更是满满。中医药在新冠肺炎早中期防治上效力显著，信心倍增。但仍不希望有人感染发病，只盼疫情早日结束，武汉尽快启封。

> 疫情突发惊赤县，一声号令聚江城。
>
> 中西携手并肩战，轻重细分辨级层。
>
> 为有牺牲多壮志，燎原星火耀鸿蒙。
>
> 推窗遥望下弦月，侧耳倾听重启声。

2020年3月15日于返鄂支援满月有感

第三节　归　期

7.《遥寄·战地遐思》

有序回撤的消息早已传遍，但目前我们的重心仍是坚守与维稳。不过，没有新的病患收治，对我们而言是悲喜交加。然而，关于这场"战争"，恐怕要做好长期作战的准备，尽管阶段性的胜利已经可以看到曙光。

> 新冠风波平又起，进退有据闭方舱。
>
> 山外湖水闲相看，战地黄花分外香。
>
> 亲朋遥寻安疫策，六分坚守三分防。
>
> 一分留取应机变，梦回江南沐春光。

2020年3月19日自我分析战况后有感

8.《浣溪沙·平凡英雄》

相较于初闻回撤消息的兴奋，心已经渐渐沉淀下来了。如何站好最后一班岗，或许才是我们焦虑的问题。不过，能够定心睡个好觉，也是难得的幸福。

> 静夜无思倦叩门，
>
> 行云流水浥轻尘，
>
> 暖风将近醉黄昏。
>
> 换斗摘星结界固，
>
> 截断扭转疫毒分，
>
> 凡人逆行战雷神。

2020年3月24日夜班归来草题

9.《收官》

原本或许有各种的情绪，但真到了清零关科的时候，喜悦和激动就溢于言表，化作了种种的不舍。38天的轮回，算是取得了阶段性的胜利，而这也将永远凝固在彼此的记忆深处。

> 昨夜风雨今潜遁，阳光葳蕤透三春。
>
> 犹记当日蜂拥至，怎料此时夹道分。
>
> 我自横刀向天笑，去留肝胆两昆仑。
>
> 莫说喜极多成泣，凝却遐思铸战魂。

2020年3月28日于雷神山医院感染三科七病区收官之日有感

10.《蝶恋花·泪别》

离别之日，醒来东方尚未见鱼肚白。转瞬间，却见楼道身影穿梭，户外熙熙攘攘，满城竟似披红挂彩。军车载物，警车开道，一路畅行，而泪水却满布欢颜。别乡返沪，又是离情。

黄家湖边江浸月。

山外轻风,

吹尽枝头雪。

回看堂前燃碎屑,

映红春梦无边夜。

泪洒归途诸事略。

唯忆当初,

澎湃满腔血。

精锐出击新冠猎,

而今迈步从头越。

2020年3月31日返沪归程有感

第四节 相 关

11.《盼君归·毒》三首

四年一度的2月29日,难得要有些纪念。起早给孩子写了封信,顺便聊了聊天。似乎近来安排的功课不少,但也在偷偷完成给我的绘画传书"任务"。返鄂已近半月,何时归沪尚无消息,总要到疫情结束,武汉平安吧!但愿这天早日到来!

（其一）毒,席卷九州武汉督。急援鄂,热血铸浮屠。

（其二）毒,闭户封城禁外出。行者逆,山上救荣枯。

（其三）毒,合璧中西道不孤。春光艳,万物复萌甦。

2020年2月29日于煊栎宝贝书信有感后草题

12.《祈福》

2020年初的武汉,遭遇新冠病毒的偷袭,历经波折。湖北严控以保国泰民安,而神州大地遍起精兵,多方支援。如今月旬已过,情势渐好,战友留影祈福,唯愿疫情早日过去,百姓安居乐业,医护安心诊疗,足矣。

忽闻新冠偷春至,历经沧桑武汉哀。

八方支援齐战疫,中西汇通共情怀。

腥风血雨菩提树，筚路蓝缕明镜台。

只待花开春暖日，归元寺外鹤先来。

2020年3月5日晚读战友抗疫感言有感

13.《虞美人·睹芳容》

三八节将至，接后方任务，给战友拍照纪念，此时方睹众姐妹真容。然上班已旬日有余，N95口罩等压痕隐现，战友们略觉遗憾，未能展现最美芳容。但泪水已盈眶，有感而颂之。

无边江月通衢静，

逆向雷神行。

银装素裹露微星，

转眸间划破夜半清明。

爱马仕下烟熏影，

比翼迎香青。

乖囡莫怪不出镜，

春暖后再来携手观樱。

2020年3月2日为巾帼勇士摄影后有感

14.《女神节戏题·春思》

2020年3月8日是一个特别的节日，有女孩子来分享她们的幸福。如今能够安心地坐在笔记本电脑前，拿着手机与家人朋友在网络的两端相聚聊天，互道珍重，也是一种别样的温馨。正如朱自清先生说的，春天像健壮的青年，有铁一般的胳膊和腰脚，领着我们上前去。

雨落寒山春渐晓，风抚碧空夜清灵。

离别四海重相聚，围坐云端叙友情。

2020年3月8日傍晚坐通勤班车见雨中江城风景时有感

中药说抗疫

浙江省温州市中心医院　金利思

　　猜猜我是谁？我穿越千年的古风而来，曾伴先祖神农氏走天涯，与竹林名士把酒当歌；曾随扁鹊救死扶伤，跟仲景战瘟疫济苍生；唐代宰相曾为我修典，李时珍寻我翻遍华夏大地；我是四季有花的草木，我是亘古不变的矿石，我是血肉有情的良品；我是良药苦口的黄连、侠骨柔情的三七、千年老妖的银杏……

　　时光流转，乙亥岁末，庚子伊春，荆楚新冠，而后席卷全球，在这群逆流而上口罩蒙面的白衣战士们面前，那我又会是谁？中国早在商代的甲骨文中就有"疫"的记载，至少已有3500年以上的疫情历史，又据中国中医科学院最新编辑出版的《中国疫病史鉴》的记载，中国至少发生过352次重大流行瘟疫，但从历史结果上来看，中国史上从未发生过类似欧洲黑死病、鼠疫、大流感那样一次性造成数千万人死亡的悲剧，这不单单是我的赫赫战功，更是历代医家血肉相搏的抗疫智慧：张仲景解表散寒，李东垣补中益气，吴又可燥湿解毒，余师愚两清气血，王孟英清热除湿，杨栗山升清降浊等。这些先贤们的抗疫经验经过凝练，这次被张伯礼、仝小林、黄璐琦等院士专家带去了"九省通衢"的新冠前线。如果说中医辨证论治诊断病情和制订治疗方案，是战争中的指挥员；护士执行医嘱照料患者，是战争中冲锋在前的战士；而我则是中医手中的秘密武器和制胜法宝。中医专家们按照《黄帝内经》中"上医治未病，中医治欲病，下医治已病"的原则排兵布阵，贯穿了这次新冠肺炎预防、救治和康复全过程。第一步是"未病先防"，安民心，对大量居家隔离的疑似患者和有发热、乏力等症状的人群，为他们提供通治方治疗，起到了消除症状、防止发病的作用。第二步是"已病防变"，减伤亡，让轻型患者第一时间服用，防止转为重症，而患者到了重症时，配合西医救治，从而减少死亡。第三步是"瘥后防复"，保成果，特别是加强非药物疗法，比如用艾灸加火罐治疗，练习五禽戏、八段锦等，可有效防止旧病复发或衍生出其他疾病。据有关统计，我国新冠肺炎确诊病例中，7万余人使用了中医药，占91.5%。临床疗效观察显示，中医药总有效率达90%以上。而我也摇身一变，化作了鼎鼎大名的抗疫中药——"三药三方"：金花清感颗粒、连花清瘟胶囊、血必净注射液和清肺排毒汤、化湿败毒方、宣肺败毒方。

　　我是中药，是在中医药理论指导下，用以预防、诊断和治疗疾病及康复保健的部分天然物质，主要包括中药材、中药饮片和中成药。我性寒热温凉平，味酸苦甘辛咸；我有丸散膏丹，亦有注射液、凝胶剂、滴丸；我是屠呦呦手中送给全世界人民的礼物，亦是全球抗疫中不可缺少的一角；我是中医麾下的大将，和广大医护人员一道，组成抗疫战线上的兄弟连，共同守护着每一位患者的健康和医疗安全！

"千方百剂"守护你们的健康

——一个中医人的武汉战疫经历

浙江省宁波市北仑区人民医院　应光辉

2020年1月初武汉的疫情就开始了，当时没有觉得有多厉害，北仑的工作还是按部就班地进行着。直到钟南山院士1月20日宣布了此种疾病会人传人，1月23日武汉宣布封城，这才意识到此次疫情的严重性。当时北仑还没波及，但发热门诊已经全负荷地运转起来。当时我们科是极其缺人的，当时的首要目标就是把血透室守住，但是作为一个老党员，林则徐的一句话在耳边萦绕："苟利国家生死以，岂因祸福避趋之。"随时准备奔赴前线。

2月8日晚，那天刚刚躺下，接到党办的电话，需要安排人去武汉，我刚好符合条件，那时候就一口答应了。当时的心情很复杂，说不害怕那是不可能的。那时候的武汉情况也不是很明朗，病毒又非常狡猾，物资又极度缺乏。既然组织如此信任我，这又是一场没有硝烟的战争，那就必须义不容辞地上战场。

2月9日，同事们送来口罩、必需品；医院里又准备了一批物资让我们随身携带，大家都特别关心。带着家人、同事、领导们殷切的期待和谆谆嘱咐上了车，路上想起了王昌龄的诗："黄沙百战穿金甲，不破楼兰终不还。"

到了武汉就进入非常紧张的工作状态，队里立刻安排了北京专家给我们培训院感知识和防护服的穿脱。在不到48小时内，把50几张床位全部收满，大家各就各位，开始任劳任怨地工作，这一场面像极了辛弃疾描写的战场："八百里分麾下炙，五十弦翻塞外声，沙场秋点兵。马作的卢飞快，弓如霹雳弦惊。"就这样，我在同济医院光谷院区E3-3病区开启了中医药治疗之路。

有一位患者余女士是十个月宝宝的母亲，好在隔离及时，宝宝没有感染。刚入院时，她仍处于哺乳期，于是我便先用单味药炒麦芽帮助她回奶。她当时还将信将疑："这么简单的药物会有效吗？"吃了三天，果不其然奶就回了，她对中医药感到非常神奇。马上主动要求用中药治疗新冠肺炎以及伴随的焦虑症状。在日常，对于这位年轻妈妈提出来的头皮发麻、脸部有时候会有异样的感觉，我就在病房教她按摩风池、百会、迎香、下关、颊车、百会等穴位，也收到了良好的缓解和反馈。患者出院后成为了中医铁粉，每天进行耳朵按摩、八段锦锻炼，开始了养生的生活。

周阿姨是个焦虑的老太太，刚入院时睡眠饮食都出现困难，有时候还有胃胀、恶心呕吐的感觉，明显出现了新冠肺炎之外的情绪反应。起初，为她进行中药调理，周老太总是将信将疑。一段时间后，中西医结合的疗效呈现出来，终于得到了老太太正面的回应："应医生，谢谢你，今天王主任看了我的片子，说我吸收蛮好。人的精神放松很多！"如今，周阿姨加上了我的微信，她在微信里这样写道："应医生，年轻有为的老中医，我三番五次地麻烦换药，加方，你不厌其烦地答复，还帮我找穴位、看舌苔等，我睡在床上总是这样想，我是不是遇见了神仙？！"出院后，周阿姨还是在跟我一直联系，她把舌苔发给我，症状告诉我，然后给她又开了方子去外面抓来，自己煎。她说："我在隔离时，有个朋友，她看见我吃中药，很羡慕，应医生真好，你们回去了还一直给我指导治疗。"她已经回家隔离了，出院后除了服中药，其他药都没有在吃了，现在胃口也明显好转了，睡眠也改善了，头晕、恶心的症状也没有了，怕冷的症状也消失了，差不多回到以前的样子。

杭州人邹先生和老伴年前特意去武汉看孙女，对于能够在高校云集的武汉就读，他们一直为孙女感到骄傲。然而，就是这样一次再日常不过的出行，就被迫在武汉出不来了。不幸的是，也在此次新冠的肆虐下夫妻俩都感染了，而且都是重症，万幸之中孙女没感染。疫情之下能受到来自家乡省份医疗队的照料，邹先生感动不已："我是杭州人，能在这见到宁波医护特别亲切，也格外信任！"他当时来的时候反复发热，胃口也不好，睡眠也不好，肺部CT显示感染比较严重，心情也很糟糕。在第一时间，给他实行了中药及抗病毒药物的治疗，并给他进行了耳穴压豆，指导他进行穴位按压，经过积极的治疗，症状迅速缓解，发热也退了，胃口也开了，心情也开朗了。在出院之前，他给我发了条微信："应医生你好！刚才王主任来查房，说我经检查恢复得不错，明天可以出院了。真要感谢你

出发前应光辉与妻子相拥

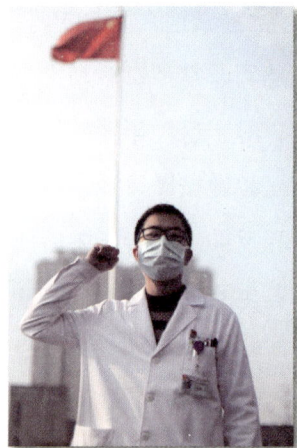

出发前的宣誓

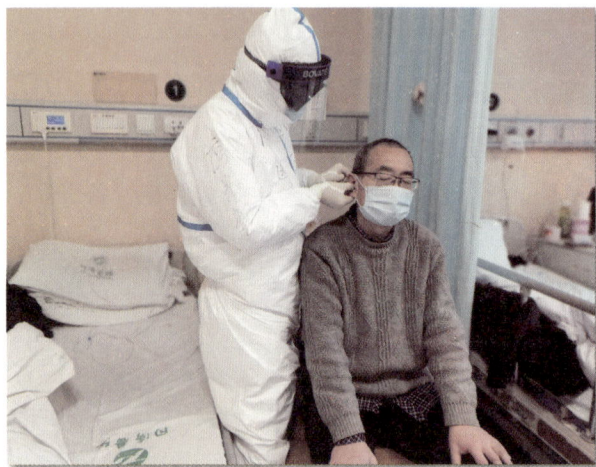

耳穴压豆治疗

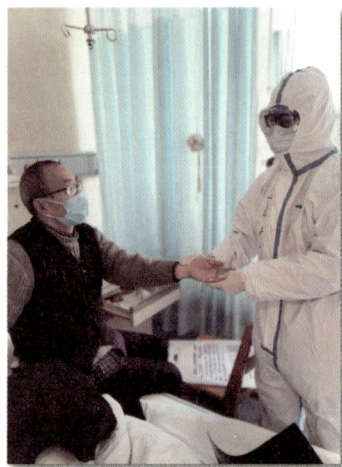

应光辉在病房里把脉

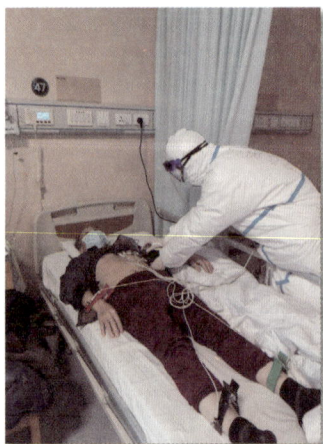

应光辉给患者做心电图

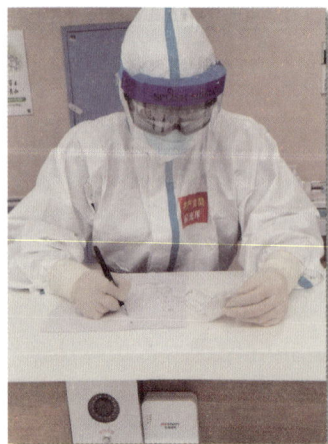

应光辉记录动脉血气结果

们的舍生忘死、无私奉献的精神，你们是千万个新冠肺炎患者的救命恩人，人要学会感恩，我们虽然相认不相识，但你们的救命之恩我们永远不会忘记！"看到这条微信，我的眼眶马上湿润了，我们虽然相认不相识，但我们在这场战疫中一起战斗过。出院后，他又在酒店隔离了一段时间。4月13日，他儿子开车接他们夫妻俩回了杭州，在杭州经检测核酸和血清均达标后回到了家中。他在微信里还表示等疫情结束，让儿子带着去宁波看看我们，让我们也感动不已。

张先生是一名年轻的工程师，他陪着母亲到处治疗新冠肺炎的时候感染上了疾病。当时武汉处于非常困难的阶段，一床难求，直到发展成呼吸窘迫综合征了才住上医院，后来转往ICU。在他妈住上医院以后，他也开始发病了，出现了咳嗽、低烧的症状，心率加快到130次/分。幸好当时国家大量的医疗队被派遣过来，他被安排到了E3-3病区。他说："你们来了，给我们带来了希望。"经过中西医结合的治疗，他胸部CT显示病灶明显吸收，并且核酸转阴，治愈出院。出院的时候他给我也发了条微信："感谢应医生给我们一个一个分别按症状辨证开中药，并且让我们加群，让我们感觉大家是个临时大家庭，共同为了抗击病毒的共同目标而努力！"得到了患者的认可，觉得我们的努力很值得。出院后他在隔离点还坚持练习八段锦、耳朵按摩，还坚持吃我给他出院带的中药。

王老伯是一位71岁的老年重症患者，他是从其他医院转过来的。来的时候病情非常重，一半的肺全白了，并且血糖控制也非常差，随机血糖最高达到26mmol/L，吸氧状态下氧饱和度也不是特别理想，胃口也差。经过中西医结合治疗，他的病情一天天好转，在闭舱前两天顺利出院。出院之前他拿出了他事先准备好的遗书，他说终于用不上这个了。他发来微信说："感谢应医生给我的精心治疗，您为我开的中药对我的治疗应当是一个转折点。"他还写了一首诗给我们宁波援鄂医疗队，充满了感激之情。目前已回到家中，身体状态恢复挺好。

我发现病区内患者大多有头晕、头痛、心慌、睡眠不良等情况，便萌生了使用中医适宜技术促进新冠肺炎患者康复的想法，耳穴压豆、耳穴按摩、穴位按摩等中医适宜技术配合中药效果更好。我联系了护学中资质的陈剑一起给患者做起来耳穴压豆，并且我们俩人和王瑞玭一起做了一个耳穴按摩抗疫十法的宣传片。宣传片一经推出，得到了患者的一致好评，明显地改善了患者失眠头痛、胃纳差等症状。并且该视频被收录在学习强国的宁波健康栏目。

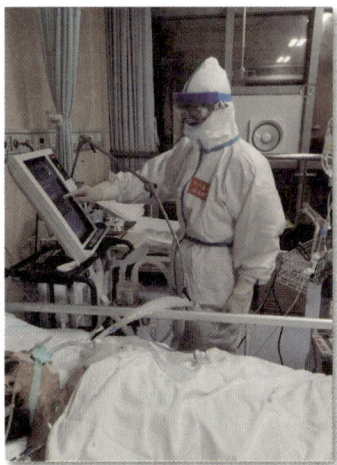

调整呼吸机参数

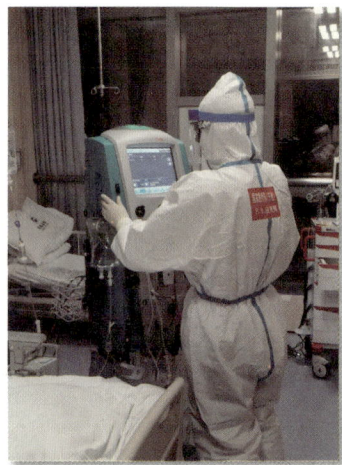

调整血透机参数

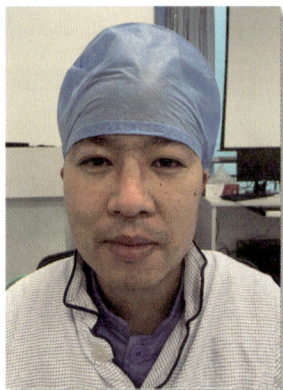

应光辉出仓后的照片

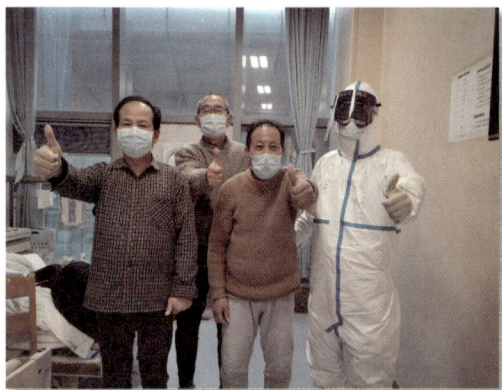

做完治疗后与患者合影

患者出院后合影 1

病区里接近100%的患者服用了中药，并进行耳穴治疗10余例，开展穴位按摩指导也有40多例，耳穴按摩指导40余例，八段锦练习网上指导40余例，对于患者头晕头痛、胃纳差、口苦口干、胸闷气急、心慌心悸、失眠有较好的疗效，并且对于快速下降IgM抗体，以及核酸转阴、肺部炎症的吸收、阻止并逆转肺纤维化进展、预防深静脉血栓有一定的作用。

3月21日是世界睡眠日，受禹海航院长邀请，我在驻地给医护人员讲了一堂中医治疗失眠的课，并在现场也给战友们进行了穴位按摩及耳穴治疗，受到了一致的好评。

期间我收到25封感谢信（包括微信、视频、和纸质感谢信），中医药的治疗得到了患者一致的肯定及好评。

经过52天的战斗，终于圆满闭舱了，我们宁波队队员一个都没有少，零感染回家了。3月31日早上，同济的战友们、酒店的工作人员们、特警同志们、高新区的领导们于凌晨5点来给我们送行。"白日放歌须纵酒，青春作伴好还乡""桃花潭水深千尺，不及武汉送我情"，凯旋归乡，有豪情也有深深的不舍，当时眼里饱含泪水。武汉是一座英雄的城市，正是勤劳勇敢的武汉人民牺牲了很多很多，才能使这场战"疫"能这么快结束，他们在这两个多月里遭受的苦难是常人难以想象的，有些家庭都是全家感染，不能去照顾老人、孩子，只能靠电话报个平安；有些家庭可能碰到了经济危机，几个月不工作，还负债累累，遭受常人难以想象的压力；有些家庭连家人最后一面都没能见到……

武汉战疫的故事结束了，中医药的传奇还在继续，新冠肺炎后的康复治疗也是中医特别擅长的领域。病友还在与我联系，尽我所能帮他们恢复健康。愿山河无恙，人间皆安！

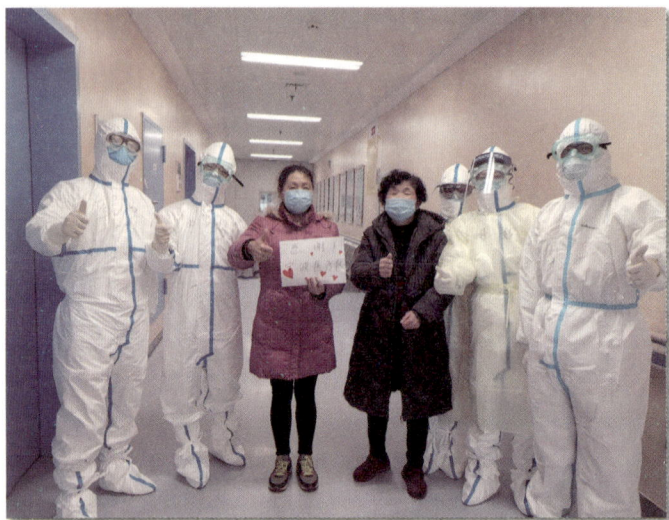

患者出院后合影 2

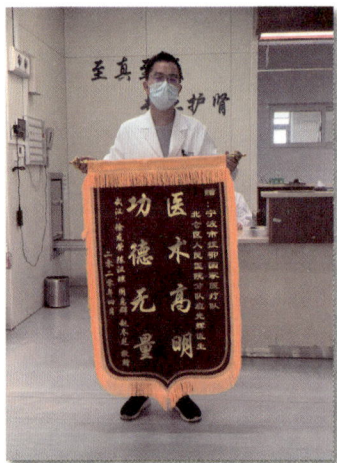

锦旗 1

锦旗 2

战"疫"的中医力量

重庆市人口宣传教育中心　陈　英

春雨至，万物生。到了"雨水"，春天就算坐稳了它的江山。

重庆市中医院行政四楼办公室内，李延萍拿着刚挂断的电话，猛地一吸鼻翼，她尽力止住泪水，手不停地点击着手机屏幕，群发：好消息，项目组研制的"藿朴透邪合剂""麻杏解毒合剂"两个中药制剂终于获批。推出新冠肺炎防治方案、第一时间介入救治、派遣人员驰援湖北后，"重庆的中医力量"又一次为战"疫"作出贡献。

李延萍顶顶鼻梁上的黑框眼镜，长舒一口气。窗外，鸟儿唱响了清脆的歌声；挂着嫩芽儿的柳上随风飘动；坪地上，被碎石压着的小草，依然冒出了"头尖儿"，续写着春意盎然。

一

时钟拨回至2020年1月22日下午2：00，重庆市卫健委九楼一会议室内，一摞摞资料堆放在长方桌上，桌旁，20名"一号难求"的中医药专家正面红耳赤："这属寒湿疫，应驱寒湿""是瘟疫，应清热祛湿解毒""是体内正气虚，要扶正气"……为更好发挥中医力量，保障人民健康，李延萍挂帅担纲"中医药在新型冠状病毒肺炎的临床救治研究与应用"项目研究。两小时过去，新冠肺炎中医药预防救治的讨论持续激烈，场面几近失控，当然，这是尊重生命应有的态度。

作为重庆市疫情防控中医药科技攻关专家指导组组长的李延萍，综合专家意见、结合病例分析、借鉴他省方案，划出重点："正气存内，邪不可干""邪之所凑，其气必虚"，新冠肺炎符合"疫病"特点，是人们感受到了"疫疠"之邪，治疗上应以扶正为主，兼顾化湿、去邪、泄浊等，保护易感人群免受感染，对抗"疫戾"之气。用药上必须安全有效，兼顾口感、药价，故用药数量亦少，剂量亦轻。

5小时后，精挑细选、悉心甄别的"良心处方"出炉：数量15味药降至10味，价格也大幅下降，预防处方仅在8元左右。

"来来来，大家吃点盒饭垫肚子。"晚上7：30，讨论会在"吃饭"的吆喝声中圆满结束。

挽救生命，从来争分夺秒。李延萍婉拒送餐同事的好意，起身离开，左手拿上一摞资料，右手拨着电话：请立即通知煎药房，今晚务必把我微信发送你的方子熬好。

深夜，寒冷漆黑的城里，重庆市中医院的行政办公楼三楼的灯还亮着，此时的李延萍正噘着嘴唇、伸长脖子、弯着腰，抿了抿嘴，品着手中杯子里的药水，嘴角上扬。她直了直背，用笔在"治疗处方"一栏画上一道优美的小勾——此方可用。她这才发现，医院大院内有很多灯都亮着，"生命，会苦一阵子，定不会苦一辈子。"她笃信。

"试服后，你出汗多吗""大便次数增加没""口感怎样？"临床试验中，李延萍像个侦探，询问、捕捉服用者的饮食、舌苔、睡眠、大小便等每一处微妙的变化，根据变化再调整药方。原定黄芪用量15克改为10克，忍冬藤换成连翘等，因为药效相同。

查看、更正药方、讨论、会诊，几轮下来，中医防治方案逐渐成熟。原定2月中旬推出的重庆市新型冠状病毒肺炎中医药防治推荐方案，于1月30日问世，整整提前半月有余。于是，24万余付中药送往全市各地，4万人受益，576例新冠肺炎确诊患者中，中医药参与532人，治愈出院411人。

数十个熬更守夜，李延萍带领团队频频向山城人民交出答卷：

——成功研制藿朴透邪合剂、麻杏解毒合剂两个中医药制剂，并通过审批，投入使用。

——提出中医药康复建议方案，已被市卫生健康委推荐使用。对比后来国家发布的中医药康复方案，二者的契合度达到90%。

——研究制作出包含八段锦视频、艾灸使用视频、心理康复音频等的"中医康复包"。这种通过动作、音乐、呼吸、穴位进行治疗，大大缩短了重庆4个定点集中收治医院患者的治疗时间。

生命，是一树花开，可安静寂寞，亦可热烈绚烂。李延萍胸前的熠熠生辉的党徽指引着她，坚定选择后者。但她很谦虚，"比起前方以生命赴使命的英雄们，我做的这些真不算什么。"谈话间，李延萍拿出手机，给即将赴"前线"的队长王杰发了条信息：转兄弟姐妹们，在前线，望发扬重庆中医精神，盼平安归来。

二

前线，湖北孝感市第一人民医院的轻症组护士刘芮佚，这几天，一直在隔离病区里寻找不时出现在治疗室桌上的热干面、鸡蛋、稀粥的主人。她正东张西望地看，23床的患者叔叔给她使了个眼色，指向24床……

24床，80多岁的婆婆又吃不下饭，间断高热、咳嗽不止、呼吸困难、基础疾病较多，情况很糟。陪床的老爷爷很是心焦，站在窗边蹙着眉头，一直叹气。刘芮佚很细心，她知道，婆婆是爷爷的精神支柱，婆婆好，爷爷才会安心，她更知道，中医护理，讲究从心开始。

刘芮佚便和孝感的战友一起，给窗边的爷爷讲着笑话，聊着那些打败疫病的成功故事，思想工作做得有模有样，动情处，她们还来了段歌舞表演——你笑起来真好看。重重的防护服里，刘芮佚和战友的舞姿显得笨拙，三层口罩后发出的音调，更不在线。爷爷却逗乐了，拍拍她们的臂膀说，姑娘，谢谢你们，我没事了。

"患者一旦进入隔离病区，他们的病情变化、衣食起居甚至是大小便，都成了我们分内的事情。"针对患者因为胃肠道不适导致的进食较少，情绪低落，失眠等情况，在熊恩平护士长的带领下，刘芮佚和队友们一起，运用中医特色护理技术——热罨包、八段锦、音乐疗法等"十八般武艺"，来缓解和改善患者情况。

几天后，爷爷笑着跑到她们面前，道："闺女们，婆婆今天又比昨天多吃了几口！"脸上充满了笑意，就这样，"随时可能上呼吸机"的张婆婆体温逐渐恢复正常，食量从过去的每日一餐进步到一日三餐。

隔离病房里捷报频传，一名30多岁的患者经过联合治疗，5天后，胸部CT大部分病灶已经消失。一名65岁的阿姨在经过1个月的综合治疗后，已经治愈出院……

"胜利"总让人心中有方向，脚下有力量。防护用品紧缺，刘芮佚和战友们就少吃饭、不喝水，以减少上厕所的次数；没有中心供氧，她们二话不说，搬着上百斤的氧气筒，就开始往外走；没有多余的工作人员，她和战友们就充当消毒员、清洁工，即使厚厚的防护服下，衣服已经湿透。

2月14日19时左右，刘芮侟在搬运氧气筒后，顿感缺氧，当时值班的孙小平医生、梁婷护士以及护士长刘爱群赶紧跑到刘芮侟身旁，身体检查、准备糖水、按压穴位。十几分钟后，刘芮侟有些恢复，刘爱群护士长说，"不要忘了，你不是'奥特曼'，身上没有铠甲护身。"缓解的刘芮侟连声给大家道歉，声音有些轻弱，"我知道，即使我倒下，战友们定会设法救好我。只是，我没有坚持到最后……"

看着这些，80多岁的老两口很心疼，往后的早餐中，爷爷总会把自己的口粮省下来，悄悄地放在刘芮侟和她同事的桌子角落，想起医院的相关规定，老人又悄悄用旧报纸遮掩。老人知道，这孩子，需要营养，但他忘了，隔着厚厚的防护服，刘芮侟和她的战友们是无法进食的。

三

周玉玲走进病房时，1床的老人正咳嗽得厉害，双手不停拍打胸口，有糖尿病、高血压、冠心病病史。一旁的仪器显示，血氧饱和度已从常人的95%以上掉到84%。她意识到，患者缺氧严重，情况很危急。

周玉玲快步上前，检查呼吸机和氧气瓶后，调整老人睡姿、头部位置，使老人的气道打得更开。经过10多分钟的抢救，老人脱离危险。周玉玲浑身是汗，身着防护服，连续工作6个小时甚至更久，让这位身材纤细的女子，浑身湿了干、干了又湿。坐在板凳上，周玉玲许久才缓过劲来。

面对困难，她从不认输，即使时间只剩24小时，即使设备不齐全、监测手段不完善。周玉玲把患者从入院以后半个月的出入量、治疗过程、各种检验检查结果都仔细梳理了一遍，重新以一个中医重症医生的思路进行梳理，调整方案进行施治。

第二天早上交班时，护理说：1床挺过来了，血氧饱和度90%，有好转。"我的处理没有错！"

这里是湖北孝感市第一人民医院的重症隔离病房。周玉玲是重庆市中医院急诊ICU主治中医师，来此支援已经近一个月。她负责的隔离2病区，收治患者31人。针对救治中遇到的问题，周玉玲想了不少办法。根据中医辨证理念，她把患者分为寒湿郁肺证、温热蕴肺证、湿毒郁肺证、肺脾气虚证、气阴两虚证5个证型，并进行中医质量化评分，辨证施治。她管理的20张病床，1人危重症、2人重症都转为轻症，治愈出院12人。

她直言："孝感，没白来！"

蒋红梅也有着同样的回答。

1月25日，她选择逆行，从重庆市中医院飞抵武汉大学人民医院东院，只给女儿甩下一句"妈妈食言，不能陪你了"。

蒋红梅说："初来时，穿上尿不湿，不能上厕所；套上防护服，满满的窒息感；戴着双层手套，摸脉困难；以前一秒进针，现在要好几分钟……"

中医人从来都坚信：没有等来的辉煌，只有拼来的精彩。

为12床的爷爷打留置针，她发现了跪地进针是"秒入"的最好姿势，获得爷爷点赞；带领患者跳中医保健操、听五行音乐，一遍一遍地讲解原理、作用和注意事项，病区的首个出院患者对她说："是你给了我第二次生命。"四处为食欲不振的"奶奶"们寻觅水果、果汁、甜点，她成了她们口中的"姑娘"、心中的"孩子"……或许这就是中医精神的无限魅力。

在武汉的病区，她的"泪点"会极低，在患者吞咽困难时，在"爷爷向她竖起大拇指，却迟迟不愿放下"时，在阿姨说"要不是我渴了，真不忍心麻烦你倒水""姑娘，请离我远点，你的爸爸妈妈还在等你回家"后，在患者出院时抱拳鞠躬后……

在湖北的夜里，蒋红梅也会想念，母亲炖的鸡汤总是色泽金黄、味道鲜香，重庆火锅里的花椒、辣椒永远那么"酸爽"，女儿的简笔画里永远有"妈妈的C位"。

但她必须负重前行，因为有众人的"神助攻"。"娘家人"用"神灯"，把她的念想统统变为现实，武汉的快递小哥用7000多杯"武汉拿铁"无声地支持医生，咖啡馆老板喊话"就算店垮，最后一杯咖啡也要给医生"。

因为，武汉的"家人们"和她相约，春暖花开时，同看樱花、吃热干面。

更因为，2月25日，蒋红梅光荣加入了中国共产党。

"三仁汤"科长的抗疫"剂"

重庆市开州区中医院 刘 娟

"三仁杏蔻薏苡仁，朴夏通草滑竹伦，水用甘澜扬百遍，湿瘟初起法堪遵。"三仁汤，预防新冠肺炎基本方之一，由杏仁、半夏、飞滑石、竹叶、厚朴等八味中药组成。具有宣畅气机，清利湿热之功效。

高个子，圆脑袋，戴眼镜，少话语，给人一种"厚朴"的印象，他就是重庆市开州区中医院药学部副主任潘德佳。自参加工作以来，他在药学部的岗位上兢兢业业、勤勤恳恳，得到了领导和同事们的一致好评。在抗击新冠肺炎疫情中，他秉持"杏林门下、救死扶伤、责无旁贷"的信念，利用中药优势，为抗击疫情奉献力量，就好似一剂"三仁汤"。

细致耐心，不急不躁，性温如"厚朴"

抓药、称重、分装……天色渐暗，其他科室人员均已下班，中药房内依然灯火通明，6名工作人员正在抓中药，为第二天熬制新冠肺炎预防汤剂做准备。"你们千万不能着急，一定要仔细，把称称准了……"他叮嘱工作人员。

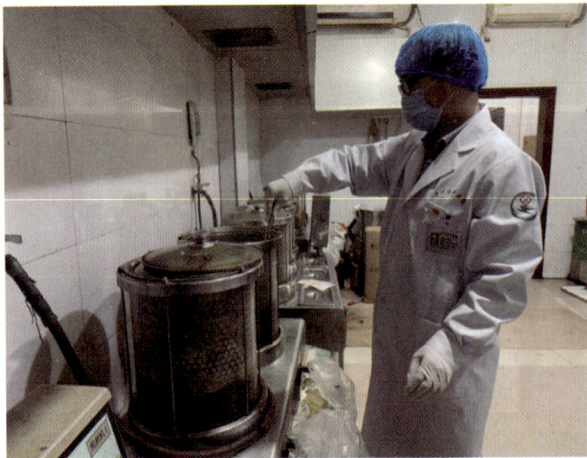

凌晨四点，当大家还在温暖的被窝中熟睡时，医院中药煎药室已经开始忙碌了起来，13台煎药机已经开始了一天的"工作……""瞿师傅，这个时间要够哦，不然熬出来的药没有那么好的疗效。"他一边搅拌着煎药机里的药材，一边对煎药室人员说。

自1月27日，上述"镜头"每天都在重演，为了给全院医务人员及全区其他部门抗疫工作者熬制好中药预防汤剂，他带领药剂科、中药房、煎药室人员加班加点。两个月来，在完成日常煎药任务的基础上，另熬制中药6000余付。为了确保中药汤剂的疗效，他对药物剂量、煎药及时间特别严格，他反复强调，多次督导。因为他深知，护佑健康务必要用真心、细心、耐心、爱心、责任心。

马不停蹄，驱车送药，令人心甘如"薏仁"

"这是你们的中药，赶紧趁热喝哟！"早上9点，区新冠肺炎疫情防控指挥中心刚刚上班，就收到了他送去的热乎乎的中药。"潘科长，辛苦你了，天天给我们送中药，来坐下喝杯水，歇一下嘛……""没关系，能给你们送药我觉得很快乐，再累都值得，谢谢你们的好意，我还要去其他地方送药，先走了。"还没等工作人员反应过来，他已匆忙离开。

为了给全区抗击疫情人员多一份健康屏障，他牵头药剂科工作人员，主动为一线人员送中药预防汤剂。自2020年1月底起，他每天搬着一箱箱中药，在城区各个部门穿梭，一送就是半天甚至直到下午，为了能让其他人员早一点喝上预防汤剂，

他没有一刻停歇，有时连午饭都顾不上吃，衣服每天都会被汗水湿透。他先后为区新冠肺炎疫情防控指挥中心、区财政局、区人社局、区社保局、区卫生健康委、区融媒中心、区云枫派出所等20余家区级机关、部门、团体及开州区集中隔离点、高速路口人员派送中药预防汤剂两万多袋。

"潘科长，中药不都是苦的吗，你们这个中药怎么有点甜呢，里面是不是加了糖的哟……"开州区云枫派出所彭警官说。"难道潘科长天天给我们送药的举动不让你心里感到甜滋滋的吗？"一旁的同事打趣道。

心系患者，邮寄药品，打破梗阻如"通草"

"佳哥，我有很多病人需要长期用药，因为疫情，他们不能来医院，但如果间断用药的话就不能保证效果了，你看你们能不能想办法解决这个问题呢？"医院程医生向他反映了这一问题。

面对严峻的疫情形势，开州区实行了严格的交通管制，给部分外地患者就诊用药带来了极大不便。如何解决程医生反映的问题？如何才能保障患者的连续用药？他反复思索，与医生商量，最终确定解决方案：患者与医生电话咨询病情后开具处方，由他代为缴费、取药，再用快递把药和发票寄给病友。疫情期间，他共为100余人次邮寄中药。

关爱特殊群体，解人抑郁如"半夏"

2月下旬，开州区疫情形势明显好转，但随之也出现了无症状感染者。感染者没有明显发烧、咳嗽、乏力等症状，从西医角度无法用药。当患者深知自己有"病"，却无法用药只能等待时，这对他们来说也是一种心灵上的煎熬。为了缓解患者的心理压力，由区卫生健康委牵头，组织全区中医专家，拟定无症状感染者用药处方。他按照处方要求，调剂、煎煮，并送到集中隔离观察点。先后为无症状感染者调配中药或中药配方颗粒186付，直到全区11例无症状感染者核酸检测全部转阴。

4月8日，经重庆市新冠肺炎疫情防控工作领导小组研究决定，全市各级各类学校2020年春季学期从4月20日起分批有序开学。"学校那么多人，万一被感染了怎么办？"面对家长的担忧，他又想到了一个"点子"——制作防疫香囊，香囊具有制作简单、科学有效、费用低廉、携带方便的优点，对学生来说再合适不过了。说干就干，他立马与儿科联系购买香包，仅用了2天时间，就将藿香、艾叶、丁香等10余种中药采购回来，再粉碎、混合后送至儿科包装，精美的防疫香囊就制作完成了。

岐黄大爱，战"疫"必胜

—— 中医抗疫实录

中国中医药出版社有限公司　王秋华

2020年的春节注定将永久留存在每个中国人的心中，而2020年的春天也必定载入史册。除夕之夜，和家人围坐桌旁，边吃年夜饭边观看电视里播放的春节联欢晚会，但手里却不停地翻看手机上有关湖北新冠肺炎疫情的各种报道。突然，急促的电话铃声响起，是学术编辑室中医出版微信平台的编辑刘聪敏打来的，她不是拜年，而是来请示工作。她联系到湖北中西医结合医院一位一线的中医大夫，通过近期的临床救治对疫情诊疗有自己的一些想法和思路，希望能够在中医出版微信平台发布，以便给一线医务工作者一些借鉴。我毫不犹豫地回答："没问题！马上发！"时钟刚刚敲过24点，随着湖北中西医结合医院邹义龙的《我们中西医并重，筑着一道生死之墙》文章发布，宣告中医出版微信公众平台正式加入这场没有硝烟的战斗当中。这篇文章一经发布就在短时间内转发及阅读量达到10万+，对于一个平时每条阅读和转发量平均几千的中医学术图书宣传平台来说简直是个天文数字，而这个数字在未来的1个月中又成了家常便饭。在这1个月的非常规工作中，我们见证了疾病的残酷，见证了白衣战士的无私无畏，见证了中医人的赤子之心和担当精神，更见证了中医走向更广阔舞台的希望。

随着疫情的发展，每天不断攀升的患者数、病死数，作为一个中医学术出版的宣传平台能做些什么？最终，我们决定，对当下中医、中西医结合诊疗新冠肺炎做最真实、最客观、最准确的报道，给中医人一个发声的平台，为一线临床义务工作者提供有参考价值的一手资料！从大年初一开始，中医出版微信公众平台开始了与一线医务工作者、中医临床专家不间断的联系和沟通，以便能够获得最真实、最权威的一手资讯。而这个过程与其说是个工作的过程，不如说是个见证历史，震撼灵魂的过程。

大医精诚，厚德载物

大年初二我电话联系到北京中医药大学谷晓红教授，作为温病学专家的她时刻关注着疫情发展，根据本次疫情特点迅速向公众推荐了几首预防方剂，通过我们的平台，她详细介绍开方思路，供业内参考选用。面对双黄连事件，她忧心忡忡，专门写了一篇如何正确使用双黄连口服液的文章，在中医出版微信平台一经发表就得到了业内、业外的广泛认同和支持，这才是中医正确的打开方式。仝小林教授作为中医药领域3名驰援武汉的院士之一，从除夕夜踏上开往武汉高铁那刻起，就忘我地加入救治患者的战斗当中，而在高强度的工作情况下，应我们的请求，利用少得可怜的休息时间，根据自己临床实践经验为业内以及大众读者解读了新版的新冠肺炎诊疗方案中医部分，为一线同行们提供了极其珍贵的参考经验，同时让大众看到了中医在突如其来的疫情中具有的优势和特色，加深了大众对中医的了解和认知，更增强了大众对战胜疫情的信心。五运六气大家顾植山教授携其弟子也奋战在临床一线，而他运用五运六气理论对本次疫情的分析更是让网友拍手叫绝！无不赞叹中医的"神奇"与博大精深。而最让人感动的是张伯礼院士，一声号令，他没有一丝犹豫就冲到了前线。当央视记者请他回忆出征时情景时，他竟然哽咽了。他深感中央领导对自己信任的同时，更意识到疫情的严峻。在疫情最严重的那段日子，人们经常可以在电视里看到张伯礼院士的身影，在各种报道中看到他对疫情的分析，但是直到2个月之后央视对他的访谈，人们才知道就在那段时间，张院士胆囊炎突然发作，不得不紧急做了胆囊摘除术。而术后下肢血栓，他仅休息一周就又投入到紧张的抗疫工作当中。他用"我真的和武汉人民肝胆相照了"将这一切轻描淡写带过。就在突发胆囊炎前的10多天，他联系到我们的中医出版微信公众平台，希望能够在我们的平台发表一篇文章。这篇文章是他和刘清泉教授对不同阶段新冠肺炎患者救治过程获得的珍贵资料的分析和总结。考虑到期刊有其局限性，因此选择了我们微信平台，希望能够以最短的时间让尽量多的人，特别是临床一线的医务工作者看到，对他们的临床施救有所帮助。这是一篇任何顶尖级核心期刊都会争先发表的文章，但是张院士却选择了不会给他带来任何名与利的微信平台发表，作为一个微信平台的负责人，在感谢张院士信任的同时，我更感受到他作为一个中医人不忘初心的无私奉献精神。

不负韶华，砥砺前行

在这场突如其来的战"疫"中，中医出版微信公众平台也跟踪报道或者转载了很多一线中医人的抗疫故事。让我感触最深的是广安门中医院呼吸科李光熙主任和驰援武汉的东直门医院骨科护士杜渐。李光熙主任虽然没有亲临武汉一线，但是作为"非典"的功臣，有着丰富呼吸疾病诊疗经验的中医专家，通过远程技术参与了很多患者的救治。2月4日，他将自己用一副人参败毒散汤剂退掉武汉一位新冠肺炎重症患者高热的诊疗过程和诊治思路在中医出版微信平台进行分享，一经推出阅读量和转发量就达到了20万+，而面对网友的称赞，他并没有忘记自己作为一个中医人的责任和使命，没有忘记作为一个科技工作者对待工作的严谨态度。在对大量新冠肺炎患者观察中他发现，很多患者第一周虽然有不适症状，可以照常生活，但第二周情况急转直下，指端氧饱和度明显下降，迅速进入到重症、危重症阶段，而一些重症、危重症患者病情趋于稳定进行少量活动后病情会突然加重反复。根据对这些患者诊治过程和患者日常生活细节的分析，他发现竟然是如厕、洗澡这样的日常活动，造成了患者已经损伤的肺组织再次遭到机械性损伤，导致病情恶化或者反复。因此他提出对于新冠肺炎患者，特别是康复期患者避免过早活动，尽量卧床休息的建议。他的观点给临床一线大夫提供了非常重要的诊疗线索。

奋战在武汉一线的东直门医院骨科护士杜渐，在高强度超负荷的工作情况下，还抽出时间坚持撰写日记。她是一个连坐飞机都害怕的女孩，却主动报名加入东直门医院驰援武汉的队伍中。她说，我不是英雄，但我必须出征。在她的日记里，我们可以看到一线医务工作者的日常，"喝干了医院为我们准备的抗病毒中药，开始了一天的工作。""我们的工作很平常，除了戴了手套后的一点点障碍，和普通病房似乎没有差别。但是又有很大不同。因为在我的病房，我不会像在这里这么郑重地介绍自己。而面对隔离病区的患者，他们的无助更需要安慰。当我们站在床旁，告诉他们我们是北京东直门医院专门来帮助他们的时候，患者的眼神都充满了希望。"我们也会时不时看到中医药治愈患者的好消息，"今天最开心的事情，就是47床的奶奶，在我们给予了中药和针灸处理之后，终于不腹泻了……今天我刚刚接班查房的时候，她正抱着一个苹果，已经吃了一半了。"

"今天有两个好消息，之前的两个危重患者经过治疗都已经好转……5床的老爷爷病情很重……之前的班上，看到他都是端坐呼吸，痛苦喘憋的样子，而经过几天的中西医结合治疗，整个人的状态好多了""我们有5位患者已经通过中西医结合的治疗，顺利达到出院的水平……那个有糖尿病的2床叔叔，开始的时候对中医是最不信任的，但眼看着在中药调理下渐渐好转的自己，开心地给老婆打电话说，中药好呀……"；我们还看到很多感动的时刻，"47床的叔叔想把《我爱你，中国》唱给他的亲朋好友……唱完后，他突然对我说，这首歌也送给你们，你们不远千里从北京而来，不怕感染，无微不至地照顾我们，真的谢谢你们了！""43床的阿姨昨天哭了一夜，因为她已经知道了爱人的离世……阿姨说她从心底里感谢昨天夜班的护士，那个年轻的小姑娘握着她的手听她讲了一夜，让她终于能够发泄出自己心里的委屈与不舍"。相信很多人和我一样是含着泪看完日记的，这是一份真实的记录，虽然有悲伤有难过，但让人感受最多的是温暖，是一种无形的力量和希望。就如一个粉丝在留言中评论道："在你的日记里，不幸染病的人们不再是新闻中一个个冰冷的数字，而是一个个鲜活的生命'感谢您有温度的文字'。"

中西结合，攻克难关

通许县人民医院，一个坐落在河南省，属开封市管辖的二级医院，在新冠肺炎期间突然进入了很多人的视线。因为他们通过中西医结合治疗，并以中医为主，获得显著疗效。和通许县人民医院院长进行电话沟通后，我颇感意外，但细思一切又似乎都在情理之中。这个以西医为主的综合医院，在2018年曾聘请过一个中医专家到院出诊，并给在院的西医临床医生讲授中医课程，许多医生踊跃积极参加，并与这名中医专家跟诊学习，而这其中就有该院副院长娄爱枝和感染科主任汤英。经过一段时间的学习和跟诊，他们很快就能够利用中医理论和中药汤剂为患者看病，而且疗效显著。当疫情发生之后，院内短时间内就接诊了情况非常棘手的4名确诊患者和多名疑似患者。而面对严峻的疫情，院长果断决定，采用中西医结合，以中医为主对确诊患者及疑似患者进行救治，就这样他们确定了三套方案，针对轻症患者采用葛根汤，对于肺部症状明显患者采用大青龙汤合并泽漆汤及茯苓四逆汤，对于高烧为主患者则服用大青龙汤和射干麻黄汤。同时，为避免院内交叉感染，给全院员工服用中药汤剂预防，并用艾绒熏病房。通过中药汤剂的治疗，所有确诊患者、疑似患者均在2~3天内使体温恢复正常，其他各项指标也在较短时间内恢复正常；实现新冠肺炎患者零转院、零死亡、零致残，全院员工零感染。可能在很多人看来这是个奇迹，而对于中医人来说，这是中医药发挥了其应有的作用。

周建波，湖北省随州市中心医院肝胆外科副主任。虽然毕业于西医院校，但是却善于运用中西医结合诊治疑难危重疾病。自从他请战进入随州市中心医院感染性疾病科隔离病区的那刻开始，他就决定采用中西医结合的方法对患者进行救治。更难得的是，他把自己的诊治过程都以日志的形式做了详细的记录。当我们联系到他，希望他能够将日志公开时，非中医出身的他有些犹豫，在我们的一再坚持下，他最终还是答应了。但为了保证资料的准确、科学、客观，每天在繁重的临床工作结束后，他都要花很长时间整理当天的诊疗记录，并加入自己的分析，常常忙到很晚。那段时间我们的平台编辑经常是凌晨三四点钟和他沟通文章的修改事宜。他对自己负责的每个患者都进行了中医的辨证，并根据每个人的证候特点开出不同的处方。他的患者不乏重症患者，经过中医药调治，患者们的病情都陆续得到缓解或者痊愈。而随着他的日志在中医出版微信平台上发表，很多网友都给他竖起大拇指，正如一个网友评论道："国家卫生健康委和国家中医药管理局强调中医参与肺炎疫情的治疗，中医给了周医生力量，周医生给了患者力量。"他的日志更是得到湖北省卫生健康委微信平台"健康湖北"的转发，这在湖北临床一线引起不小的轰动，以至于随州市中心医院的院长要求他对该院一线医生进行中医药临床诊疗的培训。

写到此时，突然感觉文字的表述是匮乏的，竭尽全力也无法承载所有的感动，小小的中医出版微信平台只是中医人各尽所能抗击疫情情景的缩影。在本次抗击新冠肺炎疫情过程中，中央指导组坚持中西结合的战略，并最终战胜了疫情。习总书记也在第一时间向全世界分享了"中西结合，中西药并用"的中国战

"疫"经验。正是这些可爱、可敬的岐黄医者，他们用自己的赤子之心，撑起一片天，让患者转危为安，让世人不断见证"奇迹"。在灾难面前他们不忘初心，经受住了考验，没有辜负人民的信任与期盼。而此次抗击疫情战斗的胜利也再次证明，传承上千年，承载中华民族璀璨文化的中医药学，在当下以及未来必将继续为中华民族的繁衍昌盛，为中华民族的伟大复兴贡献自己的力量。

抗击新冠肺炎疫情　中医出版人在行动

中国中医科学院中医古籍出版社　张　欢

2020年新春伊始，一场突如其来的新冠肺炎疫情打乱了所有中国人的正常生活。生活仿佛被按下了暂停键，正沉浸在迎接农历新年喜悦中的人们，放下了手中所有的事情，集中全力开启了一场与疫病作斗争的残酷战役。

面对疫情，医护人员舍身忘我，勇赴一线，与病毒殊死搏斗；面对疫情，后方人员任劳任怨，无私奉献，为守卫家园默默付出。

中医古籍出版社全体职工此时也全身心地投入到疫情的防控阻击战中，用出版人和中医人的专业、大爱及担当，战斗在抗疫的后方一线。

用专业优势打造抗击病毒的有力武器

疫情初期，病毒肆虐，人人恐慌。帮助大家正确认识病毒、做好防护、维护健康、解除焦虑，正是中医出版人利用行业优势和专业特长为祖国和人民排忧解难发挥作用的关键时刻。

当大多数人还在休假的时候，当人们待在家中避免被病毒感染的时候，出版社已经开始紧急组织人手策划编写《新冠肺炎防控手册》了。一个个不眠的夜晚，大家齐心合力、加班加点：撰写内容、编辑校对、绘制插图、设计版式、制作视频，只为让图书尽早面世，服务大众。

就这样，第一本《新冠肺炎防控指导手册》在一周之内面世了。为了让更多人受益，出版社将手册免费在线开放，只希望能让更多人阅读。该手册汇集了我国传统医学防治疫病的经验以及现代医学防控传染病的知识，旨在对公众宣传有关新冠肺炎正确、权威、专业的公众防护知识。考虑到疫情带来的沉重氛围，手册摒弃了传统呆板严肃的形式，配以活泼可爱的图画和直观的视频，让广大读者在轻松愉悦的氛围中了解疫情、做好防护。

随着疫情进入胶着状态，很多人都出现了这样的状况：吃什么都不香，干什么都没劲；白天睡不醒，晚上睡不着；每天抱着手机看看看，天天心情如同过山车。咳嗽两声就肝颤，微微头疼就害怕，总觉得自己"新冠"了。

中医学认为"七情内伤致病"。人的身和心是紧密相连的，喜、怒、忧、思、悲、恐、惊是人的脏腑气血应答外在环境所产生的情绪反应，称为七情。七情过极，致使肝气郁结，进一步损害可伤及他脏，由实致虚，虚实夹杂，恶性循环，从而引起多种疾病。

有鉴于此，出版社推出了《新冠肺炎疫情下的身心对话——认知焦虑与心理防疫》一书，意在帮助广大群众面对疫情正确做好心理防护和疏导，避免焦虑恐惧对身心造成不良影响。书中设计了系列情景对话，几乎囊括了人们在疫情中的各种真实心理反应，为读者"感同身受"地解决各种心理问题。出版社在情景对话中还进行了别具一格的设计，即所有主人公名字的第二个字联起来为"中西合璧共抗新冠，坚决打好心里防疫战"。

终于，在全国人民的共同努力下，新冠肺炎疫情得到了有效的控制，取得了阶段性的胜利。每日新增确诊人数越来越少，取而代之的是越来越多的新冠肺炎患者治愈出院，进入居家隔离调养阶段。如何帮助他们康复调养，以增强体质、提高自身免疫力，促进机体功能恢复，成为全社会关注的焦点。

此时，出版社推出的《新冠肺炎的康复保健法》一书则从体能恢复和肺功能恢复两方面为新冠肺炎治愈患者提供了专业、系统、科学的康复指导。此外，书中针对复工复产复学，还进行了未病预防的介绍。除中药预防方、非药物疗法外，书中还特别强调了情绪对身体健康的影响，告诉读者如何通过情绪相胜、音乐茶饮等身心疗法，调控不良情绪进而调节人体脏腑功能，以帮助人们提高免疫力，最大限度降低患病风险。

让大爱构筑阻击疫情的铜墙铁壁

除了在专业领域尽最大的努力助力疫情防控外，出版社还在相关领域力所能及地协助战"疫"。

疫情期间，什么最难？看病最难！患了感冒发烧怎么治疗？在家闭门不出，憋出各种杂病怎么办？嗓子疼、咳嗽就是新冠肺炎吗？如何确定自己是否被感染？如何解决这些问题？如何帮助大众及时判断病情，安抚恐慌心理？此时，专业大夫的诊疗就成为破解难题的良药。

为此，出版社组织了一批优秀的青年中医大夫作为志愿者加入中国中医药报社"阜平县中医医院互联网医院平台"，为疫区及各地有需要的发热患者提供在线义诊咨询服务，帮助用户快速自我评估病情，做出合理就医安排，减少交叉感染风险，减轻公共医疗资源占用压力。

同时，出版社还参与了国家中医药管理局"新型冠状病毒肺炎疫情防控中医药服务平台"的升级优化工作。该平台旨在面向广大社会公众提供基于中医药预防体系的专业支持，方便用户及时了解疫情动态信息，掌握科学的健康预防知识，减少紧张恐慌心理。

为使平台更方便浏览，界面更加美观，功能更加清晰，出版社承接了平台内容扩充、设计美化的任务。大家集思广益、分工合作，几天之内完成了扩充内容、绘制图片、设计版式、录制视频等多项工作，提升了平台用户体验，有助于大众更好地了解新冠肺炎病毒防控知识。

出版社还定期在订阅号"中医古籍出版社"、服务号"中医药传承研究中心"、微博"百草心言"发布文章、视频，介绍新冠肺炎预防、治疗等相关知识，帮助读者更好地认识应对疫情。

以担当挑起防控战"疫"的使命责任

疫情无情，人有情。在抗击新冠肺炎这场没有硝烟的战斗中，全国人民团结一心、众志成城，彰显了中华民族英勇无畏、百折不挠、坚强不屈、团结协作的伟大民族精神。

"若有战，召必回"。在疫情最严重的日子里，出版社的员工们坚守岗位，不畏困难，展现了中医人的责任和担当。

社长李淳以身作则，自大年初四起每天到岗，放弃双休，始终坚守在抗击疫情第一线。副社长杜杰慧发挥专业优势，利用抖音短视频宣传中医药防治新冠肺炎的方法，取得了良好的效果。副总编郑蓉坚持到岗上班，为员工做出表率。办公室主任王梅，每天为到岗职工订餐、进行办公室环境消杀，全力做好后勤保障工作。老员工王益军在疫情期间忘我工作，体现了一名老党员的思想觉悟。总编室主任贾萧荣，疫情期间母亲住院手术，但是她不讲困难，依旧带领部门按时完成各项工作。

面对肆虐的病毒，或许我们的工作是微不足道的，但是积沙成塔、集腋成裘，正是有着十四亿中华儿女的共同努力，我们才能取得新冠肺炎疫情防控的人民战争、总体战和阻击战的最终胜利。我们用专业能力、大爱仁心和担当精神，尽己所能，贡献力量，彰显了新时代中医出版人的精神风貌。

阴霾总会散去，阳光终将到来，春天已然向我们走来。相信不久，我们就可以摘下口罩，自由地在天地间呼吸，尽情地在大自然玩耍，回归正常的幸福生活！

用共产党员的实际行动践行青蒿素精神

中国中医科学院院直机关　第三党支部

　　2020年1月，全中国全民族抗击新冠疫情的战斗打响了！遵照党中央的指示精神，在国家中医药管理局党组的领导下，中国中医科学院党委统一部署、统一指挥，迅速把全院党员干部动员起来，为抗击新冠疫情贡献中医药力量。院直总支第三党支部包括科研处、医管处、教育处、学术处、产业处5个职能处室，全体党员在疫情防控期间坚守岗位、履行职责，快速响应，牢固树立守土有责的责任意识，为扎实做好院属医疗机构疫情防控工作，建立健全我院疫情防控高效联动机制，统筹我院科研力量，开展中医药防控新型冠状病毒感染性肺炎科研攻关工作，付出了艰辛的努力，担负起了共产党员应有的责任，用自己的实际行动践行了青蒿素精神。

　　2020年1月20日，我院成立了防控专项领导小组和工作小组，24日，成立了疫情防控指挥部，医院管理处承担起全院医疗防控组织管理的重任，第三党支部宣传委员、医院管理处处长焦拥政担任医疗工作小组副组长，党员韩玉、史华新，共青团员王婷婷为小组成员。四位同志放弃春节休假，克服个人困难，坚守工作岗位，随时待命，有条不紊、耐心细致地组织院属医疗机构，将局党组和院党委关于疫情防控的要求逐一落实到位。同样在24日，我院成立了中国中医科学院新型冠状病毒肺炎科研工作小组，全面启动了中医药防控新型冠状病毒肺炎科研攻关工作，科研管理处受命担任总负责，在时间紧、任务重、要求高的压力下，处内的第三党支部党、团员与民主党派成员、处长杨洪军团结协作、紧密配合，迎难而上，坚持围绕疫情防控和医疗救治的紧迫需求，落实党中央、国务院的指示精神，完成交办的任务，以应用为导向，发挥我院科技优势，统筹科技资源，科研工作组与专家组联合攻关，取得重大成果，我院研发的化湿败毒颗粒获得首个治疗新冠肺炎的中药临床批件。新冠肺炎疫情防控中医药服务平台，由国家工信部推出。第三党支部发挥战斗堡垒作用，五名支委以身作则，全体党员无条件服从抗疫大局，遵规守纪，同时坚持履职尽责，充分体现出共产党员的使命与担当。

在抗疫期间，医院管理处全体党团员响应快速高效，落实院党委和院长办公会决定坚决果断，在疫情早期即建立起我院疫情防控高效联动机制，印发了《中国中医科学院关于做好新型冠状病毒性的肺炎防控与救治工作的通知》，组织院属六家医疗机构守土有责，严格做好"八个要"，建立实施了院属医疗机构确诊和疑似病例"日报告制度"，及时掌握疫情情况，监测门诊量，多次组织巡查，切实督促、指导院属医院加强重点环节处置流程、制定应急预案、避免人群聚集、对职工在岗人员健康监测等。同时指导科学院大院新冠肺炎防控工作，随同院领导多次督导检查院属医疗机构疫情防控工作。自疫情发生至今中国中医科学院六家医疗机构及各单位实现了"零感染、不漏诊"的工作目标，医院管理处切实履行了疫情防控守土有责的主体责任。

根据局党组和院党委的统一部署，作为国家局疫情防控与医疗救治组成员，焦拥政带领全处同志，很短时间内组织协调西苑医院、广安门医院，快速组建完成我院国家中医医疗队，于2020年1月25日大年初一顺利派出了全国第一批援鄂抗疫国家中医医疗队，出征武汉。2月3日和2月20日，根据前方需要，我院又分别协调增补了两批次医疗队员。同时，医管处恪尽职守，组织做好我院各项应尽职责，开展了鼓励院属医院，面向湖北等地积极开展新冠肺炎中医远程医疗服务等工作，取得了较好的成果。

医管处党员史华新积极响应组织号召，毅然决然，作为医疗队秘书，加入第一批医疗队，逆行武汉，奔赴抗疫一线。到达武汉金银潭医院后，为解决没有中药房，缺乏中药药品的问题，在组织安排和领导专家的帮助下，当天深夜即开始联系中药供应保障。在人手不足的情况下，史华新主动加入搬运行列，去火车站接药品物资，在短时间内协调了两家中药颗粒、七种中药注射液、五种中成药供应到医院，形成了有一定规模与保障能力的临时中药房，确保中药"供得上"，有力支撑了中医医疗队尽早深度参与疫情救治。由于金银潭医院多部门人员感染，人手极度缺乏，史华新受命承担了医疗队中药核对的任务，按照坚决不出错的标准，每天及时核对中药使用信息，未出现过纰漏，保障了医疗队中药的安全应用。

为党员史华新参加医疗队赴武汉抗疫前线送行

　　医院管理处其余同志集体向院党委递交了请战书，随时准备奔赴抗疫一线。医管处党员韩玉，克服老人生病、孩子幼小等个人困难，舍小家、为大家，放弃探亲休假，春节值守岗位，做好会议组织、材料报送等工作；新入职共青团员王婷婷，深受身边同志感召，休假不休工作，外地探亲期间坚持做好疫情日报统计上报工作，根据需要提前五天结束假期，返岗工作。在白衣战士抗疫精神感召下，倾心向党，向党组织提交了入党申请书。

　　与此同时，科研攻关工作也在紧张有序地进行着。科研处处长杨洪军带领处里有关人员协调专家组及科研攻关小组，与前线医疗队随时保持密切沟通，每日召开科研工作小组例会，与前线召开科研工作碰头会，不断优化国家新冠病毒性肺炎诊疗方案第三版至第七版，获得新方药——化湿败毒方，通过了临床疗效评价，确证了中药的有效性，同时，科研处协调后方科研团队设计了化湿败毒颗粒随机、平行对照、开放临床试验，以获得较高级别证据，紧急批准立项了中医药防治新冠肺炎应急攻关三批6项院内课题。还完成了我院承担国家重点研发计划应急项目对科技部、国家卫健委、国家中医药管理局及院办项目进展每日直报工作。

　　在科研攻关期间科研处承担着总负责、总协调的职能，千头万绪汇聚到科研处这一点，科研处党员作为第三党支部党员群体的一分子，发挥了团结奋斗、攻坚克难、敢于担当、传承创新的精神，不计较个人得失，放弃春节假期，全力以赴投入科研攻关工作中，成为连接前线、后方，聚集全院科研资源的最关键一环，在成功构建"大数据预测－实验室评价"的有效中药筛选与评价模式，构建新型冠状病毒（SARS-CoV-2）、人冠状病毒-229E毒株，构建"人冠状病毒性肺炎寒湿疫毒袭肺证小鼠病证结合模型"，新药化湿败毒颗粒获得首个治疗新冠肺炎的中药临床批件等工作中做出了重要贡献。也在搭建临床研究数据平台，开展病史和医案理论探讨、基于循证医学的中医药方法学研究、面向基层的中医药预防知识梳理和宣传、服务临床救治一线的数据整理和挖掘分析研究以及建设全国中医药公共服务平台方面发挥了重要作用。更值得一提的是，科研管理处处长杨洪军作为民主党派成员，在大灾大疫面前，毫不退缩，与全处共产党员、青年团员并肩战斗，带领科研处弘扬以青蒿素精神为代表的科学家精神，胸怀祖国，为国分忧，以抗疫大局为重，将个人得失抛诸脑后，以强烈的责任感，主动担当作为，谱写了共产党员、共青团员、民主党派精诚合作、携手抗疫的佳话。

抗疫期间，纪委书记于林勇代表院领导向科研处霍蕊莉送上生日祝福

五 因地制"疫"

共战疫情
刻不容缓

战疫

大疫无情至，岐黄见担当

甘肃省兰州市肺科医院　李小刚

　　庚子新春，本应是中华民族最隆重的节日，正当中华大地准备除夕，迎接庚子新年之际，一场突如其来的疫情无情肆虐而至。我们中有人不得不禁足在家，有人不得不滞留他乡，有人无法回到课堂……但有这么一批人，他们不得不离开家人和所爱的人，白衣执甲，日夜坚守，无论多么疲惫，抑或是面临多大的危险。更有甚者，有人不幸感染，有人因此离去……刹那间，一切仿佛按下了暂停键，我们开始和病魔斗争，我们开始和未知斗争，我们抑或是在和自己斗争。

　　至暗时刻，才有最耀眼的光。武汉不断传来关于疫情的消息，牵动着亿万国人的心，全国一盘棋，举国上下，共克时艰。作为甘肃省疫情防控的前哨，这个17年前经受了"非典"考验的阵地，在新冠肺炎席卷全国之际，中流砥柱般再次站在百万甘肃人民的最前沿。闻令而动，医院紧急召开应急防控部署会，全院取

甘肃省首例新冠肺炎患者中医专家会诊

消春假休假，进入战备状态，制定应急预案。2020年1月21日的午夜，兰州市肺科医院发热门诊收治了全省首例疑似患者，自此，甘肃省的全面抗疫也随之拉开帷幕。

沧海横流，方显英雄本色。突如其来的新病毒让一切充满了未知，但无数白衣战士义无反顾地写下请战书，摁下红手印，申请进入隔离病房。"我先进，我先进！""我不能慌，我慌了患者怎么办？"这样的铿锵话语犹在耳畔。在全体的共同努力下，首例患者得到了最快、最全面的诊疗。中医药专家冒着被感染的风险，第一时间对该患者介入中医药治疗，通过视频连线，辨证施治，会诊开方。

后来的一段时间，我省确诊的感染患者陆续增多，每确诊一位患者，我们就可以看到医院会议室里中医会诊专家忙碌的身影，通过视频连线、详细问诊，查看舌苔和检查资料，专家们认真地记录着每一个患者的情况。清肺排毒汤、藿朴夏苓汤、宣肺败毒汤、麻杏石甘汤、六君子汤、补肺汤、二陈汤、涤痰汤……一剂剂汤药送到了患者的手中，看着患者们病情一天天好转，专家们露出了欣慰的笑容。然而，面对病毒来势之凶，疫情传播之快，其中不乏患者病情转危，专家们时刻牵挂着患者，"今天这位患者情况怎么样""用药后还腹泻吗""我再给他调个方子，效果会更好一些"。电话的另一头，频频传来中医专家的殷切嘱托。

疾风知劲草，危难见坚贞。在专家们的精心指导和医护人员无微不至的照护

中医专家为每一位患者连线问诊、会诊开方

下，兰州市肺科医院收治的本土新冠肺肺炎患者全部治愈出院，大家疲惫的神情稍稍舒展。然而，战"疫"业未竟，新的挑战接踵而至，国外疫情蔓延，甘肃省临危受命，勇挑重担，接收伊朗回国同胞，全院战备的警报再次拉响，一辆辆救护车转运境外患者入病房，医院多方联系省级专家组会诊，午间时分，会议室坐满了省内专家，在对收住的患者依次会诊后，已是日落时分。中医专家们要对每个患者辨证开方，在对12例确诊患者询问症状、查看舌象后，逐一开出了中药方剂。同时，中医专家们考虑到中医药特有的疗效，便决定对16例留观的患者也给予中药，让他们更好地调理、更快地恢复，专家们一边记录患者病情，一边开方，顾不上喝水，寂静的夜色亦映衬着中医专家们忙碌的身影。

省级重症专家联合中医专家为一例新冠肺炎危重症患者会诊

事成于敦睦，力生于联合。甘肃是中药大省，有得天独厚的中医药资源优势，新型冠状病毒肺炎疫情发生以来，"甘肃方剂"以其显著的疗效而名声大噪，预防方、普通患者治疗方、重症患者治疗方和康复方，有效阻止了轻症患者的病情恶化，也在一定程度上降低了危重症患者的病死率。古语云："疫之为病，一感即发，未发之前，安然无恙也，即发之后，迅若雷电也。"新冠肺炎亦是如此，可使部分轻症患者在数日内转化为重症及危重症，大疫出良药，"甘肃方剂"数次挽澜于急危。在专家们精心诊治的患者中，有一例危重症患者，中医药专家第一时间介入，数次和重症专家共同拟定中西医结合救治方案，不断优化诊疗方案，确

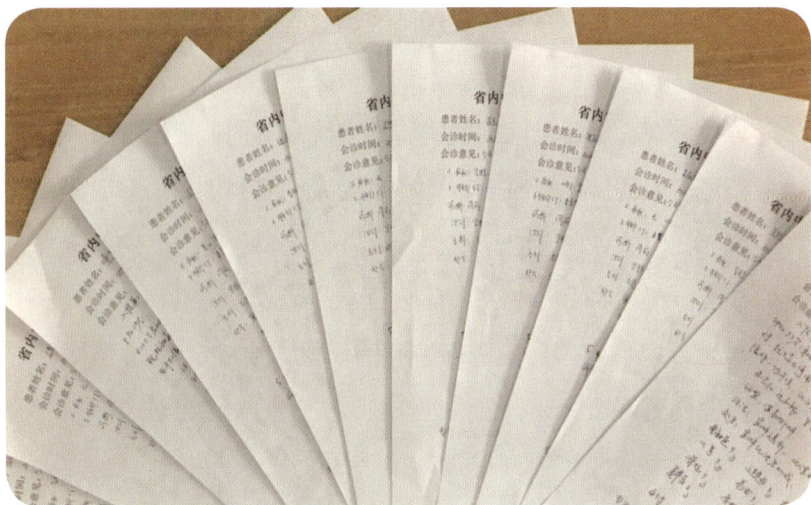

中医专家为新冠肺炎患者会诊"一人一方"

保尽早、及时、全程使用中医中药，细微之处，如考虑到患者中药入量的问题，鼻饲给中药还是胃管给吸收好一些，专家们仔细斟酌，数次调方，注重发挥中医药整体干预调理的独特优势，力求中西医结合，以实现最佳的诊疗效果。

仁心仁术显大爱，岂因福祸避趋之？注视着桌上一张张效如桴鼓的方剂，聆听着专家们一句句体贴入微的嘱托，见证着患者一个个转危为安的欣慰。我们坚信，病毒从未战胜希望，身边有中医专家们伏案坚守的身影，前线有张伯礼院士、黄璐琦院士、仝小林院士亲临疫区，这一幕幕只是每一个杏林儿女岐黄之术的缩影和见证。正是有这无数心怀大爱背影的坚守，疫情的雾霾会早日退却，春的气息会接踵而至，爱的怀抱会重拾人间！

"甘肃方剂" 在新冠肺炎救治中凸显中医力量

甘肃省兰州市肺科医院　刘　渊

新冠肺炎疫情发生以来，甘肃省建立中西医协同工作机制，中西医专家共同指导全省范围内新冠肺炎防控和医疗救治工作。从2020年1月23日成立省级新型冠状病毒感染的肺炎中医药防治专家组开始，甘肃省卫健委紧急发布了《甘肃省新型冠状病毒感染的肺炎中医药防治方案（试行）》，并根据前期治疗的经验总结，不断进行更新。对于兰州市肺科医院收治的疑似和确诊病例，中医药专家第一时间介入，与西医专家共同制定救治方案。在救治过程中注重因人而异，根据患者临床表现，结合临床病情，进行"一人一案"，逐个辨证施治，运用中药汤剂治疗。

兰州市肺科医院作为新冠肺炎患者省级定点收治医院，为保障疫情期间中医药救治工作，在院党委的安排部署下，紧急成立临时中药保障服务小组，组织临床药师参与中医会诊，并在中药采购、调剂、煎药、送药等环节合理分工，提高工作效率。科室每天对涉及新冠肺炎防治的中药饮片进行数量统计，以确保配备足量的中药饮片。

中医专家组的会诊时间多数安排在下午，通常要会诊二十多个患者，晚上6点多中药房才能收到会诊处方。为确保患者在第一时间服用中药，已经忙碌了一天的中药保障服务组人员加班加点，不管多晚，都保证把药煎好送到患者手中，让患者服用带有"温度"的中药汤剂，为了减少煎药等候时间，医院还在疫情期间紧急采购了两台微压煎药机。截至目前，医院累计为新冠肺炎和疑似病例煎药200多人次，共计发放中药汤剂近2000袋。

一本厚厚的煎药记录本上，密密麻麻地记满了日期、患者姓名、浸药时间、煎药时间、包装数量等信息。从收方开始，取药、浸泡、煎药、分装、送药全程都有标记，外面的袋子上写有患者姓名、床位号和服药剂量，每个环节都少不了叮嘱和交代。

我们的专家组精心诊治，每一个患者都是"一人一方"。每次煎完前一个患者的药后都要认真地将煎药锅、包装锅等清洗干净，然后才煎下一个患者的药。为了保证患者的用药安全，每一个环节的工作都要做到一丝不苟，在煎药过程中，也采用"即煎即送"的模式，进一步缩短患者的服药时间。

甘肃省新冠肺炎省级中医药防治专家组张志明组长介绍，新冠肺炎疫情发生以来，我省坚持中医"未病先防，已病防变，瘥后防复"的理念，促进中医药深度介入预防、治疗、康复全过程，收治患者全程使用了中医药治疗，中医药参与治疗率居全国前列。在救治过程中，注重病例收集和分析，对中医药治疗情况进行效果评估，及时组织专家总结，形成了使用我省部分道地药材的中医药防治新冠肺炎预防方、治疗方、康复方和藏药系列方，中药系列方除在全省推广使用外，还调配应用到武汉抗疫一线，支援白俄罗斯抗疫等疫情救治工作中，"甘肃方剂"为打赢疫情防控阻击战贡献了甘肃中医药力量。

甘肃中医药文化底蕴深厚，中药材资源得天独厚，尤其是甘肃省委省政府把中医药产业作为甘肃省脱贫攻坚、富民兴陇的产业来抓。多年来，甘肃省委省政府大力支持中医药产业发展，在中药材规范化种植生产、中药制剂现代化、中医药创新发展、中药材流通体系建设、中医药大健康产业、中医药产业发展支撑、中医药事业系统化发展等方面得到了长足的发展。甘肃省在此次疫情防控中所取得的成绩，也绝非偶然，也是对甘肃几代人厚植中医药事业的回报。

防控疫情，中医先行

广西玉林市北流市中医院　杜思怡

没有一个冬天不可逾越，没有一个春天不会到来。中医药的春天，随着疫情的春天，渐渐向我们靠近。防控疫情，中医先行。在防控疫情之下，中医药文化和中医白衣战士发挥出了不可或缺的重要力量。

一、同饮防疫肺方，共筑抗疫堡垒

新型冠状病毒防控阻击战打响，医院就是主战场。北流市中医院高度重视，罗远战院长常常亲临防控第一战线，全院医务人员众志成城，随时待命。北流市中医院党总支发出《"抗击疫情　党员先行"倡议书》后，短短1天，就有20多名党员医护人员报名参与其中，北流市医疗救治第三梯队顺利组建，快速加入北流市疫情防控工作中。根据院领导部署，医院煎药室加班加点煎煮"预防疫肺方"。2020年1月31日，医院煎药室煎煮"预防疫肺方"350多份，免费送至市政府供工作人员服用。2月4日，煎煮"预防疫肺方"400多份，免费发放给医院的医务人员和到医院就医的患者服用，深受社会各界人士和广大医务人员的欢迎。

二、传承中医文化，弘扬中药精神

在疫情防控的关键节点，北流市中医院名老中医团队充分发挥中医治未病在疫情预防的优势，及时推出适合北流地域特色的具有防疫、防流感及普通感冒作用的中药香囊方。针对重点人群和医学观察人群，积极采用熏艾、口服代茶中药汤剂等方法加以预防干预。具有防疫作用的中药香囊方中的药物成分发散于佩戴者环境中，通过呼吸道进入人体，刺激黏膜分泌型免疫球蛋白的增加，增强机体免疫，从而达到一定的防疫或治病的作用，以满足市民群众疫情防控期间防疫保健的需求。同时，医院通过宣传标语、宣传栏和宣传资料等，对接诊患者开展防控知识宣传普及工作，宣传中医药预防保健知识，提高患者的疫情防范和自我保护意识。通过多渠道、多方式普及新型冠状病毒感染的肺炎防治知识，有效减少新型冠状病毒感染肺炎的传播。

三、常怀医者仁心，奋战抗疫一线

钟日枢医生以其优秀的诊治医术、高尚的职业医德常常获得患者好评，作为北流市中医院的心肺科和重症监护室主任，他有着丰富的临床经验。疫情发生后，他第一时间请战出征、逆向而行，主动加入北流市专家抢救小组，参与市级专家组防疫研究会讨论；在医院坚持排班，做好发热患者的接诊、登记、分诊工作，坚守在疫情防控的第一线。每当有发热患者，他知晓后总会第一时间上前亲自过问、亲自把关，及时上报发热病者信息并交接给专家组会诊。奋战在抗疫最前线的他，在应对疫情防控工作的突发情况中表现出色，给人民交出一份满意的战"疫"答卷。

大道至简，大医精诚。钟医生的大道，就是坚守医者仁心的本色；钟医生的精诚，就是以精湛出色的防疫工作为人民的生命健康保驾护航。

四、医务业至于精，勇担抗疫责任

奋战在一线临床岗位的白衣战士，值得我们钦佩，同时，我们也不能忘记后方医务工作者的辛勤付出，是他们为前方抗疫做出了坚实的保障。

疫情就是命令，防控就是责任。自从疫情发生以来，担任医务科副科长的陈雪，放弃了与一岁多女儿的团聚，春节期间，奋斗在家、办公室、培训室三点一线。她既要统筹安排全院医务人员的排班工作，又担负起防控疫情培训的主要责任，多次到上级部门参加新冠肺炎诊疗和防控培训会，及时给医护人员讲解防疫培训知识和布置考核任务。如果说医生为患者的健康保驾护航，那么她的工作就是在为医护人员的健康筑起安全屏障。她的桌面上、电脑里，一叠叠纸质文件，一份份培训方案，一个个应急机制，都记录着她忙碌的身影。坚守岗位、防疫逆行，这是她践行初心使命的最好证明。

防控疫情，中医先行就是最好的体现。奋战在临床一线的北流市中医院发挥出战斗堡垒作用，在北流市防控疫情的工作中充分发挥中医药特色优势，善用中药治未病，传承中药文化，弘扬中医精神。北流市中医院抗疫的接力棒，在一个又一个医护人员的手中传递，他们将继续秉承中医特色，打造专业的中医医疗团队，奔跑在抗疫期间最美的蓝天，保障人民的生命健康。

疫情"大考"，江苏省中医院展现责任与担当

——让药香飘在抗疫最前线，把"相信江苏中医"写进患者心中

江苏省中医院　冯　瑶

"但愿苍生俱保暖，不辞辛苦出山林"。2020年年初，新冠肺炎疫情来势汹汹，关键时刻，来自全国中医药系统的几千名白衣战士们挺身而出，前往战"疫"主战场湖北。这其中，包括了来自江苏省中医系统包括南京中医药大学各附属医院在内的438名中医医疗机构的医务人员，其中有52人来自江苏省中医院。

在武汉江夏区中医医院、武汉江夏方舱医院、黄石有色医院、黄石中医医院……一位位来自江苏省中医院的战士们忙碌着，口罩挡不住他们嘴角传递的暖意，护目镜遮不住他们坚毅的眼神。在他们的心中，坚定着必胜的信念与决心。

在江苏省内新冠肺炎确诊患者的治疗中，中医药参与率近9成；在武汉江夏

1月23日下午，江苏省中医院接到江苏省卫健委组建医疗队的相关通知后，该院医务处随即在全院微信群发布"征集令"。不到10分钟，几乎所有的医生都踊跃报名

方舱医院，患者接受中医药的比例为100%；在武汉江夏区中医医院，患者中医药使用几乎为100%……一组来自抗疫一线的数字，彰显着这场没有硝烟的战争中的中医中药力量。

在这没有硝烟的战场之上，党旗在疫情防控斗争一线高高飘扬。来自江苏省中医院的党员医生们冲在一线，时刻起模范带头作用，他们将支部建在火线，发挥着中流砥柱的作用，把"相信江苏中医"写进了患者心中。

一夜成军：九旬国医大师说"让我去武汉"

"前方疫情告急，需要支援。去前线，去湖北，去武汉！"2020年1月23日下午，当医院医务处在全院微信群发支援湖北"征集令"后，不到10分钟内，江苏省中医院几乎所有的医生踊跃报名，积极备战。出征的号角响起，只有不畏艰险，向前，向前！这其中，有白发苍苍的国医大师，也有初出茅庐的85后、90后、95后中医新锐力量。

从大年初三江苏省中医院开诊，90岁国医大师夏桂成教授就上了门诊。恰逢新冠肺炎疫情特殊时期，学生们奉劝夏老保重身体，将门诊停一停，但是，他拒绝了："我的患者，等不得，别让疫情把患者给耽搁了。"夏老的患者中很多都是

2月11日，江苏省中医院驰援湖北黄石医疗队出征

疑难病例，他独创的调周理论特别注重调理的时间点。

在医院发出支援湖北抗击疫情的倡议后，夏老来到医院党委，庄重地说："让我去武汉！"

"夏老，您的心意医院知道了，也很感动，院里的一批年轻人都成长起来啦，要相信他们！"

夕阳下，夏老离开的身影略微蹒跚，在场的工作人员眼眶都湿润了。匡时济世，方是医之大者。

和夏桂成教授一样报名奔赴前线的，还有参加过1976年唐山大地震医疗救援的80岁高龄老党员、江苏省名中西医结合专家、应急抢救方面有丰富经验的专家汤粉英教授，还有以入党积极分子身份参加过1991年抗洪救灾的党委书记方祝元教授，还有参加过2008年汶川大地震救援的护理部副主任王琰等。

"我们1990年出生的人，已经长大了。2003年'非典'的时候，是大家保护着我们，现在，也是我们应该承担重任的时候了。接力棒交到了我们手中，请大家放心，祖国有我！"来自江苏省中医院重症医学科的90后医生张海东这样说。江苏省中医院感染科主治医生袁征在他的朋友圈发布了这样一条状态："明天这战场将平静如常，挺起我沉重的胸膛，选择这唯一的篇章……跟我来，让我的旗帜飞起来！"

在所有报名的医护人员中，江苏省中医院1632名党员，没有一人退缩，全员报名，一支集合了强大的医、护、药、技、管、后勤保障的预备队人才库迅速建立了起来。

截至2月25日，医院共派出了5支医疗队共计53名医护及感控专家驰援湖北，其中党员比例接近70%。临行前，每支队伍都成立了临时党支部，将党组织驻扎在抗疫一线。

前后方协同作战，圆满完成任务有保障

凌晨1点，武汉驻地里，王谦房间的灯光还没有熄灭。工作到凌晨1点后休息，是王谦自动切换的"武汉时间"。从把送行的妻子赶下火车之后，王谦的小家就散在了"两省三地"，自己在武汉，妻子留南京工作，女儿被送到常州老家。"硬汉"不是没有心软的时刻，深夜与家人视频时女儿的一句"爸爸加油"，也能

让他掉下泪来。

王谦是江苏省中医院呼吸科副主任，是江苏首批支援湖北医疗队中的一员，也是江苏医疗队支援武汉江夏区中医医院的总负责人。

"带着这么多人的希望去，我一定要把他们完完整整带回来。"作为队长，"零感染，打胜仗"是王谦的目标。充分考虑到江苏医疗队27名队员的防护安全，院感防控是第一步。初到武汉，王谦成了那个"探路人"。他带领3名党员骨干率先进驻江夏区中医医院对感控情况进行摸排和整改，帮助医院完成"三区两通道"的建立，培训当地医务人员，梳理所有病例，将所有病患分类管理……他协调各方人员对院区进行了优化，白天画图，晚上施工。这些改进也被江夏区中医医院的医护们看在眼里，"江苏的医疗队专业，保护了大家！"他们说。

做好基础工作后，治病救人是重中之重。在江夏区中医医院工作的40天里，江苏的医疗队员们与当地医院共同协作，充分发挥了中医药特色作用。"我们根据每个病人的实际情况，通过辨证施治，一人一方，充分发挥中医药的独特作用。目前江夏区中医医院新冠肺炎患者中医药使用几乎为100%。"王谦说。对于疑难危重病人，大家与当地医院及时进行病例讨论，取得共识，调整诊疗方案，在实践中摸索出个体化经验，取得了良好的效果，提高了重症转轻症人数的比率。

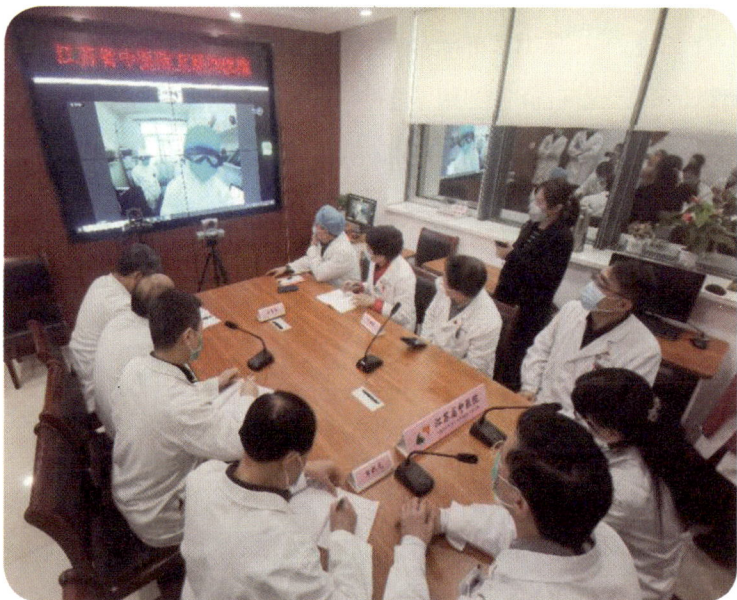

1月31日，江苏省中医院领导、专家与该院支援武汉江夏区中医医院的医疗队远程为一例新冠肺炎重症患者会诊

在王谦的背后，还有强大的"江苏后援团"。这段时间内，江夏区中医医院的医疗队员们与江苏省中医院"云会诊"已成为常态，借助现代科技手段，前后方联合，相当于把江苏的三甲医院"搬"到了武汉市江夏区。

1月31日，王谦以及江苏省中医院支援武汉医疗队队员在江夏区中医医院住院病房通过远程视频和来自江苏省中医院的十多位专家连线，对武汉一名53岁的女性重症患者进行"云会诊"。王谦根据专家组的会诊建议，采用中医为主、中西医结合的方案给予病人治疗，病人病情很快好转，并已治愈出院。

据了解，江夏区中医医院作为武汉新冠肺炎定点医院，平均每天住院病人约250人，均为确诊和疑似新冠肺炎患者。所有患者均通过辨证施治，给予一人一方的中医药治疗，目前已有620余例患者治愈出院，队员零感染。这是王谦带领着大家在武汉江夏区中医医院取得的阶段性成绩。

在江苏援湖北首批医疗队之后，更多的中医力量前往湖北一线。2月10日，第三批国家中医医疗队（江苏）前往武汉；2月11日，江苏援黄石医疗支援队队员出发；2月20日，江苏省中医院副院长、中华中医药学会肺系病专业委员会副主任委员、著名中医呼吸病专家朱佳教授乘高铁奔赴武汉，加入国家卫健委成立的重症专家救治组，开展重症病例的中西医联合巡诊工作；2月21日，第五批31人的国家中医医疗队（江苏）前往武汉江夏方舱医院增员。

"中国古代名医多往深山老林采草药，山越险林越深，越是能采到上好药材。我们秉承着越是艰险越向前的'中医精神'，推动'中西合璧'，优势互补，合力攻坚重症治疗。"在接受采访时，朱佳副院长曾说过这样的话。去最前线把脉开方，也是每一位逆行中医人的心声。

佩香囊练"苏功"，方舱医院有个"苏六病区"

一身白色的防护服，肩头贴着姓名条，背上用油笔写着"相信江苏中医"六个字。面前，一张张并排的病床上，是期待康复的患者——在武汉江夏中医方舱医院，江苏省中医院呼吸科主任中医师史锁芳留下了这张背影照。

在方舱医院，由国家中医医疗队（江苏）负责的"苏六病区"很有名气。

在这里，江苏队拟定了"1+4+N"中医综合治疗方案——在国家卫健委颁布的统一药方基础上，对于合并发热患者采用"江夏方舱1号方"，兼有咳嗽者选用"江夏方舱2号方"，无症状但核酸检测显示为阳性的患者选用"江夏方舱3号方"，伴有失眠、焦虑患者使用"江夏方舱4号方"，此外，中医师们根据每位患者的情况辨证施治，一人一方。大家建立了微信群，患者有不舒服或任何疑问，可随时在微信群里呼唤医生。每人还佩戴一枚由国医大师周仲瑛教授组方的中药香囊，可以芳香避秽、化浊解毒。

在方舱医院的一些患者，是从其他医院转来的。很多人可能已经没有症状，但核酸检测迟迟不能由阳转阴。

针对患者病情复杂的特点，江苏队的中医师们在"望闻问切"后配合统方酌情调整用药外，还运用中医天人合一的整体观，每天给患者"开小灶"。医护人员除了带领患者练习八段锦外，还练习"太极六气功法""呼吸吐纳功"等"苏功"，以达到疏通经络、调理气血、增强患者抵抗力的效果。患者治愈出院后，每位病人还获赠用于康复治疗的颗粒试剂。

与此同时，江苏中医特色理疗也收获了一大批"粉丝"。江苏省中医院护士长张园园说，从南京出发时，医疗队的行李中特别带上了揿针、耳穴埋籽等医疗器具。每天都有不少患者会排着队等待护士们为他们进行"温灸穴位贴敷"治疗。

好的医生，在患者心里起着"定海神针"的角色。一名女患者刚进舱时心里有诸多担忧，一方面是担心病情，另一方面是对救治力量的怀疑：会不会因为方舱患者病情比较轻，配备的医疗力量也弱？

"张开嘴看看舌苔，今天感觉怎么样？大小便正常吗……"这位女患者在方舱医院见到的第一位医生是江苏省中医院重症医学科主任中医师王醒，他和往常一样，第一时间为新患者"望闻问切"，撰写病例。交流中，患者看到了防护服上的名字，于是悄悄用手机"百度"起来，当屏幕上赫然出现"王醒，男，56岁，江苏省中医院重症医学科主任中医师"时，她立刻给母亲拨通了电话："妈，我上网查了，（给我们看病的）是南京来的大专家，你放心吧！"王醒说："重症医学的医生就像'伞兵'，哪里有危急的病人，他们就要'空降'在哪里。"

国家中医医疗队（江苏）队长、江苏省中医院呼吸科主任中医师史锁芳表示，在方舱医院的经验证明，中医不是"慢郎中"，很多情况下，患者若出现不舒服的情况，可能只要一到两付药或运用中医传统技法，就可以药到病除，效果立竿见影。

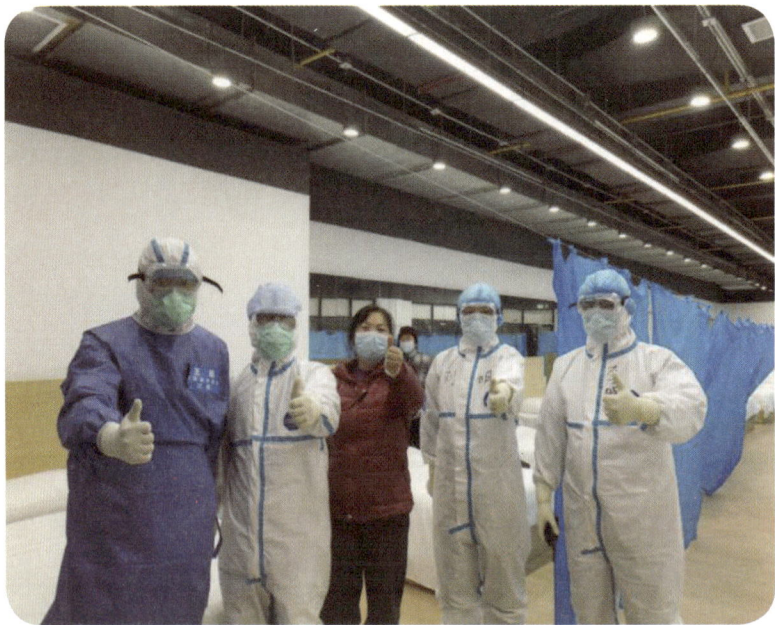

2月14日，第三支国家中医医疗队（江苏）的专家，在武汉方舱医院收治病人

从2月14日江夏方舱医院开舱以来，国家中医医疗队（江苏）管理床位145张，收治患者147名，先后有86名患者治愈出院。江苏特色的中医诊疗方法取得了良好的治疗效果，大大缩短了患者的病程，实现了"零死亡、零转重、零回头、零感染"的目标，创下了该方舱医院内收治患者最多、收治病种最复杂的纪录。

3月16日，在离开武汉的前一天，史锁芳仍然在为他在当地收下的徒弟——江夏区中医医院副主任中医师叶德梁传授自己根据多年经验总结的"太极六气功法"和"呼吸吐纳功"，并为当地一位脑梗患者施针以缓解病情。叶德梁说："中医文化博大精深，学无止境，我特别珍惜这一次拜史主任为师的宝贵学习机缘。"

两个新冠肺炎中药制剂获批生产："苏药"来了

勇士们在前线战"疫"，在江苏大后方，更多的白衣战士们同样奋战在抗"疫"一线。

1月21日，按照江苏省卫健委疫情防控的统一部署，江苏省中医院立即成立专家组，同时启动发热门诊。在省内定点医院的隔离病房、省内"云诊室"，中医师们一直忙碌着。

与共和国同龄的江苏省卫健委新冠肺炎防控专家组首席中医专家、江苏省名中医、国内著名中医急症专家奚肇庆教授，古稀之年，每天奔波在抗"疫"一线。刚开始进入隔离病房时，考虑到奚肇庆年纪较大，其他医生建议他不要进入，但这位参与过抗击"非典"与禽流感的老将很"固执"："中医讲究辨证论治，需要号脉、看舌苔、听诊，只有直面患者，才能找到'邪气'从何而来。这是医生的本能，更是党员的应尽职责。"在国医大师周仲瑛教授指导下，奚肇庆与专家组共同拟定了针对南京地区新冠肺炎的中医药诊治方案。

有了多例患者的治疗经验和临床观察后，92岁高龄的国医大师周仲瑛教授做出了新冠肺炎属于"瘟毒上受"，基本病机演变是"湿困表里，肺胃同病，如遇素体肺有伏热者，则易邪毒内陷，变生厥脱"的主张，组方思路应以表里双解、汗和清下四法联用为主。

在此基础上，奚肇庆教授研制成"芪参固表汤"和"羌藿祛湿清瘟合剂"两个药方。经专家们论证认为，"羌藿祛湿清瘟合剂"具有治疗与改善新冠肺炎轻型、普通型早期、中期临床症状和减少重型肺炎发生趋势的疗效；"芪参固表颗粒"具有扶正固表、疏风理气、健脾祛湿的功效，可用于易感人群预防新冠肺炎及湿邪引起的病毒感染、流行性病毒性感冒。

2月21日，江苏省药品监督管理局传来消息，江苏省中医院"芪参固表颗粒"和"羌藿祛湿清瘟合剂"两个治疗新冠肺炎的医疗机构制剂取得备案号。这是江

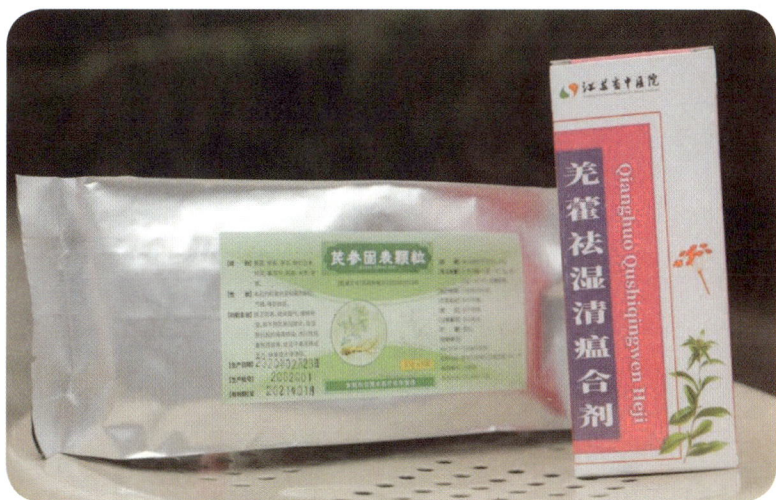

2月21日，经江苏省药品监督管理局快速备案，江苏省中医院研制的"芪参固表颗粒"和"羌藿祛湿清瘟合剂"获得备案号，可以在院内使用

苏省首批备案的防治新冠肺炎的中药制剂，批量生产后对新冠肺炎患者或易感人群，都可以针对性地辨证使用。

"省中药"正在蓄力中，获得备案号后，江苏省中医院药学部、制剂部加班加点组织生产，确保质量，尽一切努力满足供应，在新冠肺炎疫情防控与救治中发挥了中医药的独特优势。

在救治更多病患、为国出力的背后，是江苏省中医院的厚积薄发。2018年6月，中共中央办公厅曾下发《关于加强公立医院党的建设工作的意见》，对公立医院党的建设提出了新的要求。2019年3月，江苏省中医院是省内首批试行党委领导下的院长负责制的公立医院。江苏省中医院党委书记、南京中医药大学副校长方祝元教授表示，疫情是一场大战，也是一场对党委领导下公立医院能否担当使命的一场大考。我们一定要按照习总书记"坚定信心、同舟共济、科学防治、精准施策"的16字疫情防控工作总要求，在这场大考中，淬炼党组织的政治担当，发挥党支部的战斗堡垒作用，党员冲锋在前，全力以赴投入到这场疫情阻击战中；在构建中医药应对重大疫情的应急体系中，认真贯彻落实习总书记"把中医药这一祖先留给我们的宝贵财富继承好、发展好、利用好"的指示精神，全面提升应对突发公共卫生事件的能力和水平，取得了阶段性成效。

杏林春暖，橘井泉香。医者仁心，大爱无疆。千百年来，中华民族的瑰宝——中医药，一直在降伏病魔、造福患者。

童安荣：为打赢疫情防控阻击战贡献中医力量

宁夏中医医院暨中医研究院　　**罗政锋**

2020年3月16日，随着最后两名确诊患者治愈出院，宁夏顺利实现确诊病例清零、密切接触者清零、医务人员零感染、确诊病例零死亡"四个零"。

在这样一组鼓舞人心的数据背后，由自治区新冠肺炎诊治专家组副组长、中医组组长、宁夏中医医院暨中医研究院副院长童安荣带领的中医药诊疗团队，发挥了重要作用：

截至目前，全区累计报告确诊病例75例，其中中医药参与治疗74例（除一例儿童未用中药），参与率达98.7%，中医药在退热、减轻临床症状、延缓病情、防止疾病向重症、危重症发展，提高治愈率方面发挥了积极、重要作用。

勇挑重担　贡献中医力量

"患者连续十余天高烧，高流量吸氧，胆红素高达80.2μmol/L，肺、肝、肾等多脏器受损，有尿血等症状，情况危急……"不久前，自治区新冠肺炎诊疗专家组在为一名患者查房后，立即展开会诊。

一阵激烈讨论后，童安荣团队为患者开出了中药处方：有小柴胡汤、升降散、麻杏石甘汤、达原饮加减化裁而成，同时用开水冲服安宫牛黄丸……三天后，患者的体温降了下来，随着高热的下降，胆红素、转氨酶明显好转，其他症状也逐渐缓解，随后该名患者由重症转为轻症，目前已治愈出院。

"中医药学是我国古代科学的瑰宝，在退热、减轻症状，延缓病情进展，提高病人抵抗力、降低药物副作用方面疗效显著。特别是在当前新冠肺炎抗病毒疗效不肯定，一般病例激素也不推荐的情况下，应该大胆尝试，充分发挥中医药在新冠肺炎治病中的独特优势和作用。"童安荣说。

自新冠肺炎疫情发生以来，根据宁夏卫生健康委医政医管处、中医处的工作安排，童安荣在国家卫生健康委的总体防治方案基础上，结合宁夏气候特点，牵头开展了《宁夏中医药新冠肺炎中医药防治方案》的起草、论证、修订工作，并多次面向全区医务工作者进行专业培训。

一人一策　精准施治

面对此次来势凶猛的新冠肺炎疫情，童安荣带领的中医药专家组迅速介入，与区内多位西医专家密切协作、发挥各自优势，取得了"1+1＞2"的显著治疗效果，也使人们"中医治慢病"的传统印象正在被逐步改变。

从2020年1月22日，全区首例新冠肺炎患者救治工作启动后，童安荣即带领宁夏中医医院暨中医研究院感染性疾病科主任常红卫等专家组成中医药专家组，进驻自治区第四人民医院，将中医药全程应用到74例确诊患者、21例疑似患者的救治工作中。

在随后的60多个日夜，童安荣和团队多次走进隔离病房，询问病情采集四诊信息，为每名患者量身配备中药配方颗粒等，并根据患者用药情况反馈、病情变化及时调整处方，综合应用清肺排毒汤、麻杏石甘汤、止嗽散、小柴胡汤、达原饮、升降散等方剂，对患者进行了"一人一方"的中医精准治疗。

然而，要及时掌握所有患者的病情变化和用药反馈，却并非易事。

防护服、防护手套、护目镜、口罩，这样的"全副武装"，常给专家们的"望闻问切"带来极大不便。但生命高于一切，他们牢记救死扶伤的使命和职责，不畏风险，用自己精湛的医术和责任心，在艰难和风险中践行着医务人员的誓言。

面对一个突发的未知传染病，需要琢磨、分析、研究的问题太多，每天晚上回到驻地宾馆，童安荣和团队还要将白天的病例和处方再认真过一遍，进行深入的分析和总结。

经过童安荣和团队的不懈努力，临床显示，中医药在减缓病情进展、缩短病程、提高治愈率等方面作用明显，有效提升了患者的治疗效果，改善了患者紧张、焦虑等情绪，发热、咳嗽、气短、乏力、喘憋和腹泻等症状明显改善，尤其在退热等方面，表现突出。

预防为主　集智攻关

"宁夏气候干燥，整个冬季气温较高，因此宁夏新冠肺炎当属温热病；病发于武汉，当地多雨潮湿，故夹杂湿邪困脾。温邪上受，首先犯肺，病因温热夹燥夹湿，病位在肺，涉及于脾。病变初起见发热、咽痛、咳嗽少痰等肺卫症候。同时部分病人有恶心、纳差、疲乏、腹泻、舌苔腻等湿困中焦、脾胃运化失常症状。因而，我区发现的新冠肺炎病因病位为温热夹燥犯肺，夹湿涉及于脾。"

"圣人不治已病治未病，不治已乱治未乱。"基于这样的思考，在童安荣看来，中医参与治疗不是针对病毒本身，而是最大限度调整机体状态，激发机体自身的免疫力来对抗病毒。"在打赢新冠肺炎疫情防控阻击战中，中医药大有作为。"

疫情发生以来，在全力参与自治区新冠肺炎患者救治的同时，为进一步发挥中医药在疫情防治工作中重要作用，在自治区科学技术厅的大力支持下，立项了"自治区中医药防治新型冠状病毒肺炎的集成技术研发和示范推广应用"科技项目，针对新冠肺炎发展不同阶段，结合宁夏地域及气候特点，开展中医药治疗院内制剂研发、预防处方论证、制剂升级，以及临床效果评估等工作。日前，项目已取得部分成果，其余工作正在有序开展。

"对于新冠病毒治疗，中西医各有优势。相信通过中西医结合、发挥各自所长，我们一定能打赢疫情防控阻击战。"童安荣自信地说。

随着国际新冠肺炎形势日趋严峻，2020年4月15日上午，童安荣再度重整行囊，飞赴沙特、科威特指导新冠肺炎疫情防控工作。在沙特和科威特期间，专家组通过走访、调研、交流，与两国交流分享中国抗疫经验，提供防控和诊疗指导培训，并为我驻沙使领馆、驻科使馆，中资企业人员和华侨、留学生提供必要的防疫技术指导、防护物品和中医药咨询服务，受到两国政府、人民群众和驻地机构的高度赞誉。

六 记"疫"犹新

中国 加油

我的战友手记

——记一次盲抽动脉血

广西中医药大学第一附属医院　杨小凤

2020年春节是一个不平凡的春节，新冠肺炎的暴发，广大医务人员牺牲春节假日休息时间，以战斗姿态冲锋在护佑健康的第一线，成为逆向而行的"白衣战士"。

明州彦医生，我们都叫她"小明"，是我的战友，她是广西第三批驰援湖北的战士，她带着我们重症护理人的斗志，驰援湖北十堰市抗击疫情。虽然我没被选中，但我的心跟着她一起战斗。每天视频讲述如何抗疫，成了我们最关心的事情。今天她讲述了一个惊险的盲抽动脉血过程。

小明说：这是我第二次进入隔离病房照顾患者，像第一次一样，小心谨慎地

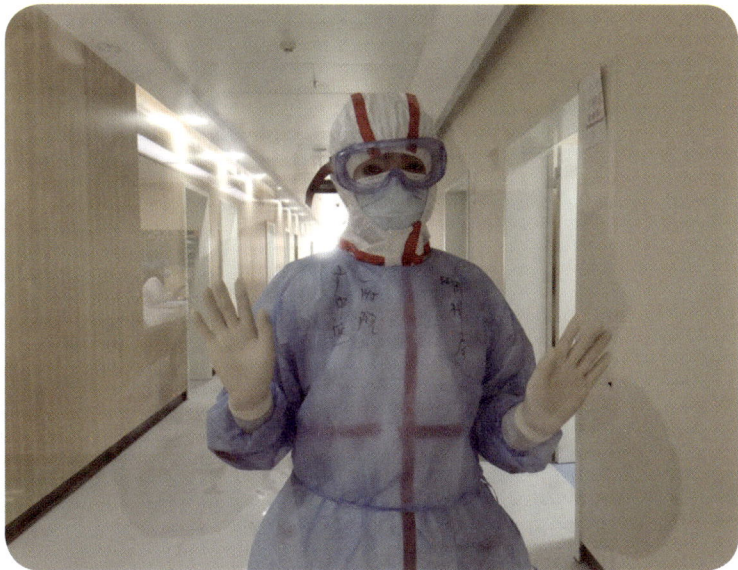

2020年2月15日，明州彦第一次进入湖北十堰市竹溪县隔离病区工作场景

穿戴好防护衣，一切就绪，进入隔离区。"明姐，你来了，真好！"同事小蔡见我喜出望外地说，我很好奇地问："怎么了？"小蔡特意把声音压低说："你会抽动脉血吗？""会啊！"对于一个在重症监护室工作5年的我来说，这再简单不过了。小蔡有点激动地说："太好了，6床叔叔有点喘，医生叫我给他抽血气分析，你来抽可以吗？"我二话不说就接手了。

我准备好东西，来到6床叔叔床边，一下子愣住了，他40多岁，是两天前刚确诊的，但病情进展很快，来的时候还可以跟我们聊天，他还开玩笑说："我什么感觉都没有，不用给我打针啦！"没想到今天呼吸急促，不能平躺，戴着面罩，闭着眼睛，一直在大口地喘气，感觉很累的样子。我用重症监护室护士的职业眼神，扫了一遍心电监护监测的参数：心率122次/分，血压92/58mmHg，呼吸36次/分，血氧饱和度94%。我拿出抽血单，核对床号、姓名，但叔叔一直不理我，眼睛也不睁开，我只好核对手腕带，准备抽血。

这是疫情以来我第一次近距离地接触患者，虽然穿着防护服，戴着双层口罩和防护面罩，我依然能听到叔叔的喘息声，感觉他在拼命地吸氧。我莫名地紧张起来，这似乎跟平时的抽血不一样。我心里在想，手感觉不听使唤，动作非常慢，我竟然摸不到他桡动脉的跳动？我试着换了一只手，还是摸不到！为什么呢？怎么会摸不到跳动？身经百战的我，忽然找不到平时的那股自信了。时间一

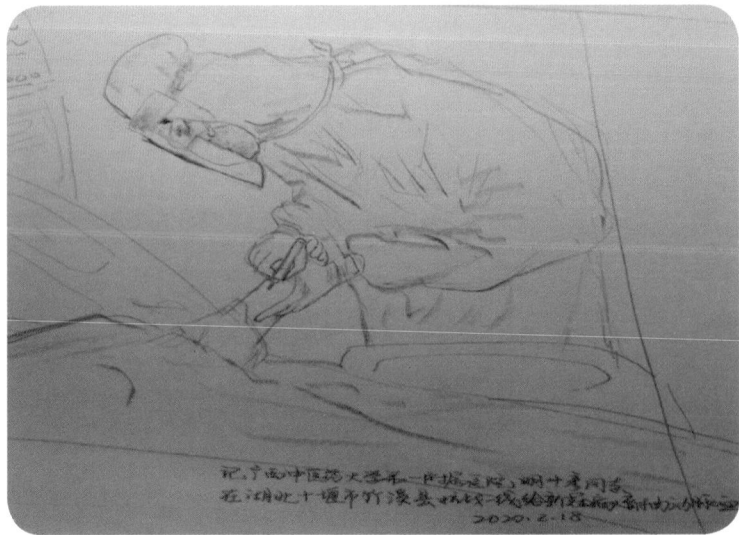

2020年2月18日，明州彦在湖北十堰市竹溪县隔离病区给患者抽血的素描画

分分过去，空气突然变得格外的宁静，我听不到叔叔的喘气声，我全身发烫，头有点晕、手有点颤抖、手心很湿，我意识到我有点紧张了……我闭上了眼睛，静了3秒，重新捋了捋手套，才反应过来，原来我戴着双层手套，摸不到动脉很正常。我沉下心来，回想起盲抽动脉血的方法，我脑海中浮现出之前操作过的抽血动作，对，没错！"沿着桡动脉走向，把前臂平均分成4个向，腕横纹上两横指，在1/4与2/4向的平均线上，内侧肌腱前沿凹陷处45°处进针，我慢慢轻松起来，鼓励叔叔说："叔叔，别担心！我来帮你抽个动脉血，了解你的血氧浓度，方便用药。"叔叔听到我的安抚，对我点了点头，我更加有信心了。按规范消毒后待干，持针，对叔叔说："准备进针了哦，放轻松，进针有点痛，手不要移动好吗？"针刺入了皮肤，叔叔很配合我，手一动不动，"谢谢您！叔叔！这是你对我最大的帮助。"对叔叔一边鼓励，一边继续进针，针头低5°再进1cm，鲜红的血液从针芯向针筒涌出，抽中了！我有点窃喜。这是我第一次盲抽动脉血。成功了！我拔针时看到叔叔睁开了眼睛，向我点头表示感谢！我竖起大拇指对叔叔说："谢谢您，叔叔，我们都做得很好！"

"你说惊险吗？我当时是又心急又害怕，好怕抽不中。不过还好，是你在鼓励我，对吧……"视频中的小明笑着说，声音清脆而有力，就像春天一缕轻轻吟唱的和风。

突如其来的疫情，何尝不像一次盲抽动脉血，虽然最初心里没底，但将一将思绪，拿好武器，坚定信心，你我共同作战，齐心协力，一定能共渡难关！

共忆战"疫"历程，书写白衣人生

山东省淄博市淄川区中医院 孙 娜

2020年，疫情突袭全国，武汉告急，湖北告急，全国告急，面对疫情肆虐，白衣战士们冲锋陷阵，逆行武汉。现在我国本土疫情得到了有效控制，硝烟逐渐散去，白衣执甲，英雄凯旋。

我有幸成为我们淄博市104名最美逆行者中的一员。我是淄川中医院的孙娜。

选择白衣，救死扶伤是我的天职。作为一名党员，我应当冲锋在前。我有着23年的临床护理工作经验，支援疫情一线我有必胜的信心。所以，在医院发出请战倡议的第一时间我递交了请战书。

大"疫"在前，责任在肩，医者使命的责任和担当让我没有时间多想。从我们山东队派驻第一批医疗队支援武汉，我就做好了迎战的心理准备。一直很感动我的决定得到了家人的理解和支持，他们的担忧我能深深体会。

在这场没有硝烟的战争中，不计报酬，无论生死，日夜拼搏，用生命守护生命，与疫毒病魔殊死搏斗。国有战，召必至，战必胜，疫情不去誓不归。家国大爱，医者担当充斥着我们驰援战士每个人的胸怀。

到达武汉，雨水打湿车窗，远处零星的灯光，昔日的烂漫之都，恍然之间尽显落寞。

我们到达武汉方知，援助对接单位的是武汉市东西湖方舱医院，它是第一批被改造的方舱医院之一。

2月7日，是我们第四批援助湖北医疗队队员到达武汉的第2天。开舱前，我们进舱熟悉环境。我们所有的准备工作，需要在外面露天搭建的临时帐篷里完成。带领我们熟悉环境的是中南医院的黄护士长，通过两间缓冲区，我们进入了舱内，志愿者在积极准备东西，张贴各种标识，舱内已初具规模，预备明天收治患者。

收治的患者主要集中在一层，二层是临时指挥部和培训室。舱内设置了病患活动区域，室外也有患者活动区和沐浴室，医护人员和病患的出入口都是分开的，以避免交叉感染。

方舱医院关于院感质控方面也有组织框架，制定了相关的制度和流程。人力资源管理方面，每个区域设立一位总护士长，下设组护士长，按照相应的流程和制度排班，每6小时一轮班。

方舱医院分为A、B、C三个舱区，整个B舱有500余张床位，我们山东省第四批援鄂医疗队分管B舱A区219张床位。从现场来看，条件非常有限。因为空调是不允许开放的，夜间温度相对较低，医院给入住的病患都准备了军大衣。床单元都已配备电热毯、棉衣、两床棉被，整齐罗列，等待患者入舱。舱内映入眼帘的是火红暖心的国旗和党旗。整洁的环境，精心准备的防护物资、治疗护理设备、急救器械、患者的生活日用物资，事无巨细。瞬间让我感到了祖国的伟大，这就是我的国、我的家，我所信仰的中国共产党。

参观后，我们召集党员紧急开会，进行了分工：技能培训组、宣传信息组、物资保障组、感控组，责任到人，体现党员模范带头作用，时间紧，任务重，我们立即展开工作，进行人员分组，开始防护技能培训，流程梳理，两人一组互相把关，统一考核，合格后方可上岗。2月9日中午，接到通知，紧急开舱，我们正式成为一名"白衣战士"进入方舱医院工作，凌晨2点接班，我们要提前两小时出发，兴奋、紧张。

白天收了90多个患者，到我们接班时已有在床患者137人。大家对分管患者进行床头核实、巡视，做到心中有数。

夜已深，患者们都已进入睡眠。我们则尽快地熟悉环境、设备。不时有患者经过，我们都会主动向前问询，提供帮助。全国人民同舟共济，五湖四海精英汇聚，你们不是一个人在战斗，我们积极的引导患者正确对待，

晨间测量生命体征，录入护理文书，发药，配餐，发放口罩，偌大的方舱，巡视一遍就会张口气喘，何况还要进行各项操作，时针指向晚上8点，接班人员中日友好医院的战友陆续进舱，我们仔细地进行床头交接，各班对应，交接完毕，到出口等待出舱。回到酒店，已经是晚上10点，早餐时间已过，经过严密的进门流程：污染区脱鞋子外套、半清洁区脱内衣浸泡消毒、沐浴、更换拖鞋进清

洁区，扑倒床上那一刻思绪是空的，抓紧补一觉，中午饭也无力去取，直到晚上挣扎起身逼迫自己必须进餐，不管有没有食欲，想明日继续战斗，必须进餐。第一天就这样结束了。自以为身壮如牛，面对从未有过的挑战，我要重新规划，保持体力，好打持久战。

我在队里担负生活和物资保障，负责同志们工作生活方面物资的需求与协调，为大家做好后勤服务工作。我是队里年龄较大的党员，对于这个分工我义不容辞。经过郭芳队长和省里协调，今天高铁会把我们让家人和单位买的生活和防护物资运来武汉，大家都很期待。

物资的领取不定时，要随时关注手机通知，所以不管是什么班，只要在舱外，我都要随时待命到方舱领取，琐碎而忙碌，在武汉战"疫"的41天，每天对队伍的防护物资与生活物资进行统筹、报备、估算、请领、分配。根据大家需求联系地方与后方，协调相关物资的筹备。

付出终有回报，我被队友尊敬着、爱戴着，我真的很感动。

由于工作需要我被任命三组护士长。负责本组护士的质控与监管。对患者的生活起居、心理援助、中西医治疗进行全方位管理。护理工作中，我们严格按照方舱医院护理手册中的规范、制度、流程、预案分组，对组员进行培训和落实，在工作中按标准加以考核。入舱后进行责任分工，反复强调注意防护，加强配合。作为护士长，我事无巨细，对流程反复推敲。核对医嘱、发药、测量生命体征，完善护理记录，三餐配餐，核酸、CT的引领，以及高风险的核酸采集，队友们都有条不紊地实施。护士长还要负责舱内各部门的协调，指挥部、药剂室、功能检验科、警察安保、保洁配餐，还要面对无数患者问题的回复，各种物资需求的请领，以及部分患者情绪的安抚。一个班下来，口干舌燥，琐碎但充实。

患者韩先生给我的短信留言：本人是武汉市人，老家是东西湖区，我们现在住在东西湖，护士长，我代表全家非常感谢你的关爱之心，给我们送来了温暖和一颗真诚的心，今后有机会我一定带老伴，到你家答谢，你对我们的爱心，我永生难忘。滴水之恩，我不会忘记，这是一个关爱的情，谢谢你了，年轻的护士长。

在山东省援助湖北医疗队临时党委的组织下，积极完成入党积极分子的培养工作，完成了4名队员的入党前谈话，关注她们的入党动机与动态，了解困难，积极帮助，让她们及时学习党的新思想、新知识，充分发挥先锋模范带头作用，用行动向党靠拢。同时作为吴海燕同志入党介绍人，在山东省第3批临时党支部火线入党，进行庄严的宣誓，发展成为预备党员。动员轻症患者自发组织党员形成志愿者梯队，维持舱内秩序和帮忙分餐。在危难关头，共产党人的奋勇争先和不怕牺牲精神、积极奉献精神时刻助我前行，让我坚定了作为一名共产党人的使命感。在党的正确领导下，我们才取得了现在阶段性的胜利。

3月17日，我和队友们登上了飞往济南的航班，离开了这个我们共同守护过的地方。

当天午夜零点半，我看到了微信群的通知："山东省援鄂医疗队342人今天集体乘包机返回济南。"看到消息后，正在酝酿睡意的我，立刻精神抖擞。一想到即将返回家乡，内心的激动和期盼，让我迟迟无法入睡。那一晚我几乎没有睡觉，但我未感疲倦，只是满怀的期待。

当我们的专机落地山东，那种回归感的暖流，顿时让人温暖不已。这些天的经历让我终生难忘，不仅因为这是一次前所未有的挑战，更是因为人与人之间彼此带来的感动。"这次意义非凡的经历后，我觉得自己仿佛重生了一般，这将是我人生中最宝贵的一笔财富。"我对于财富的理解，不是受到了多少奖励，也不是专业技能有了多大的提升，而是这一路走来源源不断的感动。

"这段非凡经历将会一直陪伴着我，鼓舞着我，这次的困难我们都能战胜，以后还有什么困难是不能克服的呢？"生活终将回归平淡，希望全新的自己能继续在工作岗位上发光发热，为患者解除病痛，为一个个家庭带来希望，为社会作出更大的贡献。

"享受平淡的生活，多陪陪家人，继续努力工作，这就是我对未来的计划。"将始终怀着一颗感恩之心去面对今后的生活。不论何时，只要国家和人民有需要，我仍会像这次一样，义无反顾地冲上去。

"春暖花开，这是个多彩的季节，我已经迫不及待地去拥抱即将到来的美好生活了。"

4月1日，我结束为期14天的集中休整，跟随淄博市第四批、第五批援助湖北医疗队返回淄博，迎接我们的是全城最高礼遇。家乡父老的热情礼待，场面的热烈再次让我泪目。回来了，回来了。我在接受采访时直言："作为一名医者，自己只是做好了分内之事，也很荣幸能在国家和人民需要的时候冲锋在前，今后若有需要，定当义无反顾。"

只要我们心中有火，眼里有光，扛起自己的责任与担当。当国家需要时，我们才能有勇气、有能力站出来，彰显青春的蓬勃力量，交出令人满意的答卷。

图说援汉的"东方人"

北京中医药大学东方医院 闫 妍

2020年1月27日，陈默岩用画笔记录下了她和伙伴们在武汉第一天的生活，在这一天，她们正式进驻湖北省中西医结合医院呼6病区，而踏入这里的那一刻，也正式开启了属于她们自己的"援汉日历"。

陈默岩，北京中医药大学东方医院驰援武汉医疗队护士，她这样介绍自己的画画经历："主要是羡慕画画好的人，小时候喜欢照着饼干桶上面的人物画，现在孩子喜欢画画，我就跟着学点儿，圆小时候的梦。"

2020年2月2日，"援汉日历"的第七章。经过了几天的防护培训和工作交接，陈默岩和大白二号李秀丽进入病区，接替上一轮同事们的工作。她们是与死神抢夺生命的"天使"，是照顾病患起居的护工，但是没人想过，她们居然

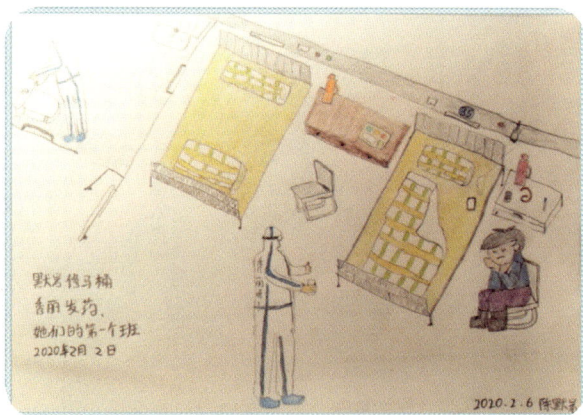

还隐藏了修理工的技能。病区内的马桶"请了病假""擅自离岗",文弱可人的默岩开动隐藏技能,主动修理马桶!她说,特殊时期要尽量避免人员流动,减少感染的可能性,能自己动手解决就自己解决!

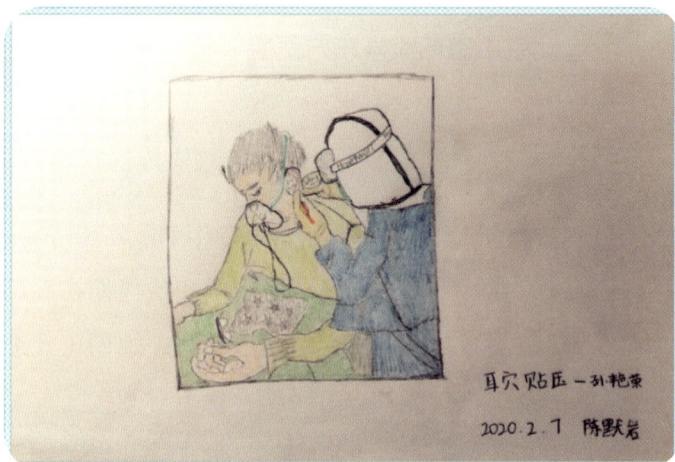

2020年2月7日,"援汉日历"开启第十二章(上)。东方医院的另一位大白孙艳荣今天要为患者进行中医适宜技术治疗——耳穴贴压。在抗击疫情第一线,拥有满满中医技能的东方医院医护人员充分发挥中医药的独特优势。

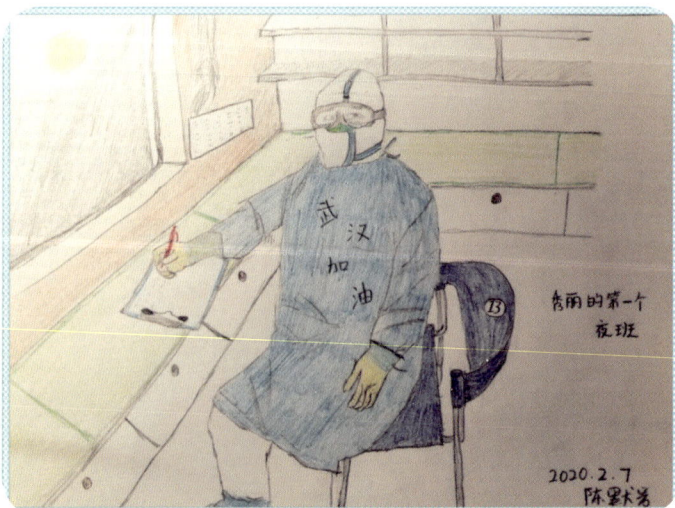

2020年2月7日夜晚，"援汉日历"第十二章（下）。今晚是默岩和秀丽的第一个夜班，为了能够时刻关注着患者的情况，她们不时地穿梭在病房内巡视。厚重的隔离衣隔离着病菌，却也束缚和消耗着身体，不能躺，不能睡。累了，两人就轮换坐一坐，找个墙角靠一靠。

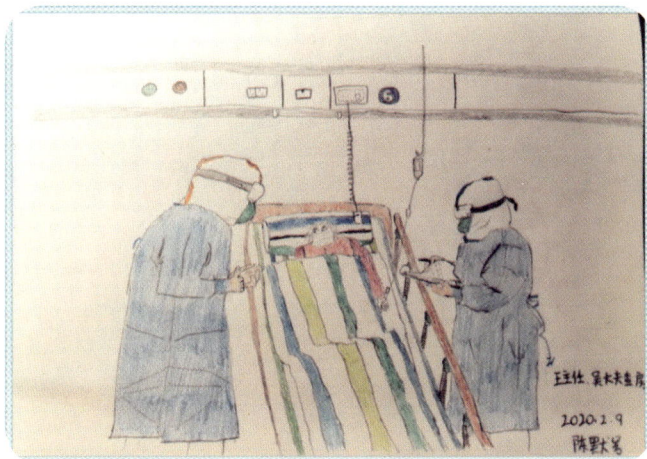

2020年2月9日，"援汉日历"第十四章。王彤主任和吴峥嵘医生正在查房，他们仔细查看患者的状况，认真记录每一位患者的身体情况，讨论治疗方案，谨慎地给出医嘱。此时他们认真的样子，格外美丽。

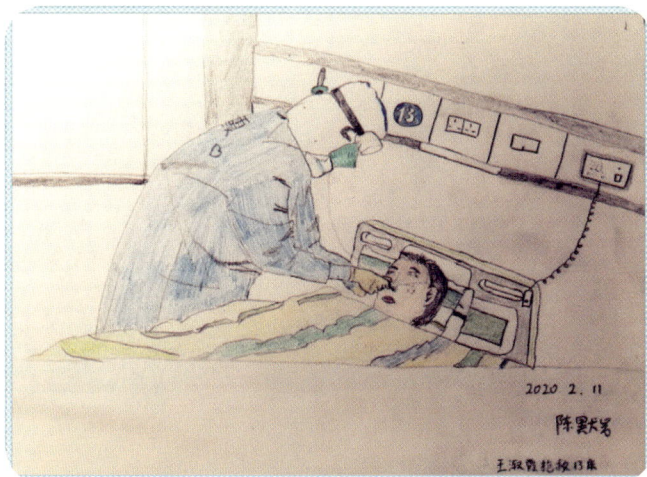

2020年2月11日，"援汉日历"第十六章。突发情况，13床患者状况突然急转直下，东方医院护士王淑霞立刻配合医生完成抢救，患者转危为安，与死神赛跑，我们又赢了！

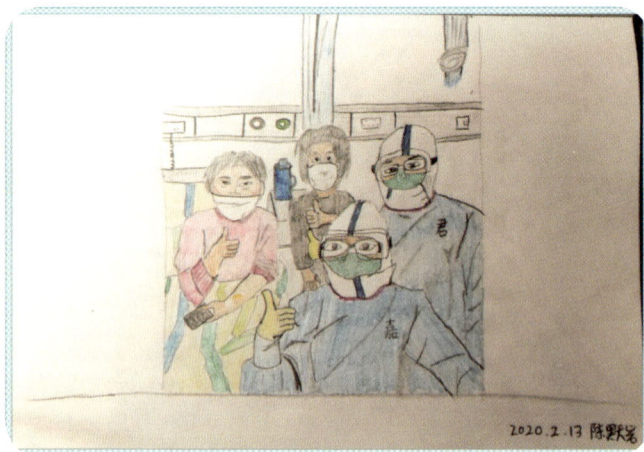

2020年2月13日，"援汉日历"第十八章。明天就是情人节了，护士王晓嘉和王晓君亲手折了千纸鹤送给患者，她们说特别的日子，要给患者特别的爱。这满载爱意和祝福的千纸鹤，见证了她们的初心和使命，诠释了爱与责任。

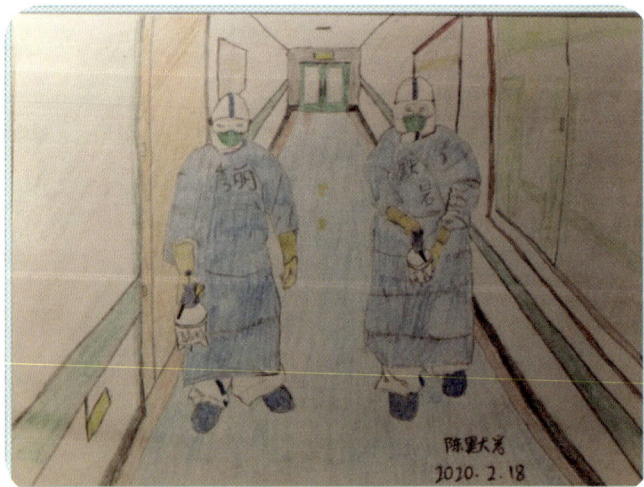

2020年2月18日，"援汉日历"第二十三章。"百变天使"陈默岩、李秀丽和

平时一样，在完成护理工作后，开始了她们"保洁员"的工作，对整个病区进行消毒。喷喷喷，不能放过每个角落！

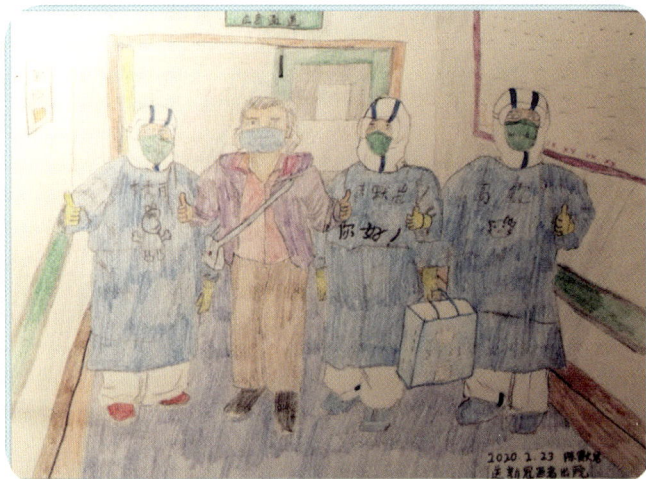

2020年2月23日，"援汉日历"第二十八章。好消息！又一名患者治愈出院了，大家既欣慰又感动。患者十分感谢东方医院医护人员的精心诊疗和悉心照料。面对此景，医护人员们说："我们只是做了我们该做的。"

2020年2月26日，"援汉日历"持续更新中，北京中医药大学东方医院援汉抗疫工作还在继续，默岩用那双救死扶伤的手描绘着世间最温暖的画卷。

没有一个冬天不可逾越，没有一个春天不会来临。加油，武汉！加油，东方人！

无悔战"疫"路

——于都县中医院刘丽芳援鄂战"疫"小记

江苏省于都县中医院　刘丽芳

刘丽芳，女，汉族，1996年2月出生，于都县禾丰镇人，本科学历，2017年7月毕业于赣南医学院护理专业，2017年8月进入于都县中医院重症医学科工作，2020年2月11日响应国家号召志愿，加入江西省援鄂医疗队，赴湖北随州支援抗击新冠疫情工作。

她肩负医者使命，毅然决然加入援鄂队伍，在随州市中心医院，携手战友展开了与病毒的卓绝斗争，谱写了一曲医者仁心的赞歌。

一、取消婚礼，支援前线

新年伊始，刘丽芳正与男友满心欢喜地准备着结婚事宜，没想到的是突如其来的疫情打扰了这对甜蜜情侣的新婚计划，政府对防控疫情紧急部署，医院取消春节假期，设立预检分诊台，安排人员到火车站监测乘客体温……一件件事情都预示着这场疫情将是一场"大战"。湖北作为疫情防控的重要战场，国家发起了支援湖北的号召，战役打响了！医院干部职工纷纷请命支援湖北，刘丽芳亦不例外，当即取消婚礼，写下请战书，听到医疗队急需重症医学护理专业人员，刘丽芳主动说："我要去！"

没有太多顾虑家人的想法，没有顾虑自身安危，心中所想就是：我是一名医务人员，这是我的使命，湖北人民需要我！经过医院的审慎决定，同意她出征湖北，刘丽芳瞬间觉得无比幸运："湖北，我马上来了！"

"临行密密缝，意恐迟迟归"，家人殷切的嘱咐，同事们温情的鼓励，领导们真诚的慰问，让刘丽芳热泪盈眶。她只是擦干泪，用瘦小的肩膀背起行囊，出征湖北随州！

二、初到岗位，很累，但坚持不懈

2020年2月14日，随州还是特别冷，刘丽芳夜里3点就起床，拎着衣物，借着微弱的路灯，走到医院地下一楼，看到"进入休息区请先沐浴"的标识，才推门进去。老师们已经到了，一边聊天，一边各自穿着防护衣物。这是她第一次上班，心里有些紧张，十分小心地穿戴着，检查完毕，确保万无一失，才一起进入监护室。组长先带队员们了解了上班流程和物品放置的位置，才开始工作。其中一名患者是刚拔除气管插管的，用面罩吸氧，一直在咳嗽，血氧饱和度也不好，只能先翻身，再吸痰。在这样一个密闭空间，高频吸氧和呛咳，本就容易产生大量的气溶胶，还要密切接触患者，暴露风险更大，可是若不把气道里面的痰吸出来，患者有可能就会窒息。没有多想，刘丽芳马上走到床旁，扶住患者的身体，使其侧躺，另一名医生在他背上叩击，促使气道的痰液脱落，方便咳出。患者不停咳嗽抖动的身躯，让刘丽芳十分吃力地扶着他，但还未完成只能喘着大气坚持着，护目镜里的水汽越来越多……终于，医生停下来说"好了"，刘丽芳才放下患者，把他口腔、喉咙的痰给吸干净后，患者大口呼吸的声音清晰了，血氧饱和度上去了，也不再持续地咳嗽了。洗手的时候，刘丽芳才感觉到身上的汗已经浸透了里面的衣物，手臂很酸痛，后脑勺被护目镜勒得特别痛，厚厚的防护让人呼吸费力，但刘丽芳只能咬牙坚持，下一个患者还在等着她。

三、有时治愈，常常帮助，总是安慰

2020年2月17日，下雪过后，天气很快就晴朗了，似乎预兆着希望和春天的到来。监护室有一位确诊的中年男性患者，他神志清楚，周围环境、自身疾病等因素，导致其恐惧、失眠，不愿意与医护们交流，血压也经常不稳定。刘丽芳发现他的异常情绪后，与同事一起将他安置在监护室旁边的隔离病房。上班时说话语气平和，语速放慢，使他放松，让他感觉到，即使防护服将我们包裹得密不透风，但我们其实是一样有血有肉的平常人，帮助他减少对外界的恐惧。工作相对空闲时，刘丽芳还会特意去他病床前，询问他是否需要帮助。刘丽芳的努力，渐渐打开了这名患者的心扉，他告诉她，他来医院已经1个星期了，很想念家人，刘丽芳与他谈心，说道："我也挺想家里的，不过我想我们家人都一样，他们肯定在家里等我们平安回去呢，叔叔，你不要灰心，你现在身体恢复很快，不用几天你就可以回家了。但是你一定要吃好，休息好，有抵抗力才行。"过了两天，他的精神状态明显好转，胃口也好了，血压也下降到正常水平，医生说他可以转到普通病房治疗了。得知这个消息，刘丽芳内心十分欣喜，在我们的精心护理下，危重患者能脱离危险，稳定病情，让他们离治愈更近一步，这也让刘丽芳更加坚定了战胜疫情的信心。

四、这是我应该做的

慢慢地，科里重症患者数量持续控制在5个以内，医院决定将新院和老院的重症监护室合并，刘丽芳也转移了"阵地"，去老院区重症监护室继续工作。这里患者更多，有时患者因病情突然恶化，需要抢救，往往一个班次下来，身上的衣服都是湿的。第一天上班时，便有一位患者阿姨突然特别烦躁，一边手脚剧烈活动，拉扯面罩，一边大喊："医生，救救我！我好难受！"血氧饱和度也一下降到60%左右，体温39.2℃！刘丽芳立即扶住患者，拉住她的双手，避免坠床，同时大声喊叫医生，医生到达后，迅速下达医嘱：高流量吸氧，吸痰，给予特殊药物，同时做好透析准备！刘丽芳一边记下，一边迅速处理，半小时后患者恢复平静了，安静地坐在床上，呼吸平稳了，心率也下降到正常了，血氧饱和度也上升了，刘丽芳才长舒一口气。这时，她发现这位阿姨流下了眼泪，刘丽芳一时心里五味杂陈，只能轻轻帮她擦拭，给她带好松动的吸氧面罩，轻轻地说道："阿姨，没事了，一切都会好的！"一番抢救下来，已经满头大汗，护目镜都能滴下水来，也顾不得多少次密切接触。平时一项简单的操作，在这里都十分吃力，需要加倍的时间和精力去完成。下班时脸上都是护目镜压出来的痕迹，双手也因长时间戴手套而发白发胀。但在这里的每一天，每帮助一名患者稳定病情，转危为安，每看到一位患者在重症监护室，经过她们的精心护理，转入普通病房，刘丽芳就由衷地高兴、快乐！每每有患者当面感谢，刘丽芳只是轻轻说道："这是我应该做的。"

五、我要入党

这样的故事每天都在上演，正是这没有硝烟的战场，刘丽芳更加明白了生命和医者的含义，也明白了什么是使命、责任和光荣，她又做出了一个重要决定：我要入党！她写下了入党申请书，郑重地交到了党支部。

这就是刘丽芳，一名普通又伟大的战"疫"逆行者。

一年见两春，同心共抗疫

天津市南开区中医医院　吴　敏

今年的我有幸见证了两次春天，感受了两次春暖花开的过程，两次的新生。一次是在武汉，另一次是在天津，两地春天的相似，两地花开的差别，都给我留下了刻骨铭心的记忆，今天变成文字，来记录瞬间的感悟，历经风雨后的成长。

一、一春在武汉

春风吹过，花开满城，这就是武汉的春天，援鄂任务顺利结束，在去武汉天河机场的路上，我们坐在大巴里，挥泪离别最美武汉城。

援鄂期间，可以说是我人生成长最快的一个阶段。许多人知道我去武汉之后发来信息，说他们的印象里，我还是个孩子，我还需要照顾，怎么能在那样的危险下去照顾别人。当得知即将奔赴武汉的一瞬间，我感觉自己真的要放下稚嫩，在机场领导的嘱托和叮咛，我知道我需要让领导放心，我不能辜负他们的期望；我更要让家人安心，我可以照顾好自己，平安回家；我深刻地明白当一个人的肩上能承担重任的那一刻，就真的"长大"了。

到达武汉，我深知不是一个人在战斗，保护自己的同时，也是保护他人。我为了把穿脱防护服流程练到万无一失，站在楼梯间里，反复练习，我们必须按照防护操作标准去救治患者。

在方舱内我和其他队员团结协作，穿着层层防护用品，开始时还不太适应，但是我和队友都坚持克服困难，都暗自咬牙坚持，精心完成舱内患者的护理任务，监测体温、血氧饱和度、血压、血糖等，利用琐碎时间和患者沟通，排解患者心理压力。

2020年3月17日，援鄂任务结束，我们启程返回天津，路过黄鹤楼，街道两旁的樱花盛开。别了，武汉的春天，愿你经过磨难，会愈发坚强，重新书写英雄的史诗，你是英雄的城市。

二、一春在天津

又见春天，是在天津隔离的14天后。在隔离点的14天，我们每个人都严格执行集中医学隔离观察的规定，我用手机记录了窗外14天的变化，照片里湖两岸的树木还有那棵樱花树14天的渐变，新芽、吐叶、伸展、枝条；芽孢、花蕾、含苞、绽放。一片欣欣向荣之景，这就是天津的春天。

我们庆幸生在中国，因为中国上下五千年的文明中，有着独特的文化，中医的独具一格和传承，让我们有幸感受到它的神奇之处。我们伟大而坚强的国家，在这场没有"硝烟"的战争中，我们团结协作、万众一心、众志成城、同舟共济，这场战"疫"我们取得了阶段性的胜利。

两个春天，是希望，更是新生。我们一定要好好珍惜这来之不易的生活，是多少人用生命换来的，和平年代，哪有什么岁月静好，不过是有人在替你负重前行，他们值得被我们铭记。

三、同心共抗疫

这次疫情中，我深刻的感受，到无论在哪里遇到什么困难，都有祖国母亲在身后陪着你，保护你！致敬，祖国母亲！进入方舱医院，舱内挂着的五星红旗，内心充满力量，满是感动。

这次疫情中，不仅有挺身而出的"逆行者"，还有默默奉献的环卫工人、警察、社区工作者、志愿者等。同行的前辈是一名共产党员，当她和我一起查房的时候，她停留在党旗下片刻，那么静静地望着党旗，什么也没说，可是我能感觉到她肩上的责任和使命。一名共产党员的模范带头作用大概就是这个样子。她对患者的温柔，就和对待家人一样暖心。还有接送我们上下班的司机师傅，为了接送我们上班、回宿舍，他们跟着我们起早贪黑，每次我们坐车，他们都会表达对我们的感谢，一句"你们辛苦了"，使我感觉，我们在方舱医院的那些付出，一切都是值得的。

武汉人民的付出，全国人民的共同努力，使我国疫情得到了有效控制。在困难面前，我们团结协作，抗疫人人有责，国家安全是重中之重，我们每一位都为了保护祖国母亲在拼尽全力，而祖国母亲也在拼尽全力保护我们，这就是我们伟大的祖国。

　　一年见两春，同心共抗疫，援鄂32天，我用文字记录抗疫日记，书写这段刻骨铭心的经历，铭记一生。

杏林春暖祛疫佑民记

——庚子年春商丘市中医院支援湖北抗击新冠疫情全记录

河南省商丘市中医院　吕　翔

有些东西，当失去的时候，人们才发现它们的珍贵，比如自由、健康；有些事物，遇危难境地，人们才知道它们的作用，比如中医、中药；有些人，在艰难之际，人们才会懂得他们的价值，比如医护人员。庚子年的这个春天，因为一场突如其来的疫情，封城、逆行、抢救，让人们重新认识了珍贵、价值，也重新认识了中医。

新冠疫情暴发，武汉告急，全国医疗系统在行动，全国中医系统在行动，河南省商丘市中医院在行动。武商同心战疫情，杏林春暖佑黎民。在这场新冠肺炎疫情阻击战中，有太多的人、太多的事，令人感动，值得铭记。一叶知秋，管中窥豹，我们在这里仅撷取了若干"战疫"节点，再现和展示中医系统特别是商丘市中医院医护人员打赢疫情之战的仁爱、精诚和勇毅。

驰援启程：泪眼藏在笑脸下

当人民处于危难之际，一个人站出来，那叫勇敢；一个团队挺身而出，那叫担当；全国行动起来，那叫民族精神。

2月21日上午8时，商丘市中医院支援湖北抗击疫情医疗队启程驰援武汉。医疗队队员杨亚飞的双胞胎儿子也来为她送行。俗话说儿子黏妈妈，双胞胎儿子一左一右簇拥着杨亚飞，说妈妈把病毒赶走就快点回来。作为母亲，杨亚飞要远离家人，撇下儿子，远赴武汉抗击疫情最前沿，她不知道此去何时能归来。虽然有不舍，但她更知道，自己必须去。她唯有充满深情地搂着他们，强作镇定，只是告诉他们在家听姥姥的话。儿子很乖，说知道了。

要上车了，只好松开儿子的手。那一刻，杨亚飞突然觉得心酸，泪水直往外冒。但她还是满脸微笑着与孩子挥手告别，她说她要让年少的儿子看到勇敢坚强的妈妈，不让他们担心。上车后，她泪流满面。

杨亚飞只是商丘市中医院支援湖北抗击疫情医疗队25名成员中的普通一员。这支队伍从接到通知到启程，只有短短一天的准备时间。谁都有家庭，但是医疗队的组建，人员却最不成问题，当听到组建的通知后，全院呼啦啦有210多人递交了"请战申请书"，令院领导感动不已。

与杨亚飞一样，驰援启程时，许多人都是挥泪别亲人。他们是逆行者，为了人民的生命健康。

同甘共苦：累并感动着

我们同欢乐，我们同忍受，我们怀着同样的期待。我们共风雨，我们共追求，我们珍存同一样的爱。

商丘市中医院支援湖北抗击疫情医疗队服务的武汉大学人民医院东院区重症病区里，有一位河南籍的特殊患者，他原有脑血管病、左侧肢体偏瘫，这次又感染了新冠肺炎，还是重症。

一天上午11点多，医疗队李梅香正准备给他喂药，他突然冒出一句，"我不想活了，让我去死吧！"

李梅香听了，先是愣了一下，然后握着他的手说："大哥，你可不能这样，你的父母、爱人和孩子，都在家里等着你平安回家呢。现在国家的政策越来越好，免费给你治疗，再说我们这里有最好的医疗队伍，只要你好好地配合，一定可以平安回家的"。

这时，他突然哭着说："我想我的老母亲！"

李梅香也随之伤感起来，跟着泪眼婆娑。因为她也是一年多没见到父母，不知道二老的白头发和皱纹是不是又增加了许多。但李梅香还是强忍悲伤，用坚定的语气对他说："大哥，等你治愈出院了，我们也能回家了，我们一起回去好不好？"

他感动地直点头，主动把药物都喝完了，自己又尝试着翻身，活动僵硬的肢体，连午饭也比往常吃得多了。

李梅香说，这场疫情对患者、家属和医护人员来说，都是一种巨大的心理考验，大家都有恐惧、担忧、紧张和思念，等等。但是作为医护人员，我们首先要学会自我调节，以积极乐观的态度，带动患者以理性科学积极的态度，一起来应对这场战争。

进入了隔离病房，医护人员要穿上密不透风的防护服，闷热不说，有时还会出现头痛、头晕、恶心、呕吐，出来时脸上会留下深深的勒痕。累，还冒着很大的风险，但是商丘市中医院支援湖北抗击疫情医疗队的队员们和李梅香一样，又都甘愿多一点留在隔离病房，因为她们在付出之时，也收获感动。

医疗队队员苏娜娜到武汉不久，也流下了热泪。有一次，她给一位老奶奶喂药，没想到奶奶一下子紧紧地握住她的手伤情地说："看到你们每天这样辛苦，我特别难过，我特别想念也做护士的女儿，看到你，我就想到了她。"

原来，奶奶的女儿也是一名护士，也奋战在抗疫一线，只不过是在另外的地方在照顾其他的患者。李梅香看着奶奶眼里藏满的泪水，自己也控制不住，也跟着泪奔。伤情之后，李梅香给了奶奶一个大大的拥抱，并对她说："奶奶，我们都是你的孩子！"这是李梅香来武汉后第一次流眼泪，因为这个时候，她也想起了自己的父母和孩子。

医疗队队员李曼也说，来到武汉的每一天她都被感动着，感动她的不是惊天动地的大事，也不是什么英雄人物，而是那些普普通通的人，平平常常的事。她们的住地，饭都是志愿者送来。每次拿饭时，志愿者都是双手递过来，包括递筷子，而且每一个人每一次都是这样。还有保洁阿姨，每次见到她们手里拿着东西，只要看到了，无论有多远，保洁阿姨都会早早地打开电梯，静静地等在那里。直到她们走进电梯，保洁阿姨会轻轻地问"到几层"。当她们说谢谢时，保洁阿姨都会激动地说："应该谢谢你们，谢谢你们来武汉帮助我们！"三八妇女节那天，李曼给这位阿姨一个大大的拥抱，没想到阿姨十分激动，哽咽着说："没有你们，我活不了，谢谢你们，谢谢你们！"

在武汉，最美的不是樱花，是这里的人。医护人员是逆行的勇士，武汉人民也是英雄的人民。医患相互感动，相互激励，升腾起战胜疫情的磅礴力量。

并肩作战：我们是一个团队

因为我们是一家人，万众一心的一家人。有福同享，有难同当，再多风雨也敢去闯。

医疗队护理人员被分成两组，作为商丘市中医院重症医学科护士长的陈岚，在分组时有些"偏心"，她把大部分经验丰富的人员都分在了另一个组，自己带领的组则多数是新人。

"韩莉（另一个组带队的护士长）的重症经历相对少一些，我干重症时间长，十几年了，这些年轻人跟着我，我看着点儿，多说说，多指导，就行了。再说了，我们出来了就是一个团队，治好病人、保护好自己是最大的目标。"陈岚说道。

到武汉后，家里很多朋友都关心陈岚，想要从新闻报道上看到她的近况，但是关于她的报道很少，有人便打电话问她为什么没有看见她的报道。陈岚表示自己并没有觉得做了多少，队员平安，患者安好，她就觉得很满足。"队员们在病房里做得更多、更辛苦，他们很努力也很优秀，我们是一个团队，宣传他们就是宣传我。"陈岚回应道。

其实，陈岚的工作非常的多。因为进入病房后，护士长要负责全面工作，不仅要管理队员，做好感染控制，协调关系；还要负责全病区的消杀、清洁工作。陈岚所在的病区有26个房间，每天上午她要把这26个房间清洁消杀一遍，穿着防护服隔离衣，一次做下来要将近4个小时，那时，她已经浑身湿透，出了病区几乎要瘫下来。下午上班，则要把所有能重复使用的物品进行消杀、晾干，泡护目镜的大储物塑料箱里是高浓度的84消毒液。这样的箱子有不少，她要把里面的消毒物品一个个捞起来，然后用清水冲干净，再把消毒液一盆盆舀出来清理干净，换上新的消毒液。84消毒液刺激呼吸道，每次她都被刺激得头晕眼花。此外，怕队员们想家，每天她回到驻地后都会找大家聊天谈心，关心队员们的工作情况和心理状况。

医疗队员梁笑慧介绍，有一天中午太忙没吃午饭，下午的时候胃就开始不舒服，想吐、头疼，护士长看到后，怕她在里面晕倒，就让她先回去休息。没想到回到住地，贴心大姐吴柯敏已经为她煮了稀饭，她当时非常感动，感到满满的都是爱。"我们是个有爱的大家庭！"梁笑慧说道。

种下情谊：昨日战役地，笑语意盈盈

湖北、河南，山水相连，人文相亲。青山一道同云雨，明月何曾是两乡。岂日无衣？与子同袍。

3月23日，又是植树的好时节。武汉大学人民医院东院区迎来了一批特别的客人。援鄂医疗队在武汉大学东院区重症病房工作的各省领队以及部分代表来到这里，亲手植下了一棵棵金桂树，种下了一片"逆行天使林"。

商丘市中医院支援湖北医疗队队长李国庆与河南省第十一批援鄂医疗队领队韩传恩等同志一起，共同植下河南队的金桂树——"随豫而安"，记下这段和病魔斗争的日子，记下这段和武汉人民并肩战斗的日子。

与此同时，李兰娟院士亲手植下一颗金桂树"李兰娟"，各省医疗队也都植下他们的金桂树"浙风挡雨""秦劳勇敢""鲁大壮""沪你周全"……

在接受湖北广播电台采访时，李国庆队长动情地说："'逆行天使林'这是我们团结奋斗的见证，这是国家凝聚力的体现，这是白衣战士英勇无畏的纪念。我们医院有25名队员在武汉战斗过，当然有着刻骨铭心的记忆"。

当问到你是否想过再来武汉这个你战斗过的城市时，李国庆说："当然想，我写了一首诗'武汉重温'"，并随口深情地念了出来："……豪情天下客，天使可曾来。布衣家居服，邻家姑娘孩，笑问客何往，轻言你来猜。昨日战役地，盈盈笑语嗨。双手紧相握，武汉我重来。"

一方有难，八方支援，这是中华大家庭的守望相助。一棵棵金桂树被种下，种下的还有情谊与希望。树会慢慢长大，来年秋天金桂飘香时，让我们再重温这段"战疫"，一起想起在武汉的日日夜夜，湖北—河南，武汉—商丘，两省风雨与共，两城兄弟并肩。

英雄归来：特别的生日会

长江有意化作泪，长江有情起歌声。所有的付出，所有的努力，所有的艰辛，都会被党和人民所铭记。

"祝你生日快乐，祝你生日快乐！"4月8日上午，在商丘支援湖北医疗队的

隔离酒店大院内，商丘市中医院的几名医疗队员们度过了一次难忘的生日。

细心的商丘市中医院同事们专门定制了特殊的蛋糕，一副逆行的身影，一句"最美逆行者"，表达着医院上下对支援武汉的同事们最深的敬意。

"这是一次难忘的生日，本以为有蛋糕就不错了，没想到医院领导和同事给我们过了一次这么隆重的生日，我们觉得特别有意义。"队员们看到医院的亲人们送来的生日蛋糕，激动地直呼："这个生日真难忘！"

民族需要英雄，英雄理应被铭记。与各地以最高礼遇欢送支援湖北医疗队凯旋一样，商丘市中医院支援湖北抗击疫情医疗队的归来，也受到了英雄般的礼遇。

4月1日，商丘市中医院院长李德怀率医院领导班子，赶到隔离酒店，看望慰问25名医疗队员，详细了解他们集中休整情况、身体健康状况及现实困难，并为他们送去了日用品、水果等慰问品。

"你们现在主要的任务就是休息。"李德怀院长代表医院对医疗队员平安归来表示热烈欢迎，向他们表达了崇高的敬意和衷心的感谢。李德怀院长在现场高兴地说："大家圆满完成任务，很高兴你们平安归来，大家都很挂念你们，希望大家在隔离期间好好调整身体，隔离结束再给大家一个拥抱！

正如医疗队队长李国庆所说的那样，此次支援湖北是职责所在，做好了医护人员应该做的事情。实际上，当一个伟大的时代来临的时候，其实有很多普通人都在兢兢业业地做好自己应该做的事情。当我们每一个人都能把自己所承载的工作做到最好的时候，这个时代一定是一个伟大的时代。

萤火汇成星河，共筑健康长城

——战"疫"63天记忆

湖北省中西医结合医院　姜　昆

一场突如其来的疫情，狂袭荆楚大地。众志成城，阻击疫情，成为失色的二月里最亮的底色。这世上并没有什么超级英雄，不过是无数战士发出一分光，将萤火汇成了星河。

疫情发生以来，作为一名医生，虽然我还只是17级中医住培学员，可谓尚在茅庐，但有时生活就是这样，你永远不知道会发生什么，我们能做的就是做好准备、贡献自己的力量，哪怕它看起来很渺小……

若有战，召必回，战必胜

在疫情初现端倪之时，科室虽依旧正常运行，对疫情发展趋势的未知与不安笼罩在每一个人心头。我的第一个想法是做好职业防护，以良好的身体状态做好抗疫准备，同时提醒家人朋友做好防护，稳固家庭后方，让父母将3岁女儿接回农村老家。这一点，为我后期全身心投入抗疫工作提供了很大支持。

作为非传染病呼吸专科医生，我利用业余时间时刻跟进新冠肺炎诊疗方案的学习，并巩固传染病防护知识。2020年1月22日晚上10点，科主任在工作微信群发出支援新冠肺炎定点医院的号召。

"若有战，召必回，战必胜"。看到消息后，我没有丝毫的犹豫，第一时间报了名。当时我也惊讶我的果敢，可能这就是医生的本能吧！

科主任于当天晚上10点半确认了驰援名单，合计6名中青年医师，也包括我。同为医院工作者的爱人得知我报名后，也在第一时间给予我支持，让我安心上一线。

湖北省中西医结合医院中医住培学员姜昆（右）

2020年1月23日，湖北省中西结合医院抗击疫情医疗队正式出征，前往武汉市红十字会医院和金银潭医院。我被分配至武汉市红十字会医院发热门诊工作。

经过半天的传染病知识培训后，于当日18点正式投入战斗。

第一个发热门诊的夜班是震撼的。发热患者如潮水般涌入，诊室与候诊大厅人员密集，候诊的队伍长龙排至院外街道。我作为发热门诊的新手医师，强压内心的紧张，镇静认真处置每一位患者。详细询问与减少患者等候时间在平时就是两难，此时更是如此。如何提高效率，努力排解患者的病痛与恐慌情绪也成为挑战。

下夜班后正准备回家收拾行李我才发现，武汉市已封城，公共交通停运。感恩遇到好心志愿者司机送我回家取行李。不进家门，爱人隔着2米远将行李箱推给了我，同为医院工作者，我们无法知晓自己是否已成为传染源，各自自我隔离是对彼此最深的爱意。没有拥抱，没有寒暄，未曾想这一面后竟分离两个多月。

2020年1月24日除夕夜，简单布置好床铺，躺在由病房临时改造成的发热门诊医护宿舍，大脑止不住地思考前一日发热门诊接诊的过程，梳理不足与改进方向。

我已打定主意不将支援抗疫一线的事告知家中父母，以免徒增父母忧思。2020年的除夕夜注定不平凡，我与爱人各自坚守医院工作岗位，家中父母发来3岁女儿学着包饺子的视频。视频中女儿学着电视里面喊着武汉加油、爸爸妈妈加油，抗疫的紧张与压力不曾让我畏惧，可这个肉乎乎的小丫头竟让我红了眼眶。千千万万个团聚的家庭除夕夜里，有我这一份守护的力量，我为医生这个职业顿感自豪。

发热门诊高压的出诊环境随着2020年1月26日第二批新冠定点医院的开放，得到了一定缓解。随即我院被定为第三批新冠肺炎定点医院，外省支援力量集结，我便被召回本院区新冠确诊患者隔离病房。

功成不必在我，功成必定有我

我所在病区40张病床当日全部收满，病房内重症患者近一半，10余例患者需呼吸机支持治疗。此时的压力不亚于早期支援发热门诊，因为危重患者生命体征不稳定，随时都有生命危险。有时一个夜班整夜不能休息，随时需要做好抢救患者的准备。但也正是因为身处隔离病房，给了我更多的时间去观察患者，可以拟订更加有效的治疗方案。

由国家卫健委下发的《新型冠状病毒肺炎诊疗方案》中提出的中医治疗方案，也让我这个中西结合专业的医生欣喜不已。很多新冠患者合并喘息、壮热、口渴、不欲饮，中医辨证当属邪热壅肺证，可予麻杏石甘汤加减。

有一位患者，在下午服了中药之后，夜间查房时其喘息、发热就已经明显改善，患者病情的改善也给了我极大的信心。

对于重症患者，中医治疗同样具有重要作用。我所在病区重症率最高时达50%，多数重症患者临床表现有高热、呼吸急促、血氧下降，很多患者在使用退热药，甚至是激素药物，体温仍不能得到控制，但中医治疗在症状改善方面有天然优势。

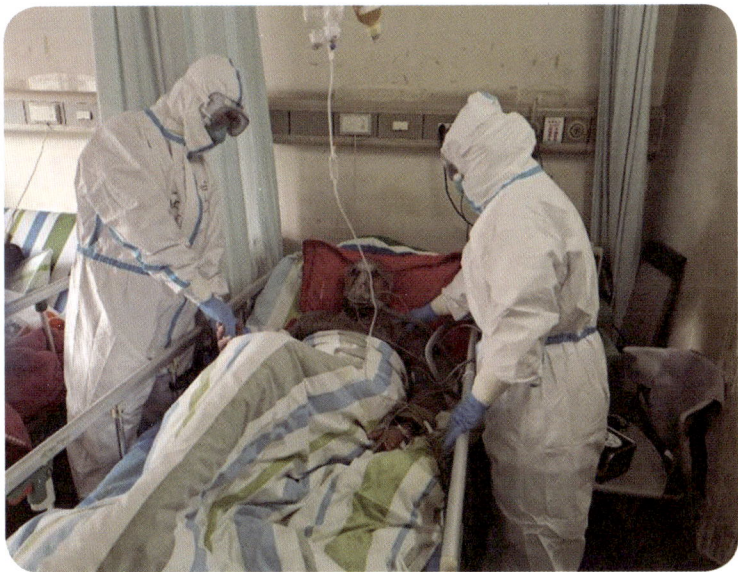

湖北省中西医结合医院中医住培学员姜昆（左一）

结合诊疗方案和个人经验，我对轻症及普通型患者使用麻杏石甘汤、银翘散加减，疗效明显，而对于重症合并壮热、喘息，我尝试使用达原饮、葶苈大枣泻肺汤、桑白皮汤加减，有时危重患者我尝试用四逆汤加减。

当然，也有患者不愿意尝试中药治疗，总觉得中药只能治疗慢性病，以为像这种急性呼吸道传染病，吃中药没有用。

我就碰到了一个特别顽固的患者，除了咳嗽、喘息之外，还合并有呕吐。住院几天后其他症状基本缓解了，但仍存在严重呕吐。我第一时间给他开了小半夏汤加减方。但是药发给他之后，他不肯吃，说自己本来就吐，再喝这么难喝的中药会吐得更加厉害。可是接连用了两天肌注胃复安之后，依然没有改善呕吐症状。后来，我实在拿他没办法了，就把药倒到碗里直接送到他嘴边，可能看在我一个小医生不容易，他也配合喝下了。没想到第二天一早，他就给我打电话说："姜医生，我终于不吐了，可以正常吃饭了！"医生最开心的时刻莫过于此！

有被质疑，也有被感动，很多患者在住院期间和我成为了朋友。一个阿姨出院后坚持要给我送鸡汤，说我们在一线太辛苦，要加强营养。在被我拒绝之后，她又不甘心，用微信给我转了2000元钱，被我拒绝后，再次发起了微信转账，最后以我解除微信银行卡绑定告终。但被患者冠以救命恩人，着实令我感动，也是自我鞭挞的动力。

中西医结合诊疗显神威

在隔离病房，有中医基础的医生数量太少，而我所在病区早期只有我一个医生有中医教育背景。在医院加派人手的同时，主动加班也成了常态，有时浑身湿透，但也只有咬牙坚持，好在长期运动锻炼的身体经受住了考验。不久就传来了好消息：国家中医队正式入住湖北省中西医结合医院进行帮扶。很快，我们病区的中药使用率就达到了98.5%。

在此期间，我也积极参加我院承担的张伯礼院士负责的国家科技部重大攻关项目——中西医结合防治新冠状病毒肺炎的临床研究。我总共负责首诊、追踪记录、出院随访录入病例44例，其中所有患者都采用了中西医结合治疗方案，并且最后全部病愈出院。

从 1 月 27 日进驻隔离病房，我总共参与了 112 例患者临床医治过程，其中 103 名患者使用了中西医结合诊疗方式。在录入病例的数据分析中发现，采用中西医结合方式治疗的患者在安全性、疗效、住院天数、不良事件方面都明显占优。能作为该项目的一分子，为这场疫情筛选出最好的治疗方案，为了救治更多的患者，我由衷感到自豪。

这个过程中，我也有一些自己的认识。首先，从病理因素来看，新冠肺炎患者感受湿邪应该是大家都比较认同的一点。很多患者在首诊时发现，舌苔腻，并且相当一部分患者可见白厚腻苔，所以我们也看到了"寒湿疫"一说。所以，我给很多患者说，先不要盲目服用连花清瘟等寒凉药物，一定要遵医嘱。当合并有热象，患者舌苔转为黄腻或黄燥时，此时服用更加合理。另外，很多患者就诊主诉为干咳无痰或少痰，表现与一般类型肺炎迥异。从西医病理解释，新冠病毒肺炎多损害肺间质，所以出现干咳或少痰。但前面说湿邪致病，我们在《中医诊断学》中学习到，湿邪犯肺常症见咳声重浊、痰易咳出、苔厚腻、脉滑。此时，两者存在矛盾之处。所以，湿邪只是致病因素之一，这是其一。痰浊交阻气道，痰

液排出受阻，痰液壅遏是其二。这也让我深感理论学习需结合实际的重要性，我想这对于学生阶段尤为重要，我们常常抱怨理论学习枯燥乏味，但真正需要应用临床时才觉胸中无物。

此刻，武汉抗击新冠肺炎疫情已经取得阶段性胜利，我也从抗疫一线退下。前不久，在志愿者的帮助下，我回到老家见到了阔别两个多月的爸妈、女儿。分开的时候还是冬天，此刻已是春天。脱了两层衣服之后终于抱起了我的"小情人"，她高了胖了。在后来与爸妈的闲聊中才得知，就在我报名参加支援一线的那段时间，小丫头连续高烧了两天，妻子怕我担心，一直没让我知道。好在现在一切安好。春天到了，我院与广东、北京援鄂医疗队合种的友谊之树将会得到悉心灌溉。我们都会越来越好。

我的抗疫日记

湖北省十堰市中西医结合医院　宋　玲

难忘的"情人节"

因为新冠疫情暴发，从除夕夜以来一直没有休息，好不容易在2月14日这个特殊的日子休息了一天。本想一家人好好团聚一天，可老公一大早却要到包联社区开展防疫工作，虽然收到了一个"520"的大红包和满满的歉意，心里还是有些不高兴。

细思量，我还真不能责怪他，自从当了护士长后，亏欠老公和孩子的还是多一些。平时加班加点不说，逢年过节，科室值班已成为惯例，所以这么多年都没有陪老人和孩子吃过团圆年饭。老公是个孝子，每年三十要回老家与父母一起过年，晚上再开车一百多公里赶到十堰陪我值班，像今天这样，情人节中午也不能回家吃饭的情况很少。

下午15点多，接到朱院长的电话，说准备让我带队去支援武汉抗疫，让我征求一下家属的意见再做决定。其实，半个月前我就上交了赴一线抗疫的请战书，作为医护人员，救死扶伤是我们的本职工作，在国家和人民需要的时候，我责无旁贷、义无反顾，随时准备奔赴战场。只是，原以为要到十堰定点医院或本院发热门诊留观病房，没有想到这次是去武汉，虽然都是在和病毒零距离接触，但武汉和十堰还是有很大的差别。老公是共产党员，我想，他应该会支持我的。不出所料，我在电话里说了医院的意见后，他迟疑了一下，就答应了。最难搞定的是孩子，10岁的孩子已非常清楚武汉抗击疫情的风险，听了我和他爸爸的电话后，他一直拽着我的手，不同意我去武汉抗疫，也不让我收拾行李。

晚上吃饭的时候，老公打电话回来，说今晚在包联社区入户夜查体温，核实人员信息，明天已请假帮我收拾行李。我没敢告诉他的是，明天一大早就要出发去武汉。

晚上快22点时，老公满身疲惫地回到了家，看到我和孩子正在收拾行李，他愣住了。我只好告诉他，明天一大早就要走了，我看到他眼眶里强忍着泪水，转过身忙着帮忙找拖鞋、睡衣、药品、口罩……那一刻，我真的不忍心离开他们。

收拾完行李，我把老公叫到卧室，将身上的现金、银行卡全部交给他，告诉他武汉已封城，有钱也买不到东西，就不需要带钱和银行卡了。看到梁武东、李文亮、林正斌等一批批医护人员在抗疫一线倒下，我真的担心会回不来了，到时我的随身物品——包括钱和卡都将化为灰烬，所以要提前交给他。当我将保险单、银行卡密码都交给他时，他好像已经明白了。那一刻，我们无语凝噎，是那样的不舍……

武汉，我们来了！

2月15日一大早，老公包了我最爱吃的饺子。告别睡梦中的孩子，老公送我踏上征途。天空飘起了鹅毛大雪，把大地装扮成一片银白，这让我的心里平添了一些悲壮气氛。

赶到医院，院长、护理部、医务科、院办公室及后勤部的众多领导都在门口迎着我们6名即将出征的战士。因为武汉防疫物资一直吃紧，所以医院在一夜之间为我们每人准备了一些防护服，还带来不少的预防病毒、增强免疫力的药品及食品，装了满满几箱子。我科的曹主任还将他年前托朋友从外地带回来的几盒药也塞给了我，叮嘱我一定要将出征几名护士完好无损地带回来。医院领导一直将我们送上大巴，在交警的护送下走上高速，我们承载着领导的重托、人民的期盼和家人的担心，踏上了逆行的征程！

大巴车在风雪中一路疾驰，下午三点进入武汉，来到武汉市中医医院汉阳院区。医院到处银装素裹，显得格外静谧。我的心里有些激动：武汉，我来了，让我们一起战斗！

每天都很忙

一线医护人员实在紧张，经过短短半天的培训，就要正式进入病区上班了。

在清洁区穿上防护服的那一刻，心里还是有些紧张。想起网上报道的两位从事咽拭子取样的医生，穿着防护服、戴着面罩，仅仅因为缺少鞋套就被感染，不禁有些害怕。我按照培训时的要点，又检查了一遍脚套、手套和护目镜。看到大家都在防护服上写上名字，我也让同事在防护服外写上了"十堰市中西医结合医院宋玲"十二个大字。这一刻，我感觉如释重负，瞬间没有了紧张和害怕，是啊，我是逆行的勇士，是支援武汉的战士，有什么可害怕的呢？

我们这次一起来的6人被分配在4个病区，每个病区都是40多个病人，差不多90%的都是65岁以上的患者。我所在的11楼病区共有40张病床，已收治了45个病人，其中有8个重症，1个危重症，有两个都是90岁以上的老人。

大家都知道年龄越大，并发症越多，风险越大，工作量就越多，再加上所有的患者都没有人陪护，我们每天的工作除了打针、输液、发药、维护各种管道、测量生命体征的变化外，还要给危重症患者及年老体弱的患者烧开水、喂饭、喂水、喂药，更换纸尿裤、擦大便，清理病房里的垃圾，所有照顾患者的事情都要担下来，难度可想而知。如此大的工作压力，但我们没有一个人退缩。

穿着厚厚的防护服，平时觉得很轻松的活，也变得难度大了起来，换几个吊瓶都是一身汗，人也感觉憋闷，护目镜上也净是雾，照顾了他人，自己却捆着一身防护服不能喝水，不能上厕所，一待就是五六个小时。

打针就更难了，有的老人皮肤松软，血管容易滚动，有的脂肪厚看不清血管，护目镜有雾再加上戴着两三层手套，就更考验我们的技术了。还好，这些对我来说不是什么难事，凭着丰富的穿刺技术很快就能确定血管的位置，很少有打两次的情况，几天下来，还得了个"神针手"的外号。

最担心的就是你们

我们十堰市中西医结合医院这次共有6人来武汉抗击疫情，我是他们的领队，也是他们的大姐。队伍里最小的护士只有二十多岁，参加工作不到3年就瞒着家人报名来到一线，都还是在爸爸妈妈面前撒娇的孩子，转身之间就像大人般在病房里穿梭忙碌，担负起守护生命的责任。看着他们一个个义无反顾、坚强勇敢的样子，我每时每刻都在提醒自己，一定要把他们完好无损地带回家！

安全是第一位的，虽然都经过了穿脱隔离服的培训，我还是有些不放心。晚上回到宿舍后，我又拿出医院给提前准备好的防护服，组织大家开始训练起来，每个人穿、脱、穿，然后大家一起点评不到位的地方，直到合格为止，伙伴们也不顾劳累一遍遍地操作，真的很辛苦，每次穿脱完后都是满头大汗，但大伙都没有喊累，没有任何怨言。在写字都容易犯错的年龄，却选择了一份不允许出差错事故的工作，真不容易。想想都让人忍不住心酸。

每天早上，我都要提醒大伙按时吃饭，并且必须吃个鸡蛋，补充蛋白质，保证充分的营养。叮嘱每一个队员做好防护、注意安全。

我们每天早上7：30上班，下午14点下班，一个班6个多小时。因为中途不能上厕所，所以上班前不能喝水，一个班下来，因为出汗太多，衣服都是湿透的，每次脱下防护服，都有虚脱的感觉。取下口罩和护目镜，脸上都有两道深深的勒痕，鼻子上磨得都破了皮，嘴唇干得都是裂纹，但是大家没有一个人有怨言，休息一夜，第二天又精神抖擞地冲锋在前。

每天回到宿舍后，我都要问伙伴们感觉怎么样，累不累，身体受得了吗？督促大家多吃饭，按时喝药，多喝水，吃水果，喝牛奶。有一次，一个伙伴下班没按时回家，好担心，急得又是打电话，又是发信息，都没回复后又急得打电话到科室，得知在科室加班后才放心。

遇到心情不好的伙伴总是嘘寒问暖，生病了为伙伴们找药。记得刚开始来时，有个妹妹眼睛好像被紫外线灼伤了，晚上疼，我就把她叫到自己的宿舍与我睡一张床，晚上给帮她滴眼药水。还有个妹妹因为上班长时间穿防护服低头操作而颈部疼痛，我就把老公给我带的一个低频按摩仪给她做治疗，贴上从家里带来的药膏。还有个妹妹感冒了，急忙为她找药、倒水，督促她吃药吃饭。我从家里走的时候带的感冒药、滴眼液、增强免疫力的药都分给了大家。

总希望他们每个人每天都是安全的，感觉虽然不能把他们每个人都照顾到，但时时刻刻都挂在心上。

91岁老爷爷说：我一定不会忘记你们！

来到武汉的第7天上午，我和大家一起，大家穿着密不透风隔离服、戴着防护面罩，满身汗水地与战友们一起交接班。在交接到8床时，我看到91岁的老爷爷，蜷在床上一动不动，没有一点生气，喊他也不吭声，给他喂饭也不愿张嘴，连换纸尿裤、擦大便时都不愿意动一下，大家都感觉这个老爷爷怕是撑不下去了。

交班时，都不敢在病床前谈这个老爷爷的病情，怕他听到伤心，对生命失去信心。为了增强老人的自信心，我们几乎每班都会跟老爷爷进行心理疏导，让患者有坚持下来的信心，拥有乐观的精神，让病人恢复自身的免疫力，最终战胜病毒。

随后的日子里，每次我们的护理团队给他做护理时都特别的细心，打针、输液、翻身、叩背，及时处理大小便，就像伺候自己的亲人一样细心地照料他。虽然老爷爷不和我们说话，但大家每次来到病床前，都会轻声地喊："爷爷，醒一醒，来，我们喝点水，吃点饭，把药喝了好不好！你一定要相信我们，只要再坚持几天，就一定会好起来的！"每次喂饭、喂药、擦大便，不管多难、多脏，大家都没有任何怨言，默默地守护着这个高龄的患者，不离不弃！

我们的关爱、守护感动了老爷爷。有一天，我们在交接班时，老爷爷突然挥起一只手，用沙哑的声音对我们说："你们辛苦啦！我不会忘记你们的！"当时在场的医护人员都围了上来，亲切地同老爷爷打招呼。

老爷爷的一句话，让我们看到了治愈的希望，也感受到了一颗感恩的心。虽然我看不到防护面罩下每一位医护人员的表情，但我知道，那一刻，大家都是开心的！对老爷爷病情的好转由衷的高兴！也对战胜疫情充满了信心！

随后的日子里，老爷爷的病情一天天好转，现在已经能够自己下床上厕所、吃饭了，相信不久后就能康复出院。

在我刚进入11楼病区时，病区有45个病人，8个重症，1个危重症，经过我们二十多天的治疗，目前已有多人康复出院，最危险的91岁高龄老爷爷在昨天交班时也转危为安，挥手向我们问好，说：我不会忘记你们的！

每一次打开病房门挂水输液，送饭，送水，发药，测量生命体征时，都会听到一声声谢谢！你们辛苦啦！那一刻，再苦再累觉得都是值得的。如果没有视病人如亲人的情怀，谁会做到如此无微不至。

病房里温暖而令人感动的故事太多太多，对于妙龄女孩，或是从那个花一样年龄过来的医护们，是怎样的信念支撑她们勇敢地选择承担和奉献？在超出平时工作量几倍的情况下，直接面对死亡的威胁，年轻的她们却没有退却。只有真正的战士才义无反顾，只有真正的胸怀大爱的心灵才义不容辞。

每次有新冠肺炎患者不治，也是对我们的心理承受力的巨大考验。没有家属的陪伴在旁，临终者经历着心理与病痛的双重折磨，这个时候的我们成为了他们最大的精神安慰，努力的坚守，才能给患者以希望。

不一样的"三八节"

转眼，我们援汉医疗队的6名同志已在武汉市中医院同新冠肺炎战斗了22个白天和黑夜，从来时的大雪纷飞、银装素裹，到现在的满眼新绿、春意盎然。一如我们的心情，从最初踏上征途的悲壮与豪气，到穿上防护服的踌躇与忐忑，再到现在走出治疗舱的平静与从容，一场疫情改变了中国，也改变着我们每一个人。

一大早，收到老公的红包和儿子的祝福，才知道今天是"三八"妇女节，赶紧给战友们送上节日的问候，连队里唯一的男同胞也没落下。

好消息接踵而至，上午医务科通知我，武汉疫情已出现根本性好转，下个周末我们医疗队就可以离汉返堰了。

这应该是我们在前线收到的最好的"三八节"礼物。是啊，在疫情最吃紧的时刻，我们告别亲人，逆行而上，经过了这么多天的生死拼搏，终于取得了压倒性的胜利，还有比这更激动人心的消息吗？

这两天，武汉的方舱医院已陆续关闭，我们医院收治的新冠病人也一天天减少，从年前一直战斗在一线的医护人员们已开始轮休，我们也将凯旋而归。

在这个不一样的节日里，没有收到鲜花和拥抱，也没能像以往一样能休假半天，但却收到了即将胜利返航的消息。也终于可以对远在家乡苦苦期盼的亲人们说一句：我们就要平安回家啦！

共同等待春暖花开

我最亲爱的伙伴们，一个个小小年纪，义无反顾、不顾安危地冲锋在前，面对危险，她们更加懂得了护理工作的严谨性和学习的重要性，懂得了每一次操作都来不得丝毫的马虎大意。在与他们的交谈中，都流露出对护理工作的担当和责任。

每个人脸上的印记、鼻子上的疤痕都是"军功章"。

伙伴们，你们都是最棒的，经历了这次疫情考验后，我相信，或许在今后的工作中我们会碰到困难，在护理这条路上，我们会越走越从容，加油！

希望四月的武汉樱花烂漫，不再封城；希望每个为疫情付出汗水的人都能平安回家。一起战，一起赢！

希望疫情能早点结束，大家安居乐业，我带着弟弟妹妹们早点平安回家！

当口罩变得像第二层皮肤一样

湖南中医药大学第一附属医院　　孙　爽

新冠肺炎疫情发生以来，湖南中医药大学第一附属医院的医护人员出征湖北，支援市州，坚守本院，他们用文字记录下这段特殊的日子。呼吸内科主治医师孙爽是一个活泼灵动的女孩子，出征武汉，毫不犹豫地报名参加。她说，坐上复兴号，奔向疫区地图最红的中心。在江夏方舱医院，她随手留下文字，让我们一起看看抗疫一线医生最真实的心路历程吧！

2月22日：当口罩变得像第二层皮肤一样

当口罩变得像第二层皮肤一样，当隔离服防护服变得像外套一样，当酒精变得像香水一样，当回家变得像进手术室一样，当寻找你的好朋友像看唐伯虎选秋香一样，OK，我们开始进入状态了。

从不熟练到形成不能容错的顽固肌肉记忆，我们在一步步迈向正式进岗的路上，一同努力着。

过了明天，无论这两天的相处是亲密还是有摩擦，我们的交集都会变到最小，但是我们会夜以继日地轮番在舱里捂热那方需要被治愈和关爱的天地，我们的汗水会在那里热烈地交融，为我们创造这份独家的记忆。

收拾好心情，收拾好身体，迈出最稳的步，最妥帖地去完成需要我们完成的点滴。每个人积跬步，不枉45个人行724里路。

2月23日：一个都不能少

进入第一批入舱的大名单，不算出乎意料，确切地说是努力进入了。从需要做咽拭子标本收集的夜班临时调成一大早的早班，有点不适应，但是依旧还是要慢慢习惯。相信第一天正式进岗的小紧张会让我精神抖擞一天。也希望像穿脱防护服一样，在摸到一些自己的经验门道以后，给战友们提供更好的工作经验。

听说同期的同科室同事因为头上长脓包，严重影响了正常休息，加上有两位同事这两天受了脚伤，很担心战友们的身体，担心在轮换上班制度的情况下，引起蝴蝶效应，所以真心地希望大家都健健康康的。

顺顺利利完成工作，平平安安回家，这句话现在听来真的有些心酸和悲壮，但无论如何，这是我们的终极目标，一个也不能少，一个也不能落下，我们一定要从自己做起，做好每一个环节的防护，给自己和战友们最真实而又没有距离的安全感——信任。

2月24日：我已出舱，感觉良好

5：50天蒙蒙亮，习惯性在闹钟响起之前就醒了，约好6：30在大厅集合领早餐的几个战友不约而同地都提早到了，在胃口还没开的时间点，大家相互鼓励着多吃一点，在朝阳费力撕开云幕的光晕里，看着身边的战友，突然像行走在记忆特别深刻的梦里。

去方舱的路上，大家没有说话，巴士在空旷的街道中央等待红绿灯的片刻，边上缓缓驶来同行的巴士上，坐着穿着打扮与我们并无二异的同行，隔着两层玻璃，不到三十公分的距离，我们通过口罩上的一双眼睛，相互鼓励，忍不住默契地比出相互加油打气的手势。

清晨，在舱内熙攘的更衣室里，来自全国不同省份的人因为这一身同样的装扮，相互检查、帮助、鼓励着，"祝你今天早点出舱下班""加油"。甚至，话语结束后你都不知道方才是谁在与你对话。

相对笨重的穿着和被要求的缓慢动作，并没有降低大家的工作效率，面对偌大一个病区，查房、医嘱、护理、检查等全部井井有条，每一个病人在查房结束后都会合掌跟医护道谢，这一个简单的动作让我们感觉到"人间值得"。

"你的第二次核酸复查还是阳性哦。"

"再多陪我们几天，治好了再回家，这样你的家人和你自己才会更安全啊。有什么不舒服的，我们都在。"

"好，我都听医生的。"

在方舱里，这样的对话太过常见，但也最是真实。对讲机里，忙碌频繁的通话，只为了保证每个环节都不出错。

那一头，一天一次的晨间操又开始了，姐姐、阿姨们，皮衣睡衣们都自发向护士站靠拢。角落里，行动不便、有严重颈椎病的阿姨，跟着我做着颈椎复健操。

随着护目镜里冷凝的热气水越来越多，我知道，这个班离结束越来越近了，好像潜水员从水底开始向上游动的那一刻，真的会有对自由呼吸的渴望。我不由自主地深呼吸一下，加油！我还可以再坚持至少一个小时。

众多的救援队员，让在脱衣隔离通道里的等待都变得漫长，严格的感染防控要求在解放身体的最后一刻最为苛刻，大家笑称，这才是真正的"黎明前的黑暗"。

在清洁区脱完最后一层口罩、帽子，尽管一身湿得尽透，但这时才发现，畅快的呼吸是如此的珍贵和美好。

等我和舱外的战友复述杨利伟那句经典台词"我已出舱，感觉良好"的时候，武汉的风是暖的，阳光和煦，江苏队的同行们有的穿着短袖洗手服在阳光里和我们一起等回程的巴士。

真的有春天的味道了。在这座有爱的城市里，难怪樱花异样盛放，今年的樱花香气里，闻得到战友们共同努力的芬芳。

2月25日：青山红日，我们携手踏过

今天有了好消息，明天江夏方舱医院即将迎来第一批23位出院病人，其中14名来自湖南医疗队病区，这个鼓舞人心的数字让每一位战友都激动不已。但我们也清楚地知道，这仅仅是一个阶段，一个数字，这场战役，这根硬骨头，我们还需要咬牙继续。

00：55送夜班战友上了去方舱的巴士，云层厚厚的，看不到月亮，夜风并不凛冽，身边的战友还在温习明天要进舱的注意事项，调整着心态和呼吸。她并没有害怕，而是在尽着自己最大的努力履行好此行的职责，如同这里的每个人一样。

楼梯间清一色的外出服，整齐地挂着，一眼就能看到哪位战友今日轮值，空气流动得很缓，但丝毫没有轻慢。江苏队的鹅黄外套、湖南队的红色外套、舱里统一的绿色洗手服，日间全部的色彩在固定的生活节奏里交织。

相互感叹着吃辣和不吃辣的惊人生活习惯，相互适应着在舱里难以辨名的工

作状态。

这样一场举国的战斗，将无数主动请缨的战士们汇聚在这一块原本应当继续熙攘的土地上，战友们，今日我们防护服下短暂的憋闷，是为了明天更多人脱去口罩后的顺畅呼吸。

我们并不伟大，我们甚至平凡，但是始终要记得在宣读希波克拉底誓言时候的那一份骄傲；战友们，我们的诗和远方已经统统真实地展现在我们脚下，让我们携手并肩，青山红日我们一定能踏过！

2月26日：摘下口罩，世界都是我的！

又是一个早班，住斜对门的胡华主任也赶早一同去查房，同班的是两位第一次进舱的男护士，多少有些紧张，一路上胡主任一边轻快地描述着自己前几次进舱的感觉，一边总结着经验和注意事项给两位小伙子，这里边有我们团队年龄最小的24岁的小蔡同志。

7：15，更衣室里已经开始热闹起来，我熟练地穿戴好防护用具，让身边的战友帮我再仔细检查，也不知道他来自哪支队伍，可能是医生也可能是护士，我不知道也不在意，在这里，没有地域的界限，没有性别的差异，只有自然而然的互助默契。

角落里，护士小浩、小蔡和胡主任相互检查着防护密闭性，一旁院感的廖老师踮着脚尖在给这三个大小伙子贴名牌。这是更衣室里每天再普通不过的日常。

病区里，楼道里，合作办公室里……擦肩而过的大白们透过护目镜，习惯性地相互打气加油，习惯地调侃"你还能多撑几个小时"，习惯性地认真又耐心地解答着每一个病人的疑问。

对讲机里的对话和呼叫声此起彼伏，却没有只言片语的闲聊，严肃的对话却总以温情的谢谢结尾。时间在屏息里过得很慢，在忙碌和关爱中却又走得很快。

即将出院的病友显得分外激动，而因为复查结果依旧阳性或者CT显示病灶没有吸收的病友们会显得有些失落，在围观出院患者合影时，我注意到了他们那些许羡慕又无奈的眼神。

"每个人的病情都有不同，有些人好得快，有些人好得慢，好得慢不代表病情更严重，只是因为你身体这个大工厂的流水线比别人更长，所以工期更长。安心在这里再陪我们几天，很快你也可以回家和亲人拥抱啦。"

在这里，通俗易懂的语言、感同身受的表达以及发自肺腑的耐心，是可以逾越言语、年龄和文化障碍的最好工具。

14：00，师兄准点出现在办公室跟我做交接班，出班还未休息的戴飞跃主任还特意来电询问早班病人的情况以及下午班重点追踪的结果。因为不太放心，下班前和师兄再次查看了重点病人。

都说方舱的病人无重症，但，方舱的医生无轻心！

例行排长队完成漫长又让每个人充满期待的脱除防护服流程，走出清洁区最后一扇门，每个人都满脸压痕却表情轻松地迈步，就像陕西队某个队员说的"摘下口罩，感觉世界都是我的"。

远远的，我的战友们已经等我很久了，我们还是跟第一天一样，同来必同回。以后的每一天，回家的那一天都会一样！

开回驻地的巴士上，远方的友人发信息来，告诉我他们那边的早樱已经开了。

武汉的樱花，请你不要着急，这一年会有更多的人目睹你的美，今天的努力就是明天的胜利！

逆风而行　点亮生命

——我的抗疫经历

江苏省无锡市中医医院　华　吉

没有一个冬天不可逾越，没有一个春天不如期而至，回忆起援鄂的点点滴滴，仿佛一切就在眼前，如梦初醒。

还记得那是元宵节的晚上，正在科室值中班的我听闻紧急召集去武汉支援，没有半点犹豫，毅然决定冲上前线，召集仅仅用了半个小时，大家纷纷从家中赶来，舍小家，为大家。

短短的30分钟，也许经历了这一生最漫长的思考，但自己是党员，这次援鄂，是职责所在，是践行诺言，也是对发挥党员先锋模范作用最朴实的表达。一切来得突然又匆忙，半夜集结，清晨出发，相信大多数人都彻夜未眠，这也是我第一次失眠，一整夜。回到家中看看熟睡中的大儿子，坐下来静静的和孩子他爸简短地说了几句，便嘱咐他去便利店买些东西，事发突然，一切都毫无准备。

出发一早，两个妈妈便来到家里，大包小包的给我准备了好些东西，我说箱子要留地方放防护物资，其他的都从简吧，带两件衣服就行。偷偷地，妈妈们还是给我塞了好多吃的在我包里，忍着泪水帮我剪去了长发。看看大儿子一早就爬了起来，哭着要和我一起去。我苦口婆心地说了好一会儿，和他说妈妈是去打怪兽呀，你还太小，下次再带你一起去，你在家里给妈妈加油好不好？相信这是天底下妈妈们说的最美丽的谎言。至于小儿子，因为住在奶奶家，所以临走的时候都没来得及看上一眼，以至于后来在武汉视频时因为小家伙没喊妈妈，坚强的自己第一次流了泪，生怕孩子年纪小忘了妈妈。

相比战役归来时神采奕奕踏上飞机的我们，依然记得当日踏上飞往武汉飞机的那一刻，所有人坐在座位上，鸦雀无声，内心忐忑，没有人知道武汉的实际情况如何？没有人知道我们要去的战场是否严峻？没有人知道当地的防护物资是否充足？没有人知道我们的归期是何时？我们还没来得及认识彼此，就将一同飞往这次疫情的风暴中心，一切的一切都是未知数。

一下飞机，踏上武汉这片土地，便不由地进入警戒状态，大家不说话跟着大部队依次上车出发去驻地，一路上从车窗外看着这座寂静的城市，黑夜笼罩着大地，唯有路灯和大楼里的万家灯火提醒着我们这里依旧活着，高楼大厦显示屏不断播放着"武汉加油！中国必胜！""为逆行者致敬！"等。这些都是无声的呐喊和发自内心的鼓舞！同车的我们不禁振作了起来。第一次，大家被这座城市所感动，为即将开始的战斗加油鼓劲！

来到驻地酒店，当地的住宿安排出乎我们的意料。但随后武汉人民的热情和对我们无微不至的关怀更是超出了我们的想象，我们并不是孤身在这里战斗，身边的每一个人都在做好自己力所能及的事，在大家眼里，事情没有大小，能帮助别人就好，我们每一个人都是或大或小的齿轮，从未停止过转动，小小的力量积聚在一起就能改变世界。

来不及太多的准备，在休整期间我们组织培训院感防控知识后便开启了病区的收治工作。在这里，我们无锡队130人将整建制接管同济光谷院区E1-8病区。第一次穿上防护服，第一次走进隔离病房，第一次近距离接触新冠病人，内心的焦虑和恐惧不言而喻，但是比起这些，眼前的患者更加需要我们，我们不是冷冰冰的机器，必须要用我们的心来暖化他们。在来到这里之前有些患者已经历了生死离别，有些全家人都已住院或者隔离中，他们的内心是脆弱的，生怕来了就回不去，也没有亲人在身边，对于他们而言我们就是唯一的依靠。

印象中最深的就是吕阿姨，她是一名退休教师，文化素养很高，和我们讲话非常和蔼可亲，由于病情，她所有活动都只得在床上进行，每次都不停地对我们说谢谢。有一次我给她输液，听到我咳嗽了两声，便焦急地问我："丫头，你怎么咳嗽了啊，可千万别染上我们这个毛病啊，你们来这里帮我们太不容易了，可一定要好好的！"其实我只是因为消毒水的气味刺激喉咙而引起的不舒服，但却被吕阿姨细致地观察到了，心里顿时涌过一股暖流。在这里，我们医患、护患之间的关系达到了前所未有的默契，真正的医患一条心。这时吕阿姨正与女儿视频，告知自己的情况，叫家人不要担心，突然讲到了没有换洗的衣裤，家里人全部都在隔离，没法送，该怎么办，我听到后忙和吕阿姨说："明天我给您带，我有！"其实在这里好多患者都有这样的情况，生活物资没有家人送，虽然医院有流程、有资助，但是等待时间较长，于是我们便开始了医务人员自发带生活物品、水果、点心等到病区的行动，一点一点将我们的关心和爱心送到他们身边，在完成治疗的同时更多地给予他们心理护理，增强他们战胜疾病的信心！

有一天，在和吕阿姨聊天的过程中得知，她已经好久没和她的老伴儿联系了，很担心，后来得知吕阿姨和老伴儿是初中同学，陪伴走过了大半辈子，这次新冠一起来住院，但由于老伴儿病情恶化转去ICU后就失去了联系，得知此事后，我便告知吕阿姨一定帮忙联系，于是我便打电话给同济光谷院区各个ICU打听，可惜天不如人意，吕阿姨的老伴儿走了，由于担心知道消息后影响阿姨的治疗，我们便偷偷瞒住了她，告知她阿公转去了其他普通病房，同时家里人也一同瞒着她，本以为可以瞒到吕阿姨出院，谁知有一日吕阿姨在学校群里看到了领取骨灰盒的通知，瞬间就崩溃了，难过了好久，我们也一时不知所措，唯有陪伴她、安慰她，告诉她只有您好好的回家才是对阿公最好的告慰！随后的每一天，我们都非常关注她的心理状态，时常陪她去聊聊天，疏解心中的悲伤。其实吕阿姨一路走来实属不易，来住院时的她病情也是比较重的，好在一直积极配合我们治疗，自己不怕吃苦，看着她一点一点好起来，我们由衷地替她感到高兴，希望她今后一定要坚强！在临走转去同济中法新城院区时看到她微笑的脸庞，看着她日渐康复的状态，我们也放心了！

其实身边这样的人太多太多了，有爷爷想着早点出院回去献血浆救自己孙子的，有住院后病情稍有变化就对自己失去信心的，但是在我们大家的共同努力下都渐渐好了起来，从不能下床到能站起来、能走，从24小时吸氧到慢慢脱氧了，我们的努力没有白费，看着他们一个个的康复出院就是我们最高兴的事，这种高兴是发自内心的。至今我们还与一部分出院的患者保持着联系，得知他们结束隔离回归家庭，由衷地替他们高兴，祝福他们。

在武汉，我们经历了2020年的第一场大雪，度过了第110个三八国际妇女节，在战地为同事庆祝生日，一起齐心协力帮助气切患者翻身俯卧位通气，学习呼吸机的使用方法，等等。从出发时的斗志昂扬、家人同事的不舍，到逐渐适应防护服下的工作，彼此磨合，制定和完善工作流程，大家都越发的默契，慢慢地发挥各自所长，不断增强整个团队的战斗力，帮助患者更快更好地康复。

随着工作的逐步深入，我们无锡市中医医院13人的小组作为中医人，在工作中除了常规的治疗和护理外，也在尝试探索用我们特有的中医优势、中医方案来配合治疗，发挥中医学的优势，帮助患者减轻病痛，为重症患者带来福音。

一日，在一位患者拒绝吃安眠药的启发下，我们针对新冠症状制订了穴位按摩的方案，指导患者取穴和按摩手法。除此之外，对于长期在病房内的患者而言，室内的活动必不可少，适当增加活动不仅可以活动筋骨，也可以防止长时间卧床增加下肢静脉血栓的风险，我们因人而异，对于年老体弱不便下床的重症患者，我们帮助并指导其进行下肢踝泵运动；对于重症康复患者我们教会其中医养生保健操——八段锦，以强身健体。秀枝阿姨就是其中一位，她对我们中医非常感兴趣，认为不仅在住院期间，出院隔离期间甚至回到家中后也能继续锻炼，强身健体，做完操感觉整个人都精神起来了！至今我还与秀枝阿姨保持着联系，得知她在武汉解封的前一天已回到家中，发自内心的高兴，收到她邀请我去武汉游玩的消息也特别感动，原来在武汉，自己也算是有亲人了！

沧海横流，方显英雄本色。一方有难，八方支援。在武汉的支援不得不提到社会才是一个命运共同体，我们医务人员义无反顾地冲上前线，安心作战的背后更少不了后方强大的支援力量，充足的防护设备，大后方源源不断地物资供应，志愿者们的无微不至、四处奔走，送到酒店的家乡菜，各方关心我们的吃喝睡等一切问题以及我们的家人，所有的一切都让我们倍感暖心，毫无顾虑地奋战在一线，为了党和人民的寄托，坚决打赢这场战役。

在武汉，我们流下了汗水和泪水，也许我们不曾发现，在这场抗疫中，人民给予我们的远远比我们付出的更多。我们学会了互相帮助，学会了感同身受，学会了感恩彼此，更深刻体会到了人类命运共同体的深刻内涵。四海八方皆兄弟，这段时间我们与武汉人民结下了深厚的友谊，与并肩作战的队友结下了深深的战友情，更将祖国博大精深的中医学在这里发扬光大，这都是让我们终身难忘和受益匪浅的，相信此刻的中国亦是最团结的，也只有中国共产党领导下的中国才能共克时艰！

作为医务工作者，面对疫情，治病救人是我们的职责；身为一名共产党员，面对困难，挺身而出是我们的责任。自从踏上支援武汉的路途，我们便把自己和武汉人民紧紧连在了一起，在这场没有硝烟的战场上，我们经历了太多，也成长了许多，我们从没有像此刻这般团结，医患同心，其利断金，全国人民、各行各业都在为武汉加油，为湖北加油，为中国加油！

回想起召集的那一刻，我们所有人都没有丝毫犹豫，疫情就是命令，白衣就是战袍，大家斗志昂扬，"我是党员，我先上""医者，生而为人""若有战，召必回"，义无反顾逆行出征。在抗击新冠肺炎疫情战斗的50天里，我们经历了惊心动魄的抢救，切实感受到了患者的无助和对新冠的恐惧，感受防护服下艰苦的战斗，感受双层甚至三层手套下静脉输液和采血的困难，感受不怕脏不怕累的各种护理工作，这所有的压力都化作我们的动力，奋勇向前，汗水湿透衣裤却早已不知，护目镜下的雾气也早已将双眼模糊，双层口罩的压迫早已在我们脸上留下了深深的痕迹，但每当看到患者平安出院，这一切的付出让我们无怨无悔。我们誓言：疫情不退，我们不退，我们要看着武汉一点一点好起来！

"春回疫去萌新色，无情苦难有情人"。驰援时十万火急，一声令下，毅然赴险，离开时不失隆重，同样感人肺腑。生死之交的情谊，简单庄重地与同济本部老师们告别，登上飞机时，许红阳队长给了我们每位队员一个大大的拥抱，感动我们这个团队圆满完成任务，一个不少地回家了！在武汉，我们留下了累累硕果，也留下了令人难忘的感动瞬间，不能长亭送别，但临走时武汉市民随车相送，挥手高喊"再见了，谢谢你们，白衣天使"，在阳台上挥舞着五星红旗，就是最好的饯行。交警以最高礼遇、最深敬意一路开道护航，机场工作人员、志愿者列队相送，便是对我们的高度肯定。

航班：胜利号；

目的地：美丽故乡；

登机口：凯旋门；

舱位：功勋舱。

这样一张援鄂抗疫限量版登机牌，便是最好的礼赞。

事了拂衣去，功成不在我。面对各种高规格礼遇，我们毫无居功之意，离别之时，说得最多的便是感动，感动于党和人民赋予我们的神圣使命，感动于武汉人民的坚强勇敢、全力配合，感动于四面八方对我们的关心和支持，临走时只想再看你一眼，武汉，这片我曾经战斗过的地方，这里有我曾经日夜牵挂的人们。如今，我们凯旋归来，再次踏上家乡的土地，看到家乡同胞们的热情迎接，看到昔日的工作伙伴，看到医院的旗帜，眼泪止不住流出了眼眶，离别时压抑的心情在此刻看到亲人时彻底地释放了出来，我想这是快乐的泪水，是感动的泪水，更是胜利的泪水，战士归来，抗疫精神亦与之融为一体，定在今后的工作中发光发热！

曙　光

──记武汉雷神山医院里的一幕

上海中医药大学附属曙光医院　**许丽莉**

一

"阿婆，感觉胸闷吗？"张兴看着手中的CT片，厚厚的护目镜密不透风，使一些雾气堆积在镜片上，好在还不影响读片。CT片上显示，炎症已侵袭患者大半部分的肺脏，还有一些陈旧病灶，或许有过肺部感染史。他看向面前的阿婆，问道。

阿婆摇摇头，看了张兴一眼。

"您之前住在哪家医院？"

她又摇了摇头。

"确诊多少天了？"

她依然摇头。阿婆目光和蔼，却稍显迟缓。

这样的反应，让张兴有点困惑。为何只摇头不说话？这时，张兴发现她有一张家属联系卡和一封信，拿来一看，明白了缘由。

"母亲七十二岁，罹患老年痴呆症多年，这次不幸又染上新冠肺炎。她平日里就神志不清，无法与人正常交流，我们做儿女的时刻照料在侧。但这回知道她确诊染病并要在隔离病房里治疗后，很是焦虑担忧。儿女没法在跟前尽孝，恳请白衣天使们多加照顾，并恳请你们随时同我们联系。拜托拜谢，感激不尽……"

这是她的女儿写的，信的下半部分，还罗列着阿婆身患的慢性病、既往病史等。

张兴又细看了她带来的其他检查报告，说："阿婆，让我看下您的舌苔吧，张嘴……"

她依然摇头，背过了身。

"阿婆……"张兴轻轻拉过她的胳膊，想号脉，可她却把手臂抽开了。

"阿婆，您不用担心，这里虽然是新的地方，但我们会像您家人一样。"

"阿婆，让我看下您的舌苔和脉搏。"

她还是摇头。

一旁的护士赵丹丽俯下身，握了下阿婆的手，过了几秒钟，她没有抽离。张兴顺势搭上她的脉搏。"张开嘴，让我看一下？"这次很顺利。

看了舌苔和脉象，在纸上写下医嘱，拍下来，传到医生办公室的电脑上。

"阿婆，您安心住在这里，配合我们治疗，会好起来的！"

这是张兴来到武汉雷神山医院后，收治的第一位患者。

二

新冠肺炎疫情发生后，为加强武汉确诊病例的收治力度，继火神山医院之后，近8万平方米、1600个病床位的雷神山医院，于1月26日正式开工建设，2月8日开始交付使用。

张兴是上海中医药大学附属曙光医院呼吸科的主治医师。2月15日临近中午，值完夜班的张兴还在睡梦中，被一阵急促的手机铃声唤醒。

"张兴医师，医院刚开会讨论，从申请援助湖北的同事里，选你作为这次援助湖北医疗队的队员，下午1点请到医院集合，准备出发去武汉雷神山医院。"

"好的！"张兴原本睡眼惺忪，听到任务，立刻清醒，毫不迟疑地答道。

他打电话告诉了妻子。夫妻新婚还不足一年，妻子丁亚杰是上海中医药大学附属龙华医院的规培医生，此时正在门诊跟师抄方。听到他的出征消息后，丁亚杰在电话里哭了："我去虹桥机场送你。"

两小时后，张兴在机场见到丁亚杰时，她没有过多的纠结与不舍，而是平静却坚定地对他说："保护好自己，平安回来！家里有我，不用担心。"

三

张兴和同事们被安排到C7病区，病区内共48张病床，他们分管24张病床。新建的雷神山医院，病区隔离设施规范完善，病房内电视机、暖壶、电热油汀等生活设施应有尽有，医生办公室里都安装有独立空调。

2月16日起，他们开始收治患者的前期准备工作。

他们从上海带来很多医疗物资及病区生活物资，又陆续有装着各类医疗物资的车到达，他们当上了"搬运员"，将各类物资放置到病区的指定位置。看着病房里白花花的墙过于冰冷，他们又成了"装修队"，给病房贴标识牌、祝福语，给每张病床铺上几层被褥，给每台电视机做好调试，做着简单而温馨的布置整理。他们还是严谨细致的"丈量工"，一遍遍地来回走，熟悉病区环境，清洁区、半污染区、污染区，查看从病房到CT拍摄室有多远，从病房到医护休息室有多远。他们更是信心满满的"作战员"，不打无准备之仗，一遍遍地学习防护隔离步骤和注意事项，把相关的诊疗指南烂熟于心。

在这里，大家是同舟共济的战友，是彼此信任的贴心人。

雷神山医院在江夏区，距离张兴住宿的宾馆有20公里。医院排了班车，每日来回接送。刚到武汉的几日，下了雪，宾馆里不能开中央空调，就用从上海寄来的电热油汀取暖，穿上棉衣、棉裤、棉拖鞋，张兴说，我把大家送的温暖都穿在了身上。

"曙光医院还从上海寄过来好多吃的。"张兴在电话里同妻子丁亚杰说，"数给你听啊，巧克力、午餐肉、酸奶、水果……所以，不用担心我。"

四

准备工作一直做到19日下午。

2月19日下午16点起，随着救护车的陆续抵达，两小时内，张兴和同事们管理的24张病床就收满了患者。

这是张兴第一次正式穿上厚重的防护服，直接接触新冠肺炎患者。

穿戴防护装备，张兴虽操练过几次，但依然非常小心地做着检查，每处接合的地方都用胶条缠两圈绑住。

很闷、很热、很重，有些眩晕，防护镜片上的雾气模糊了视线……不过，应该会马上适应的。张兴这么想。

宋秀明医生率先进入污染区给一位患者摸了脉象、看了舌苔，张兴见此更壮了胆，接诊了第一位患者。两个患者看完后，悬着的心放下了。

望、闻、问、切，他们根据中医四诊信息辨证施治，开中药方子，再交由药剂科代煎后，分发给患者服用，确保每位患者在吃西药的同时，能用上中药汤剂。

来雷神山医院之前，张兴对一线医护人员脱下防护装备后满是勒痕的脸有充分的思想准备，但在镜子里看到自己坑坑洼洼的脸时，仍不免有些吃惊。此时，前胸后背湿漉漉又凉飕飕的感觉袭来。他发现，自己整个人就像刚从水里爬出来似的。

"我才穿了两个多小时的全套防护装备，而护理人员们在病床前是我们数倍的时间，可想而知要承受多大的压力……"张兴想着，心头一颤。

换上紫色隔离服，坐到了办公室座位上，他打开电脑，点开在隔离病房内拍摄并传输来的医嘱，做着整理，并逐条录入。直到第二日上午9点，张兴才下班。这是他在雷神山医院的第一个班，整整17个小时。

五

2月21日晚上18点，张兴开始了他在雷神山医院的第二个夜班。

他挨个了解患者情况，血压、心跳、体温、血氧饱和度、验血报告……来到阿婆床前时，见血氧饱和度较之前有了改善。

"阿婆，今天感觉好点吗？"

"好。"

"胸闷吗？"

"好。"

"有啥不舒服吗？"

"好。"

"等全部患者看过一遍后，我推阿婆去CT室拍个片子。"他对护士赵丹丽说。

"炎症确实吸收了一些。"看着电脑里的图像，张兴松了一口气。

张兴给在上海的同事发消息："在中医药的坚持配合治疗下，我相信重症会越来越少，越早干预，效果会越明显。我们每天都鼓励患者，要有信心，离出院不远了。"

这一班，一直到第二天上午9点。

新一轮曙光从地平线上升起，照亮了荆楚大地，照亮了雷神山医院，也照亮了病房床头贴着的两行大大的字：祝您早日康复，曙光就在前方！

奔赴抗疫一线　无悔青春时光

《中国中医药报》社有限公司　李　娜

　　2020年注定是不平凡的一年。面对突如其来的新冠疫情，1月23日，上千万人口的武汉"封城"，灰色的阴云笼罩在所有国人的心头。未来，等待我们的将是什么？

　　作为一名中医药行业报记者，我虽在家中，但已经隐隐约约感到形势严峻。这个春节，再也不似往日平凡祥和。从媒体上看到一批批白衣天使逆行出征，"战争""战场"这些词开始在我的心里回荡。我意识到，一场重要的战役已经打响，中医人英勇奔赴前线，中医记者也不能缺席。

　　2月5日早上，我接到赴武汉前线报道的指示，来不及多想，便立即收拾行李，订好当天高铁票即刻出发，而这一系列的动作前后不到3个小时。作为一名参加工作一年半的90后新兵，父母也曾深深担心我的安全，但我知道，奔赴一线是新闻记者的神圣使命，在前线，还有很多人与我们一起战斗。

　　的确，在武汉，我遇到了许许多多的同龄人，他们把阳光、欢乐和信心送给患者，把辛苦、汗水和风险留给自己，他们的奉献精神深深地感动着我，也激励着我坚定向前。

　　在武汉采访的60多天，我以一名新闻记者的视角，看到了英勇的医护工作者不畏艰险挺身而出，见证了中医药对新冠肺炎临床救治的良好疗效，也感受到了中医人团结一心众志成城。我迫不及待地把所见所闻写成文字，发自内心为中医药人自豪，为中医药事业骄傲，也为自己是一名中医药行业报记者感到幸运。

　　两个多月来，在领导和同事们的大力支持下，我和同赴武汉的另一名同事克服困难，奔走在医院、社区，实地采访，真实记录中医药深入社区防控、治疗方舱轻症、决战重症、危重症等重大事件，以求真务实的态度，不断去粗取精、去伪存真，确保报道全面、准确、客观、深入。

还记得，为了报道好清肺排毒汤的疗效，我走医院、访医生，持续追踪3天，打了几十个电话，听到了出院患者最真实的心声——中医药能救命。那一刻，我的心深深为之触动。在雷神山医院，我看到一位老人出院时双手紧握主治医生的手迟迟不愿松开，他说自己之前是重症，是中医药让他活了过来。那一刻，我看到了老人眼中的闪闪泪光。

在这场没有硝烟的战争中，我们采访了一个又一个英勇的医护战士，记录了一个又一个真实感人的故事，看到了中医药在国内国际抗疫中的巨大作用，也见证了中医人救死扶伤的大爱无疆。

我深知使命在肩。持续奋战60多个日夜，我以通讯、消息、视频、音频等多种形式，在报纸、网站和移动端接连发表了《清肺排毒汤治疗新冠肺炎显身手》《中医攻坚重症：悬崖边的生死较量》《方舱医院，铭记一段历史，刻下中医痕迹》等多篇报道，诞生了多篇10万+的"爆款"文章，我用手中的笔、相机和电脑做武器，与前方的勇士们一起战斗！

参加武汉抗疫报道，注定是一次刻骨铭心的新闻实践。它让我深刻感受到，武汉人民是英雄的人民，中国人民是伟大的人民；它让我对中国体制优势有了比以往更深刻的感受和理解；它让我对中医药特色优势有了更深刻的理解和感受；它让我更加坚定了作为一名共产党员的初心与理想。

"广大青年用行动证明，新时代的中国青年是好样的，是堪当大任的！"3月，当我在武汉看到习近平总书记给北大援鄂90后医疗队员的回信时，那一刻，我觉得总书记的信也是写给我的，眼眶不由有些湿润。随着新冠患者陆续出院，方舱医院接连关门，振奋的消息让我对抗疫胜利始终充满信心。在雷神山医院撤离仪式上，我与援鄂医疗队员们一起欢呼，一起流泪。这让我想起艾青的那句诗，"为什么我的眼里常含泪水？因为我对这土地爱得深沉。"

保尔·柯察金曾说，人最宝贵的是生命。生命对于每个人只有一次，人的一生应当这样度过：当他回首往事的时候，他不会因为虚度年华而悔恨，也不会因为碌碌无为而羞愧！奔赴抗疫的一线，是我人生重要的一课，也是我人生崭新的起点。博大精深的中医药文化、中医精神，已融入我的血液，让我无悔这青春时光。在这激情燃烧的时代，我与千千万万的中医药人，愿以青春之力为中医药事业鼓与呼，不负韶华，不负时代。

援鄂日记

中国中医科学院西苑医院　　王　冰

　　2019年年末至2020年年初的这一场新冠肺炎大疫，对于一名医生，尤其是呼吸科医生来讲，更像是一场大役。在得知武汉新冠肺炎的疫情之初，我就暗下决心，家国大难在前，身披白衣，挺身而出，舍我其谁？时值除夕夜，得知武汉前线告急，需要支援，第一批国家中医医疗队准备集结，随时待命出发时，我告诉自己：嘹亮的号角已响彻云霄，是战士，必须冲锋！我想，这动力，除了身为医生的职责所在之外，或许还与我的祖辈及父辈均是革命军人有关，自幼耳濡目染的家庭环境，使得我心底深埋革命英雄主义的种子。于是，匆忙吃过团圆饭，暂别亲人，我与第一批国家中医医疗队的战友们　起，在庚子年初一之夜，抵达江城武汉。

　　武汉是座英雄的城，无数壮美的传奇在岁月长河里流传千古；武汉也是座美丽的城，江汉朝宗，九省通衢，多少迤逦奇景天下驰名。在这肆虐瘟疫笼罩下的江城，像是时钟停摆了一般静默，这城市正在承受一场未知的苦难，而我们，身背急救箱和百草来到这座城市。

　　武汉市金银潭医院成了全国甚至全世界瞩目的地方，成为"风暴之眼"，是重症新冠肺炎的主要收治点之一。而南一楼，是我们医疗队的主战场，当我们全面接管病房时，当地的医护人员已经在此疲劳作战了近1个月的时间。作为生力军，也作为中医"国家队"，我们责无旁贷。

　　一开始，疫情远比想象中更加复杂而严峻，初进隔离病房的窒息感与恐惧感一度让我晕眩，身旁的呼吸机和监测仪的嘀嘀声，更加令人紧张。但开始与患者交流之后，我所有的负面情绪竟然一扫而光。看着他们充满信任的眼神，我告诉自己，烈性传染病患者也都是和我们一样的血肉之躯，只是他们更加无助，更加直面死神。而我的职责，是以我的专业知识和技术作为武器，和他们一起并肩作战，驱散病魔。

初来江城的夜，冬雨淅沥，湿冷透心，令人瑟缩。当我在病床旁抢救垂危的重症老人无效；当我看到伴他半生、同为病患的老妻得知噩耗，独自垂泪，坐在廊中；当听到重患呼吸窘迫、痛苦呻吟时……我的心，在滴血。

如今，20多天过去了，江城的暖阳，越来越多地从云端露出，洒向城市的每个角落，庭前早春的腊梅和山茶已经绽放，听着院中的斑鸠和喜鹊叽喳的鸣叫，我知道暖春不日将至。当我告诉患者我们来自北京，他们露出满是感激和希冀的笑容时；当我们告诉患者复查结果好转，准备择期出院，他们大松一口气时；当我们看到一个个胸部CT上的大片阴影在治疗后如潮水般退去时；当查房结束准备走出隔离病房，听见身后那一声声由衷的"谢谢"时；当患者好转出院，表示中药效果真的好，主动要求出院带药时……我觉得，所有的付出和辛劳，都值得。

"历史的道路，不会是平坦的，有时走到艰难险阻的境界，这是全靠雄健的精神才能够冲过去的。"这是李大钊在《艰难的国运与雄健的国民》的文中所记，虽然年代已久远，但豪迈坚毅的精神，却深深鼓舞着我。如今身在武汉的我，向临时支部递交了入党申请书，并有幸被党组织接纳，火线入党。我深知，这是信任、是荣耀，更是责任，是继续负重前行的动力。

请放心，我定会恪守诺言，打赢这场硬仗，平安归来！因为我在武汉、在湖北、在中国，看到人心汇聚的力量。相信很快会走出这至暗时刻，曙光就在前方……

党徽在这里闪光

——疫情下的透析室

中国中医科学院西苑医院　张晶晶　余仁欢

停不下来的血液透析，新冠感染一触即发

新春佳节将至，本是万家欢庆的时节，然而新冠病毒阴云笼罩，大部分人在家居家隔离，往日繁忙的医院病人骤减，显得格外安静，甚至有些令人窒息。但医院有一个特殊的科室，却是一如既往地忙碌，这就是血液透析室，一个从来不能停歇的特殊科室。这里有尿毒症患者的"生命线"，他们的生命在这里延续。透析患者常年每周3次往返家庭与医院，用老百姓的话说就是"洗肾排毒"。他们是特殊的群体，在医院里透析室的白衣天使们专门为他们服务。每周工作6天，风雨无阻，从没有法定节假日，为了给这些脆弱的生命保驾护航，随时与患者一起艰难与共。

此次新冠疫情来势汹汹。2020年1月19日，北京抗"疫"刚刚打响的第一天，针对透析人群容易聚集、流动性大、抵抗力弱、易感性高的特点，肾病科支部党员及早规划、主动请战，站在抗疫的最前方，积极学习防疫知识，及时了解疫情的动态变化，制定风险防控的流程。在于大君主任和白英护士长的领导下，及时发出预警，提高所有工作人员的防控意识。

随着疫情急剧变化，血液透析风险与日俱增，成了医院里风险最高的医疗场所之一。如何保护透析患者及透析中心工作人员避免受到病毒侵袭，成了我们面前最大的问题。

疫情让我们如履薄冰，在这种无形的高危压力下，支部书记科主任余仁欢从大年初一开始，多次亲自到透析室值班，掌握第一手资料，了解防控漏洞。积极

向医院领导和感染科主任汇报，引起领导的重视和支持。余仁欢主任还亲自制定透析室防控预案和工作流程。在疫情危急时期，于大君主任和白英护士长迎难而上，共产党员张晶晶、张颖、杨云、李昊积极响应，带领全体医护人员，按照上级要求和医院规定，结合透析室的工作特点，先后制订了多版患者告知书，并亲自监督患者及家属签署各版告知书。白英护士长带领护理组，从每一个细节不厌其烦地向患者及家属传授防疫知识，教会患者及家属洗手、消毒、隔离等，在最大程度上保护工作人员和患者。

疫情刚刚开始的时候，陈姓腹透＋血透患者上机前测体温明显升高，但是本人并无不适感，这种情况下，必须严格、仔细地询问流行病学史及武汉人员新冠肺炎病人接触史，患者均否认。在医院应急预案还没有出来的时候，透析室就开始制定自己的发热患者应急预案，很快并合理地解决了患者的发热问题。除了行相关检查排除病毒感染之外，最重要的是与其他正常透析患者错开上下机。并在医院的协助下，很快整理出一个隔离透析间。发热患者透析结束后隔离透析间再进行强化消毒。

为了保证透析室工作的顺利进展，白英护士长在整个疫情期间，一天都没有休息，每天早上六点半就到科室开始安排工作，针对前一天患者出现的安全隐患，进行重新调整布局，尽最大可能减少感染的风险。除此之外，护士长还主动监督每位患者必须安全上下机，在透析过程中带着当班护士不停巡视患者情况，监测患者体温，整理各种方案，每天一直忙到最后才会离开透析室。即使在防护资源如此紧缺的情况下，经过护士长的"精打细算"，每位在岗人员都得到了最大的保护。

随着疫情的防控力度逐渐增强，透析室的压力也越来越大，透析患者的哪怕一点点的不适症状，在我们看来都是一次考验。如有的深静脉置管患者因导管感染而发热、有的患者因糖尿病足坏疽感染而发热、有的患者不明原因的严重腹泻、有的患者在家突发喘憋，肢体活动不利等症状……，考虑到透析患者病情较复杂，医护人员警惕性极高，反复仔细追问流行病学史及接触史，安排各种检查排除病毒感染，之后指导患者该如何就诊，甚至陪同家属到门诊取药后亲自给患者治疗。在白英护士长的带领下，透析室的所有医护人员及工勤人员在疫情期间兢兢业业，不怕苦不怕累。

2月20日北大人民医院透析室出现新冠确诊病例，把透析室疫期防控推到了风口浪尖，对透析中心提出更高的防控要求。院领导张允岭书记高度重视，徐凤芹副院长要求进一步提高透析室防控意识，制定更严格的防控流程，把风险降到最低。徐凤芹院长指示增加透析班次，将每天两班改为三班，减少每班次透析患者的人数，避免每班次患者之间接触。2月24日徐凤芹副院长组织张翠珍主任、余仁欢主任、于大君主任、白英护士长召开现场会议，完善透析防控流程。要求肾病科工作做到全科一盘棋，门诊、病房、透析室相互支援，但又分工协助，减少交叉感染风险。为了落实院领导的指示精神，肾病科决定，透析室一名医生、一组护士，负责一批透析患者。为此透析室增加夜班透析，给原本紧张的工作增加了更大的工作量。医生及护士、技师及工勤人员工作人手紧缺，科主任余仁欢书记，紧急动员，所有人员及透析患者积极响应及配合，共产党员冲在前面。每天晚班透析结束，已经是深夜22点多了，回到家中就更晚。有的同事，甚至住到了医院，以科室为家。共产党员工程师李昊同志，负责水处理和机器维护，工作从早到晚，每周6天，没有怨言。杨丛旭医生主动报名，承担周一到周六晚班透析值班，科主任余仁欢每周一次亲自值夜班，以减少大家的工作压力，缓解大家焦虑情绪。共产党员病房护士长袁颖同志，派护士支援，同时，对患者、护工、家属不间断培训。

肾病科是一个团结协助的集体，病房和透析室相互支持。一切为了病人，不能因为防疫影响患者的求治。一位透析患者出现发热、喘憋病情加重，需要紧急住院、一位居住老年公寓需要隔离透析的老患者、一位四处求医无门的尿毒症患者、一位糖尿病足坏疽而致全身脓毒血症的患者，重度贫血、肝衰、心衰，这种情况其他科室无法收治。肾病科在做好严格防控的前提下，为患者排忧解难。余仁欢主任强调，在非常时期，我们作为医护人员的要更好地承担救死扶伤的责任，勇于担当，不能因为怕担风险，而推卸责任。只要自己透析室患者需要住院，无论什么情况都必须要收住患者。

都说疫情是面镜子，那么在这面镜子里我看到了肾病科的温暖，看到了关怀，看到了奉献。袁颖护士长的母亲在疫情期间病情加重了，为了方便照顾，袁颖护士长将母亲接到了肾病科住院治疗。白天忙于医院及科室的防控工作，她不得不放下牵挂；晚上照顾母亲，使得袁颖护士长疲惫万分，但是自己的母亲谁不愿意多陪一陪呢？尽管如此精心的照顾，仍然没能留住母亲，袁颖护士长强忍住内心的悲伤，又连续工作了两天，直到周末有假了才回家去安排相关事宜。

在这场没有硝烟的阻击疫情战场上，肾病科的医护人员虽然没能奔赴武汉抗疫一线，但大家用辛勤的付出和忘我的工作，守护自己的家园，守护着120多位透析患者和众多来院求医的患者。我们精益求精的工作、和蔼可亲的人文关怀，是透析患者赖以生存的保障。透析工作日复一日，年复一年，血液在这里换了一遍又一遍，我们爱也在这里悄无声息地融入患者心里。

透析室，虽不是发热门诊，不是新冠肺炎隔离病房，但是这里疫期一触即发。生命所系，性命相托，防控责任重于泰山，肾病科的共产党员和透析室的全体工作人员在平凡的工作岗位，用专业精神和严谨的态度，勇于担当、乐于奉献、不忘初心、牢记使命！

情系新冠　勇担使命

——新冠疫情之工作手记

中国中医科学院广安门医院　李　斯

除夕当日　紧急培训

作为支援发热门诊的副护士长，又是援鄂医疗队的成员之一，除夕上午9点，我准时参加了医院举办的援鄂医疗队全员培训，了解了新冠肺炎的相关诊疗知识及防控要点之后，发热门诊的护士长现场演示穿脱医用防护服，并讲解技巧，再分组进行练习，医院感染办公室的老师们亲自指导，指出存在问题，讲解细节技巧。队员们都练得如火如荼。最后院领导给大家鼓劲、加油，说着说着领导们都红了眼圈，湿了眼眶。培训结束，我及时去采供部领取了援鄂的医疗物资，医院为我们医疗队队员准备了丰富的医疗用品和生活物品，甚至还有适宜湖北当地环境的应时用品，让人既暖心又感动。当晚我便准备好行李，时刻关注群里消息，一边听候组织安排，一边学习着发热门诊的常规工作流程，随时待命。今年的除夕我第一次一人在北京度过，虽然冷清，但却紧张而充实。

大年初一　初上岗位

今天是我支援发热门诊的第一天，我早早地来到发热门诊。带我的老师是已到退休年纪的刘玉凤同志。因为新冠疫情，本该2月份退休的她，作为一名老党员，主动提交了延迟退休的申请。她任劳任怨，亲力亲为做着每一项工作，我被她的无私奉献精神深深感动。在她耐心细致的指导下，我很快掌握了常规工作流程，开始协助医生们穿脱防护用品，为医生的安全，为患者的健康把关。更让我深刻认识到物表消毒工作看似虽小，却至关重要，大到门窗，小到门把手，键盘鼠标，都必须认真擦拭，把病毒扼杀在摇篮里。

养兵千日　用兵一时

一有空，我就练习防护服的穿脱技巧，熟记护理疑似新冠患者的相关流程和注意事项，不断学习更新新冠肺炎知识，希望自己能掌握更多的理论和技能，更好的为患者服务。此时的我就像一个战士，用知识和技能武装自己，时刻等待迎战。每次接班我都认真查看交班本，仔细询问同事在工作中的经历和心得。每每听到她们身穿防护服为患者抽血时，每每看见群里晒出的武装严密、自信满满的照片时，我都为他们感到骄傲和自豪。

2020年2月4日，我在发热门诊主要负责污染区。得知现在隔离病房内是一对老年夫妻，有武汉旅居史，妻子有呼吸道症状，丈夫没有任何症状，想进一步明确而就诊。患者标本的采集和送检时间是有规定的，必须要等CDC的通知。在漫长的等待中我认真检查所有穿戴的防护用品。此时，陈兰羽主任、闫桂香护士长和另一位同事也来帮助我，主任关切得告知我患者的大概情况，叫我不要紧张；护士长再次详尽地给我讲述采集标本的注意事项；同事把防护用品依次递到我的手上，协助我穿戴。圆帽、N95口罩、鞋套、清洁手套、防护服、靴套、无菌手套、护目镜，我一步一步认真进行穿戴，每一件防护用品都是我的铠甲，都是我对抗病毒的武器。第一次把N95口罩扣在自己的脸上，有一种熟悉而又陌生的的感觉，感受到了它粗糙的纤维材质，坚硬的金属鼻夹和那弹力十足的系带带来的紧绷，我相信它定能保护我安全。穿上宽大的防护服，我变成了肥肥的"企鹅"，仿佛有了一层厚厚的脂肪，浑身都暖洋洋的。穿戴完毕，主任和护士长又为我仔细检查一遍，把容易暴露的地方用胶带帮我粘上，我被包裹得天衣无缝。当走到贴着"禁止入内"标识的门前，身后传来她们鼓励的话语，我转身给她们留下胜利的手势。内心有一个声音一直在呐喊："我来了！"

在隔离室，我见到了那对夫妻。阿姨先开了口："太好了，该抽第二次血了，马上就能出结果了。"我一边打量着她们，一边急忙回应了一声"是啊！"然后按照常规三查七对后进行标本采集。在这期间，阿姨不停地说着"我们肯定不是，我们没有接触，我就是普通感冒，只是有些担心，想检查一下，免得传染别人。"

我边抽血边和他们说说话，以缓解他们紧张的情绪。两人的血管条件非常好，我之前的担忧也一扫而空。尽管护目镜模糊了我部分的视线；尽管双层手套影响了我触摸血管的弹性，可我还是一针见血干脆利落完成了任务。叔叔阿姨都说，一点也不疼。我真心感到了他们的坦诚、朴实和善良。抽完血，我一边遵医嘱发放口服汤药，并协助他们服药到口。一边和他们聊着天，进行心理护理。时间在一分一秒过去，长时间佩戴N95口罩让我有点喘不过气来；冷冰的金属鼻夹压着我的鼻梁；紧绷的头带死死地勒着我的脖子，刚才防护服里的热气已经退去，慢慢的，我甘涛后背开始发凉，手脚冰冷。阿姨察觉到我的异样，连忙说："孩子，你穿得太少了，去歇会吧，我们没事，有你们在我们有信心。"按部就班做完各项工作，我从隔离区返回开始脱掉防护用品，此时只有我和一面镜子，我小心翼翼地减慢速度，生怕污染了其他物品。按要求每摘除一个防护用品前后都认真七步洗手，先头向下，轻闭眼睛，缓慢摘下护目镜放在1000mg/L的含氯消毒剂中浸泡，这为我脱下污染程度最高的防护服擦亮了双眼。我看着镜子中像一个充气气球的自己，小心翼翼地撕开粘贴条，拉下拉链，一手拉着衣口的一角，一手脱下帽子轻轻下压，让后双手拽着双肩衣服一点点往下滑脱，当我能反手到背拉着帽子时，我把帽子抓在手中向下向内翻卷，整个过程中，我的手都是包裹在外层的防护服里。卷到腰时，我仍保持双手在防护服里慢慢前移，把前面的防护服卷进来。此时的防护服就像一个救生圈一样渐渐掉下来。随即我进入了半污染区，透过玻璃门，主任和护士长早已在门口等候，在他们的提示下我按顺序摘除鞋套、N95口罩、圆帽、内层手套。一切完毕时，我推开进入清洁区的门，再次感受到新鲜流动的空气时，就算是寒冬的冷气都变得那么沁人心脾。护士长迎上仔细打量着我，心疼地说："怎么样，还顺利吧。鼻子和脸都压红了，还有脖子也勒红了。怎么双手也那么红？酒精过敏吗？痒不痒？"我淘气地说了一句："我的手喝醉了，不过挺好看的哈，像戴上了一双粉红色手套。"说完大家都乐开了花。就这样，我完成了第一次全副武装直面病毒。

步步惊心 化险为夷

随后的日子经常有我上"战场"的机会，对护理流程早已烂熟于心，对护理工作早已驾轻就熟。但是在2020年2月11日这一天，我永生难忘。那天是和刘玉凤老师搭班，刚上班不久就接诊了一位疑似新冠肺炎的老奶奶，刘玉凤老师一边帮我我穿戴防护服，一边嘱托我多带一套穿刺工具以备不时之需。当我协助患者脱下厚重的衣服，撸起衣袖，我迟疑了。在我常规穿刺的肘部，我并未看见一根血管，带着双层手套的手指显得无比笨拙，何谈感受患者血管的弹性。为了保险起见，我仔细在上肢寻找，腕部没有，能看见的其他位置都没有，我虽然心咯噔一下，但还是让自己先放松，让患者也放松。我直起已经发酸的腰，深深地吸了一口气，安慰自己说办法总比困难多。"阿姨，您平时抽血都在哪个胳膊啊？在哪个地方抽的啊？""护士，我的血管是不好，你别着急，慢慢找，我不怕疼。我记得上次在左边的这个位置抽的。"循着手的方向，透过渐渐模糊的护目镜，我似乎看见一个小鼓包，以我的经验也许这是一个因长期抽血遗留的静脉窦。好，就它了。我信心满满地快速进针，不好，没有回血，我的心顿时提到了嗓子眼，一瞬间我的的后背和额头开始冒汗，浑身像被装在了一个蒸笼里，奇热无比。我先稳了稳了浮躁的情绪，然后调整了下穿刺角度和方向，还是没有。我很失望，为了减轻患者的痛苦，我毅然决定拔针，向阿姨真诚地表达了歉意。此事，耳边虽然是患者温暖的安慰，但是我仍然有些挫败。随后我回过神来，我不能因为我的技术问题而浪费一套防护用品。于是我在另一只胳膊开始地毯式的搜索，昏暗的灯光下、满是水汽的护目镜，让我的脸几乎贴在了患者的胳膊上，有一条隐隐约约的淡蓝色线出现在我的面前，像极了静脉血管的走向，虽然没有弹性，但是一按便消失，我想这次应该没错。有点颤抖的右手握针快速进入皮下，直奔蓝色。有回血了，采血成功，我兴奋地想跳起来，真想像在奥运会场上胜利的选手一样，披着五星红旗绕场奔跑。

在发热门诊支援的日子让我终身难忘，一个多月下来，有苦有乐，有汗水也有感动，有领导的支持也有同事的鼓励，虽然和远征湖北的战友们相比，我做得还微不足道。但我相信，脚踏实地地完成每项工作，以实际行动践行南丁格尔的誓言，定能为筑起抗击新冠疫情牢固防线贡献自己的微薄力量。

拂一肩花瓣雨，一路北上

福建省宁德市中医院　**张春惠**

> 风声鹤唳的时光走了，
>
> 心里有一座桥梁，
>
> 是自己通向自己的桥梁，
>
> 我看到对面的自己有了翡翠的光泽，
>
> 闪着苍绿的颜色。
>
> —— 雪小禅《繁花不惊，银碗盛雪》

　　无论是偷得浮生半日闲，还是十里迢迢、风尘仆仆，我的心，都是灼热的，像是烈火烹油、鲜花着锦，又像是玉兰一盏不染纤尘。

　　雪小禅说：松花酿酒，春水煎茶，素喜光阴，四时长忆。世间最动听的词语，不过是：待到山河无恙，人间皆安时，依旧惜君如常。

　　日历悄无声息掀到了三月的尾声，这一日，与往常并无不同。午后，临时接到单位通知，需要选派一名护理人员次日前往山东参与福建省驰援省外入境口岸疫情防控，但是具体的时间、地点、任务以及同行人数均为未知数。虽然对"前路未卜"心怀忐忑，但还是不假思索主动请缨，稍稍弥补了二月请战援鄂未能成行的遗憾。

　　小妞得知我即将远行，一边揉搓着眼眶，一边强颜欢笑，我知道她在掩饰，掩饰她的眼泪，掩饰她的不舍。

　　由于时间异常紧迫，所以第一时间匆匆赶往单位交接工作。暮色四合时，华灯初上，终于接到电话通知，告知次日7：50在宁德市卫健委集合前往长乐机场……深夜，加完班走到室外，香樟树下潮湿一片，才惊觉原来已经下过了一场雨。

简单收拾行囊，小妞像一只"呱噪"的小黄鹂，点数、打下手、不断提醒我不要落下必需品。这个小小的她，虽然常常惹我恼惹我怒，但是那么悠长又缱绻的时光长河里，又只有她最温暖我。

与某人结婚十余载，第一次执手提梳，不是为了挽青丝，而是剪一地旧日纠缠鬓。剪短长发，只待轻装上阵。

第一部分　经年之别，不同的旅途

3月24日　济南　多云

一夜无眠，终是堪堪辗转到天明。安静地离开，和你轻轻吻别，在这朝阳初起而你酣然睡去的清晨，我的天使我的妞。

寂静的街市有些许凉意，风拂过脸颊，像是你无声的执念。再望一眼沐浴在熹微里的我的小城，迎着东方冉冉升起的红日，坐上了去往机场的大巴。

飞机在三万英尺的高空航海梯山，下午两点半抵达济南遥墙机场，驱车前往酒店。斜阳落在眉睫上，而心底早已波涛汹涌。三年前的初秋，我拖着行囊去到青岛，见过那里湛蓝的天和艳阳下绚丽的光。三年后的暮春，我背着背包再次踏上这片齐鲁大地，却是开启一段不同寻常的"抗疫之旅"。阔别三年，殊途同归。

第二部分　殷殷缱绻，固执的驰念

3月26日　威海　雨

晨起下起小雨，晌午雨势渐强。低于5℃的气温，一行人在寒风凛冽里冻到瑟瑟发抖。倒春寒，正是此刻的模样吧。

清晨七点半，驱车四十分钟到威海大水泊机场，与边检、海关、机场负责人了解航班具体情况。

当夜查询到有6名闽籍人员落地威海为中转站再入福建。连夜十时赶往文登区集中隔离点。行车途中窗外景致迅疾后退，是这座安静的城，此时已是寂寂无声。水光潋滟之间，好似安安睡去。

回到酒店，编辑发送完工作简讯，零点的钟声已然敲响。而汇总信息、填报表格还在继续。持续到午夜一点半，十余个小时，一直在路上。

打开手机，看到小妞深夜发来的消息：妈妈，我想你了。随后截来一周的天气预报，叮嘱我注意保暖。眼里泛起隐隐的泪光。这个角色，仿佛本末倒置，明明需要我关注的她，却反过来对我嘘寒问暖。

你见过威海凌晨两点半的春夜吗？漆黑、空寂、萧瑟、清寒，呼啸而过的北风刮得窗棂似空谷回音。仿若我的城池，盛夏时分的台风过境。

第三部分　山河远阔，如烟的繁花

3月28日　威海　晴

上午，如旧前往威海机场。每每在车上"颠沛流离"的时候，我多么庆幸某人彻底"治愈"了困扰我二十余年晕车的顽疾。

涉密原因，我们始终无法在海关处得到第一手资料。所以只能通过分流旅客、核验信息以及现场问询的方式来摸排。中午接到航班号为7C×××1从首尔仁川机场出发的国际航班，从飞机落地到乘客全部转至隔离点，整整过去三个多小时。待回到酒店用完午膳，已然临近下午四点钟。

驻鲁以来，行在路途，透过车窗看到一树一树的樱花和梅朵开得热烈繁盛，染红了春口的眉骨。总是情不自禁想起千里之外，我的蕉城，我的城。想起惠风和畅的清晨，想起草尖上泅绿的露珠，想起小岭村绽放的桃红。《爱情雨》里有一句话：人之所以有两条胳膊，是为了拥抱心爱的人。而我以为，我们之所以不妥协，就是用心去丈量这片深爱着的山川与湖海。

第四部分　拳拳亲情，彼此的深爱

3月30日　威海　晴

在山东的第七天。淮河以北，艳阳之日，清风寒凉，枯枝未发，高远的天际偶有喜鹊扑棱棱凌空飞过。一周的光景，短暂又漫长。

一日复一日，小妞最期待的时刻，莫过于等待我空余下来之后零星的视频。她总是一段一段给我留言：妈妈，我想你了；妈妈，你在工作吗；妈妈，你什么时候回来；妈妈，天气很冷你要注意保暖；妈妈，我要不要给你寄衣服；妈妈，我怎么感觉你离开已经好几年了……即便我没有及时回复她，她也依旧孜孜不倦。

某些时候，我读着这样朴素的句读，每一个字里都好似浸满了水，那么潮湿，那么柔软。总是不经意被触动，心头细软纷纷落下。泪盈于睫不言语，这被惦记的情愫，宛若褪了色的樱花瓣，又仿佛未开透的桃花骨，那么轻也那么暖。茕茕孑立在北方的深夜，仰头望向深邃的天幕，亲爱的小妞，我多么想让"不睡觉的星星，代替我吻一吻你的眼睛"，因为我的影子里都写着爱你的模样。

第五部分　素昧平生，信任的力量

4月5日　威海　晴

傍晚，仍旧和隔离点两个女子通信，其中一位是孕9周的准妈妈。因为一路颠簸舟车劳顿，情绪颇为颓败。她说，这一路太难了——订退机票、转机等待、几经波折、长途跋涉……

虽然深深明了安慰很苍白，但倾听也是一种无声的抚慰。所以我希望能够在闲话家常的方式上为她缓解焦躁心理，并且尽力给予护理专业知识方面的帮助。我的心愿很小，小到哪怕仅仅只带去一丝温暖也深觉了无遗憾。最初的她谨慎防范，后来的她感激之情溢于言表。萍水相逢也好，素昧平生也罢，推心置腹始终是通往信任的捷径。她收获的是勇气，我收获的是欣慰。赠人玫瑰，手留余香。

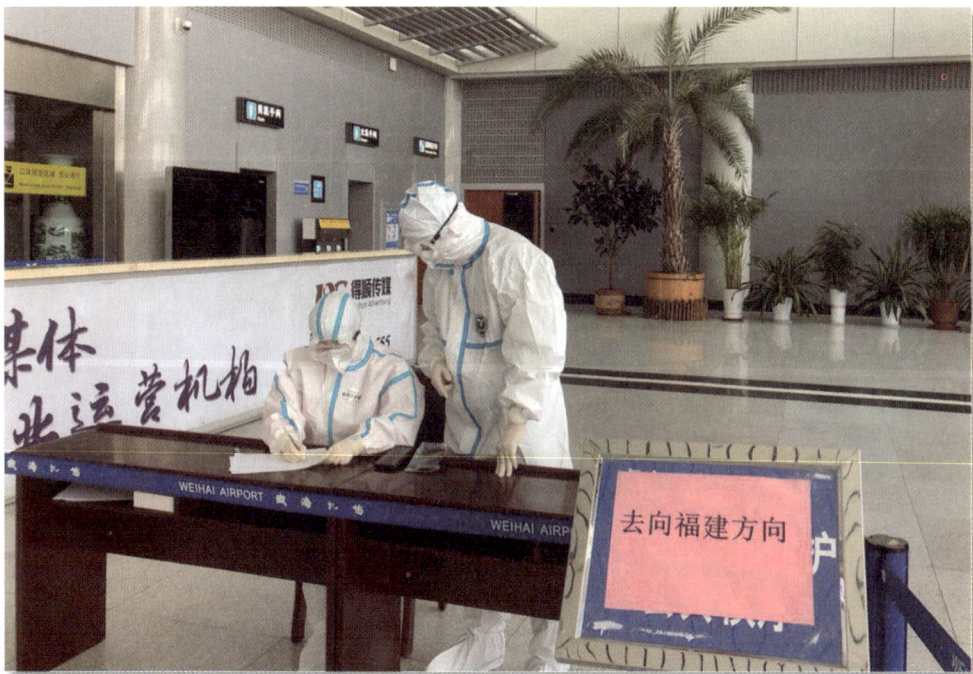

作者参与境外防疫工作时的照片

后 记

一夜大风之后，突然就来了寒流，仿佛是沁入骨髓的冷。空气尤其干燥，狠命涂抹乳液，依然无济于事。眼皮干出了褶子，嘴唇干到了脱皮，手臂干裂成细细密密的小红斑，遇水刺痛。

这两日，酒店周遭的街市突然热闹了起来，夜幕低垂时各种小摊位挤挤挨挨，人流如织。生活，好像回归到了正常轨迹。4月16日，在威海的第24天，午后下了一场小雨，不同于南方暮春淅淅沥沥的梅雨天，也不同于南方雷声之后的大雨倾盆。威海的雨，竟有些小家碧玉的缠绵悱恻，悄无声息却能把一颗心沤湿。海风、微雨，亦柔亦刚，和着窗外的点点灯火，是我看到的威海，不一样的美。真是山河远阔，不如一片人间烟火。那一刻，我知道，挨过每一个黎明前的黑暗，终将等来星子明亮，晨曦清朗。

走过的每一步都算数，历经的每一段都是馈赠。这一次不同寻常的"旅途"，路遇到别开生面的"风景"，落入到生命星河里，不过沧海一粟，但一定是最闪亮的一颗，星星点点堆砌成丰盈的人生际遇。

最美逆行
寒冬逆行

平安归来
暖春回家

暖春回家 平安顺利

七

「疫」封家书

远在武汉的一封家书

——我没有很想你

四川省绵阳市中医医院　李施颖

我没有很想你
只是天黑的时候
我在想
你吃饭没有

我没有很想你
只是朋友发来问候时
我在想
你是否同样担心我

我没有很想你
只是孩子们问我
你去了哪里时
我在想
你陪孩子玩耍时的模样

因为疫战分隔两地
我实在骗不了我自己
我连呼吸
都是想你

庚子年春节，因为这场悄无声息的病毒阻击战，作为一个医护人员，疫情就是命令，防控就是责任。对于一家人都是医务工作者，都是共产党员的我们，自然也是义不容辞。

从春节前夕，老公、公公、婆婆就一直在医院，忙着工作，连一个团圆饭都没有回来吃过，连他们最爱的儿子、孙子，也只是匆匆忙忙地视频说了几句话，就去忙了，视频里看着他们疲惫的眼神，身在绵阳的我，不知道心里有多担心、多感触。我们一家均身处抗疫一线，今年春节我们更是连一张合影都没有留下。我曾经问过公公："爸，累吗？休息一天吧！"他却坚定地说："国家和人民都在奋勇抗击疫情，我作为一名老党员，不到疫情结束绝不休息！"

2月9日，我成为绵阳第二批支援湖北医疗队的一员，出征武汉，到今天，已经21天了。说不累是假的，说不想家也是假的。可每每看着武汉沿路依然绚烂美丽的灯光，看着从"熟睡"到"苏醒"最美的武汉。我在思念，绵阳的大街小巷，绵阳的朝阳，绵阳的繁星，绵阳的人儿……爸爸每天一个电话，每天和我视频，说着说着，就看到他转头抹眼泪，我知道爸爸对我的爱，从小到大，一直那样细腻。婆婆每天掰着手指头算我来武汉的日子，每天一个问候红包，她说："只要看到你收了红包，就知道你是安全的。"

今天，我也想对爱我的家人表达我对他们的爱。爸爸妈妈、公公婆婆，见字如面：21天的分别，你们肯定十分牵挂我的安危吧，我也从未如此惦念过你们。从未离开你们这么久，不过这次不同，我的离开是为了别人的未来。如今我已经长大，能够在疫情突发的当下参与到医疗救护工作中，在很多人的眼中，把我们称赞为白衣战士，其实在你们面前，我永远都是个孩子。我知道在我决定前往武汉，参加抗击疫情工作时，你们心里是万千个担心不舍，可你们说："国家需要你，你就去，家里放心。"因为同是医务工作者的你们，深知这是一个医护人员的责任和使命。作为家人，定是全力支持。今天我可以站在疫情区挽救同胞，也同样可以照顾好自己，小时候那个遇到困难只会哭鼻子的我，此时俨然已经成为疫情面前最坚强的战士。我相信这个时候，你们一定为自己的女儿感到骄傲吧！

爸爸妈妈，很久没有这样认真地称呼过您了，从小在你们的爱护下成长，我很幸运，你们对我的保护，为我创造的条件，让我开心快乐地长大，虽然已成家，有了自己的宝宝，你们也跟随着我，放弃了家乡的一切，远赴他乡陪伴着我，照顾我和我的小家，我没说过，但是我心里无比地感谢你们。

公公婆婆，从第一次到你们家，你们为我解决所有的问题，不让我多忧心，你们对我生活的关心照顾，对我爸爸妈妈的关心，一家人相处的融洽，让很多人为之羡慕，都说没见过婆媳关系、亲家关系处得如此和谐的家庭，你们把我当亲生女儿对待，我很幸运，我多了两个爱我护我的爸爸妈妈。我从未向你们表达过我的情感，现在远在千里的武汉，我想给你们写一封充满牵挂的信。

我在这里一切都好，忙碌的工作之余能够得到充足的休息，也能够吃到热腾腾的饭菜。在党和国家的有力指挥下，疫情正在慢慢地消退，相信武汉的樱花盛开之时，我就可以回到你们的身旁。

此时已是深夜，我刚刚下班回到驻地，夜空中的星星成了最美丽的风景，我遥望家的方向，仿佛看到了你们难以入眠的身影。

真的不要担心我，我只不过换了一个更伟大的工作场地，穿上了更安全的防护服，像往常一样照顾需要我的患者。你们要记得，您的女儿在你们的培养下是最优秀的！你们在一线也要好好保护自己，等到春暖花开，我们一家人团聚，再好好吃顿团年饭。

你为我护航，我为你写诗

——致"最美逆行者"的一封信

北京中医药大学人文学院　黄　敏

尊敬的前辈：

您好！

见字如面。

在电视上，我看到了您，那被防护服压皱了的久违的脸庞上，依旧满怀自信，笑容不减。我知道，在防护服下的您，也许曾为消逝的生命而泪流满面，也许在面对强大的病毒时也曾有过恐惧。但是，您依旧义无反顾地选择了这项伟大的事业——为人民护航。所以，我想为您写上一首诗。诗歌不华丽，但却充满着我对您的景仰与祝福。

奔向家的火车，

如囚鸟回归森林，

我看到了——

你正在细数孩子的成长、

母亲的期盼。

与家逆行途中，

白衣披上，

我听到了——

"有召必应"。

你回头望了望。

厚重的防护服
压在身上，
汗水浸湿了衣衫，
疲惫充斥着四肢，
你的光亮，
温暖了整座城楼。

走廊上，
匆匆擦过，
是你吗？
隔着玻璃，
你们互相道了声：
我好想你。

你说，
这是你们离得最近的一次，
但也是最远的一次。

少年时的英雄梦，
在此刻，
守候出了
最美的模样。

誓言中，
你坚定无比；
行动上，
你坚守前阵，
始终如一地：

用智慧开创希望，
用双手抗击死神，
用初心回应人民，
用肩膀扛起使命。

在国家需要时挺身而出，
在探索的路上匍匐前进，
在征战的途中奋勇而上，
在病毒威胁下顽强不屈。

有召必应，
是你最美的姿态；
而我，
在你守候之处
祝你安康，
我们的英雄。

　　我看到您了，忙碌的身影在镜头下匆匆走过。也许您看不到我为您写的这封信，我有许多话想对您说，想当面为您鼓掌，向您道一声问候。此刻的我多希望可以是您的战友，同您并肩战斗，但我不能够。我会向您学习，努力成为您一样的光——无私、温暖、勇敢，为光明而奋斗不止！
　　敬祝
　　平安归来！

一位青年学生：大明

2020年2月8日

一线队员12封家书，看到第几封你会流泪：我很好，只是有点想你

云南省中医医院综合整理

2月8日，是中国传统元宵佳节，新型冠状病毒肺炎疫情让这个节日少了些热闹的烟火气，却挡不住人们的爱与思念。

远在湖北抗疫一线的云南省中医医院医疗队员们，在这个特殊的日子，给后方的挚爱亲朋发回一封封家书。

爱，从不会被病毒隔离。

一、文光芬：小小男子汉，祝你生日快乐！

写信人：文光芬，云南省中医医院滇池院区风湿疼痛病区护士长，主管护师，云南省援鄂医疗队驻咸宁市第一人民医院队员。

收信人：罗浩玮，文光芬儿子，6岁。

亲爱的宝贝：

今天是元宵佳节，既是亲人们相聚团圆的喜庆日子，也是你的生日。妈妈相信，今天爷爷奶奶一定会替妈妈买上那个你期待已久的"奥特曼"蛋糕，也相信他们会替妈妈给你一个大大的生日之吻。

宝贝，这是妈妈6年来第一次不能在你生日时当面祝福你："快乐健康！"妈妈很抱歉，也很遗憾，但是希望你不要怪妈妈。回想起妈妈准备行装，将踏上援助湖北"逆行"的那个晚上，你抱着妈妈，万般不舍，声音哽咽地告诉我："妈妈，你要保重身体，我等着你回来抱我。"那一刻，妈妈更相信我的宝贝——小男子汉长大了！妈妈甚至觉得，你比妈妈更坚强，更勇敢！妈妈为你骄傲和自豪。

宝贝，妈妈在这里一切都好！你知道吗，这里有许多像妈妈一样离开自己的宝贝，勇敢无畏逆行的叔叔阿姨们，我们一起抗击疫情，与病毒战斗，守护更多人的健康！

他们和妈妈一样思念自己的宝贝，但人生就是奋斗和拼搏，我们生活在一个社会化的世界，每个人都会有困难，都需要别人的帮助，就像妈妈经常告诉你的："人人为我，我为人人。"

宝贝，妈妈相信我们的付出和努力一定会让这场"抗疫之战"早日结束，你也要相信，妈妈一定会平平安安，凯旋而归，因为我们身后有更多人的帮助、关心和支持！

最后，也在宝贝这个特别的生日，妈妈遥祝你：身体健康，永远快乐！

爱你的妈妈

2020年2月8日

二、王阳：我没能和你一起过元宵，但是，更多的人可以回家了！

写信人：王阳，云南省中医医院麻醉科护师，云南省援鄂医疗队驻咸宁市第一人民医院队员。

收信人：徐兴泰，王阳儿子，4岁。

王阳事迹：2月8日出院的一位69岁的奶奶，身体瘫痪，不能自理，大小便失禁，王阳等护士一直认真细致为她进行生活护理，协助更换尿不湿，喂饭，喂水，输液，做雾化，翻身防压疮，并且每天给家属打电话让他们沟通。

亲爱的儿子：

每逢佳节倍思亲，远在湖北的妈妈特别想念你。由于从事护理这个行业的特殊性，从小你几乎没在妈妈身边过过元宵节，好不容易，今年我们一家三口第一次在一起过年，谁知疫情又突然发生。

亲爱的儿子，我确实不是一个称职的妈妈，但是我还是希望你长大后可以理解一个医护人员的使命和职责所在。出发前，你问我："妈妈，你去哪里？我也要去。"当时我差点哭出来，我说："妈妈要去武汉，要去消灭病毒呀。""像奥特曼一样厉害吗？"我点了点头，转过身去，不敢再看你。

现在，妈妈来到"病毒"很多的医院开始工作了，这里的叔叔阿姨为了消灭"病毒"都很辛苦，被病毒感染的人也很难过。值得高兴的是，在大家的努力下，目前已经有6位患者康复出院了，他们战胜了"病毒"，可以回去和家人一起过元宵节了，听到这个消息，你是不是也特别开心呢？

亲爱的儿子，妈妈希望你可以健康、快乐地成长，妈妈不在家，希望你好好听爸爸的话，等妈妈回来。

记得有一次，妈妈问你，你的理想是什么。当时你坚定有力的回答："当护士！"当时的我非常震惊，但是现在想来，妈妈觉得你的回答是对妈妈最大的肯定和支持！妈妈希望这次参加支援武汉医疗队，可以在你的人生路上为你树立一个像"奥特曼"一样英勇无畏的榜样！

亲爱的儿子，待疫情过后，待春暖花开，待妈妈凯旋，妈妈定会好好抱抱你，我们一家人，一定能有一个大大的、长长久久的拥抱！

爱你的妈妈：王阳

2020年2月8日于湖北咸宁

王阳和儿子

三、曾鑫：月是故乡明，男儿志在担当。

写信人：曾鑫，云南省中医医院骨伤科一病区护师，云南省第二批援鄂医疗队队员。

收信人：曾鑫父母。

亲爱的爸爸妈妈：

时间过得真快啊，转眼就到元宵节了，又是一个阖家欢乐吃元宵的日子。但今年的我，再一次对家人和朋友失约了。爸爸妈妈，疫情严峻，不仅是身在武汉一线的我，你们也不能像往年一样和朋友相聚，聊趣事，吃汤圆了吧……

有时候成长真的很快，总在不经意间，我也懂得了你们作为父母的不容易。无论如何，在你们眼中，我都还是孩子。天冷了，你们会告诉我添衣；感冒了，你们会经常叮嘱我吃药。平时上班忙，我很少回家，你们总会交代我按时吃饭休息。好多时候，我都会忘了自己的生日，但你们不会忘……

我知道，无论多大，在父母的眼中，我永远是个孩子！

但是，爸爸妈妈，你们放心，我是一个男人，已经知道了什么是担当，更懂得了什么是责任！身为一名护士，你们知道，抗击疫情是我义不容辞的责任。我冲往一线，只为了更多孩子能与家人团圆，为了更多父母可以安全外出，为了亲朋好友们，可以再次无所顾忌地团聚！在武汉，我不是一个人，没事，我会照顾好自己的！

亲爱的爸爸妈妈，武汉这段时间的天都是灰蒙蒙的，身在异乡，更觉月是故乡明，不知道家乡的明月是否和往年一样明亮呢？儿子安好，在此遥祝爸妈：身体健康，平安喜乐！

四、杨子悦：妈妈，我想你了。李萍：爱你们，等我回来。

写信人：杨子悦，李萍儿子，12岁

收信人：李萍，云南省中医医院肾病科主管护师，云南省援鄂医疗队驻咸宁市第一人民医院队员。

亲爱的妈妈：

我想您了，您离开我们已经12天了。

每年我们全家都要回老家过年，但今年却没有。大年三十，您去上班了，很晚才回来，您告诉我们，今年不能回老家过年了，因为武汉发现了病毒，这是一种新型冠状病毒，对人体危害较大，目前没有特效药治疗。您说，这种病毒会通过咳嗽或打喷嚏的飞沫传播，极易感染，医院要求全体医护人员24小时待命。

大年初一早晨，我睁开眼，您又去上班了。晚上回来，您告诉我们，医院正在积极准备应对疫情，随时都有可能要加班。大年初二，一个电话把正在家里休息的您从我们身边"抢"走。"医院通知要开动员大会。"您一边说着，一边出了门。晚上您回来说："医院组织援助湖北医疗队，我报名了，明天出发去湖北。"说完您就忙着准备行李去了。

初三的早晨，天还没亮我就醒了，我和爸爸默默地把您的行李箱搬到后备厢，在路上您不停地叮嘱我，在家不要调皮，要帮助爸爸做力所能及的事情，照顾好自己，不要让您担心。

去医院的路好像比平时的短了好些，一眨眼就到了，我和爸爸把您的行李箱和单肩包拿下车，保安叔叔接过去放到大巴车上。您就要上车了，一股莫名的力量从心底涌上心头，我不由自主地紧紧抱住了您，您说："乖乖的，听爸爸的话，我很快就会回来。"

妈妈，爷爷和奶奶已经知道您去了湖北，他们都很担心您、牵挂您，还要我注意自己的身体，天气冷了要注意保暖。我每次打电话给您，您说一切都好，又告诉我睡觉的时候多盖点被子别感冒了。

妈妈，我每天都按时完成假期作业，帮爸爸做家务，我现在已经学会包饺子和蛋炒饭了，今天就是元宵节了，您快回来吧。我和爸爸要给您包饺子、做蛋炒饭、煮汤圆，我们一家人在一起开开心心、团团圆圆的，您说好不好？

想你的杨子悦

2020年2月7日

李萍：等我回来，爱你们！

亲爱的宝贝，今年不能陪你放烟花，陪你过节了，等我回家，再想办法弥补吧。

老公，你要注意身体，照顾好自己和家里人。

爸爸妈妈，保重身体，不要挂念我，我在这里一切顺利，祝你们身体健康。

等我回来，爱你们！

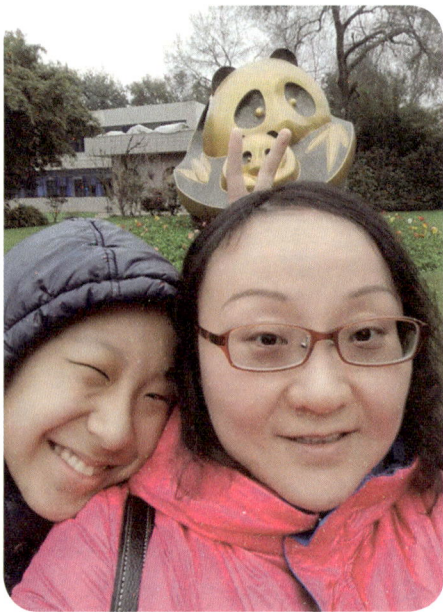

李萍和儿子

五、杨瑞丽：爸爸妈妈，好久不见。

写信人：杨瑞丽，云南省中医医院滇池院区肿瘤脑病科主管护师，云南省援鄂医疗队驻咸宁市第一人民医院队员。

收信人：杨瑞丽爸妈。

亲爱的爸爸妈妈：

我们已经很久没有见面了。今年春节，我本来打算跟弟弟一起回家，但是我食言了。当你们知道我又不能回家过年，心里是多么不舍和无奈。原本，我答应你们过完年我就回来，结果女儿再一次失言，因为疫情的严重性，女儿第一批来到武汉支援。

当时，我并没有告诉你们，我骗你们我还在昆明上班，请你们原谅女儿，女儿只是不想让你们太过担心。但是，你们应该早就知道了是吧。你们假装不知道，想成全我的善意谎言。直到昨天（2月6日），你们偶然看见我工作后的照片，看到了我脸上一条条被防护服的压痕。电话中，你们说很心疼，心里很难受。听到这些，本来一点不怕压痕的我，眼泪也在眼睛里打转。

亲爱的爸爸妈妈，今天是元宵节，我仍然不能陪在你们身边。大学毕业后，因为工作性质的特殊性，我有过太多次的食言，太多次没有及时接听你们的电话，这些你们都给予了我充分的理解和包容，我知道，你们希望我能安安心心工作。

亲爱的爸爸妈妈，我很庆幸能做您们的女儿，你们给了我和弟弟满满的爱，我们是和谐友爱的一家人。愿我们一家人健康、平安，一直幸福下去。

六、张铠玥：静静地，凝视着有你们在的远方。

写信人：张铠玥，云南省中医医院老年病科二病区主管护师，云南省援鄂医疗队驻咸宁市第一人民医院队员。

收信人：张铠玥家人。

亲爱的家人们：

正月十五闹元宵，团团圆圆吃汤圆，往年的正月十五，按照中国民间传统，人们要点起彩灯，燃放烟火，猜灯谜，吃元宵，热闹非凡。

而今年，新型冠状病毒仍然在中华大地肆虐着，我作为云南首批援鄂医疗队员来到湖北省咸宁市第一人民医院。进入疫区后，我们每天都在努力学习最新的专业知识及防护技能，为了能更好地在工作中为患者治疗及心理疏导。每天，我们回到宿舍后都要第一时间打扫及消毒，确保自己不会将病毒带回宿舍，带给队友们。

忙碌的工作让我们来不及惆怅，来不及思念。但是，今天是正月十五元宵节。在这个特殊的日子，团圆的节日，我的脑中不时地闪过一些画面，轻轻叩击着我的心。那是奶奶坐在桌前用粗糙而温暖的手和着馅，那是妈妈在厨房忙进忙出，那是热气腾腾的锅里胖乎乎的汤圆兴奋地上蹿下跳，那是爷爷总是雷打不动看着的春晚联欢，那是爸爸带着孩子们喜滋滋地放着烟花……

而我在这陌生的城市，虽然没有你们，可是我有无数奋战在一线的战友们做伴。亲爱的家人们，待我们凯旋归来，再与你们共庆团圆！

七、赵生银：元宵节我不在，你给自己包饺子吧！

写信人：赵生银，云南省中医医院骨伤科二病区主管护师，云南省第二批援鄂医疗队队员。

收信人：高伟，昆明医科大学第二附属医院男科医生。

亲爱的猫猫：

突然发现这是我第一次给你写信。

因为我俩都是医务工作者，能理解和支持彼此的工作，所以，对我们来说，不能在一起过节早已是常态。唯一不同的是，今年我们在不同的城市，地理距离更远了一点。

今天是元宵节，以前的元宵节，都是妈妈亲自包元宵给我吃（突然好怀念那个味道）。后来，我们有了自己的家，就是你陪着我一起吃芝麻馅元宵了。虽然你总说你们北方过元宵节是吃饺子，因为你不爱吃元宵。

亲爱的猫猫，爸爸妈妈并不知道我来武汉支援了，过节他们肯定会打电话，我们还是一样瞒着他们吧。我不想让他们为我担心，只想让他们安心过节。

亲爱的猫猫，虽然方舱医院工作条件艰苦，但我会好好保护自己的。你一个人在家也要好好照顾自己。对了，今年元宵节我不在，你可以给自己包饺子吃啦，也算是给你一个元宵节吃饺子的机会吧，哈哈！

走之前，你说你也想和我一起来武汉支援，我很感动。但是我还是希望你在家给我做坚强的后盾，给我鼓励加油，另外，你自己在医院上班也要注意防护哦！

亲爱的猫猫，节日快乐！

八、董黎：外婆，您就是我心中的女神。

写信人：董黎，云南省中医医院肛肠科护士长，云南省援鄂医疗队驻通城县人民医院队员。

收信人：董黎外婆，85岁。

亲爱的外婆：

我想告诉您，您的乖外孙女阿黎，光荣参加了云南援鄂医疗队。

亲爱的外婆，从大年初三出发，到今天正月十五，我经历了从报名时忍不住的一点忐忑，到接触患者后的从容。外婆，对不起，我一开始瞒着您，把其他家人拉了一个微信群，后来我看见大舅默默拉您进群。外婆，我知道，敏感的您已经洞察了我不回家过年的原因。

从那天起，我每天下班后会跟您报一声安好，却从不敢跟您视频，85岁的您就是我心中的女神，跟我熟悉的朋友不会陌生，我曾大张旗鼓地在朋友圈多次向外婆表白：我就是爱您！

外婆，最近比较忙，都没什么时间想家，得益于电话、微信的便利，我总感觉我们距离很远心却很近。外婆，悄悄告诉您，每天我们队员们聊得最多的话题：护目镜起雾了怎么办？这样做终于不起雾了；某某患者情绪低落，你明天接班以后要多关注；某某患者今天好多了，太好了！

外婆，我一点都不孤单，可就在刚才，我突然收到一堆元宵节快乐的信息，然后就突然好想你，我的外婆。

因为温暖如你，逢年过节总是很有仪式感，就算身在广东，你每年还是会快递一些自己做的豆沙到昆明，给我包元宵。

所以，亲爱的外婆，我今天特别想你，想抱抱你，就是每次看见你很用力拥

董黎与外婆

抱的那种！我想亲亲你，亲亲你右边脸颊上有一颗痣的那里！突然很想你，今天不想忍住，要对你表达出来的那种！

今年的元宵节很特别，我跻身在这样的一支队伍里，我们的元宵节很有意义。但是外婆，我还是很想你！

九、汪凡：进入方舱医院，静候春暖花开。

写信人：汪凡，云南省中医医院滇池院区肿瘤脑病科护士长，主管护师，云南省第二批援鄂医疗队队员。

收信人：汪凡儿子，10岁。

亲爱的儿子：

今天是元宵节，早晨六点，我起床洗漱吃早餐。7:20，我们集合，乘坐大巴进入国贸中心方舱医院，开始我一天的战斗。

亲爱的儿子，大年三十，妈妈没有陪你过；元宵节，妈妈也不能陪你过，妈妈对不起你。待春暖花开的时候，妈妈就回来了，你要认真做作业，听姨妈的话。等妈妈回来，你要煮汤圆给妈妈吃哦，妈妈爱你！

十、张莉莉：我在前线，一切安好。

写信人：张莉莉，云南省中医医院滇池院区骨外科主管护师，云南省第二批援鄂医疗队队员。

收信人：张莉莉家人。

我最亲爱的亲人们：

我们不能一起共度元宵，因为我此刻正奋战在此次病毒的一线——武汉。我知道你们都很支持我，在给我加油，但其实，你们的内心还是无比担心的。在这里，我要给你们报个平安，我在前线一切安好，不用担心！

在这里，领导时常关心我，"战友们"相互协作、关心，武汉的后勤保障也做得很到位，我们远在他乡心里也是暖暖的！

你们也要照顾好自己，你们要相信，我们一定能赢得这场战"疫"，等我们凯旋归来！

十一、陈佳丽：去年今日此门中，人面桃花相映红。

写信人：陈佳丽，云南省中医医院肿瘤科护师，云南省援鄂医疗队驻咸宁市第一人民医院队员。

收信人：陈佳丽父母。

亲爱的爸爸妈妈：

　　去年的元宵节，我们在爆竹声中迎佳节，家家户户张灯结彩。早晨起床，大家会先吃一碗热气腾腾的元宵，扑面而来的暖意，驱散了清晨的凉气。去年的我，下午时和老妈一起为晚饭做准备；晚饭前会和老爸一起放爆竹；吃饭时，我们一家人围坐桌旁，享受美食……

　　去年种种，历历在目。真是应了那句诗，去年今日此门中，人面桃花相映红。

　　今夜的我，身在湖北，在这距离老爸老妈一千多公里的地方。这也是我第一次离家这么远，我的心里五味杂陈。但是，我知道，不管路有多远，都阻断不了对家人的思念。

　　最幸福的事，大概就是家人陪伴在侧。不善于表达的我，此时此刻，想对亲爱的家人们说："老爸老妈，我想你们了，我很安全，不要担心。你们安心等我回来，明年，我们一起过元宵！"

十二、万丽萍：老爸，元宵虽好，可不要多吃哦！

写信人：万丽萍，云南省中医医院老年病中心一病区护士长，云南省援鄂医疗队驻咸宁市第一人民医院队员。

收信人：万丽萍父亲。

老爸：

　　今天是元宵节，我不能回来和你一起吃元宵，不过还是想叮嘱你几句，虽然你喜欢吃元宵，但是记住不能贪嘴多吃哦。你要把自己照顾好，控制好血糖血压。另外，一定要记得，没事不要外出，如果必须外出，一定记得戴口罩，回来用肥皂洗手。

　　老爸，我在武汉很好，你不要太挂念，我会好好保护自己，争取早日完成任务，平安归来！

一封家书

重庆市中医院　刘华宝

华宝我儿：

　　年夜饭没有吃好吧？厨房灶上的锅里还有我做的卤鹅，偷偷给你留的，不然我怕你媳妇冬兰和孩子甜瑜说我，毕竟你血压高，不能多吃咸的。我记得这是你最爱吃的，只要有这个你都能吃三碗米饭呢！

　　宝啊，自打中午看到你接电话，我就发现你神情不对。不敢问你，我就时不时看看你，想着天天电视新闻都在讲新冠，你又是做医生的，还有一肚子的侠义，就想你是不是也要去抗疫支援。果然啊，在年夜饭的餐桌上你还是说了，只是没想到明天，大年初一一早就要出发。顿时我就看到冬兰和甜瑜的脸色就变了。"行吧，吃饭吧！"冬兰说，停下的筷子又动了起来。"我吃好了"，甜瑜起身，看到她碗里剩的大半碗的米饭，她心里大抵也是不好受的。你皱了下眉头，欲言又止，却也还是没有拦她。

　　唉，你的心里娘都懂，大概还是觉得亏欠了我们娘仨。常年为了病人，深夜在医院加班，要不就是在家吃着饭一个电话又回到了医院去。冬兰也时不时跟我抱怨，说你见病人也比见她多，更不要说在外地读书的甜瑜了。为娘都知道，他们都是你心里记挂着的人，但是时间是有限的，看得了这个就看不了那个，这都是没办法的事儿。你的性子看似豪放，心里啊确是那丝丝的细，有些事又不爱说，也就我来劝劝家里的两个人了。

　　我知道你常看着病人小李给你画的小像沉思。这小李20多岁的孩子就得了肿瘤，把你当成救命英雄一样，用充满希望的眼睛殷殷切切地望着你，收集你给他开的每一个方子。很多病人同他一样，等着你救他们，娘知道，你也舍不下他们。

　　趁你和冬兰她们说话收东西的时候，娘知道你放心不下，就给你写了这封信。你就安心去抗疫支援吧。家里会好好的，娘等你回来，我们都等你回来。

娘

腊月三十

注：文中他人姓名已化名处理。

人物简介：

刘华宝，男，54岁，新冠肺炎市级医疗救治中医专家、重庆市中医院肝病科主任。刘华宝于1月23日赶赴万州参与抗疫工作并第一时间制定了治疗危重症、重症和轻症的中医药救治处方。在他的积极推动下，中医开始全面介入万州片区各型患者的治疗，参与率100%，重庆市首例重症病人治愈成功出院，中西医协同救治优势得以全面发挥。3月15日晚，重庆众多地标建筑点亮LED屏幕，为日夜奋战在抗疫一线的英雄点赞，刘华宝位列其中。

加油吧！兄弟

——给沈查医生的一封信

重庆市璧山区中医院　张　艳

沈兄：

见信如面。你在武汉一切还顺利吧。

说实话，这段时间我内心很不平静。一个多月的疫情警报，如一团团驱之不散的阴霾，笼罩在全国人民的心里。祖国在受难，生命在呐喊。习总书记在鼠年春节时说：生命重于泰山，疫情就是命令，防控就是责任！作为一名医务工作者，眼看着全国各地尤其是湖北武汉的新冠肺炎确诊病例和死亡人数在与日俱增，谁还会无动于衷？心情怎能不沉痛？因为我们牢记医者仁心的内涵，深知使命担当的重大。抗击疫情、驰援湖北、挽救患者、无论生死、不计报酬，这是在我们医务人员提交的请战书中说得最多的话。身为璧山区中医院呼吸内科主任的你，不顾曾经患过重病且年近五旬的虚弱身体，在第一时间就挺身而出，主动请缨。在此，我为你舍己担当的勇气和悬壶济世的精神而点赞！"退缩的理由千万条，向前的理由永远只有一条，作为医生，救死扶伤是天职，我们不上，谁上？"这是你出征前的铿锵誓言。4天前，也就是2月21日的上午，注定是一个终生难忘的日子。在区中医院的送别仪式上，你毅然担任

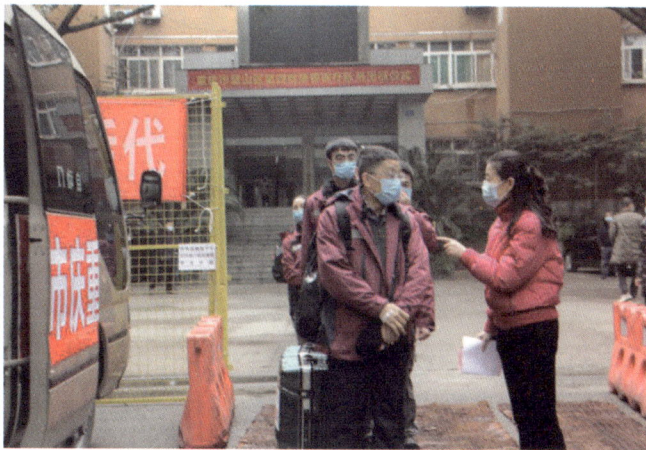

起璧山区第四批支援湖北医疗队队长的重任。沙场点兵，壮士出征，前方就是随时容易被病毒感染的疫区重症病房。面对前来送行的领导、同事、亲朋，还有医院的患者，刚剪成短发的你，不停地安抚同行其他队员家属的情绪。可我知道，你的家人并没有来，那是因为你不愿看到嫂子那双担忧与不舍的眼睛和正在生病的儿子对你的万般牵挂。你在日记中曾说："国家需要我，前线需要我，我就决不能退缩一步。"当你毫不犹豫地签下承诺书的时候，我的眼泪忍不住在眼眶里打转，而你随后的站姿，犹如一名准备冲锋陷阵的战士，在瑟瑟寒风中凝望着前方的战场。

沈兄，你是一名勇敢无畏的逆行者，但你一定要注意休息，一定要保护好自己呀，这样才能更好地与病毒作战。你们不但要打胜仗，还要健健康康、完完整整地回来，因为你和我们有一个约定：待到鲜花灿烂时，我们一起带着孩子们踏青去。

"我们明天就要正式上岗了，地点是在武汉市中心医院后湖区病房。"在你的《"战"地日记》里，我刚才看到了你的最新内容。作为曾经是你手下的一名护士长，我是很了解你的：医院的中流砥柱，技术过硬，尤其擅长呼吸内科疾病，而且工作极其负责，对病人关怀有加。我们常说，医院里遇到抢救病人、疑难内科病，只要有沈主任在大家就放心了。璧山区抗击新冠肺炎疫情以来，你临危受

命，担任区级、院级救治专家组副组长，不分昼夜连续工作，春节假期也从未休息。如今你转战到疫情最为严重的武汉，与全国各地数千名医务人员并肩前行，迎接更艰巨的任务和更大的挑战。凭着你的精湛医术和执着精神，我相信你一定会再立新功，一定能挽救更多新冠肺炎患者的生命。

"哥，你放心，家里的事有我们呢，小儿的病好了，我也跟嫂子通了电话了。"在昨天的微信聊天中，我知道你还放心不下家里的事。你放心吧，你与我在同一科室共事多年，早以兄妹相称，还有什么事尽管吩咐吧。除了我，还有我们的单位和组织呢。"捐躯赴国难，视死忽如归。"这次你们在武汉抗病疫，打硬仗，我们在后方会全力支持你们前线战士们的，做好后勤保障是理所当然的呀。

"武汉今天阳光明媚而又灿烂。"《"战"地日记》中你还这样写道。是呀，随着新增确诊病例的减少以及治愈康复出院人数的增加，全国抗疫防控形势整体向好，但武汉阻击战仍在紧张继续，一场与死神较量的战斗还很激烈，你与千千万万个"最美逆行者"构筑成一道牢不可破的生命屏障！我们坚信，病毒无论怎样猖狂，不久必将为我们所打败。届时山河无恙，国泰民安。

"待到樱花多烂漫，重重雾霾皆驱散。鲜花相拥凯旋归，江城万家尽开颜。"最后我草拟一诗送给你，聊表心意。

意长笺短，万望珍重。加油吧，兄弟！

致以

崇高的敬意！

妹

2020年2月25日，夜

给儿子的一封信

中国中医科学院西苑医院　徐春艳

儿子：

现在是夜里11点，相信你已经睡了，妈妈已经14天没有看到你熟睡的脸，很想你。

从1月23日写下请战书，妈妈就知道我们会分离一段时间，因为妈妈要上战场，去打一场没有硝烟的战役。只是妈妈还没来得及安排你和爸爸的生活，没有跟你说一声再见。大年初一凌晨1点妈妈接到命令驰援武汉，早上7点出发时，你还在睡梦中，做着香甜的梦……妈妈亲了亲你熟睡的小脸，就踏上了去往武汉的列车。国有难，民有责，妈妈是一名共产党员，也是一名资深的护士，驰援武汉，责无旁贷。

妈妈工作的地方是这次疫情的风暴之眼——武汉市金银潭医院，这里是最早收治新冠肺炎患者的地方，这里也是收治危重患者最多的地方。你问妈妈怕不怕，妈妈当然怕，妈妈也会怕被感染，妈妈还想长长久久地陪伴你长大。但也请你不要担心，妈妈会保护自己，因为妈妈知道只有保护好自己，才能保护好自己的战友，才能更好地照顾患者。妈妈会接受你的建议：好好洗手、好好吃饭、好好防护。

妈妈前天告诉你，我们病区有8名患者出院了，看出你很开心，你为妈妈骄傲和自豪，在护士和患者的合影里，虽然妈妈穿着厚厚的防护服，戴着护目镜，你却第一眼就认出妈妈，可见我们母子连心。妈妈的病区患者都已经吃上了中药，妈妈和同事们正在用所学的知识将一个个危重的患者从死亡线上拉回来。

这次战役是一个全民战争，我们每一个人都是战士，你也是，你能按照国家和学校的要求在家学习，也为抗击疫情出了自己的一份力。一定不能落下你的学习，虽然妈妈知道你已经做得很好了，但禁不住又开始唠叨了。

儿子，你已经8岁了，已经是一个小男子汉了，跟奶奶通话知道你已经开始帮爷爷奶奶做家务了。爷爷奶奶岁数大了，爸爸工作又忙，你能替妈妈照顾他们，真不错！谢谢你支持妈妈的工作。

你每天都在计算着妈妈来武汉的日子，你说快14天了，妈妈快回来了吧。妈妈只能告诉你这里的形势依然严峻，我们的战斗刚刚开始，妈妈暂时不能回去。昨天病区里有个阿姨哭了，她担心自己扛不过去再也见不到她8岁的儿子，我马上想到了你，我也哽咽了。但我马上镇定下来，武汉真的有太多太多人需要妈妈的帮助，你也希望那个小朋友的妈妈尽快康复跟他团聚吧，请为妈妈加油，等妈妈胜利了，一定会回来多多的陪你。

儿子，妈妈希望你明白：国家兴亡，匹夫有责，有国才有家。希望你长大了也做一个有担当的人，当祖国和人民需要你的时候，你也能勇敢地站出来。

没有一个冬天不可逾越，没有一个春天不会到来，妈妈相信这场疫情终会过去，到时爸爸妈妈带着你去我们都想去的地方。

爱你的妈妈

2020.2.7 于武汉

致父母的一封信

宁夏中医医院暨中医研究院　　**李思瑜**

亲爱的爸爸妈妈：

　　您们好！今天是我到武汉的第5天，我在微信里看到你们写给我的家书后，心如潮涌，我知道爸爸妈妈的牵挂，江水三千里，家书十五行，行行无别语，只道早还乡。

　　看完爸爸给我写的家书后，只觉得内心对你们充满了愧疚。孩子在这里也想对你们说点心里话，你们的女儿已经长大了，但我深知，在你们心里，我永远是个没长大的小姑娘。此次远行，你们心里有诸多的不放心。因为在你们身边的时候，我总是丢三落四，马虎得不得了。告诉你们一个小秘密，其实我很细心的。我猜，你们看到后肯定又要说我强词夺理了，那都不要紧，只要你们开心就好啦。

　　到现在，我久久不能忘怀的是那天，当我接到要支援武汉的通知后，打电话告诉妈妈的那一刻，电话那边停顿了两秒钟。只听到妈妈"哇……"的一声，像孩子一样哭了起来，那一刻，我也泣不成声，只觉得对不起妈妈，又让您哭了。但是这一次，妈妈，我必须奋不顾身地去做这件事情，因为我是一名护士，更是一名中共党员。妈妈，虽然我是您的孩子，可我也是祖国母亲的孩子，国家有难，我必须站在最前面。爸爸妈妈，在这里我想对辛勤抚育我长大的您们，说一声"别担心，相信我"。

　　其实，我是个从来不会对你们表达内心情感的孩子，但我想借此机会，感谢您，那天我和我们医院纪检委李书记聊天时说到，我觉得自己特别幸运，成了你们的孩子，是你们无微不至的呵护才让我一直生活的如此幸福。因为我从小参加任何活动，只要我想做的事情，但凡和你们沟通后，你们都会支持和鼓励我，你们于我，不仅是父母，更是亦师亦友，也是你们成就了现在的我。"谢谢您们，爸爸妈妈"。

　　纸短情长，此次远行，势必艰辛，但请你们放心，你们的孩子有足够的信心能够出色地完成此次出征武汉的任务，爸爸妈妈，当我在异地他乡完成自己的使命后，我定会平安的回到你们身边。愿爸爸妈妈，切勿牵挂，万望保重，女儿一切安好！

爱你们的女儿

八

「疫」重情深

心存美好，世界会更美好

广西中医药大学第一附属医院　韦艳春

飞机落地的那一刻，看到熟悉的土地、熟悉的身影，听到熟悉的声音，心情无比激动，内心忍不住在呐喊："我们平安回来啦！"

还在武汉的时候，有人问我，有没有想过后果，当时我是拒绝回答的，现在我终于有勇气回答了。去之前肯定想过后果，但我无悔，作为一名急诊科护士，作为一名中共党员，我不冲锋谁向前，为了国家与人民，我义无反顾。出发武汉之前，我把我的钥匙交给小伙伴保管了，嘴上和她说科室需要什么文件她代我拿，心里实则有隐隐的不安，前路充满未知，但是我不能把自己的担忧转变成她的压力。想过把我的银行密码告诉我家人，想过把之前买房时借的钱还了，想过许多待办的事，脑海中闪现一幕又一幕，但最终没有这么做。妈妈对我很是担忧。我在武汉的日子里，家人从不打电话给我，生怕打扰我的工作。有一次，我给他们打电话，他们用朴素的话语告诉我，家里是我坚强的港湾，让我不要畏惧，保护好自己，他们等我平安归来。

支援名单出来时，主任曾问我哭了没有，我坚定地说，我没哭，在报名的那一刻，我就已经想好了一切，面对病毒，我勇往直前。朋友们也曾问我害怕吗？看到我的朋友圈，充满乐观，一切都积极向上。既然选择了前行，就要保持好心态，没有良好的心态，又怎能战胜毒魔？不忘初心，心存美好，懂得感恩，这是我一直坚持的，也是我保持良好心态的一个法宝。

武汉之行，从酒店工作人员到每天接送我们上下班的司机师傅，再到院区的患者、同行的战友们，还有各个爱心企业，真的收获了很多感动，我感恩这一切！

2020年2月15日，飞机落地的时候，已经是夜里23点了，到酒店拿好行李、搬好物资之后，已经是凌晨3点多了，酒店工作人员很暖心，给我们准备了夜宵。我们每天轮流值班，有半夜回到酒店的，有半夜出发去上班的，有过了饭点才回到酒店的，无论何时，酒店工作人员每天都会给我们准备点心、干粮、水果、牛奶等，让我们每天回到酒店都能感受到家的温暖。

每天护送我们上下班的司机师傅也很辛苦，他们也是远离家人，和我们一起住在酒店。他们整装待发，我们何时需要他们，他们就如英雄般出现，护送我们前行。有时因为工作，下班很晚，司机师傅就需要等我们，有时一等就是几个小时，但他们从未抱怨，风里雨里，一直守护着我们。

患者给了我很多感动，记得刚去方舱医院上班的第3天，交班时有一个老爷爷小声说道："又换了一拨人，又分不清谁是谁了。"我问他怎么了，他很激动地说是："你呀，我一听声音就知道是你啦！"当时我也很激动，穿着防护服，包得严严实实，还戴着护目镜，还能被患者认出来，这让我觉得很开心。有些患者还会帮我们发放物资，他们知道我们穿着防护服，活动不方便，体力消耗很大，经常会帮我们做一些力所能及的事情，院区里时刻充满着正能量。有一个患者，让我特别感动，他30多岁，从事销售工作，话不多，也从不对我们大声说话。开始我并没有注意到他，后来我发现每次饭来了，他都主动帮我们发放，从此我就记得他了。每到饭点，他就拉着我们的治疗车去把饭领回来，然后发给每个病友，减轻了我们很多工作量。有些患者有些焦虑，情绪波动比较大，他还帮我们开导他们，直到他准备出院了，我才知道前些日子他父亲才因新冠肺炎去世了，母亲也住进了医院。当我知道他的这些经历时，泪水模糊了我的双眼，他坚强的意志让人动容，在经历了丧亲之痛时，还能每天分担我们的工作，帮助我们安抚患者，还每天提醒我们穿好防护服，做好防护措施，实在是难能可贵。他的乐观感动了我，也感染了周围的患者，相信疫散花开之时，他一定会迎来更灿烂的阳光！

在方舱医院，我们要负责的区域比较大，小伙伴经常大老远"春姐！春姐！"地叫我，患者也跟着叫我"春姐"，让我感觉很温暖很亲切，感觉真正地跟患者在一起。而我在空闲的时候，喜欢到病区走动，跟患者聊聊天，看他们有什么需要帮忙的，有些患者就会说"春姐你快去休息，找个凳子坐一会"，瞬间觉得很感动，觉得一切都是值得的。

在方舱医院完美休舱之后经过短暂的休整，我们继续征战华中科技大学附属协和医院西院。在这里，感觉每天都是挑战，因为每天上的班次都不一样，面对的患者也不尽相同，但每天完成了工作，顺利下班的时候，就特别有成就感。最有成就感的就是，特护了一个焦虑的老爷爷，不仅安抚了他，还成功让他进食。同样，有一个记性不好也不爱吃饭的奶奶，跟她聊天，哄她吃饭，成了我最大的乐趣。也许对别人来说这不算什么，但对我来说却是很大的鼓舞，能帮到患者，哪怕是一点一滴，都让我感觉很满足，真正地觉得上班使我快乐！

同行的战友们也给我很多感动，知道我吃得多，爱吃水果，爱吃零食，所以经常挂零食水果在我门口，还在我下夜班补觉的时候，帮我打好饭，放在门口，我们互相打气，互相鼓励，这浓浓的战友情，一辈子都不会忘记！

这次武汉之行，真的收获很多，武汉人民很好，武汉的风景也很美，武汉之行，无悔！不忘初心，方得始终！心存美好，世界会更美好！

抗疫战士董黎：从云南到湖北的"小太阳"

云南省中医医院　宋艳丽

对于湖北省通城县人民医院的感染五病区的新冠肺炎患者来说，董黎是一个"辨识度很高"的人，很多时候，她刚刚走进病房，就有患者叫她的名字，叫不出名字的，也都知道她是云南省中医医院肛肠科的那个护士长。

患者黎女士说："我听声音就能听出来是她。因为她对我们非常关心，不管是输液、雾化还是做中药熏蒸，她的细心、周到都是我们忘不了的，我们很感谢她，也很喜欢她，她是一个温暖的人。"

董黎是云南中医药大学第一附属医院肛肠科护士长，2020年1月27日，大年初三，她作为云南省首批支援湖北医疗队员，飞抵湖北。

一、董黎的抗疫"第一次"：暗恨身体不争气

"那天，飞了两个多小时，到达武汉机场的那一刻，我明白了什么叫逆行。"董黎说，偌大的武汉机场除医疗队员外，空空如也。董黎感觉肩上的担子更重了，她在心里给自己暗暗加油，一定要打赢这场没有硝烟的战争！

培训结束后，董黎和另外14名队员组成的普通医疗第五组来到了通城县人民医院。她主动申请，进入工作量最大最危险的感染性疾病科一病区，开始一线护理工作。

董黎笑着说："只要有时间，我都会在宿舍锻炼身体。练练八段锦，做一些调息运动。作为一名中医药工作者，我也把八段锦、缩唇呼吸等运动方法通过微信推荐给了患者，让他们在治疗之余也可以锻炼一下。"

在面对患者的时候，董黎永远都是自信的笑容，她给予患者过硬的护理操作，最大程度减少他们的痛苦。董黎相信，即使患者看不见她的容貌，但是通过眼神也可以传递力量，尤其是她专业的护理，一定可以给予患者康复的力量！

二、外婆是她的"女神"，她是女儿的榜样，全家人支持她上战场

董黎的偶像是一个特殊的人——她85岁高龄的外婆。对她来说，生活总是很有仪式感的外婆是她的"女神"。一开始，董黎瞒着外婆，不敢让她知道自己支援湖北的消息。

"我悄悄建了一个没有外婆的家人群，但是，我到湖北的第2天，就看到大舅把外婆拉进了群。我知道，外婆跟大家一样，都支持我。"元宵节那天，董黎特别给外婆写了一封信。她告诉外婆，您的乖孙女阿黎正在做她该做的事情，谢谢你们一直在给阿黎加油鼓劲，为医务工作者点赞！

"女神"外婆都支持她了，董黎瞬间觉得自己力量满满。

到湖北的第3天，也就是1月29日，是董黎的生日。当晚9点30分，队友们居然给她准备了"生日惊喜"，他们找来牛轧糖等装点成"蛋糕"，旁边还放了一碗方便面充当"寿面"。董黎很感动，她许下了自己37岁的生日愿望——希望早日打赢这场仗，平平安安回家！

她收到最好的生日礼物，则是女儿画给她的一幅画。女儿在画上给她写了一封信：我亲爱的妈妈，今天明明是你的生日，你却不能庆祝；明明是新春佳节，你却不能回来；明明是元宵节，你却不能回家。因为你是奋战在一线的白衣天使，你不顾自己安危，只顾拯救他人生命。你是那么的坚强和努力，我们都希望你平安归来！若世上真有天使便是你这模样，你是我们的榜样，你是我们的英雄！妈妈我爱你！

董黎觉得，她并没有女儿说得这么好，作为一名医务工作者，她只不过是在履行自己的职责和使命。不过，能给女儿做一个榜样，她还是很自豪、很骄傲的。

过硬的专业技能加上家人的支持，进入病房看见患者后，董黎的心前所未有

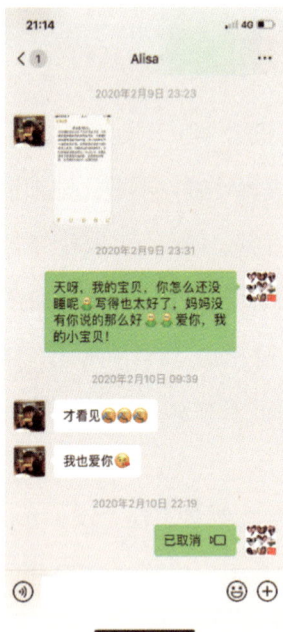

的平静、坦然。让她欣慰的是，接触第一天，很多患者对他们这批云南来的队员表示了欢迎、感谢和信任！

三、患者给的感动，她愿意一直做个温暖的"小太阳"

2020年2月17日，董黎和队友们全面接管了通城县人民医院感染五病区的工作，云南的团队整合后，正式开始独立作战。董黎担任病区护士长，她知道，身上的担子更重了。她很快理清了工作流程、各班职责，在大家的通力合作下，工作顺利开展。

对董黎来说，在支援湖北的日子里，不只有繁重的工作。患者给她的感动也有很多。病房内，虽然都没有清楚看见过彼此的脸，但是每每抬头望去，董黎看见的都是真诚的眼神。

"有一次，我正准备为一个患者输液，她突然跟我说，董护士等一下，你先转个圈给我看看好吗，你们太忙了，我想检查一下你的防护服有没有裂口。"董黎慢慢转了一圈，内心柔软又感动。确认了董黎的防护服没有裂口后，患者说，你可以给我打针了，我们不能把病毒传染给你们。

一位住在6床单人单间、隔离治疗的老爷爷说，他一个人住了原本的6人间，浪费了国家资源，他要赶紧好起来。这位善良的老爷爷出院时，在看见隔离栏边上送他的董黎后，老人对着董黎和病区的方向深深鞠躬。

只要董黎在，她都会对出院的患者说一句："慢走，祝您身体健康！"患者们对医护人员一谢再谢，好多时候，董黎都忍不住哽咽和感动。

"护士，真的是我一直深爱着的职业，这份工作最珍贵的回报就是患者的康复。当患者带着病痛与我们见面，最后又能微笑着挥手跟我们告别的时候，我的幸福感不言而喻。"董黎说。

因为性格开朗，对待事情积极乐观，老师、同事都喜欢说董黎就是一个"小太阳"。如今，这个"小太阳"也把光明和温暖带到了湖北通城。她一直严格要求自己，刻苦学习，不断提高自己的业务水平；勤勤恳恳，工作中不怕苦不怕累，把患者感受放在第一位；乐于助人，无论是患者还是同事需要，她总是第一个伸出援手。

董黎对自己说，要永远做一个有温度的人。

在支援湖北的第9天，董黎积极向党组织递交了入党申请书。她说："这次加入云南援助湖北医疗队，是我从事护理这份职业以来最骄傲的一次，我真诚地写下入党申请书，我知道，这也将是我一生当中最光荣的时刻！"

我眼中的新冠肺炎疫情

中国中医药出版社有限公司　王　琳

2020年，一场突如其来的新冠肺炎疫情肆虐而来，打破了庚子年春节的平静。谁也不曾想到，这场突然来袭的新冠肺炎疫情会成为新中国成立以来在我国发生的传播速度最快、感染范围最广、防控难度最大的一次重大突发公共卫生事件。

马路上没有了川流不息的车辆，街道上没有了熙熙攘攘的人群，面对这场没有硝烟的战"疫"，我们遵照党和国家的指示，相信只要安心"宅"在家中，就能减少病毒扩散蔓延的机会，就是为国家、为社会作贡献。疫情牵动着我们每个人的心，每天早上打开新闻，看到全国确诊、疑似病例数量在不断攀升，我的心情也是越来越紧张，开始戴口罩，给身边的人普及疫情信息及防护措施，嘱咐家人减少出门次数，做好防护，不传谣、不信谣，同时作为医务人员家属，全力配合爱人的工作，照顾好自己和家人，解除他的后顾之忧，可以让他在抗疫"一线"全力以赴。

"感动"，是这段时间自己脑海中经常闪现的字眼。在疫情期间，各行各业涌现出许多人和事，都深深地感动着我。84岁高龄的钟南山院士，不辞辛劳，各处奔波，那张无座的动车票深深感动了我；身患渐冻症的武汉市金银潭医院院长张定宇，上下楼梯都很艰难，但面对此次疫情，他说："我必须跑得更快，才能跑赢时间，才能从病毒手里抢回更多的患者。"谁没有妻儿老小，谁没有心头牵挂，可是，只要人民需要，只要祖国有需要，那么多医护人员写请战书，4万多精兵强将逆行武汉，他们不图回报、不畏艰辛，甚至不畏牺牲生命，主动请缨，奔赴防疫战斗的最前线，只因为他们心中有信仰、肩上有担当、脚下有力量。广大人民群众也纷纷站出来，为战胜疫情贡献自己的力量，大家组织起来，开着私家车，接送交通不便的医护人员上下班；大家投身社区，挨家挨户测体温，送温暖；那么多的企业，紧急改装生产线，加班加点，生产疫情需要的口罩、防护服等紧缺物资；东北的大米、山东的蔬菜、南方的水果，被卡车司机源源不断地送到千家万户的餐桌上……

哪有什么岁月静好，不过是有人替我们负重前行。在此疫情防控中，各级党组织和广大党员、干部冲锋在前，顽强拼搏，充分发挥了战斗堡垒作用和先锋模范作用。同时，也有无数的非党员同志奋勇争先，牺牲小家保全大家，积极响应党中央的指示，并主动向党组织靠拢。在党中央的坚强领导下，在全国人民的共同努力下，我们的防控工作已经取得阶段性的胜利。4月8日零时，封城76天的武汉终于"解禁"。防控工作取得的成效，再次彰显了中国共产党的卓越领导力和中国特色社会主义制度的显著优势。一种民族自豪感油然而生，不禁让我想起预备党员转正时，党组织找我谈话，问我为什么要加入中国共产党，我想我们党对这次疫情的应对举措，就是最好的回答。我不禁从内心深处发出由衷感慨：只有中国共产党才能救中国！我也为自己能加入这个伟大的组织中而感到无比的荣幸和自豪！

说了大家，再谈谈我的小家。17年前"非典"肆虐，母亲当时还未退休，是家乡县医院传染科的一名护士，当"非典"来袭，她毫不犹豫地报名参加了隔离救治工作，却忽略了当时还在上小学的弟弟，因为父亲工作忙，平时母亲带弟弟比较多，但因母亲突然被隔离，使得弟弟的日常生活都成了问题，而我当时在读大三，因在校不能外出，甚是着急。最后在亲戚朋友的帮助下，弟弟的日常生活得以继续，而那段时间，也促使弟弟在性格上较早独立。17年后，同为医务工作者的爱人，他所在医院为北京地坛医院，属于传染病医院，收治确诊患者义不容辞，他也积极报名，于2月7日进入病房，从事一线救治工作。虽然我未曾亲眼看到他工作时的模样，但每每跟他视频时，见到他因喝水少而干燥的嘴唇；看到他因休息不好，而熬得眼睛里的血丝；看到他因无法理发，头发很长而显得人更加憔悴的模样，说实在的，我似乎也能体会到新闻里报道的爱人驰援武汉时，老公带着哭腔大喊："平安回来，我包一年家务"的那种感受，真的是发自肺腑啊！

爱人初进病房工作没多久，有一次在给患者做检查时口罩意外松动，但他却无暇顾及，第二天出现了咳嗽、乏力症状，他开始不以为然，但几天过去未见好转，他有些担心了，悄悄地告诉我，担心自己会不会被感染，会不会影响到同事，影响到整个医院……因为之前自己也从事过数年的临床工作，也参与过发热门诊的诊疗工作，所以，我深有体会。都说医生是"最美逆行者"，其实他们也是普普通通的平凡人，也会有担心，也会有恐惧，只是肩上神圣的使命感，不容许他们去思考过多。在我的劝慰下，短暂的心理波动后，他坚定了信心，他说："我没事儿，只是有点累，免疫力低下导致的上呼吸道感染，吃点药过两天就好了。"后来，随着患者增多，工作更加繁忙，也就更无暇多想这些，慢慢地，咳嗽也好转了。

我知道，他只是数以万计的"白衣战士"中的普通一员，他所做的也是他的职责所在。而我，作为家属，对他的工作全力支持，为他加油鼓劲，解除其后顾之忧，这是我义不容辞的责任。在照顾一家老小，确保平安无虞的同时，作为一名从事医学相关工作的中医药出版社的编辑，因为疫情期间居家办公，我还要保质保量完成自己的本职工作。家里上有70多岁的公婆，下有两个女儿，大的5岁，小的2岁。孩子小，在家黏自己，家里大小事情都需要自己去打点，根本无法正常办公，我就早起晚睡。通过努力，在领导的关心爱护下，已经圆满完成第一季度的绩效指标。另外，作为出版行业从业者，尤其是从事中医药出版行业，我想自己有责任、有义务在中医药防疫抗疫领域贡献自己的力量，比如说从中医药角度宣传科学防疫抗疫知识，总结相关医家经验，挖掘相关选题等。

没有一个冬天不可逾越，没有一个春天不会来临。习近平总书记强调："只要坚定信心、同舟共济、科学防治、精准施策，我们就一定能打赢疫情防控阻击战。"面向新的春天，只要坚持全国一盘棋，一名党员就是一面旗帜，每名党员要始终牢记人民利益高于一切，不忘初心，牢记使命，在党中央的坚强领导下，坚定信心，万众一心，相信我们一定可以共同打赢这场疫情防控阻击战！

风雨共度待春归，翘首以待春满园

北京中医药大学宣传部　齐　琪

庚子年初，一场突如其来的公共卫生事件席卷华夏大地。中国人民众志成城、守望相助，与新冠肺炎疫情展开了一场新时代的人民战"疫"。在这场抗击疫情的斗争中，从中南海不眠的灯光，到普通人家日常的生活，全国人民风雨同舟、勠力同心，14亿中国人民创造了一系列战"疫"的中国奇迹。所有人秉持"坚定信心、同舟共济、科学防治、精准施策"的理念，为赢得疫情防控的最后胜利而不懈努力。

在抗击疫情中，有这样一群人，他们的岗位是守护校园，开展信息报送，联系湖北学生，护航心理健康，扎实进行学业辅导，积极传播正向思想……这些成了中医院校辅导员工作的"新常态"。辅导员用爱心、初心、决心书写着战"疫"日记，用柔情、深情和女老师独有的温婉感染学生、陪伴学生，她们用实际行动践行立德树人的使命，用中医药在疫情防控中的实际疗效引导学生坚定文化自信，借助疫情的独特契机传播中医药文化，为打赢疫情防控阻击战全力以赴。

一、关心学生传爱心，她们是坚实可靠的良师益友

"各位老师大家好，今天的数据统计请在晚八点完成。""老师们好，请将此就业信息转发给班级学生。""请老师们关注班级学生的心理状态，历次排查关注的特殊学生要重点关注，有突发异常情况请联系心理联络老师。""再次启动新一轮疫情期间特困补助，请结合本班因疫情影响导致生活困难的学生实际情况。"伴随着此起彼伏的手机铃声，辅导员一天的工作拉开了序幕。在学生群中转发温馨提示，转发中医药防疫知识，开辟防疫专题，解读资助新政、就业政策，通过情志疗法开展心灵安抚，以不间断的"提醒""督促"，传递来自学校与老师的关心关爱，让学生和家长多了一份安全感。

新冠疫情暴发后，按照教育部的统一部署，在北京中医药大学的大力推动和安排下，辅导员队伍积极作为、主动担当，守好责任田，护好一校人。她们24小时在线，通过电话、微信、问卷星、金数据等媒介收集信息，全面掌握学生的返乡路径、寒假去向、所在地和与湖北人员接触史，精准摸排学生的健康状态，建立信息日报制度，为抗击疫情提供了翔实具体、可靠可信的信息数据，为学校统筹安排教学、科研、就业事宜等打下了坚实的基础。

纵使相距千里，纵然短暂分离，辅导员依旧牵挂着同学们的健康与安宁，湖北籍学生的学业生活更是让她们牵肠挂肚。2020年3月6日一大早，身处湖北恩施的小胡同学收到了来自临时班级同学的生日祝福，大家通过视频连线，线上齐唱《生日快乐》歌曲，为他送上生日祝福。针对新冠肺炎疫情的特殊情况，学校将来自湖北地区不同年级、不同专业的25名研究生和45名本科生组成了"特别"班集体，积极通过网络主题班会分享讲述《备急千金要方》《伤寒杂病论》《瘟疫论》等中医经典著作，学习中医药在历次传染病救治中的重要作用，学习"三药三方"的临床实践和技术方法，引导学生用科学知识抗击疫情，做好自我保护，坚定抗疫必胜的决心和信心。虽然相隔千里，但是隔离不隔爱。

二、网络思政守初心，她们是思想先行的良师益友

在疫情特殊时期，辅导员组织各个班级和团支部借助线上手段开展"云班会"，发挥党团班的协同作用，讲述杏林圣手在一线抗击疫情的伟大瞬间，讲好同心战"疫"这堂爱国主义大课。辅导员会在班会前统计出班级同学最关注的疫情热点问题，使用学生熟悉的语音平台与学生进行热烈讨论，在线解答了学生的疑惑，并了解学生假期生活、身心状态，用心育人，以情动人。网络班会拉近了班级同学们的距离，让大家更加团结，心在一起。2019级辅导员刘老师向学生们说："当前，疫情防控工作正处于关键期，危急之时唯有担当方显忠诚，保护好自己，就是对他人生命安全的负责，就是为这场战'疫'作贡献。"

"武汉加油""中国加油""我在北京为抗疫加油"……一句句饱含深情的助威来自全校不同年级的博士生、硕士生、本科生，历时24小时，将184段音频助威作品汇集为两分半钟的作品《为武汉加油》。此外，改编歌曲《致敬逆行者》《坚信爱会赢》，手语舞作品《不放弃》，学生们用音视频文字作品表达对于医务人员

的敬佩，并表示作为青年学子立志学成本领，报效国家，传承岐黄精术，普救含灵之苦，将来沿着先辈的足迹走向重大灾害防治一线，用行动诠释白衣天使仁心仁术、大医精诚的铮铮誓言。

"云"相聚并不止于此。《青年大学习》《在经历中学习，疫情防控公开课》《中华医药，抗击疫情》等网络公开课，讲述了中医药人坚守一线、救死扶伤的英雄故事，医学专家夜以继日、科技攻关的励志故事，杏林学子投身志愿服务、默默奉献的青春故事，以及中医药有效缓解症状，减少轻型、普通型向重型发展，提高治愈率、降低病亡率，促进恢复期人群机体康复的切实疗效。通过这些生动感人的事迹，学生们接受了精神洗礼，坚定了信仰，理解了千年传承的文化瑰宝、闪耀智慧的济世良方的深刻含义。一次次"云"端相聚凝聚抗疫力量，弘扬爱国奋进的主旋律。每一次共同学习，辅导员都要将网址链接提前发给学生，及时提醒学生们收听观看，结束后集体讨论，引导学生们将抗疫的情感体验升级为理性思考，进一步筑牢"众志成城，共克时艰"的共同思想基础。

三、学业辅导有决心，她们是素质过硬的师长学姐

"叮，你有一封未读邮件"，来自杏林之声微信公众号准时发出了推送，学业辅导工作室陆续推出学业辅导专题推送，梳理了学业要点，整理PPT、电子课本等学习资料，以供学生们开展自主学习，提升专业素养，实现停课不停学、学习不延期，并用自己的亲身经验指导学生的学业。学业辅导员王老师说："比起恐慌等负面情绪，冷静的思考、温情的理解、专业的举措，会更有助于学生朝着有建设性的方向去探索疫情带来的各方面变化。"此外，根据培养方案的规划，学业工作室开展了经典背诵打卡、中药打卡、伤寒打卡、医案研习讨论室等活动，引导学生们主动学习，营造崇德尚学的浓浓学风，从而带动更多的学生主动积极地投身学业。

"老师，我家住在偏远地区，这里没有无线网，用手机流量听网课实在太贵了，我该怎么办？"当一名家庭经济困难学生提出这个问题时，学业辅导员王老师马上行动起来，根据前期统计的居家学习数据，迅速通过网络、电话等方式排查，统计遇到此类问题的学生，为学生申请上网流量专项补助。王老师还积极动员优秀研究生、优秀党员，组建"云辅导"学业帮扶小组，开展线上学业帮扶工

作，帮助学生查漏补缺，确保没有学生在学业上掉队。

24 小时的细心守护，365 天的暖心相伴，辅导员与他们最爱的学生在一起，与他们挚爱的事业在一起。当学生快乐时，他们微笑着倾听；当学生失意时，他们温柔的安慰；当学生跌倒时，他们有力地扶起。在疫情阻击战中，他们用情系学生的高尚师德，服务大局的担当意识，不畏艰难的意志品质，奋战在学生工作一线，用暖心陪伴、细心照拂、爱心守候，与学生共同抗"疫"。

当成为辅导员那一刻，为党育人、为国育才便是这群队伍对党和国家的庄严承诺，立德树人、导航青春便是他们对莘莘学子无悔的誓言。面对突如其来的疫情，中医院校的辅导员坚守住自己的"战场"，履行着自己的职责，用实际行动兑现了每一份承诺，他们传承千年中医国粹，引导学生坚定文化自信，体悟传奇药方与古老智慧的内核要义，带领学生战胜疫情，共同迎接春暖花开，走向山花烂漫。

誓言无悔

——南通市中医院首批援助湖北医疗队"满月"纪实

江苏省南通市中医院　焦　毅

"春已来，归可期，但愿世间人无病，何惜架上药生尘。"2020年2月24日晚，新冠肺炎重症转轻患者杨女士向黄杰医生发来了一封感谢信，读完后感慨万千的他，在自己的日记里写下了这句话。而这一天，正是南通市中医院首批援助湖北医疗队"满月"的日子。抵达武汉时仍是凄寒冬日；如今，春天的脚步，真的已经越来越近了。

千里驰援：左手写爱，右手是职责

1月25日，庚子鼠年第一天。

因为新冠肺炎疫情蔓延的缘故，大街小巷的佳节气氛淡了些许，然而这并不妨碍国人足不出户于家中团聚。此时，南通市首批赴鄂医疗队发出了集结的号令，队员们义无反顾地向着同一个目标——武汉，出发！这其中就有来自南通市中医院的6名医护人员——

呼吸科副主任中医师苏成程、主治医师黄杰；

呼吸科主管护师瞿留、护师蒋丽；

ICU主管护师金秋芬、卞翠琴。

坐在开往武汉的列车上，瞿留的鼻子有些发酸。两天前，当护士长在微信群里发出组建医疗队的通知时，她没有丝毫犹豫、甚至来不及和母亲商量，第一个报名，"我工作经验比较丰富，和科里其他姐妹相比、家庭负担小很多，请派我参加！"事后，瞿留满怀忐忑地告知母亲，却得到了最温暖有力的支持："既然选择这个职业，就必须履行她的职责。去吧，留留，你只是换了一个地方战斗。"这

6 名队员举起右手为自己
也为武汉加油鼓劲

20 日，杨女士通过微信感谢
苏成程与黄杰两位医生

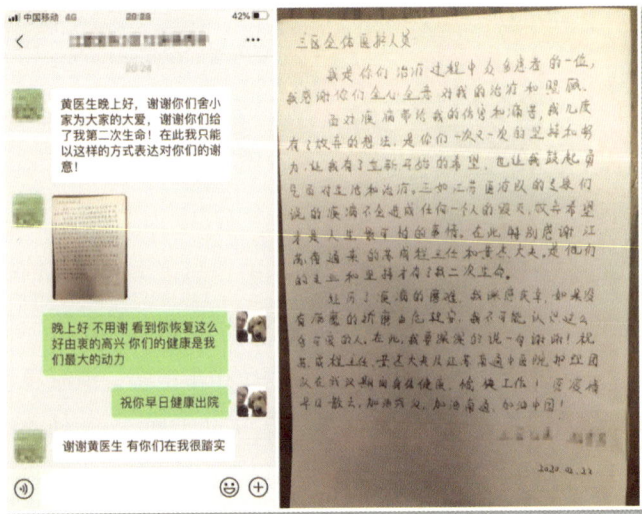

22 日，患者将亲笔书写的
感谢信拍照发给了黄杰

句话坚定了她奔赴一线的决心，然而出发前妈妈转身偷偷拭泪的模样让她心疼不已，"亲爱的妈妈，等着我，我一定会胜利归来！"

作为南通市首批援鄂医疗队临时党支部书记，苏成程的心情是复杂的。苏成程也是南通市中医院这支队伍的"大哥"，他一遍遍抚摸着口袋里妻子为自己准备的药物，"你有慢性湿疹，到了武汉，不要因为工作忙就忘记吃药。"一遍遍回忆着分别时四岁的儿子佑佑小手搂抱着自己脖子的场景，那细软温热的呼吸似乎还萦绕在耳边。然而，从医的诺言和医者的天职，使他内心无比坚定："当我选择做一名医生时，就已经做好随时为医学献身的准备。作为一名呼吸科医生、一名共产党员，此刻我应该、也必须站在抗击疫情的最前方！"

近了，近了，目的地就在眼前。

1月26日下午两点半，队伍抵达了新冠肺炎疫情的最核心区域——武汉。

从忐忑到坚定：77节台阶后没有硝烟的战场

根据江苏省援鄂指挥部的统一安排，南通市中医院6名医护人员与省内其他6家医院共27人定点支援武汉市江夏区中医医院。当援助队员到来时，早已超负荷工作的院领导和医护人员们都激动得热泪盈眶。

严峻的形势让队长苏成程心中警醒。一方面，他带头认真参加院感知识学习，对全体队员逐个考核过关，确保培训到位；另一方面，他作为核心队员率先进入江夏区中医医院查看情况，发现这所始建于1981年的医院，由于建筑老旧等多种原因，院感防护存在明显不足。在江苏组感控专家的指导下，大家对医院的"三区两通道"暨清洁区、污染区和半污染区以及医生通道、患者通道进行了优化完善，为下一步全体医疗队员进入医院正式开展工作奠定基础。

刚到武汉那几天里，大家的内心充满忐忑：有的女队员偷偷在被子里掉眼泪；还有人因为水土不服、饮食不惯等出现了腹泻、胃痛。然而，当大家踏着77节台阶步入病区，那些害怕、担心的情绪，一下子全都消失了。

是的，77节。这是卞翠琴头天上班时，一节一节数过来的。台阶的那一边，就是充斥着新冠病毒的隔离病房。"真正打动我们、给我们勇气的，恰恰是这些病人。"卞翠琴这样说。病房内没有陪护，所有病人都是由护士安置到床位上，有的需要搀扶，有的需要动用轮椅甚至平车。在病人眼里，卞翠琴分明看到了恐惧

从左往右依次为：蒋丽、瞿留、苏成程、黄杰、金秋芬、卞翠琴

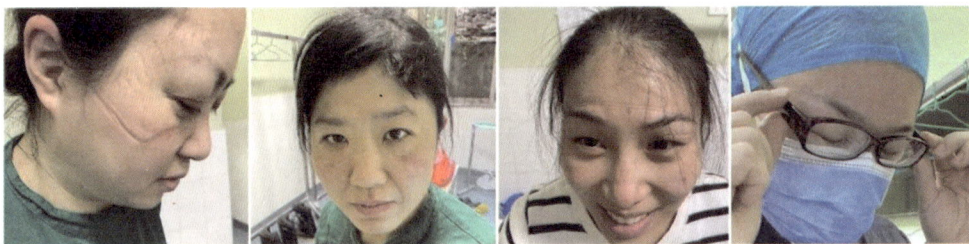

金秋芬、卞翠琴、蒋丽、瞿留（从左往右）四人脱下防护后，脸上布满了压痕

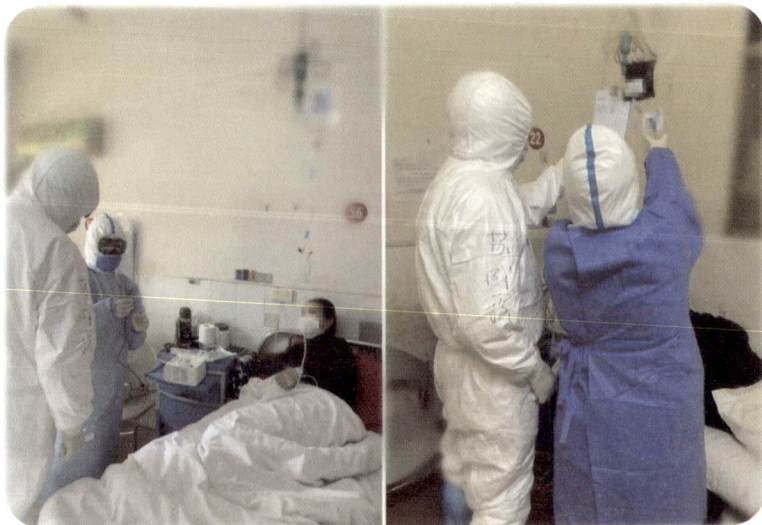

队员们的工作照

和无助，"没有亲人陪伴，他们唯一能够依靠的就是我们医护人员，我们就是病人的精神支柱。"一开始，很多病人不能接受确诊的现实，情绪或低沉或暴躁，卞翠琴总是耐心劝慰和安抚，甚至像哄孩子一样，鼓励病人多吃一口饭，"只有保证摄入，免疫力才能增强，你们才有更大的希望早日战胜病魔。"

大家戏称穿上全套防护服的医护人员为可爱的"大白"，然而，其中滋味常人却难以体会：防护衣毫不透气，N95口罩会使佩戴者呼吸困难。同时，任何护理操作都要非常小心谨慎，一旦幅度过大，就有可能面临防护服破损的危险。这些对大家的体力和专业都是极大的考验，常常是刚做完几项操作，后背就已全部湿透。才几天工夫，队员们的鼻梁、脸颊上都出现了不同程度的压伤和破损，双手也因频繁的清洁消毒和佩戴手套而红肿甚至生出水泡。

通向病房的 77 节台阶

"为了节约防护物资，大家早晨上班前都主动地禁水少食，甚至用上了纸尿裤。虽然护目镜上满是雾气，可我们在给病人穿刺时尽量一针见血，减少他们的痛苦；虽然戴着双层口罩呼吸非常费力，可是看到病人期盼的眼神，我们还是会多跟他们聊上几句，帮助他们树立战胜疾病的信心。"就这样，"芬妈"金秋芬把她对病人一贯的细心温柔，带到了武汉新冠肺炎病人的身边。

最好的团队：特殊而有爱的"一家人"

抵达武汉后不久，队长苏成程就根据工作需要和队员们各自性格特点，进行了详细的团队分工：黄杰负责物资储备工作，身体结实的他还是队里的"体力担当"，女队员们力不能及的重活儿由他全部承包；瞿留负责外联工作，与后方保持沟通联系；金秋芬、卞翠琴和蒋丽三位女队员则担起了"生活委员"的担子。

尽管工作中被分配在不同病区，下班回到住地也不能随意串门，但大家通过微信视频互相加油打气，聊一聊防护技巧、脑补最想吃的美食，女队员间谈谈生理期"包大人"的使用诀窍。房间将彼此隔离，却隔离不了浓浓的关怀和友爱。

江苏队部分队员在江夏区中医
医院大楼前合影

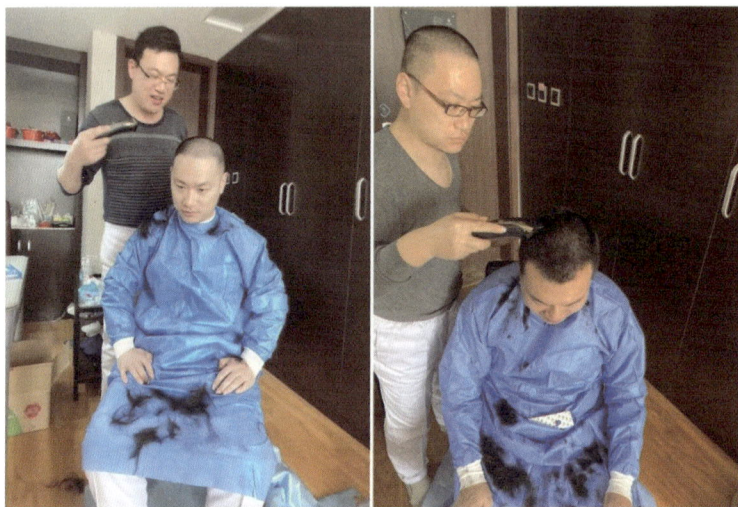

两名男医生用电推刀
互助剃了个"卤蛋头"

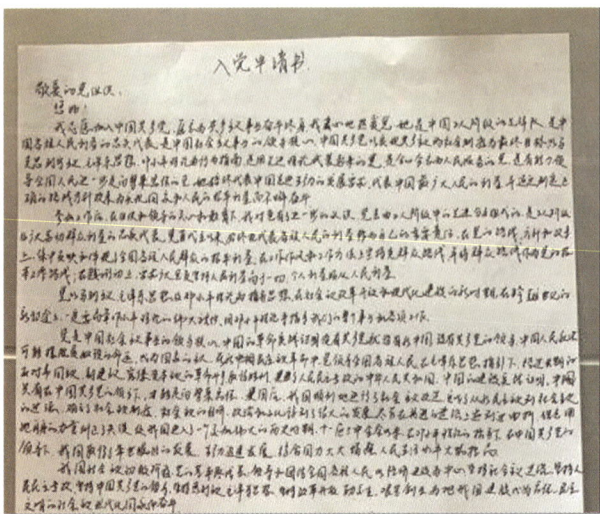

图为瞿留的入党申请书

蒋丽是6名队员中年龄最小的一个。在登记队员信息时，苏成程留意到正月初十是她的33岁生日，便和其他几名队员商量好，要在当天给蒋丽一个惊喜。于是，在物资紧缺的情况下，大家用桶装泡面代替长寿面，用袋装小面包摆成爱心形状——这也许是世界上最简陋的"庆生派对"，却也成为蒋丽人生中最难忘的一次生日。她在当晚的朋友圈中饱含感动地记录到：从未想过会在外面，没有家人的陪伴、一个人过生日。但是晚上哥哥、姐姐们精心准备了惊喜，有这样一份心，足矣！

就这样，在远离家乡800公里的武汉，6名队员相互关心和支持，团队的友爱互助成了鼓舞士气的最佳"武器"，也成了促进个人成长的"催化剂"。

"每一个病人，最迫切的希望就是早日康复、离开医院，而我们就是帮助他们实现这一愿望的人。"在工作中，瞿留亲眼目睹了同事尤其是苏成程、黄杰这两名共产党员身先士卒、敢于担当的表现，她与其他几名队员一起，在抗疫一线书写下了想要加入党组织的迫切渴望。最终，经党组织研究决定，吸收瞿留为光荣的预备党员。在给妈妈的信中，她高兴地写道："妈妈，现在我不仅是您膝下的小女儿，更是保家卫国的一名白衣战士！"

归去，也无风雨也无晴！

1月29日，经过严格的院感培训，江苏医疗队迅速投入到抗疫工作中去，与江夏区中医医院一线医护同步上下班，共同查房、分析病情、讨论治疗方案。队中13名医生分成三组开展工作，苏成程、黄杰与另两名医生为第二小组，由苏成程担任组长，负责医院三区、六区，其中一个为确诊病区，共80张床位。

在医疗工作中，苏成程发现中医药的介入对新冠肺炎病人非常有必要。"一些口苦、纳差、腹胀、失眠的症状，服用中药后效果都挺好。"医疗小组坚持中西医并重，在他负责的两个病区中，几乎所有患者均按个体化服用中药。经规范治疗后，大部分患者病情有明显好转或趋于平稳，重症患者也日趋减少。文章开头出现的杨女士，正是其中之一。

2月15日，杨女士病情突然加重：吸氧状态下氧饱和度只有83%左右，患者胸闷气促，随时有呼吸衰竭、气管插管的风险。秉持着"不抛弃、不放弃"的救治原则，一场与新冠病毒的"拉锯战"就此开始。在苏成程、黄杰的指挥下，一个个抢救方案有条不紊地施行：严格按照诊疗指南给予无创呼吸机支持，加用抗病毒药、静丙、免疫蛋白等药物，并密切关注病人生命指征变化，随时调整呼吸机参数。在与病魔交战的过程中，病人几次产生了放弃的想法，恐惧正悄悄压垮她的心理防线。危急关头，是她的管床医生黄杰、苏成程一次又一次地鼓励她，给她力量，"疾病不会造成任何一个人的毁灭，放弃希望才是人生最可怕的事情。""坚持！想想自己的家人！情况正在好转，千万不要放弃！"这些话深深地打动了杨女士，最终使她打消了放弃的念头。对于杨女士来说，是这群可爱的医护人员给了她宝贵的第二次生命。

经过连续数日不间断地密切观察与积极治疗，杨女士的病情终于有了明显改善。2月22日，患者血氧饱和度98%，体温36.8℃，呼吸19次/分，心率70次/分。这说明，杨女士终于平安度过了这道最危险的"关口"。当天查房时，她已能自己起身坐稳。当看到几个熟悉的身影走进病房时，杨女士高兴地笑了，"现在身体感觉轻松多了，也不再胸闷气短。胃口也好了起来，想吃些东西，真是一天比一天好。看见你们，我一下子就踏实了，谢谢。"

截至目前，苏成程和黄杰负责的病区共出院一百余人。提到这些出院病人，黄杰感慨地说道："'感谢江苏来的医疗专家苏主任、黄医生给了我第二次生命'，这是我们在武汉一个月来听到最多的一句话。疲劳、压力，这些固然都有，但更多的还是成就感和自豪感。当看到一个个危重患者病情逐渐好转、最终康复出院，我们疲惫的身心便会重新充满前行的动力。"

2月24日，武汉，天气晴。南通市中医院首批援助武汉医疗队出征"满月"。这一天，是中国传统的"龙头节"，黄杰和苏成程用电推刀互助剃了个清爽的"卤蛋头"，女队员们也对着镜子，象征性地修理了自己亲手剪短的头发。不为别的，求一个吉利的好兆头——最坏的一切都将过去，武汉的春天，已经在路上。

再别江夏

江苏省南京市中医院 杨永刚

轻轻的我走了，

正如我轻轻的来。

来时，

带着祖国的期望和人民的重托，

带着家人的思念和朋友的叮嘱，

一起托进行囊扛在肩上。

他们叫我们逆行者，

我只想化作一阵清风吹平江夏父老眉头的愁云，

我只想化作一棵小树阻挡倾盆而下的风雨雷电，

我义无反顾汇入那股用决心和勇气凝结而成的铁流，

这股铁流燃烧着中华儿女抗击疫情的熊熊火焰，

烧尽新冠疫情催生在江夏父老心头不安的野草。

我纵身一跃投进那片没有硝烟胜似战场的汪洋大海，

冲刷新冠疫情残忍吞噬亲人生命的伤痛。

每一个标本既是生命，

更是一个个温暖如春的家庭；

每一次检测既是期望，

更是如履薄冰般的矛盾纠结。

幸甚，

那个减号由小流汇聚成泉水，

让人甘之如饴；

幸甚，

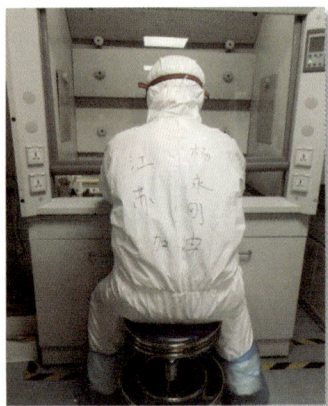

标本镜检中

生物安全柜体液标本处理中

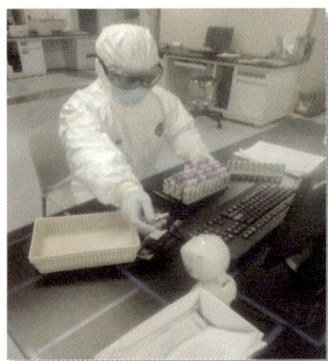

血常规标本处理中

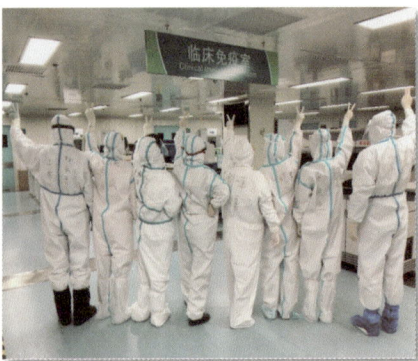

检验科"战友"们科室合影

临别合影

那条曲线如暴雨中断线的风筝迅速跌落。

额头的汗水阻挡不了上扬的嘴角,

脸上的勒痕是胜利的军功章。

轻轻的我走了,

正如我轻轻的来。

走时,

天空的细雨结成无数的愁丝牵绊着行人的脚步,

我希望雨下得小一些,

可以将不舍的愁丝剪断些许;

我希望雨下得小一些,

因为它打湿了我的脸庞;

我希望雨下得大一些,

可以让离别的人找到慢些走的借口;

我希望雨下得大一些,

可以让友情的花朵茁壮成长。

轻轻的我走了,

正如我轻轻的来。

别了,江夏!

送 战 友

江西省永丰县中医院　符呈荣

2020年2月6日，我院内三科主任祝晓明医师赴鄂抗疫，我们同事30年，友情深厚。特赋诗寄赠，祝他平安凯旋归来！

一

楚乡毒疫国人惊，此去知君劈棘行。

水复山重前路险，志坚骨硬赤心诚。

胸中热血烧魔疠，手里金针度福声。

烂漫花开春暖日，同歌黄鹤话新程。

二

楚乡战疫汝无惊，路险心坚稳步行。

冠毒狂奴欺主怯，仁医精艺救民诚。

神州朗朗扬旗帜，勇士威威啸虎声。

家酒常温君独好，归来把盏笑征程。

三

楚乡疫事已无惊，军地中央奋力行。

筑起国墙天地厚，收齐民志九州诚。

巫山赤壁英雄色，汉水长江勇士声。

神女云台亲敬酒，为君擦甲洗帆程。

山茶花开有寄

寄赠援鄂抗疫战友徐晓明主任

江西省永丰县中医院　符呈荣

红蓝粉紫赶春忙，最是山茶醉态狂。

千里寄君情一束，故园春色共珍藏。

英雄归来

江西省永丰县中医院　符呈荣

频挥热泪感英贤，吻别江城奏凯旋。

泣血樱花香满路，凌波黄鹤意冲天。

白衣救世乾坤福，青鸟捎书锦绣笺。

万里河山同一赞，千年韶乐谱新篇。

写在归期：雷火疾驰瘟癀散，江城处处又飞花

上海中医药大学附属龙华医院　马子霖

"归期已至。抗疫大考的卷子终于完成了，驻地酒店的窗外也已经渐渐能听到喧闹，聊天的、打球的、唱歌的，这两天还时而有竹笛声。这段日子的经历之充实，与平时我在诊室里心平气和坐诊看病的工作生活相比，每天都浓缩了平日好多天的量。"

热火朝天的"雷神山"

记得初至武汉时，遍地白雪，整座城市安静清冷，但一旦踏入雷神山医院的范围，看到的则是整个"山区"热火朝天的建设景象。当时由于大雪突如其来，许多建筑工人在修缮房顶，更多的在做病房交付前的检查维修。正好趁这短暂的空档，我们也有条不紊地抓紧时间做上阵前的准备工作。一切都需要尽快地熟悉起来，陌生的医院地形、陌生的医护工作站、陌生的院感防护制度，以及即将到来的罹患陌生疾病的患者。

交付到我们手上的是仅仅做完硬装修的"新房"，雷神山的建设和运维任务很重，特殊时期并没有足够的后勤人员，开张之前只能靠自己再做一次"软装"。幸好在队里大多是年富力强的姑娘和小伙，大家手提肩扛、盘点整理了整整两天，大到衣柜、药架、呼吸机，小到拖鞋、脸盆、手术衣，足足几十吨的物资，终于把"家徒四壁"的毛坯房变成能收治病人的

马子霖个人照

病房。经此一役，队员们不知不觉多了几分袍泽间的亲近感，而病区也忽然真正有了战地医院的感觉。

收治第一批患者的那天，仅从下午到傍晚，陆陆续续来了三四波患者，总共三十多个。有早期发病刚开始发热咳嗽的，也有起病数旬而迁延不愈的，病情轻重不一，最严重的几个在吸氧状态下的氧饱和度都很难维持正常。

为了迎接这批患者，队里的医护几乎全员出动，在舱里的医护人员负责分配床位、登记信息、引导病人、询问病史、发放药品、开展治疗，在舱外办公室的医护人员负责书写病历、开

雷神山医院工地

雷神山搬运物资

具医嘱、准备药物、统筹安排等。子夜0点，摘下戴了近10个小时的口罩和防护镜，看着脸上的压痕时忽然真实地意识到，属于我们的战斗真的打响了。

但凡对患者有用就都用

身处战地，一直被家人和朋友们远程呵护着，被关心最多的除吃住行外，刚开始那会儿还经常会被问到有没有害怕。说句真心话，实在是从开始就没怕过。病毒虽然是新来的，大家都跟它不熟，但就中医来说，却早就与瘟疫对抗了千年。医圣张仲景就是因为家乡大疫，发奋研究医学，立志做个能解脱人民疾苦的医生，提出"其死亡者三分有二，伤寒十居其七。感往昔之沦丧，伤横天之莫救，乃勤求古训，博采众方"，写下了中医经典著作《伤寒杂病论》。往后的世世代代，但凡有大疫横行，总会有苍生大医带领徒子徒孙们济世救人。

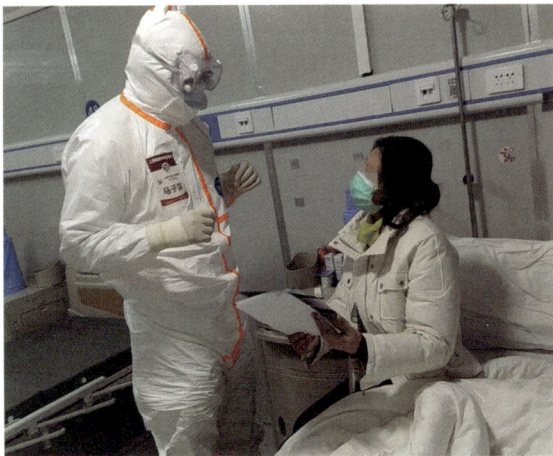

马子霖与患者交谈病情

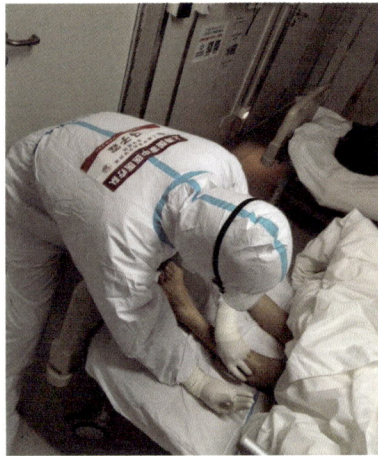

马子霖在给患者治疗

身为男子汉，亦是中医药传承的接班人，对抗瘟疫，乃职责所系。治疗开展之后，患者的那些症状，发热、咳喘、口苦咽干、纳差、眩晕……都与历代大家写在书上的几乎分毫不差，就连病情变化的规律都有不少相似之处。再细体会几位院士专家所给出的治疗指南，也是理法合度、方药精准，我内心的最后几分不安也随之消散。

诊疗工作一天天按部就班地开展，每人每天两顿汤药是必备，根据体质不同、证型变化，随时都可以调整。雷神山的中药库非常齐全，无论是常用还是不常用的，平价的还是名贵的中草药，都能开具，就像上了战场后发现平日里用顺手的武器都能随时随地供给，让我们这些医生可以有的放矢。除了拿手的汤药之外，平时攒的一些压箱底招数，但凡对治疗有用的，都倾尽全部给病人用。咳嗽厉害的，针刺半小时缓解；阳虚畏寒的，做艾灸、做敷贴都能好转很多；还有不少病人隔离病房住太久，焦虑、紧张、心悸心慌得厉害。恰巧，去年新研究了宁心贴，临出发前我特地往行李箱里塞了一大盒，给患者一用也是疗效明显。

在心里埋下缘分的种子

眼看病人们一天比一天好，CT片子上肺里的阴影也一次比一次少，隔离舱里的气氛日渐轻松起来。每次进去查房，与患者们讲完病情后，都喜欢家长里短的再聊上一阵，医患关系非常融洽。这些天来，不仅认识了新冠肺炎这个病，也窥见了瘟疫肆虐下武汉百姓生活的点点滴滴。

一位阿姨，她的先生在她入院前的三天刚刚因为疫情去世，而其女儿依然奋斗在武汉一家三甲定点医院的第一线治病救人，每次遇到都很体贴地为我们考虑很多。一对母子，母亲在上海工作的单位恰巧在我们龙华医院对面，母子俩同时入住我们病区相邻房间，又与在方舱医院的父亲同时出院，在隔离点团聚。另一位大姐，一直在给武汉的一线定点医院做广告牌和装修，每次除了不停地谢谢，还总会叨叨着哪边医院还有好多事情要做。每天查房都能听闻很多小事，在每天的鸡毛蒜皮里，看到了武汉人的坚强、刚毅、执着、乐观、热情，还有彼此之间可能终身无法切断的缘分。

来到武汉，被很多人称了一声英雄，最起初胸中一腔热血夹着些少年心性，我觉得只是做了该做的事，全然不以为意。待久了觉得武汉的百姓，那些在这里做着日常普普通通工作的班车司机、执勤民警、志愿者保洁小哥、维修师傅、送饭大叔等，他们也都是英雄。临走之际，举目望去，心中却有另一番感悟。没有谁是英雄，大家都只是普通人，只不过祖先在我们的血脉里留下了一些文化特质，让我们能在大难之时，克服恐惧和慌乱去共同面对和拼搏。

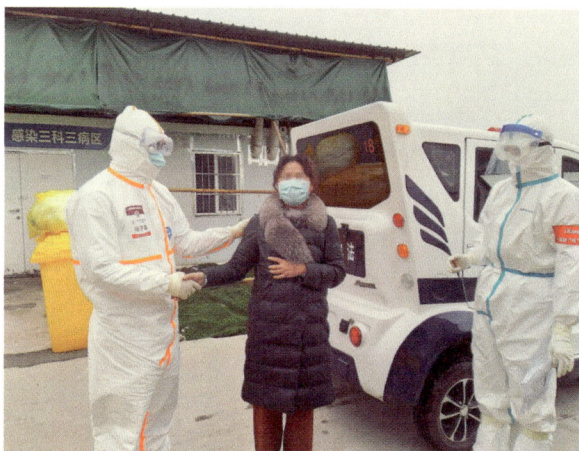

马子霖送患者出院

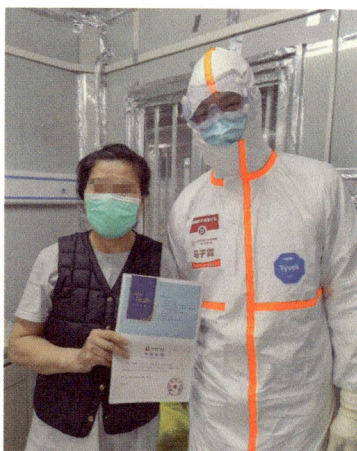

马子霖与患者合影（出院证明）

援鄂日记：亲爱的队友，尽管做不到，
我仍想给你一个拥抱

云南省中医医院　代月娇

我想给你一个拥抱，我最亲爱的战友。

今天是我和队友援鄂工作的第七天。出发前，我们有的不认识，有的不熟悉抑或人和名字对不上号。但短短七天，我们互相关心，彼此照应，为对方加油鼓劲，结下了深厚的战地情意。每天看着大家疲惫但坚毅勇敢的身影，很想给彼此一个温暖的拥抱。但我们不能，我们知道，每天穿梭在感染病区的我们都是高危人群，都有被感染的风险，我们彼此为了保护对方，工作返回住地后，总是尽可能各自回屋，自我隔离，除了取盒饭，甚至连门都不曾开。有时感到孤独，因为你们就在我身边，我却不能和你们聊上几句；其实也不孤独，虽然隔着房门，但你们就在我身边。

此时此刻，我有些心里话，想说给队友听。

罗云，我想给你一个拥抱，我最亲爱的战友。我们的队长，担负的责任也最重，他总是不苟言笑，一脸严肃，但又有着少数民族兄弟的本真质朴。有一餐饭配了苹果，每名队员都能分到，我递了一个给他，他坚决不要。他说：先给大家，我不要，直到大家分完了，他才拿。工作结束后，还没吃两口饭他就接到院方电话，又得匆匆赶往医院，会诊危重患者。看着你匆忙的背影，罗老师我想对你说：偶尔笑一笑，你笑起来挺好看！

祁向荣，我想给你一个拥抱，我最亲爱的战友。一个长在我笑点上的男人，说实在的，面对疫情，我们确实面临着身体和精神的双重压力。但祁老师总是能在大家疲惫的时候，适时抛出一两个硬核梗，藏族汉子特有的彪悍与幽默此时成了我们的调节剂，让大家能有片刻的放松。作为云南省中医医院院肺病专家，工作中的祁老师就像换了个人，一改往日的搞笑幽默，严肃认真，一丝不苟，每每看到你查房，穿梭于病房，擦肩而过，我总能透过护目镜下黝黑的肤色和坚毅的眼神一眼就认出你。值得一提的是，云南医疗队的预防性中药方剂就是出自祁老师之手。祁老师我想对你说：小样儿，你咋有两副面孔呢？

宋欠红，我想给你一个拥抱，我最亲爱的战友。宋博士总是面带笑容，温文尔雅，大家喜欢叫他红红、小倩，哈哈，他是男生哦！面对大家善意的调侃，宋博士从不生气，口罩遮不住你的一双笑眼，一副你们开心就好的样子。宋老师有着丰富的急诊经验，承担着ICU的医疗援助工作，并运用中西医结合辨证论治，为患者的治疗提供了宝贵的诊疗意见。宋博士，我想对你说，认真工作的你最帅。

杨燕丽，我想给你一个拥抱，我最亲爱的战友。一位"大家长"般的存在，团队主心骨，我敬重的老师。当年我还是刚毕业的小女孩，刚分配到医院，到杨老师所在科室轮转，第一印象就是怎么会有这般温婉优雅的人，说话和风细雨，但每一句话又都那么掷地有声。作为团队里的感控专家，杨老师，看到你一次次培训完当地医务人员深夜返回疲惫的身影，听到你长时间讲话沙哑的嗓音，杨老师我想对你说，谢谢你的传帮带，你就是榜样的力量。

董黎，我想给你一个拥抱，我最亲爱的战友。一个集美貌与才华于一身的女子。业务精湛，文笔流畅，和你待在一起时间最长的，就是我和蔡蔡，我们一起穿戴整齐，一起奔赴病区，并肩作战。工作后，我休息了，而你还承担着团队工作的记录汇总上报等多项工作。董董，每一天，只有我和蔡蔡能看到你脱下隔离衣、摘掉护目镜时最"丑"的样子，但我想对你说，这是我见过最美的样子。

刘荣梅，我想给你一个拥抱，我最亲爱的战友。一个温暖得像小太阳一般的存在。荣梅和当地护理人员共同承担着ICU重症患者的护理工作，工作中经常与当地护理人员交流经验，提供建议及帮助，临出发前温伟波院长为大家配制了健体抗疫汤，以便增强队员的抗病能力，繁忙的工作之余，小太阳早晚按时提醒大家服用，为大家监测体温，管理物资，当我看到你给危重患者喂食稀饭的图片，被口罩和护目镜压得有些变形的鼻子，我想对你说，荣梅，你就是我心中的小太阳。

张绒娇，我想给你一个拥抱，我最亲爱的战友。团队里的另一个娇娇，名字和人严重不符，名字娇，人可一点不娇气，相反有着外系护士特有的直爽和雷厉风行，同样和荣梅一起承当着ICU重症患者的护理及病区消毒等工作。看到你脸上布满的压痕，娇娇：我想对你说，作为三个孩子的妈妈，你就是孩子们的骄傲。

蔡昌继，我想给你一个拥抱，我最亲爱的战友。队伍中最年轻的队员，95后，唯一的男护士，别看他年纪小，业务技能强，丝毫不输姐姐们。还总是帮姐姐们提重物，领盒饭总是帮姐姐们先拿，最后才拿自己的，小暖男一枚，是蔡妈妈的心头肉，知道他奔赴抗疫前线，全力支持，但蔡妈妈每每听到儿子的声音都忍不住落泪，为了不让妈妈担心，他总是报喜不报忧。弟弟，我想对你说，你是我心里最优秀的仔，没有之一。

代月娇，我想给你一个拥抱，我最亲爱的自己。一个爱臭美的我，一个被自己丑哭了的我，每天和小伙伴们一起承担着感染科一病区的护理及治疗工作，看着下班时卸下战袍的自己，痘痘、过敏、压痕，为方便穿脱隔离衣，头发被自己用刀片刮得没有形状可言，难看得不愿与家人视频，但仍然不忘对着镜子里的自己搞笑一番，"你怎么那么难看？！"搞笑过后，我想对自己说：代月娇，加油！明天继续战斗。正如临行前院领导的嘱托："精诚团结，迎难而上，但一定平安归来"。

待春暖花开。我们一定平安归来！

归来后，我想给你一个拥抱，我最亲爱的战友！

2020年2月2日夜于湖北咸宁通城县人民医院驻地

隔离病房里的"大白"

重庆市江津区中医院　邓玉霞

出征的泪水

送别的人群里,龚利望酸了双眼,也没看到那个瘦小的身影。倒是拉着她手一直舍不得放开的护士长,看出她的心思说,你妈妈来过了,带了煮好的香肠和换洗衣服,让我交给你,她说她就不送你了。

龚利的眼泪顷刻就下来了,跌落在绛红色的出行服上,洇出一连串红色的小碎花。九天前那个夜晚,大年三十,疫情正紧,重庆市江津区中医院微信工作群里发出紧急通知,征集医护人员到一线抗疫。正与妈妈和妹妹吃年夜饭的龚利,沉思良久,放下饭碗对妈妈说,我要报名。

妹妹还小,不知道这四个字意味着什么,懵懂地看着姐姐。妈妈好一阵没说话,只是机械地用筷子拨弄着盘子里的回锅肉,好一会儿才抬起头说,我不支持你。龚利正想解释,话还没出口,妈妈又补充了一句,也不反对你。

知母莫如女,冰雪聪慧的龚利一下子就体会了妈妈内心剧烈的矛盾和在小爱和大爱之间那种艰难的选择。彼时,纵有千言万语,却汇不成一句话,龚利挟了一片蒸腊肉放到妈妈碗里。那是妈妈最爱吃的。

就在几天前,我微信语音采访才从隔离病房回到酒店的龚利,小心地问她,你爸爸过世,妈妈没上班,妹妹还在念初中,家里经济支柱就靠你,你有没有想过若有闪失,家里该怎么办?龚利说,疫情之下,我还真没想那么多,天天看新闻里的疫情,心里着急难过,我就是觉得我是医护人员,没有成家,也不是独生子女,即使有个万一,还有妹妹能陪妈妈。我又是重症医学科的护士,应该冲上前去。

龚利是江津区中医院出征驰援武汉的四名队员之一。同去的还有张群、曹屹和何露，都是临床护士。他们与重庆各大医院抽派的122名队员一起，组成了重庆市第三批支援武汉医疗队，于大年初九紧急出征到武汉，接管武汉大学人民医院东院12病区、13病区。

东院是武汉四家收治重症新冠肺炎患者的定点医院之一。这支队伍被叫作"重庆三队"。

龚利落泪的时候，呼吸科护士张群正和来送行的丈夫依依惜别，她千叮咛万嘱咐说，照顾好我们的孩子，一定不要和老人们说我去了武汉，他们会担心的。丈夫拥抱了她，使劲地点头说，你放心吧，保护好自己，我们等你回家。

进病区的忐忑

到达武汉，已是夜晚10点。接他们的大巴在城里疾驰。城市的景色依然漂亮，街灯炫彩，霓虹闪烁，只是到处都空无一人。紧张的气氛顿时笼罩过来，一车人都没说话，感到了肩上压了担子。

疫情严峻，简短的休整，就到了他们上岗的时候。

男护士曹屹在微信语音里和我说起第一次进隔离病房心里的害怕时，自己先不好意思起来，连声说，你可别笑我。用他的原话说，是十分害怕，进入隔离病房那一刻，两条腿都在微微打颤。他努力克制着，不让别人看出来。

长得高高大大的他，是急诊科的骨干护士。新冠肺炎疫情发生后，第一时间报名。他生怕选不上，大年三十夜，反复在电话里和护理部和医务部主任说，我一直在急诊科工作，参与救治过的病员无数，还参加过汶川地震救援，我有一线救治经验，又是男生，派我去吧，一定要派我去。他终于如愿以偿。

上岗前反复严格穿脱防护服的训练考核，以及负责感控培训考核的老师严肃的告诫，让所有人重新认识了新冠病毒强大的感染性，同时也多了一份担心和害怕。

虽然是个男生，曹屹也不例外，即将进入隔离病区的他，想起了女儿可爱的小脸，她刚学会叫爸爸。他想起了离家时爸妈蹙紧的眉头和担忧的眼神……

曹屹的害怕不是没有道理的。作为支援武汉的一线护士，任务很明确。进入隔离病区，为患者输液、打针、护理、监测、翻身、喂饭、擦洗、处理大小便……隔离病区不允许家属陪伴，几乎所有的治疗和生活护理，都落在护士身上，与感染者绝对密切接触。稍有不慎，就可能感染。

可是，就像战士上了战场，怎么能见到敌人就往回跑呢。所有队员，没有人把害怕表现出来，我也是，深吸一口气，稳了稳心，就迈进了隔离病房，那里有重症患者等着我们救治呢。曹屹说这话时，口气很特别，欣慰里透着自豪。我知道那是他战胜自我后的轻松。

隔离病房里的"大白"

进入隔离病房，没有半个小时小心翼翼的准备是不行的。为了防止密切接触患者的医护人员被感染，每一个进入的队员，都得在感控专业老师的监控指导下，一层一层穿防护服。12道程序，一道都不能少，还不能马虎。

等全副武装好了，他们就成了"大白"——白衣白裤白帽，全身裹在防护服里，鼓鼓囊囊的，瘦小的人也增大了一圈。患者看不到队员的脸，分不清谁是谁，在他们眼里，每个队员都是一样的"大白"。唯一能辨认的是声音。

有一段时间，张群的声音成了她负责的隔离病房患者追逐的声音。因为她总能"一针见血"。

戴着双层手套，戴着护目镜和面屏，穿着防护服，加上汗水雾蒙了视线，平日熟悉不过的静脉输血和抽血，在这里也成了难事。好在张群善于琢磨，不久就掌握了要领。

这天早晨，她要抽22个患者的血样，给患者输上液才能下夜班。1床是位大叔，动脉采血。张群找到他的桡动脉，消毒、进针、采血、棉签按压。大叔看到按压，以为没抽到，很理解地说，一次没抽到没关系，今天不疼，换一边再抽。张群把抽到的血拿给他看，大叔惊喜地竖起大拇指说，你真厉害，一针见血还不疼，技术真棒！你叫张群？我记住了，下次你还给我抽。张群连连点头，只要我上班，一定来……到了39床，一位大爷，最后一个抽血。张群在床旁做抽血准备时，大爷说话了，你是张群对不对，我一听声音就知道是你。张群连忙说，是我是我，大爷我又来给你抽血了。大爷伸出手臂说，好好好，一针见血的重庆妹妹。

这时的张群，穿着笨重的防护服，已经不停地工作了4个多小时，汗水浸湿了后背，都快要累瘫了，但却很开心。

她在那天的日记里写道：一忙就到了早上8点，就在我交班准备出隔离病房的时候，一位阿姨着急地叫住我，说她的血管不好找，非要我给她输上液再走，我只好返身回来，给她扎上了针。她露出了满意的笑容，整个病房的患者都对我竖起了大拇指。我很累，很饿，背心发冷，但那些竖起的大拇指就像兴奋剂，让我就像读书考了一百分那样高兴，瞬间有了精气神。

出隔离病房的程序36道，洗手16次，为的是不把病毒带出去。

当张群终于穿上自己的衣服坐上回酒店的班车时，感觉快要虚脱了。她摸出手机，用洗得发白起皱的手点开图库，看和女儿视频的截图。图上，女儿小脸歪向一边不看她。两岁多的孩子已经懂得亲疏，一个多月没抱过女儿，生分了。

可是我无时无刻不想她，张群说。

与张群有同感的是何露。这个26岁的ICU护士，当初报名时就遭到了丈夫的反对，柚子还这么小，你要是有个什么，我和柚子咋办？何露给丈夫看了医院的工作微信群说，你看，大家都踊跃报名上一线，我的专业正好符合，我不上谁上。你放心好了，我会保护好自己，不会有事的，我向你保证，不会有事的。经不住何露的软磨硬泡，丈夫不再反对。但是那晚，平时一挨枕头就沉沉睡去的丈夫，翻了一夜的身。

何露和我说这件事的时候，心里充满了对丈夫的愧疚。她说，他是老实人，是好人。

我理解她说"好人"的深层次含义。这次疫情，每个抗疫一线的医务人员的背后都是这样的"好人"。

何露爱柚子，想柚子，想到骨子里去了。每次视频，女儿乖巧地喊妈妈抱抱，抱不到也不哭不闹，只是睁着一双大眼睛，静静地看着手机里的妈妈，这让何露越发觉得柚子可怜，越发想念。

有一次，换好防护服进隔离病房前，抑制不住思念的何露，让感控监督老师帮着在防护服后背写了几个字：柚子妹妹，妈妈想你了！何露说，写上了这几个字，就好像把么妹背在了背上，心里踏实多了。

何露没想到的是，她的柚子，成了她为很多患者做心理护理的"武器"。

何露不敢说她第一次进隔离病房时看到的景象，一说就哽咽。病房安静得出奇，即便邻床有人过世了，也没有病友觉得意外和震惊，他们只是背过身去，把自己裹在被子里不声不响，仿佛那就是他们的宿命，只是早一点和晚一点而已。

亲属无法陪伴，疾病的折磨，对病毒的恐惧，病友的离去，使他们已经没有了求生的欲望，只是机械地接受治疗。

作为天天接触患者的护士，何露知道消积情绪对病情的影响。稍微熟悉病区的环境和工作流程，工作开始得心应手后，何露和她的同事们治疗之余就开始了心理护理。

说白了，心理护理主要靠和患者保持密切关系，通过倾听、开导、启迪来调整患者的心理状态，树立战胜疾病的信心。需要爱心、耐心和技巧。

何露给一个重症患者喂饭时，那位阿姨总说不想吃，吃不下，情绪很不好。她喘咳着说，反正这病就是个死，还吃饭干嘛，该怎么就怎么，听天由命吧。何露没放弃，一空下来，就找阿姨聊天，但总也找不到合适的话题。得知阿姨有一个可爱的小孙女时，何露来了灵感。她给阿姨看女儿柚子的视频，说柚子的种种萌态和可爱，说自己也想女儿，想早点把大家都治好，早点回家。触景生情，阿姨也想起了自己可爱的小孙女，她把小孙女的视频给何露看，还说，小孙女下个月就满两岁了，自己一定好好吃饭，配合治疗，战胜病魔，回家给小孙女过生日。

后来，给患者讲女儿小柚子，成了何露心理护理时屡试不爽的敲门砖。患者对美好生活的向往，在看到这些小生命的萌态中苏醒。

重症隔离病房虽然依然避免不了生死离别，但在何露和她的同事们的精心治疗和心理护理下，病房里有了变化。患者从对医护没有任何要求，到主动问病情，问自己什么时候能出院，主动和护士们聊天，学着说重庆话和他们认老乡。老患者也会主动帮助新患者去除思想包袱，有的患者还开玩笑说，每天要看到"大白"心里才踏实。病房气氛一天天活跃起来，新冠病毒好像也不那么可怕了。

有一次聊天中，25床的一位大爷羞涩地说想要吃水果，当班的龚利和何露就记在了心上。第二天，她们从酒店里带上了上级发给她们自己的两箱哈密瓜，搬到病房，分给患者们吃，自己一个也没留。

龚利用这样的语言和我说当时的感受：我们把哈密瓜切好，分送到他们床前，看到他们感激的眼神，那一刻我感觉，我们之间不是护患，而是亲人，他们吃瓜的样子，是我们心里最温暖的样子。

故事未完待续

清代诗人袁牧写了一首诗《苔》："白日不到处，青春恰自来。苔花如米小，也学牡丹开。"

我采访重庆三队的这四位来自江津区中医院的一线抗疫队员时，脑子里经常浮出的是这首小诗和苔花微小而青春饱满的样子。

我问何露，你以前在单位出过远差吗？她说没有。我开玩笑说，第一次出差就成了出征，挺有意义的。她说是。然后像个孩子似的开心起来说，在武汉，我第一次看到了雪，好高兴呀！

一岁孩子的妈妈，其实就是个孩子呢。只不过，穿上了那身白衣，就成了战士。那天早晨从病区下夜班出来，坐车回酒店的路上，她看到了车窗外皑皑的白雪，铺天盖地，银装素裹，竟高兴地跳了起来，完全忘了饥肠辘辘和身体疲惫。她用手机照下了武汉的雪景，发给丈夫说，给咱们的柚子妹妹看雪。

曹屹这个出征之前被同事赋予保护女队员使命的男护士，自嘲地说自己没完成这项光荣而艰巨的任务。他的话语里，满是对同事的歉意和对患者付出获得肯定的自豪。

他还清楚地记得好几个出院患者的名字。12病区的于双英（音）是个教师，出院时，拉着曹屹合了影，说你为我们的辛苦和付出我会记得一辈子，感谢重庆三队，感谢小曹，国家有你们真好！13病区的陈颖（音）是个医生，出院时候拉着小曹的手竟有了不舍。他说，小哥哥，感谢你，我会记住你。

一位80多岁的退伍军人大爷，临出院时激动地把"大白"们叫到一起说，孩子们，你们也要保护好自己，保护好自己，才能救更多的人。这些天，你们护佑着我，我这个老军人给你们敬礼了。说完，颤巍巍地伸出右手，敬了个军礼。

曹屹说，那一刻，他眼里含了泪花，再苦再累都值了。

在病区里，曹屹一直是患者们口中的"小哥哥"。小哥哥不仅高大，长得也很帅，可惜那些被他治疗护理过的患者，那些对他心存感激的出院者，都没有机会看到他裹在防护面罩里的真实模样。那是真的阳光美好。

提起那次紧急搬运氧气瓶的事，瘦小的龚利说，没想到自己还有那么大的气力。那天，病房住满了重症患者，病房突然氧气压力不够，而患者又急需供氧，怎么办？马上去搬氧气瓶！30个应急的蓝色钢化氧气瓶，每个都重达70多公斤，比龚利还高，还重。现场没有推车，当班的6个护士就进行搬运接力。清洁区、缓冲一、缓冲二……硬是使出吃奶的劲儿，把30个氧气瓶在很短时间内搬进了隔离病房。搬完最后一个氧气瓶，龚利浑身汗如雨下，差点瘫倒在地。

张群一直都有一个遗憾，就是那个瘦瘦的大爷最终没能挺过来。

那天傍晚，张群接班，看到躺在病床上一个大爷上顿的饭还没吃，已经冷了。正好有新鲜盒饭送了进来。张群马上问大爷吃不吃，大爷说要吃。本来准备把盒饭交给大爷，但张群发现大爷很虚弱，就喂他。大爷吃得很费力，吃一会就要歇一会，喘一会，张群就一口一口慢慢地喂。大爷吃了花菜，吃了四五坨红烧肉，连盒里那一块很肥的肉，他也吃了。尽管大爷努力地吃，但是那一盒饭，大爷还是没有吃完。

当晚下班，第二天一早再来接班的时候，张群得知大爷晚上已经离开了。张群很难过，他那么努力，还是没能挺住。

唯一让我欣慰的是，我喂大爷吃了他人生中最后一餐饭。若不是这样，我心里会更难过。张群说着，发来一张照片。照片上正是那个瘦弱的大爷，穿着蓝色格子衣服躺在病床上，"大白"张群正在床边给他喂饭。张群说，她要把这张照片保存好。这也是大爷留给人世间最后的模样。

我对他们的采访是断断续续的。两天来，忙碌的他们只能在休息时给我留言或语音。我知道他们的故事还在继续，他们的每一个故事，每一句话，都有可能成为我创作的亮点，感动和激励更多的人。可是，我不忍心再占用他们的休息时间，他们太累了。

这场没有硝烟的抗疫之战已经持续一个多月，疫情还没结束，几万名支援湖北的医护人员还在抗疫一线努力战斗。这些最基层、最普通的医务人员，他们没做惊天动地的大事，没有豪言壮语，但细微之中总有一种力量，让我们震撼。

隔离病房里的"大白"，他们像一粒粒苔花，在自己的位置上，努力盛开出最美的样子。

驰援湖北的孝感女婿

重庆市中医院　严　君

"我在重庆工作，但我是武汉人，也是孝感的女婿，全国各地都在支援湖北，我义不容辞一定要去参加战'疫'。"这是我——重庆市中医院肝病科严君的请战书。

来自武汉的我，于2010年和妻子到重庆定居，身在异乡独自打拼。如果不是这场疫情，我们会像往年一样，回武汉和孝感过年。一家人早就买好了腊月二十九回武汉的车票。眼看着要回家了，在武汉的医生朋友告诉我："情况可能有变。"我分析了一下形势，决定把回家的车票退了。而此刻，年近七旬的父母都在武汉，"算了，也不让他们到重庆来了。"我给父母打电话，让他们待在家里，不要出门，但是心里还是放不下。虽然一万个不情愿这样做，但是世事难料，果然，第二天武汉就宣布封城。

退票后，我主动回到单位上班。但是也一直密切地关注着家乡的疫情。我一直和武汉的医生同学保持着联系，其实很想回湖北和他们一起战斗。我还惦念着在武汉的父母。大年三十，我接到通知，医院将组建重庆支援湖北医疗队，接到通知电话时我丝毫没有犹豫甚至还有点儿惊喜。"全国各地都在支援湖北，我是武汉人，又是孝感女婿，我一定要回去为家乡战斗。"我把消息告诉家人，全家人都没有多说什么。岳父岳母和妻子分头帮我收拾行李。"我理解你的想法，我支持你。"妻子强忍着泪水，因为她知道我这一去真的是前途未卜，但是她在工作上是绝对支持我的，叮嘱我做好防护，平安归来。我则抱起了两岁的儿子，希望出发前再看看他。

很巧，当时接到的指令是，我和同事们到汉阳五医院支援，正是我原来的工作单位。但是队伍出发前，却根据实际情况调整到孝感。让我这个孝感的女婿，真正为孝感服务。

回到家乡，我们援鄂医疗队很快就投入战斗中，没日没夜的工作。穿防护服、查病房、写病历、下医嘱……从正月初二到三月二十二日，整整57天我和队员一起战斗在第一线。

初到孝感，我们重庆市中医院轻症一组整建制接手孝感市第一人民医院东城院区隔离病房的三楼病区。由于是新开辟病区，工作条件很艰苦。我和院感老师一起，反复练习和改善防护服穿脱流程，力争不被感染；和护士队伍一起，打扫病房、安放氧气瓶、搬运清点医疗物资、整理病床，为迎接病人做好准备；和医生队友一起，学习最新版新冠肺炎诊疗规范，探讨治疗方案和准备预案。1月31日晚，我和一名护理队员一起，冒着被感染风险作为第一位进入隔离病区的援助队员开始了对病人的诊疗工作。

接管病区后，每天进入隔离病房工作，不论在污染区还是办公区，从不缺席。作为非呼吸专业及非重症专业医生，积极学习呼吸机使用及咽拭子标本采集技术，积极承担标本采集等高风险工作。发挥自己曾经是放射科医师的优势，每日阅读大量患者的影像学资料并随时和队友分享经验；制作各类数据记录表格，优化诊疗流程，为方便队友查阅作出最大努力。分管病床36张，诊治确诊新冠肺炎患者98人，其中危重患者3人，进行咽拭子检查近80例次，治愈出院患者70余人。大力倡导中医药参与，中（成）药使用率100%，颗粒中药使用率99%，中药热罨包、八段锦、五行音乐疗法、耳穴压豆、中西医结合睡眠心理治疗参与率达到70%。

"有些患者病情复杂，需要详细地检查和询问。"穿着防护服查完房出来，经常浑身是汗，但每当患者道一句"辛苦了"或者"谢谢您"，都会让自己满血复活。

到孝感的第一天，我在查房时发现一个30多岁的女患者情绪低落、焦虑害怕，不太配合治疗。

"你看，我是武汉人，我妻子也是孝感人，就住在火车站那边，说不定我们还是亲戚呢。"我用家乡话拉起家常，患者慢慢配合起来。到了2月11日，患者达标顺利出院。"这么多天，辛苦你们了，谢谢你们无私的治疗和照顾！"患者出院的时候还和病房外的医生们一一道谢。"你是严医生，你是孝感的女婿，我听出你的声音来了。"虽然天天戴着口罩防护服，根本看不清容貌，但患者却通过声音认出了我。看着患者走出医院，我立即给远在重庆的妻子分享了自己的喜悦。看着患者出院自己也非常开心。

有一对老夫妇年纪都超过80岁了，爷爷病情危重，只能用无创呼吸机维持呼吸，随时都有生命危险。我分别和两位老人的四位子女通电话，说老人的病情，安抚远在异地的子女。奶奶当时泪流满面，子女们也在电话中哭起来了，那一瞬间，我也忍不住流泪了。经过接近半个月的抢救，爷爷的病情稳定并好转，让我们也觉得很有成就感。

得知我随队来到孝感支援，孝感的亲人们想来看望我，这些都被我婉言回绝了。"一方面是自己没有时间，另一方面则是出于防控要求，减少见面、减少接触、减少病毒传播。等我们打赢了这场仗，好好团聚。"虽然这样宽慰亲人，可我的内心一面担心妻儿，一面担心自己的父母。听说父母住的小区里有确诊患者，年迈的他们，每出去一次都会增加感染的风险。

每天，我都要和妻子视频通话，我放心，她也安心。可我从来不敢和父母视频，生怕他们看见我会心疼。父亲偶尔会打来电话，也只是淡淡问候，其实我晓得，他们只是怕影响我工作，不想让我担心。

"我希望疫情能够早日结束，让患者早日回到他们的家人身边。"等疫情结束了，我一定要把爸妈接到重庆，补上一家团圆的天伦之乐。

现在的我已经回到正常的工作之中，一切已经归于平静。我们只是医生，我们不是英雄。太多的荣誉让我们受之有愧。我们能够以微薄之力帮助到需要帮助的人就很欣慰了！不忘初心、牢记使命才是我们内心的信念。

42个日夜

重庆市铜梁区中医院　**陈夏燕**

从2月的寒冬凛冽，到如今的春暖花开，在这42个日夜里，我见证了生命的脆弱，感受到了人心的温暖，收获了最大的感动……

因为使命在肩，所以勇往直前

庚子新春，一场突如其来的新冠肺炎，让湖北瞬间成为全世界的关注中心。各类新闻如潮水一样涌来，看着一张张饱受疾病折磨的脸庞，看见一批批不断支援湖北的医护人员，我的心百感交集，立即拿出笔和纸，写下了自愿到湖北抗疫最前线的请战书，"我知道前方充满了危险和挑战，但作为一名医护人员，我必须去履行自己的使命和职责，到国家最需要的地方去。"

患难相扶，同心战"疫"

2月11日，我跟随铜梁区中医院第二批支援湖北的医疗队到达孝感市，经过为期两天的培训后，进入到孝感市大悟县中医院隔离区，参与一线战斗。从踏进隔离区的那一刻起，这份重之又重的担子就落在我和我的战友们肩上。面对忙碌紧张的工作环境、棘手的疫情，我其实有些担心害怕，但看到病人在医护人员的救治下，一点一点康复，一个一个出院，让我更加坚信，我们一定能扛起这份责任，圆满地完成任务。

同气连枝，共盼春来

这个被疫情惊扰的春天，有太多的艰难与不安，但在孝感中医院的42天里，又有太多让我难以忘却的温暖……

故事一：看见了你，我就看见了活着的希望。

有这么一位阿姨，之前有做过心脏手术，现在又患新冠肺炎，她的心情极度低落，也不愿与人交流。即便如此，我每天依旧认真负责阿姨的生活起居、护理照顾，哪怕没有任何回应，我也时常和她聊聊天。

有一天，阿姨向我大声哭诉："其他人都走了，我怎么还不好呢？我是不是很严重？我年纪不大啊。"

"阿姨，您别急，每个人的体质都不太一样，所以恢复得有快有慢。我小时候身体不好，外公外婆以为我长不大。可即便如此，我却很顽强，从未放弃过任何希望，我现在当上了一名护士，就是想帮助更多的人看到生命的希望……"

"燕子啊，阿姨真应该向你学习。我应该知足，虽然我生病了，但有那么多人关心我。我一定要好好地活下去，阿姨向你保证！"

自那以后，阿姨每每见到我，脸上都挂满了笑容，她常常开玩笑地说，"看见了你，我就看见了活着的希望。"

故事二：你再来湖北，请一定联系我！

隔离病区34床的婆婆经过一个月治疗，终于明天就可以出院了。得知好消息的婆婆，给了我一个大大的拥抱。

这位婆婆之前病情特别严重，从重症监护室转到感染2科，当初婆婆总是不说话，吃不下饭，精神萎靡。其实，在隔离区里大多数都是老年人，他们与外界联系不多，每天只能孤零零地待着，还常常担心住院费用，担心自己家人的安危，担心回家以后被家人排斥等。这一切的一切，导致他们过度的悲伤。他们躲避病友的问候、护士的关心、医生的询问，这些都不利于病情的恢复。那刻，我更加理解主任说的那句话："除了完成基本治疗任务之外，还得对患者加强基础护理和人文关怀，帮助患者战胜病魔，争取早日康复，这就是医者仁心最好的诠释，患者的微笑就是对医护工作者最大的认可。"

于是，一有空闲，我就经常陪婆婆聊天，抽空余时间给患者讲新冠肺炎的知识，疏解他们心里的焦虑，后来变着花样让大家开心，教大家八段锦、广播体操、七步洗手法等等。

一天天过去了，他们逐渐开心起来，身体状况也明显好转，看着他们陆续出院，我有种说不出来的欣慰与感动。

34床的婆婆临走时对我说："感谢你这段时间对我的照顾，有机会你再来湖北，请一定联系我。"

故事三：现在，我就是你的亲人

单独一间小屋，住着一位爷爷，他是病区最严重的。不爱说话、不爱走动、不爱下床。得知情况后，我每天都会透过门看他好几次，也有人提醒我要注意保护自己，除了需要护理的时候，尽量和患者保持距离。可每次看到他一个人孤零零地待在屋里，我就忍不住进去陪陪他，哪怕说一句话也好。

久而久之，爷爷和我开始话多起来。爷爷说："我是那天感冒咳嗽来医院，结果就被'关'进来，不让我走了。我家里还有老伴，她肯定特别担心我。"说着说着爷爷眼眶就湿润了。

"爷爷，您放心，您在这里的情况家里人都知道，他们请您一定要积极配合治疗，快点好起来，他们都在等您回家！从现在起，我就是您的亲人！"

"我什么都没带，我差的东西好多好多。"

"不要着急，您慢慢说，我明天都给您带来，还有以后我每天都会过来陪您聊聊天，好不好呀"！

"好！"那一刻，爷爷像个孩子似的笑了，特别开心！

因工作表现突出，在抗疫期间我火线入党，成为一名光荣的中国共产党预备党员！我想以后，无论是作为一名党员，还是医务工作者，我都将会更加严格要求自己，去帮助更多需要的人。

我愿成为一束光，让患者始终看见生命的希望。

想把我讲给你听

中国中医科学院西苑医院　周振琪

踏上回京的G66列车，时刻表显示18点抵京。人生无处不巧合，66天前的大年初一晚上我们也是夜幕初上18点抵达武汉，当时小雨缠绵，丝丝寒意并没有影响心中滚烫的热血。一路朦胧笼罩的武汉，我看不清他真实的样子，但是我想象他曾经繁华街景，人潮涌动。

抵达金银潭医院后，我们开始同原科室医护人员共同规划、合理布局各个区域，在医院感染管理科张丽老师带领下，做好消毒隔离，以确保以后的每一天都打"放心仗"。每次进入病房，医院感染护理科的老师都会一路"护送"，仔细检查，确认保护好我们才放心送上战场，在这场无声的战"疫"里为我们保驾护航！

"振琪，快来一下，我眼前有些黑！"我闻声立即前往。医生在为病情变化患者心肺复苏，自身耗氧量太大了，以致身体出现不适。我赶快接过医生手中的生命之火，奋力抢救，试图配合医生再燃生的希望……但是，我们失败了。拖着无力的身体，倚在楼道边歇了好一会，来不及感叹人生匆匆，来不及帮助逝者穿着整齐崭新衣物，也没有往日家属送别的仪式感，而是赶紧协助屋里护士一同做起尸体料理。

"振琪，快来帮我下。"闻声我走到了18床，原来是留置针穿刺没看到回血，戴着三层手套，是摸不到血管感觉的，只能是靠经验了，贴好封膜，抬头看到了一个规范的军礼……爷爷很努力说着武汉味的普通话："谢谢你，你真棒！"我说："爷爷，您有什么需要就喊我，您慢慢说，我都听得懂的，刚才还给您做了吐痰的盒子，装了消毒水，您还满意吗？"爷爷又竖起大拇指："满意！我一比画你就知道我需要什么样子的东西，这姑娘聪明！"其实很多患者带来的感动都是不经意的，只是于我而言普通不能再普通的护理操作，却能在几秒钟赢得他对我们工作的肯定和信任。

每一天都在迎接相同又"加大难度"的工作，最开始我穿着防护服总是觉得心跳加速，难以适应，在团队的鼓励和支持下，逐渐适应了。从一开始正月里武汉病房瑟瑟发抖，到后来武汉阳春三月汗流浃背，无一不是对自身身体素质的挑战。

来武汉，必须勇敢！守武汉，必须坚强！离武汉，必须自豪！为自己是一名中国中医科学院西苑医院的护士而自豪！为自己完成了90后满分答卷而自豪！为自己听从组织安排实现零感染而自豪！这一切都离不开医院对年轻人的培养，吾深知责任之大，肩膀所承担之重，然吾辈自强不息！

荆楚儿女情深意切，转眼到了送别之际。火车站前的每一步都不是归途的欢乐，更多的是对这片洒过汗水土地的恋恋不舍，对发饭时传递温暖的不舍，对多次热心赠送新鲜蔬菜无名大哥的不舍，对始终站在一起挽救生命战友的不舍！还有，还有那一份喜爱！喜欢它微风拂过樱花花瓣的温柔，喜欢它长江之水豪爽的壮阔，喜欢它哺育了朴实而团结的武汉人！

战"疫"归来，我感叹我们中国之强人！感叹世界之林中国之崛起！今生无悔入华夏，来世还做中医人！

敬畏生命的尊严，永不言弃

——用爱心点燃南丁格尔之光，引领你走向最明亮的地方

中国中医科学院西苑医院　李　静

人生在世屈指算算大概也就3万天，我想趁芳华还在，把每一天过得精彩，充实生命的宽度和厚度，当我老去时愿有岁月可回首。

2020年1月，新冠疫情如狂风暴雨般席卷湖北武汉，我也同千万名医护人员一样请缨加入战"疫"，因为我是一名中国医务工作者，国家有难、人民有难，必定挺身而出，职责所在、义不容辞。入党时的誓词在我脑海中久久回荡："我志愿加入中国共产党……随时为党和人民牺牲一切……"

2020年2月3日，我光荣地成为首批国家中医医疗队的补充队员，承载着领导、同事与家人的重托，义无反顾地踏上了开往武汉的列车。当列车缓缓驶出站台，我看到爱人眼眶湿润了，我的泪水也从面颊滑落，此时我真的不知道驰援江城是否会出现意外情况，这一次挥手道别会不会是永久。我在心里默默地对他说："对不起，无论前路多么艰险，我都要义无反顾地前往，因为武汉需要我，国家需要我。"

从事护理工作20余年，经历过汶川地震、抗击非典，但如此近距离地接触疫情还是第一次。虽然我已做好充分的思想准备，但踏入隔离病房那一刻，看到眼前的情景，我还是惊呆了。病房里患者的喘促声、咳嗽声、呼叫声在我耳边不停回荡。"护士，我憋气、我想喝水、我要小便……"这些给我身体和心理上带来很大压迫感，让本就穿着厚重防护服的我感到窒息。

金银潭医院收治的大多是生活不能自理、眼里充满恐惧的重症患者，他们用仅有的一点力气使劲地吸着氧气。83岁的奶奶饭吃得很少，我以为饭菜不可口，同屋的阿姨悄悄告诉我，奶奶是因为怕吃饭后排泄，不想给护士添麻烦。78岁的

爷爷拉着我的手说："求求你，救救我，我这病要手术。"26岁的女孩胆怯地问我："我憋气真的太难熬了，我还能活着走出这里吗？"中午下班时爷爷还拉着我的手说"真是个北京好姑娘"，可晚上就永远离开了我们。

面对生命的脆弱，心如刀绞、痛到骨髓。当晚我召开护理组工作会，要求加强基础护理，每个队友在班上要不间断巡视、再巡视，哪怕患者一个细微的变化也要第一时间反馈给医生，让患者得到及时救治，尽最大努力降低死亡率。我们要把最优质的护理服务和最专业的专科技术带进病房。我哽咽地说："我不希望任何一个队员倒下，但我想你们来武汉之前应该已经做好最坏的打算了，患者在哪儿，我们就守护在哪儿，护理组必须坚持到最后一刻。"

队员们无愧为新时代的白衣战士！喂饭喂药、清理二便，生活护理细致到位；病情观察、实施氧疗专科护理技术过硬。一周后在全体医疗队队员的努力下，隔离区内无论从环境还是患者心理都有了天翻地覆的转变。病房环境整齐划一，时不常传来笑声。患者开始对护士敞开心扉，倾心诉说他们的故事。在这个特殊时期，特殊地点，护患之间建立起特殊的感情。

记得有一天我正在给一位奶奶喂饭，同屋的小孩和我说："你赶紧走吧，你快走吧。"我心里咯噔一下，难道我做什么事情惹他不开心了？小孩说："我们在吃饭，都没戴口罩，这里全是病毒，你快出去，我不想你被传染，我也可以喂奶奶吃饭。"大病尚未痊愈，他们不是不需要护士的照护，而是把我们当作亲人般的关爱、呵护。

新冠肺炎给老周的双肺带来严重的损伤，肺泡已薄如蝉衣，肺大泡反复破裂，每破一次均做胸腔闭式引流。同期来的患者陆续出院，我看得出他思想包袱蛮重。第三次插管时我已经不知用什么样的言语可以安慰他。我装作轻松地说："老周，插管时我握住你的手，你要感觉疼就使劲攥我。"整个插管过程下来老周的手指一动没动，我表扬他说："老周真棒，真是条硬汉。"老周笑笑说："哪个不疼？我手指动你就知道我疼了，我不想让你担心。"这样的护患情谊难得珍贵。为了给老周补充营养，护理组每天从驻地带来小米粥、银耳汤喂他吃，看着他渐渐康复我们很开心。可就当出院日期指日可待时，医生最担心的事情还是发生了，老周第四次肺大泡破裂。被紧急转往胸外科治疗的他精神防线坍塌了，望着他沮丧的眼神和渐渐远去的身影，回到驻地我痛哭了一场，我感到自己很无力。但，绝不低头！护理组每天轮番发微信鼓励他，给他讲趣事，逗他开心，转移注意力。3月下旬接到将于近期返京的消息，我们在临行前为他策划了一个小惊喜，是想鼓励他在医疗队走后仍然会充满希望，坚强勇敢地活下去。那天护理组全体队员在老周所在的北四楼下撑起了西苑医院医疗队的队旗，大家齐声呐喊："老周，加油！老周，最棒！我们在北京等你！"那晚，老周给我发微信说，他不会放弃，绝不辜负大家的期望。8天后，老周开心地和我说战"疫"取得决定性胜利，明天可以出院了。他的命是中医救的，要用中医"治未病"的理念好好保护我们的命。

3月31日，医疗队凯旋返京，66个日日夜夜的奋战我们用仁心仁术诠释国家中医工作者的使命与担当。在金银潭医院累计救治158名危重症患者，圆满完成救治任务的同时，实现全队"零"感染的战略目标。"一生为护，终身自豪"，白衣战士用爱心点燃南丁格尔之光，引领患者走向最明亮的地方。敬畏生命的尊严，我们永不言弃！

遇 见

中国中医科学院西苑医院　*蒋建新*

"2020庚子鼠年，却不一般"。本该是阖家团圆、欢声笑语的日子，却被一种新型冠状病毒打破。苟利国家生死以，岂因祸福避趋之，疫情就是命令，中国中医科学院西苑医院紧急组织医疗救援队随中国中医科学院作为首支国家中医医疗队紧急前往武汉支援，来到号称"风暴之眼"的武汉市金银潭医院。在短暂休整以后，我快速投入战斗，在南一病区我第一次遇见他。

老徐是众多新冠肺炎感染者的一员。初次见他，我从他的眼神中看到了恐惧与不安，他躺在病床上呼吸极度困难，额头上满是汗珠，需要经鼻高流量吸氧辅助支持才能维持血氧饱和。我们的第一次交际是在他呼吸极度困难的状态下，要下床扔垃圾，我急忙来到他的面前对他说："你都这么喘了，有什么需要让我们来就行。"老徐对我说："你们能不远千里来武汉支援这已经非常了不起，我不能再让病毒传染给你。"听到他这样说我的眼泪已经在眼眶中打转，我赶紧扶他躺下。这是第一次认识他，也是记忆非常深刻的一天。

在后续的治疗护理中，我和老徐建立了深厚的友谊，同时无形中消除了他的恐惧与不安，每次进入病房他都会竖起大拇指。老徐总说："我给政府添麻烦了！"这也让我感受到武汉人民的善良。对于他们来说，我们像一缕春风，又似一道阳光；一声亲切问候，会令患者放下几丝忐忑；一个鼓励的眼神，会令患者增加几分力量；一双轻柔的手，会令患者减去几分病痛……我们是微小的水滴，默默地奉献着自己。多么温馨而又平凡的小事，但它却融入了我们对患者浓浓的深情，为患者点燃生命的火炬，驱走病魔笼罩的黑暗。

爱在左，情在右，走在生命的两旁，随时播种，随时开花，将这一径长途，点缀得花香弥漫，使穿枝拂叶的行人，踏着荆棘，不觉痛苦，有泪可落，却不悲凉……经过一段时间的治疗，老徐的身体也慢慢地康复起来，他更加充满信心地面对疾病，他的开朗也影响着病房里的每一位患者。通过我们的共同努力，老徐的核酸检测终于两次转阴，而且CT检查肺部的感染也在逐步吸收，好转。老徐出院时对我说："我永远也不会忘记你们，我们是生死之交，在武汉人民最需要帮助的时候，你们来了，你们就是我们的救命恩人。"

谁会不怕死？谁不想远远地躲开可怕的新冠病毒？但是职责告诉我们绝不做"逃兵"，党和人民培养了我们，如今国难当头，正是我们出力之时，没有什么豪言壮语，这本就是我们应尽的义务。

道路可以阻断，山河可以阻断，但祖国人民的心是不会阻断的。钟南山院士说："武汉一定是可以过关的，武汉本来就是一座很英雄的城市。"只要大家齐力同心，共克时艰，我们一定能战胜疫情。

一个个白衣战士，为了打赢这场全民战"疫"，齐心协力、风雨兼程，用无私无畏的坚守，誓要为武汉人民撑起一片安全的天空。我们"逆行"，也并非生而强大，只是炙热的心中有深深的责任。同时间赛跑，与病魔较量，我们要救出这些患者，让他们健康起来是我们的心声。万众一心，没有翻不过的山；心手相连，没有过不去的坎。我们众志成城，一定能取得抗击新冠肺炎疫情的最后胜利。

待到山花烂漫时

中国中医科学院望京医院　　陈一秀

"才饮长沙水，又食武昌鱼。万里长江横渡，极目楚天舒"，江城武汉，繁荣昌盛。而此时的她，如此孤寂场景。

新型冠状病毒宛如寒流，让繁华的大武汉极速降温，寒风中江边的梧桐树在瑟瑟发抖，武汉在哭泣，中国在流泪。

面对疫情的突然暴发，武汉人民没有畏惧，全国人民没有放弃，世界各地的华侨没有放弃，防疫物资和生活物资都纷纷用卡车、飞机等运往湖北。

战胜疫情，守护武汉，保卫中国！作为中国中医科学院望京医院的一名医护工作者，在医院发出"自愿支援武汉"的号召后，我热血沸腾，科室护理队伍中第一个报名。我不仅是一名护士，更是一名中共党员，为了那昔日繁华的江滩两岸，为了武大校园那浪漫的樱花，更为了一副副口罩下那些期盼的眼神、善良的面容，我要去，我必须去，坚定的信念牢牢扎根在心底。

回到家中，我和爱人提出要前往武汉支援，爱人说我们都是党员，我支持你去，然后他扭头走进厨房，说是给我做好吃的，可是我明显看到他在偷偷地擦着眼泪。第二天，爱人早早地起床，也没有和我打招呼，便去社区当志愿者。透过窗户，我看到他一个人站在小区门口，熟练地测着每一个进入人员的体温，可是闲余，他却抬头看着我们家的窗户。雪一片片落在他的身上，替我抚慰他的不舍。

临行之前，我和爱人商量回家看看父母。父亲前段时间生病，刚刚出院不久，一直放心不下。与爱人连续驱车8个多小时，归心似箭。夜幕下，车灯很晃眼。远远地，父母伫立在门口，一股酸楚涌上心头。毕业多年，我未能在父母身边尽孝，而父母却时时刻刻牵挂着千里之外的我。吃着热腾腾的饭菜，看着慢慢老去的父母，我强忍着眼泪，心里愧疚良多。突然感觉：陪父母吃顿饭是多么的珍贵啊！

次日一早，立即返京，看着父母把为我们准备的东西一件一件往后备箱放的背影，我的眼睛湿润了，不敢告诉他们我要去武汉的事情，强忍着离别的不舍面带微笑与父母挥手告别，即将离开小区的一刹那，我哇的一声哭了出来……

回京后，立即投入到紧张的抗疫工作中。此时此刻支撑我的，除了割舍不断的亲情，更是为国献身的信念，也是作为一名共产党员在党旗下发自内心的决心和誓言。

世间悲痛的事莫过于失去亲人，而更加悲痛的是眼睁睁地看着亲人离去而自己却爱莫能助。武昌医院院长刘智明同志不幸感染新冠病毒去世的镜头，让我泪如雨下。视频中刘智明同志的妻子追着救护车，凄凉的哭声回荡在霖霖细雨中，苍天也为之悲痛。"愿以吾辈青春，守护盛世中华"，山东援鄂护士张静静，她用自己年轻的生命践行了对祖国深深地爱。天暖了，张静静家乡菏泽的牡丹即将迎来百花绽放的时刻，也许她会开开心心在牡丹丛中翩翩起舞，任由暖暖的微风吹拂着她额头上漂亮的刘海儿！

待到山花烂漫时，江城武大的樱花必将翩翩飞舞，小孩子们开心地追逐着跳跃着，他们抓牢手中的线轴，放飞一个又一个春天的梦想，这一个个梦想和蓝天中的阳光一起，欢快地谱写着一个又一个动人的英雄故事！

勇敢逆行，不问西东

陕西省西安市中医脑病医院　张　丹

2020年春节，注定不再平凡，一场突如其来的疫情，仿佛给热闹的城市按下了暂停键。一时间，武汉封城，抗击肺炎！一个个名词代替了原本属于春节的祝福。当病毒开始蔓延，当确诊病例不断上升，当扩散的消息持续不断，似乎所有的前路都被阴霾笼罩。于是，武汉告急，湖北告急，中国告急！

自战役打响以来，西安中医脑病医院共派出四批共13名医务人员，其中护士就有9人，他们分别战斗在重症监护室和方舱医院。"好消息护士、后勤保障队长、硬核女汉子、中医娘子军"这些称呼来自于对他们的肯定与尊重。她们深知，这场战斗，除了胜利，别无选择；没有退路，必须打赢！他们充分展现了当代女性只争朝夕，不负韶华的精神追求，展现了疫情面前团结一心的责任担当。

2020年2月7日，西安中医脑病医院脑病十一科护士白琳作为陕西省非公医疗机构协会援鄂抗疫医疗队的成员，到达武汉参加新型冠状病毒肺炎救治工作。在武汉市红十字会医院开展医疗援助工作，她先在ICU做"特护"，得知新开设的发热病区急需支援时迎难而上连轴转。作为白衣战士她不觉苦累，作为年轻护士却经常感动泪奔。在发热病区人手紧张、需高强度工作的情况下，她自愿前往支援。病区患者多、情况杂，一个班需要护理15人左右，负荷程度超出想象。除了输液、采血、喂药、吸痰、雾化等医疗护理，因为没有陪人，患者的吃喝拉撒、消毒保洁也都由护士负责。在人手不足时，她也坚持"白加黑"连轴转地值守在病房。因为不怕苦、能熬夜，面对感染风险高的操作也没有丝毫退缩，她被同病区的姑娘们称为"硬核女汉子"。她经常告诉大家："我必须跑得更快，才能跑赢时间；我必须跑得更快，才能从病毒手里抢回更多病人。"

有天她刚接班，80多岁的老爷爷拉大便了，弄得裤子、床上都是。她看到爷爷难为情的样子，主动上前帮助同事开展清理工作。清洁环境、铺好干净床单，给大爷脱裤子、擦身体、更换衣裤，20分钟后基本清理完毕。可就在她转身拿尿不湿时，老爷爷没忍住又拉到了床上。面对这种情况他都要哭出来了，却一直用很微弱的声音重复说着："谢谢、对不起。"白琳宽慰他："没事啊爷爷，您就把我当成自家孩子，这都是我应该做的！"水雾朦胧的护目镜内，白琳也流泪了。

新冠肺炎患者多表现为呼吸急促，需要靠吸氧提供支持。为避免部分病情较重的患者因运动造成的缺氧，白琳告知患者有任何需要都可以通过床头的呼叫器找到她。呼叫器响起的原因多种多样，有的是杯子没水了，有的是想家了。一位患者因为找不到自己的假牙感到心慌，白琳翻床捣柜、趴在地上寻找。还有一位老年患者不会使用手机，想看看报纸，白琳在院内院外四处留意，最后终于找到了一张过期报纸带给了他，看到郁郁寡欢的老人终于笑了，白琳觉得心头温暖，"值了！"

武汉市红十字会医院发热病区12房34床患者是位93岁的老人，祝老爷爷自2020年2月14日确诊感染新冠肺炎到发热病区住院以来，没有亲友捎进日用品，床头放着的老年手机也没听见铃声响起。刚入院的那几天，无论是医生查房、治疗，还是护士护理、照料，祝老爷爷都扭过头去不予回应，情绪低落、治疗消极。白琳看在眼里，急在心头。患者情绪的好坏，会直接影响到治疗的依从性和疾病的转归。她决定，每天在开展输液、喂药、翻身等日常护理工作的同时，增

西安中医脑病医院 13 名援鄂抗疫勇士

加与患者聊天的频率，在了解患者需求后力所能及地予以帮助。无论是一盒酸奶，一份报纸，还是下班后多留一会聊天解闷，她都尽力满足。由于每天工作量大，沟通时间有限，她决定在防护服上变着花样地抄写名人名言、歌词或个人感悟，给老爷爷"看得见"的鼓励。在她的坚持下，所在病区的患者不仅提高了治疗的配合度，还会主动和她俩聊天。祝老爷爷就是其中变化最大的一个，之前总躺在床上，经过一段时间的治疗和交流后，不仅坚持下床走动，还主动开导心情不好的病友。"爷爷常说国家政策好，医生护士心好、技术高，还约着其他爷爷奶奶们一起早点出院逛公园呢。"看到病区里的患者积极治疗，康复出院的人数逐日增多，她更坚定继续当好给患者带来温情与阳光的"太阳花"。93岁的祝老爷爷出院时，拄着拐杖巍巍颤颤地走到护士站，一字一顿地念着素描两边的题字。随后，他将四张字画作品交到陕西医疗队、西安中医脑病医院护士白琳的手里。

护士这份工作太普通了，普通的许多人都忘记了这个职业，护士工作太琐碎了，琐碎的好像自己什么也没做。护士工作太辛苦了，辛苦的许多人都不愿从事这个职业。可是正是我们这些普通人，默默地奉献自己的一份关爱，一份汗水，一份真情，换来的却是千家万户的幸福和健康。

"生命重于泰山，疫情就是命令，防控就是责任"。在以习近平同志为核心的党中央领导下，举国上下同时间赛跑，14亿中国人民中勇毅前行，与病魔较量。

2020年2月7日西安中医脑病医院为白琳出征送行

自战"疫"打响以来，医院所有人员上下一心，齐心协力。预检分诊是保障医护安全的第一道防线，发热门诊是疫情防控的守门神，医学观察点是疫情防控的重点区域，核酸检测是疫情防控的重要环节。疫情期间，我们是守护祖国免受病毒肆虐的战士，疫情过后我们是守护患者健康的天使。

在这守望相助的每一天，在这众志成城的中国年，我们经历了一场严峻的考验。我们收获的是关怀、责任、担当、勇敢，面对生命的挑战和威胁，我们义无反顾。迎着病毒走，勇做逆行者。就像那首歌唱的，黎明的那道光会越过黑暗。让我们众志成城，战胜这场没有硝烟的战争，一起走上街头，繁花与共！

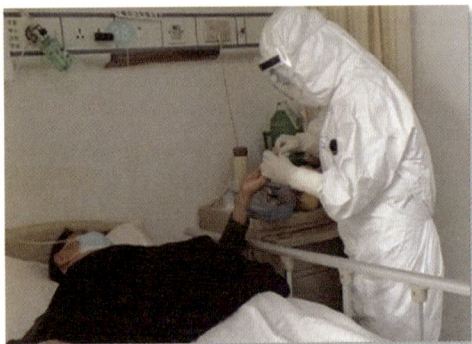

西安中医脑病医院白琳为病人进行治疗

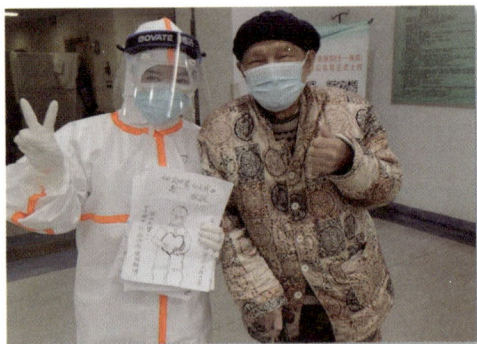

93 岁患者出院为西安中医脑病医院白琳送上素描表示感谢

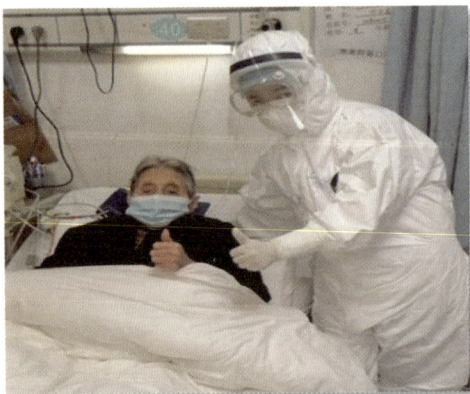

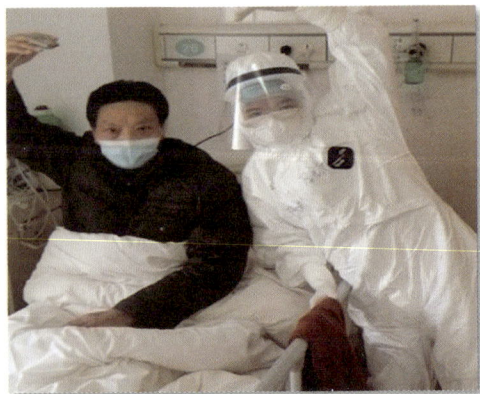

西安中医脑病医院白琳鼓励患者树立战胜疾病的信心

逆行的路上，我们一起前行

甘肃省中医院　安　洋

　　来武汉已经一周时间了，不论是来自各地支援武汉的战友，还是新的工作环境，都已经不再陌生，各项工作也井然有序地开展。今晚，我是P班（小夜班，从下午2点到晚上8点），匆匆吃完午餐，换上适合搭配防护服的半袖衫，穿着挡风遮雨的冲锋衣，在氤氲的小雨中，1点钟准时坐上接送我们的大巴车。

　　一路望着窗外武汉初春的美景，虽然才是3月初，却已经是春暖花开，绿树如茵。大约半个小时的车程，我们到达了目的地武汉市中心医院后湖分院。

　　按照流程认真地更换防护服，在近视镜的基础上又加了防护镜，我瞬间感觉看什么东西都是"镜中花、水中月"。护士长反复叮嘱我们要注意防护，落实好各项查对制度，确保患者和自身的安全。

　　面对穿衣镜里全副武装、密不透风的我，我露出最灿烂的笑容，暗暗给自己打气，"加油，安洋，你是最棒的"。

　　认真和白班老师完成交接班，我便开始了夜班的日常护理工作。和最初工作的时候相比，我基本适应了穿着不太方便的防护服穿梭在各个病房之间的工作节奏。

　　吃晚餐的时间到了，我逐一把晚餐分发完毕，不能自己进食的患者，我们会亲自给他们喂饭，并鼓励他们多吃点，增加抵抗力。

　　巡视病房时，我发现有一位病情较轻的奶奶，她疲惫地将头靠在床头，饭菜丝毫未动。凭着工作的敏感，我觉得老人可能有什么事，急忙走上前，轻轻地查看了一下她的输液管路，笑着询问道，"奶奶，您不舒服吗？怎么不吃饭呢？"

　　奶奶摇了摇头，依旧默不作声，眼泪却夺眶而出。我连忙取了一块纸巾，擦去她眼角的泪水，扶着她的肩部，轻声地说："奶奶，有什么事告诉我好吗？我来自遥远的甘肃兰州，我的奶奶和您是同龄人，我也非常想念她，看到了您，就像看到了自己的奶奶一样，您就把我当作自己的孙女吧！有什么事需要帮忙，您尽管告诉我，我一定尽全力来帮您，好吗？"

老人听了这番话，叹了口气说："孩子，平时我和老伴相依为命，我在这里住院治疗，老伴儿病情比较轻，在其他医院隔离观察，我已经两天没接到他的电话了，给他打电话始终关机，我很担心，不知道他那边出了什么事。我也不敢给儿女们打电话，他们都在隔离，打了也是徒增烦恼，孩子们都在外地，怎么办呢？"

了解了老人不吃饭的原因后，我连忙安慰："奶奶，您别着急，如果您愿意，等我下班后，我想办法帮您联系老伴，可以吗？"

"不用不用，不麻烦你了，我明天再打吧！"

"奶奶，您放心，爷爷可能是有事，或者手机没有充电，您如果不吃饭，没有免疫力，对您的病情恢复不利，爷爷知道了会更加担心您的。"

打开床头的餐桌板和盒饭盖，我把筷子递到奶奶的手里，看到她悲伤无助的面容，内心不由感慨万千。作为一名医务工作者，我们不仅仅是要配合医生打败新冠病毒，更重要的是落实好人文关怀，拓展心理护理，帮助患者树立起对抗疾病的信心，这样才无愧于白衣天使的使命。

6个小时很快就要结束了，我已经饥肠辘辘，呼吸也越来越急促，汗水浸透了衣衫，鼻梁被护目镜压得生疼，双腿如同灌满了铅，机械地挪动着走向更衣区。再次透过满是水雾的护目镜，回望病区，灯光柔和而安静，这时突然想起那位等我回话的奶奶。

我折回病房，告诉奶奶让她安心休息，我会尽快想办法联系她的老伴。看看她期待的眼眸，这一刻突然觉得所有的艰辛与危险都值得。

半个小时的时间脱下防护用品，回到护办室，我将这位奶奶的情况告诉夜班值守的一位当地医师，他立即通过患者留下的联系电话，多方联系，查找到了奶奶的老伴所在隔离医院。

原来爷爷一直没有回信的原因是手机不慎落入水中无法使用，医护人员已安排志愿者进行购买，次日就可以送到。得知爷爷安然无恙，我顿时松了一口气，赶紧通过呼叫器告诉当班的护士，转告奶奶，让她安心睡觉。

坐上接我们的大巴车，窗外的霓虹灯把这座城市照耀得格外美丽，"武汉加油"的字幕振奋人心。我相信，春天已经来了，疫情很快就会被战胜，这座城市也很快会恢复原有的繁华。待到那时，我将和我的队友们结伴而行，观长江大桥、登黄鹤楼、赏樱花，品热干面。

九 心在"疫"起

同心战"疫" 平凡中守住"责任田"

——致敬所有同心战"疫"的辅导员、班主任

北京中医药大学针灸推拿学院　石　森

老师，我在家出水痘了……

老师，我消化道出血了……

老师，我有点发热症状……

老师，我回家来的大巴车上有被确诊的病例了……

老师，我好怕呀，到处都是被确诊的消息……

老师，我好担心我妈妈，她每天都在医院……

听党话，跟党走，疫情就是命令，防控就是责任，时间就是生命。为做好疫情防控工作，他们从2020年1月21日起，便从"假期模式"转入"战时模式"。他们是辅导员班主任，他们也是父亲、母亲、爱人……在平凡的工作中，他们排除万难，作出了不平凡的贡献。守土有责，守土负责，守土尽责，他们始终守好守住自己的"责任田"。师生同心，共同抗"疫"，众志成城，共克时艰。他们用自己的行动，为战"疫"全面胜利贡献自己的光和热。

守土有责。疫情以来，"点对点"的抗"疫"工作项目组迅速成立，及时传达上级各项文件精神，认真贯彻落实"停课不停学，停课不停教，停课不停育"总体要求，强化师生一体。"一对一"覆盖全体学生，建立各项专项工作群，联动工作机制，将人文关怀送到每一位同学。同样的深度辅导，不一样的沟通方式，往日里面对面的谈心谈话，变成了电话、线上问卷、微信语音、钉钉视频……

"喂，是我，你在武汉怎么样？"

"喂，孝感那里情况还好吗？一定要注意防护……"

"喂，是我……你在毕节怎么样？"

"哎哎是我，我是班主任……我是辅导员……"

新年的爆竹声伴随着一遍又一遍的电话声，此起彼伏。复杂的事情简单做，重复的事情用心做。为了能够更好更精准完成疫情信息统计各项表格，有的班主任不得不"捧场"久未开单的楼下网吧；为了能够更好地开展班级工作，有的班主任成立了专项防控小分队，每天组内视频，了解同学们的居家趣事。为了能够更加全面了解学生情况，有的班主任自制问卷，在常规统计数据之余，关注学生居家情况、就业状况、论文进度等。实打实精准摸排，每个班级都用自己的方式，每日与学生联系，及时了解、掌握学生动态。

守土负责。平凡的数据，是不平凡的保障。他们在这场大考中彰显北中医人的本色。班级容量大、覆盖地区广、班级数量多……留校的、在家的、生病的，均需日日报送，日日精准如何保障？渠道畅通尤其重要，觉悟看似无形，关键时刻却能呈现出强大力量。收到已传达，收到已通知……每一位辅导员都是随时"在线"，每一位班委都是"战斗机"。"每天一边带孩子，一边整理数据，有的数据一次次完善，一次次填写。同学们都很配合，也会关心我，不要太辛苦，注意身体……每次得到这样的回应，看到他们发给我的那些可爱的表情，自己心里真的是很温暖也很有动力……"总是能听到老师们这样幸福地分享着。平日下功夫，遇事不含糊，置顶各类群，及时查看各类消息，保障沟通及时，数据准确，每一位班主任对自己班级的数据都是如数家珍。日复一日，看似平凡，但保障每一日数据的准确就是保障学生的安全，就是不平凡的坚守。

守土尽责。平凡的假期，不平凡的时光。在服务大家的同时，他们还要兼顾小家，要料理家务，要陪伴孩子，照顾老人，他们必须成为"超人"。多少个夜晚伴着键盘声入睡，频频闪烁的微信图像，一次又一次的摸排中，又深入了解了学生的情况，一遍又一遍的核对沟通中，师生的心更近了，感情更深厚了。这个寒假不休息，这个寒假却很温情。

在疫情形势不断向好，延期开学的日子里，在线教育开起来别样的"校园生活"。人不率则不从，身不先则不信。为了更加科学地规划居家生活，辅导员们深入学生中，率先运动读书打卡，打响了居家战"疫"。学所以益才也，砺所以致刃也。辅导员们深入挖掘学生中的身边榜样。一时间"共克时艰，榜样力量"在微信朋友圈火起来了，在这样的平凡人、身边人身上，同学们拥有了榜样的力量。这些平凡动人的故事才是最感人的，正是这样在我身边的年轻人，勇于担当的年轻人，他们立足专业优势，发挥自身作用，坚定希望之光，掀起了一股"在点滴中完善自己，从小事上修炼自己，以自己实际行动学习先进，赶超先进的"热潮。辅导员、班主任们用动人的故事，坚定的信仰、信念、信心影响着更多的身边人。他们在"大难""大考"中始终坚守"责任田"，守望学生成长，做学生想得起、信得过、靠得住的辅导员、班主任。

莫道残冬不是春，自有东风送春来！

老师，我的水痘基本好了……

老师，我出院回家休养了……

老师，我不发热了……

老师，我身体无大碍了……

老师，我核酸检测结果阴性，没事了……

老师，有您在，真好……

抗疫有我

——感悟疫情中老同志二三事

中国中医科学院院直机关　张根欣

在抗击新冠肺炎疫情的战"疫"中，每天我都被老同志的事迹感动着。在这场需要坚守初心、共克时艰的战役面前，中国中医科学院离退休干部党员干部以援鄂国家中医医疗队为榜样，积极响应党的号召，为新冠肺炎疫情防控发挥余热，把对党和国家最质朴最真挚的感恩与热爱之情，化作点滴行动，融入共抗疫情的战斗中。"如果国家需要，请第一时间告诉我"，作为主任医师的姚乃礼老院长，在疫情开始的时刻，第一时间表态，参加国家抗"疫"。战"疫"当前，这些可爱的离退休干部积极发挥余热，扛起责任与担当，用点滴行动，汇聚大爱，在抗击疫情后方，用平凡的行动积极助力。

一、听话在家，积极生活

"放心吧，我们在家听组织的话，不给祖国添麻烦。"每次给老同志打电话叮嘱，宣传上级的防疫规定，老同志都特别支持。他们从自身做起，不去人员密集、空气流通不好的公共场所，减少不必要的聚会聚餐、外出游玩，积极做好安全防护措施，保持适度运动、合理饮食、搞好个人卫生，遇到特殊情况，第一时间向科学院及居住地有关部门报告，全力协助做好疫情防控各项工作。

在家隔离的日子，他们以积极的生活态度去面对，把隔离空间当成了自我成长的舞台。无论是年逾古稀还是耄耋老人，他们在家钻研厨艺，几乎人人都成了厨艺大师；他们钻研网络学习，学会了上网课、学唱歌、直播、绘画、书法、剪纸、插花等课程；他们纷纷用诗歌、绘画、书法等作品支持国家的抗疫工作；老同志还懂得了网上购物，可爱可敬的老人们，无论什么困难，都挡不住他们对生活执着的追求。

二、踊跃捐款，爱心助力

自疫情发生以来，科学院离退休老同志密切关注疫情发展，积极响应国家"自愿捐款、奉献爱心、驰援武汉"的倡议，老同志们所表现出来的积极踊跃的行为和义不容辞的态度，让每一位工作人员为之感动。有些老同志通过微信转账的方式把捐款发给我们，有些老干部让子女把自己的捐款转账给我们，有些老干部则嘱咐工作人员先行替他们垫上捐款。"现在举国上下都在为武汉贡献力量，我们也希望尽自己微薄的力量，贡献自己的一点爱心。"短短3天时间，全院离退休干部共筹集到24万多元善款。

疫情刚刚开始，一位离休干部打来电话，要求捐出一个月的养老金支援抗击疫情。今年已经88岁高龄的离休党员张延硕老书记，平时连一件新衣服都舍不得买，一听说单位要募集捐款，当即决定捐出1000元，"年纪大了，其他的我也帮不上什么忙，就用捐款表达自己支援抗击疫情的一份心意"，这次捐款上千元的老同志全院有34人之多。老党员石宪，家庭出现了重大变故，深受打击，我们都劝她不要捐了，可却她说："我是一名党员，尽我一份力吧。"老院长姚乃礼捐出3000元。他说："我虽然不能到前方一线抗击疫情，就尽一下绵薄之力支援前方吧。"王玉华老师自己还在医院住院，却要女儿来单位捐款，当得知单位考虑到她住院，没收她的善款，她却多次电话要求补缴。有的老党员半夜学习微信捐款，有的远在外地的老同志打来电话捐款，有的乘坐公交车来捐款，有的骑车20多公里前来捐款，有的老同志还在国外支持海南的临床前线，却惦记着个人捐款事宜……看到老同志们平日生活很节俭，到医院看病开药，从来舍不得打车，为疫情捐款却慷慨解囊。"我们用捐款的形式，表达我们的决心和愿望！祝愿勇士们平安！"朴实的话语，感人的举动，这就是老同志最真的话语！

三、志愿服务，奉献爱心

"您好，请量下体温，谢谢！"疫情期间的每个日子里，西苑医院退休党员陈秀美、院直退休党员张淑菊的身影都会准时出现所在小区出入口处，为进出小区的住户测量体温。她们说："作为一名党员志愿者，我要牢记党的初心和使命，没有想过要任何报酬，相信只要我们党群同心，共赴时艰，一切行动听指挥，就一定能够打赢这场疫情防控阻击战。"虽然这不是豪言壮语，却是一名普通党员的心声！两位老党员连续志愿服务两个月，风雨无阻，无怨无悔，这些退休的基层老党员就像是一股"红色力量"注入战"疫"一线，织密疫情防控网，为国家为社会做着自己的贡献。他们不辞辛劳，执勤在社区"一线"，用自己的实际行动诠释自身的责任，早发现、早报告、早隔离、早治疗，对自己负责，也是对他人负责。陈秀美、张淑菊是千千万万个志愿服务中的一员，这些老党员、老同志志愿奋战在疫情防控一线，他们默默坚守，不要补贴，不要宣传，以高度的责任感和使命感，全力以赴，为打好疫情防控阻击战贡献应有的力量。

莫道桑榆晚，为霞尚满天。离退休党员干部用实际行动，用心尽情，展现了老党员们抗疫有我、一心向党始终与党和国家同呼吸共命运的高尚情怀。在这场突如其来的疫情战斗中，需要有人去坚守，需要有人去"逆行"，而这些可爱可敬的老党员老干部，无疑是这场战役中最平凡的力量，英雄在前，而他们却是平凡中的不平凡，用点滴行动，汇聚成磅礴的力量支持抗疫……

夜 役

宁夏中医医院暨中医研究院　李长寿

"主任，出发了！"队友的提醒，让我从对队伍管理的思绪中拉回到出发的途中。阴郁的天空，飘落着细细的雨丝，同行的五个同事散坐在空敞的公交车上，灰黄的路灯灯光不时照射在他们年轻、稚嫩而坚毅的脸庞上……

到达方舱医院后，舱内的患者主动配合着我们的查房，询问着病情的恢复时间。住在一起的母女俩，母亲静静地躺在床上看着女儿，女儿认真地做着每一道习题。隔壁的阿姨主动和我们打招呼，认真地给我讲述她分住在不同方舱医院的家人一切都好，感激的神情溢于言表。快乐的私企员工主动给我说他今天的运动量。经过几天的交流，他们已经不再焦虑。

戌时，方舱内大部分灯都关了，洗漱结束的患者陆续回休息了。对于睡眠质量不好的人，我们让她柔和按压贴在耳朵上的耳豆，并站在边上监督和指导，看到有些睡意了，我们才默默地离开，走向下一个患者。对还在玩手机游戏的俩年轻人，我上去低声地制止，他们不好意思地关了手机，调皮地吐了吐舌头，闭上眼睛。

用力睁睁困倦不堪的眼睛，沿着舱内过道走过，过道边的椅子上、凳子上，坐着同样困倦而闭目养神的同道。有几个护理人员还在核对医嘱，安排着明天的核酸检测。舱内的鼾声此起彼伏，或大或小，一切都是那么安静祥和。没有往日夜班的急会诊催促，没有手术后患者的呻吟，只有地板折射出的幽幽微光，我的呼吸也变得自然和顺畅。

"主任，我们怕您累着，早来了一会。"接班人员深切的目光看着我。简单地交代了需要关注的人员信息，我们踏上了返程的公交。雨不知何时停了，天空中难得的几个星星，调皮地眨着眼睛。不知从哪里窜出的一只小猫，蹭了蹭我的靴子，又开心地走开了。公交车的声响，因司机的努力，变得悦耳了许多；酒店旁边的柳树已经吐出了新芽，明亮的路灯绵延地奔向远方。

写给最美的天使

江苏省苏州市中医医院　徐圆杰

挚爱的妻子，见字如面。

家里都好，万勿挂念。

还记得你出征前的那个冬日夜，

一宵风雨簌簌，我俩对望少言，

其实是，我们都怕说出让对方担心的语言。

爱妻啊，我懂你的医者仁心，

身为医者，就要与死神短兵相接。

前线有你，后方有我，心与心联手，

冬天过后，就是春天。

亲爱的妈妈，见字如面。

你好久没抱我，有点不习惯。

早知道你要出门那么久，

那天我才不放你离开。

后来他们都说，我的妈妈，

是最美的"逆行者"，

我才知道，你有多勇敢。

我在家也会听话懂事，等你回来。

妈妈你呀，在外面也要注意安全。

我最乖囡的女儿，见字如面。

我们都好，只是对你牵记想念。

那天你在电话里说，

前方的疫情已得到控制，

自己一切都好，让我们把心往肚里咽。

我看到你父亲在角落偷偷掩面。

他说，从小你就有胸怀有担当，

定会做出一番事业。

乖囡长大啦，你是我们心中的整片天。

我那最美的同胞，见字如面。

极目楚天，思君不见。

疫情就是动员，宛记得那天，

我们同时喊出了：我在！我上！

使命还是眷顾了你，以医者之名服务在一线。

你和你的同志们用职责担当筑起了钢铁长城，

为夺取疫情防控战的全面胜利，奋战。

我的好姐妹啊，到胜利时，我们再一起举杯，

山河无恙，我华夏，平安！

"刚强"兄弟的"硬核"出击

浙江省温州市中医院　王如意

　　一个坚守温州，领跑中医药战"疫"新速度；一个在西班牙，遍寻全城搜罗抗疫物资。温州市中医院呼吸科主任刘刚，西班牙中欧贸易集团董事长刘强，跨越一万公里的两兄弟深情演绎"岂曰无衣，与子同裳"的血脉亲情。

　　"今收到由刘刚主任弟弟号召西班牙温州文成籍爱国人士捐赠的10万只手套、60只额温枪，感谢他们的捐助，危难时刻，爱国人士心连心。同时也感谢刘主任的牵线搭桥，向你致敬！"2月27日上午，温州市中医院物资采购中心主任陈力在医院微信群发了一则信息，全院上下纷纷点赞，由此也引出了一段"刚强"兄弟共抗疫情的"暖心"故事。

　　刘刚是温州市中医院呼吸科主任，他的弟弟刘强长期定居西班牙，是西班牙中欧贸易集团董事长。农历新年前，刘强从西班牙回温州过年，可不巧，国内正遭遇新冠肺炎的"突袭"。使命召唤，医者担当，作为医院呼吸科的带头人，哥哥刘刚一直忙碌在一线，不仅要对24小时发热门诊和隔离病房进行统筹安排，还受温州市卫健委委托，连夜赶出了适合温州地域和气候特点的新冠肺炎中医药治疗"温州方案"，忙得连回家吃顿团圆饭的时间都没有，哥俩甚至都没有机会好好说上几句话。

　　大年初三是刘强返程的日子，尽管他回国的次数不少，但兄弟情深，刘刚还是安排好工作上的事务，抽空送弟弟去机场。路上，哥哥嘱咐弟弟忙生意的同时要注意身体，而弟弟更希望哥哥忙工作的时候更要加强防护。在交流中，刘强得知医院防护物资告急。

　　之后的几天，刘刚依然很忙，不仅每天要到病房查房，还要时刻关注发热门诊新病例的收治和隔离病房疑似病例排查等工作。同时，作为温州市新冠肺炎中医药防治专家指导组成员之一，他还奔赴各家定点医院，与一线中医师连线开展病例讨论，积极投身于疫情防控工作中。

而在地球另一端，刘强也在默默地为国内抗疫作贡献。自飞抵西班牙后，他第一时间将自己隔离在家，同时也密切关注国内疫情动态。当新闻说温州疫情愈发严峻时，心系家乡的他再也坐不住了，他要为家乡做点实事！

因为自我隔离，出行受限，他将想法告知了陈永汉、毛振平、郑建义等文成同乡，发现大家都有同样的想法，几个人一拍即合，一边紧急联系家乡，问清当前最紧缺的物资详单，一边动用所有力量全城搜罗所有的抗疫物资，一边又在同乡群里发起号召，动员爱心人士共同筹款购买物资，为温州，为文成，出一份力！

最终，有75位西班牙温州文成籍爱国人士及单位参加了此次捐赠，最终购买了总价值40多万元人民币的物资，包括500把额温枪、35.8万只医用手套、8000件防护服和17.5万只防护鞋套。而刘强也分别以个人和西班牙中欧贸易集团的名义参与了捐款，甚至还号召家人参与捐款。

经过大家的综合考虑及刘刚的牵线搭桥，最终决定通过温州市卫健委定向捐赠温州市疾病预防控制中心、温州市中医院、文成县疾病预防控制中心、文成县红十字会、文成县人民医院等单位。

紧急筹款购买物资后，后续的运输也遇到了不少麻烦，货物耽搁了十几天。好在，最后货物通过各个渠道分批运往国内，菜鸟合作单位"马德里递四方"和一群由意大利、西班牙、中国温州等地组成的公益物流也承担了所有的运费清关。

你在前线战斗，我在后方支援。刘家刚强兄弟的"硬核"出击，给疫情一线所有的逆行者带来了融融暖意。疫情无情，人间有爱，有一种血脉亲情叫无私奉献，有一种大爱芬芳叫毫不犹豫，有一种心灵呼唤叫共同抗疫。

妙手释仁心

浙江省舟山市中医院　　石冰沁

　　生活从来不是什么容易的事情，每个人都有自己的难，哭声埋藏在人们心底，和死亡一样遥远。

——题记

　　今年的年味很淡，全部被疫情盖了去。张灯结彩的街上，寥寥无几的行人，辉煌的灯光被蒙上了说不清的阴翳。只有医院里，依旧彻夜灯火通明。不算安静的病区里，剪刀"咔嚓、咔嚓"的声音却过于清晰，明日出征武汉，那头蓄了几年的长发就不留了。人间除死生外无大事，这头秀发以后再蓄吧，泛红的眼眶里却满是坚毅。顾不得年幼孩子的哭留，顾不上年迈双亲的担忧，背起行囊，挥别众人。当真是，今日驰骋援武汉，牢记使命正初心。

　　这个冬天，武汉一夜间仿若一座空城。孤身一人在一座看着很空的城市里，午夜轮回，弥漫而至的是一片清冷。但是她们没有时间去悲秋伤春，ICU里繁重的工作，她们不仅要治病，还要治心。生的希望由她们守护，活下去的愿望由她们不停地给患者灌输。只是她们，所有的辛苦，所有的辛酸，都自己扛。防护服下闷出的汗水不停地湿了衣背，严寒里的中暑已经是家常便饭。中暑带来的窒息感和呕吐感，她们面无表情地忍下了，因为她们不愿意浪费一套防护装备。凭着一口气，借着一股信念，她们坚持到换班，却在卸下防护装备后一瞬间瘫软在地。

　　都说男儿有泪不轻弹，只是未到伤心处。雷老师的两地书，一夜间在朋友圈刷了屏。此次路遥非省亲，绵薄之力助乡亲。身为湖北女婿，他义无反顾奔赴湖北。所幸他学了医，能替妻子守护家乡。别离的清晨，他没让妻儿送行，却不知，妻子就在他身后，看着他拖着行李远去。在方舱的日子里，说不辛苦，那是假的。本就不稳定的血压，时常高到离谱，伴随着眩晕，恶心，头痛。但是，心中有信念，没有什么是不能克服的。牢记医者使命，谨记医者初心，他用行动践行着自己的誓言。

人家都是上阵父子兵，而她，却意外地在出发武汉前的动员会上，遇见了自己的亲哥哥。深夜紧急点兵，她不知，明日里她会遇见自己的亲哥哥。会场上，兄妹二人一桌而邻，比邻的姓名牌，是两颗无所畏惧的赤子之心。为人女，为人妻，为人母，她有愧疚，但是于身上这身白衣，她问心无愧!

我们把我们最好的医生、护士借给了武汉，他们在医院里，隔着窗，从武汉的冬天看到了武汉的春天。所幸，疫情平稳了，他们毫发无损地回来了。他们用一身医术，筑起两地情意，一侧谓妙手，一侧称仁心!

一个鸡蛋

重庆市江津区中医院　蒋　晨

"来，妹儿，填个表！"

一天下班回家，平时双向扫车牌就能进入的小区车库，被挡了一个道。保安大爷递来一个出入登记表让我填写，填写好后才能进入。

"大爷，我是在医院上班的，我们全部取消了休假，我怕是每天都要进出，你这个每天都填，好麻烦哦！"

"妹儿，现在疫情时期，出入小区都要严格管理。"大爷戴着薄薄的口罩，说话时嘴唇的轮廓清晰地印出来，一看就是"歪"口罩。不过这个口罩一只难求的时候，有戴的就不错了。

"好嘛好嘛，我填嘛。"

表格上的信息很全，日期、姓名、家庭住址、电话号码、出门时间和事由、车牌号码、车上几人、回来时间。

我拿起笔，龙飞凤舞地填了。潦草难辨的字迹带着我的情绪。这段时间新闻上的疫情，上班的忙碌，出入的麻烦，都让我焦躁。

"大爷，我填好了。"

"要得，妹儿，谢谢你配合。"大爷的嘴唇在口罩里一动一动的。

"哦对了，大爷，明天早上也是你值守吗？我明天早上6点就要出门。还要麻烦你开下杆儿。"

"这么早去上班啊？"

"对头，我要去预检分诊……"怕大爷听不懂专业术语，我停顿了一下，换了一句话："就跟你们一样，在医院大门口设立了一个点，所有要进医院的车和人必须经过排查，才能进。我明天一大早就要去干这个工作。"

"妹儿，你们在医院上班，辛苦了哦。没得事，明天一早我给你开杆儿就是。"

大爷说着，话语温柔起来。

第二天一早，当我把车开到门卫处，闪了闪灯示意开杆儿。大爷打开门卫室的窗户，又拿出那个本子让我填写，我接过本子两三下填好。

"妹儿，你办出入证没有？拿给我看一看。"

"嘿！这老头，昨天明明还跟我说今天要给我开门，晓得我赶时间，还问我要出入证，还好我办了哦，不然不晓得又要装什么怪。"我从兜里掏出出入证递给他，昨天对他的好感，一下子全没了。

"这里，拿去看，搞快点，我上班要迟到了！"我眼睛看着别处，不耐烦地说。

突然，我感觉我递出入证的手上碰到了一个热乎乎的东西，我一个激灵，回过头来。

原来，大爷看了出入证，顺便把一个塑料袋装着的热鸡蛋放到我手上。

"妹儿，鸡蛋我洗干净了煮的，口袋是干净的，你放心吃吧。个人注意防护，注意安全。加油！"

那一刻，我的眼眶发热，鼻子酸酸的。我还想对大爷说点什么，可大爷已经关上了门卫室的窗户。

那天晚上下班，在门卫室门口，还是那个大爷，笑眯眯地递过来出入登记表。

"妹儿，来，还是要填起哟。"他柔声说道。

这一次，我接过表格，一字一字工工整整地填起来。交表给大爷时，我把自己节省下来的一个医用口罩，和表格一起递还给大爷。

"大爷，您也要注意防护，注意安全，加油！"

赞白衣天使

——致战斗在2019新冠肺炎疫情中的医护人员

中国中医科学院广安门医院　何凤云

我们都喜欢灿烂的阳光；

我们都热爱壮美的大地；

我们都眷恋亲人的相拥；

我们都渴望父母妻儿阖家团聚，

——这是人类共有的人伦真谛。

然而，新冠病毒一声霹雳，

你们披上白衣战袍，勇往疫区！

你们也知道病毒的无情，生命应珍惜；

你们的家庭也不能没有你，

——心底的大爱，让你们选择了放弃自己！

大爱，依一身白衣，让华夏这片热土永固根基；

大爱，舍一己安危，让龙骨更坚，龙的传人挺立；

大爱，守一方净土，力挽狂澜，病毒在爱神面前也无能为力；

大爱，无私无畏，即使悲伤满地，

——你们依然会全身披挂笑迎黎明的晨曦！

白衣天使们，战斗在新冠疫情中的英雄们，

我爱你们，被你们感动得泪流不已；

祖国人民爱你们，都在为你们遮风挡雨；

世界人民爱你们，他们在异域为你们祈求平安；他们在他乡为你们欢呼胜利。

——你们感动着中国！你们也感动看全世界每片土地！

白衣天使们，英雄们，

你们的功绩，将载入中华民族的史册；

你们的功绩，将是十四亿华夏儿女们永久的铭记；

你们的功绩，鉴证着：山河犹在，炎黄龙脉不息；万民同心，神州有我有你。

凯歌在即，我们共同张开双臂，拥抱祖国繁花似锦的山河大地。

2020 年 2 月 24 日

庚子鼠年二月初二

守正出新筑大爱　救死扶伤谱新篇

——致敬无私无畏的中医人

中国中医科学院望京医院　陈　铖

千百年的传承，未在人群中追求耀眼的光芒，

疫情来临时，却选择站在最前线与死神交锋。

我来时不必惊动，我走时亦不必讶然，

你对名利的淡泊流淌于生生不息的历史长河。

古有董奉悬壶济世只求种树求仁，

开辟了杏林这方寄托中医人志向的精神家园，

杏林春暖中承载着对高尚医德的殷切期望，

蕴藏着对精湛医术的不懈追求。

神农尝百草，时珍著本草，仲景组良方，

先人将智慧凝结成指引后人的绝世佳作，

今有"三方三药"对战"疫"的成功经验总结，

90%以上的有效率给了人民最响亮的回答。

青山一道同云雨，明月何曾是两乡，

冲破世俗的界限，打破知识的壁垒，

守正出新、兼收并蓄是你博爱的胸襟，

携手抗疫、共克时艰有你忙碌的身影，

救死扶伤的使命你不曾忘却，

那是根植于中医人血脉的铮铮誓言。

中医日渐式微的现实你不曾回避，

那是起跳前的下蹲，

只为那纵身一跃，只求能厚积薄发。

练好内功才能赢得世人的有口皆碑，

然而前进的步伐亦从未停止，

走出去是你对命运共同体担当的诠释。

人间没有永恒的夜晚，

世界没有永恒的冬天，

守护群众的生命健康，

我们不曾也不会缺席。

英雄归来，欢迎回家

——致敬中国中医科学院援鄂抗疫国家中医医疗队

中国中医科学院院直机关　张雪洋

春天的诗篇，属于萌动的草木，从东湖的樱花，到西山的海棠；

属于消融的水韵，从长江的奔腾，到北海的波光；

但更属于你们，每一个逆行驰援、救死扶伤的中医药人。

你们启程，是雪落的日子，残冬抖落，寒风吟唱，

悬壶济世的你们，背后是亲人的嘱托，是团圆的灯火，

仁心仁术的你们，面前是患者的期盼，是医者的担当。

生与死近在咫尺，悲与欢只是瞬间。

病魔肆虐，你们宵衣旰食、奋勇当先；

红区凶险，你们正气存内，邪不可干。

护目镜下的坚毅，让生命重现生机；

防护服下的汗水，将眼泪换了笑颜；

病魔踏碎，阳光和春天不再遥远。

有你们在，希望终将流转于人间。

你们回家，是花开的日子，木兰返青，蔷薇待放，

大医精诚的你们，从花香中走过，

妙手回春的你们，在旭日中归来。

你们是凡身肉体，更是铁壁铜墙。

白衣执甲，你们是中医药人的标杆和榜样；

三药三方，你们为世界疫情开出中国药方。

请收下我们崇高的敬意，请聆听我们感谢的衷肠，
请暂时放下抗疫战场的硝烟，
请让清明的细雨，洗涤并纪念那些日与夜的奔忙，
你们的贡献，将与时代同在，
你们的归来，才是我们最热切的盼望。

谁似先生高举，一行白鹭青天。
我们的英雄，祝贺凯旋，欢迎回家！

✚ 万众"疫"心

守护万千家庭团圆

福建省漳州市中医院 郑磊磊

庚子年初，一场突如其来的新冠肺炎疫情扰乱了全国人民的日常生活，身为一名党员、一名医务人员我义不容辞。在第二批援鄂医疗队动员会上，当得知我和我先生江烽被同时选上，院领导再次征求我们的意见时，先生悄声问我，真的要一起去吗？我说：去，一起去！两人的手紧紧握在了一起，我觉得很安心。

2020年2月15日，我们出征了。武汉下了今年第一场大雪，从天河机场上空，我们看见了武汉银装素裹，有爱人的地方就是我的家。我们斗志昂扬，对接下来战"疫"既紧张又期待，好像一个等待上场博弈的拳手，心潮澎湃又跃跃欲试。

2月16日，我们接管武汉光谷方舱医院，负责其中四个舱位，近200张床，收治的患者全部是确诊的新冠病毒感染者，以轻症为主。方舱医院收治患者数量多，舱内环境密闭，病毒载量浓度高；厚重的防护让我们行动和说话变得十分费力；我没有同时管理过这么多患者的经验，这些对我来说都是挑战。进入方舱前，我们参加了新冠肺炎防治知识和穿脱防护服强化培训，我对自己信心满满。

回驻地时路过东湖公园，绿道沿着湖畔蜿蜒，湖面上波光粼粼，阳光很好，风景很美，这里本该有老人散步、跳舞，有手牵手的情侣，有嬉戏奔跑的孩子。

我再次感受到自己肩上的责任，深刻体会到阖家团聚的珍贵。当我们为了心中信念勇往直前的时候，不要忘了停下来回头看一看家人，那是我在武汉第一次想家。我是独生子女，长年在外地工作，今年也是我父母第一次到漳州过年，难得的团聚因为疫情而打乱，说好要给爸妈包顿包子，面粉买好了却直到他们回了三明我都没有时间做。出征那天我告诉妈妈，我等下就要出发前往武汉了。妈妈着急地问："那江烽呢？"我说："我们一起，马上就走。"电话那边一下安静了，爸爸的声音在电话那头响起，他说："现在就是党和人民需要你们的时候，去尽你们的职责吧！"我赶紧安慰他们："相信组织相信党，我们很快就能平安回来，你们就放宽心吧！"

这样的经历，或许这辈子都不会再有，也希望不要再有。我们不是英雄，只是平凡地履行职责。我们用尽一生去寻找的个人价值，其实都渗透在日复一日平凡的点点滴滴之中。我们不需要人们记住我的姓名，只希望他们在若干年后依然记得，在疫情肆虐的时候，中国的医护没有退缩。这样的医护值得信赖，这样的国家值得依靠！

唯愿世间少病痛，阖家安康福寿长。谢谢！

我亲爱的战友

——记一起抗疫的日子

广西中医药大学第一附属医院　明州彦

我亲爱的战友

以前我们不曾相熟

甚至不曾相识

如今我们走到一起

我们组成一支队伍

一起宣誓疫情不退誓不还

一同话别家人，勇敢出发

相互扶持共同战斗

我们是70后、80后、90后

我们是父母的孩子、孩子的父母

我们有刚新婚的新娘

我们有二胎的妈妈

我们有抗击"非典"的故事

我们有一线防疫的家属

我们还有心理咨询专家

初到战场，天寒地冻

我们精神饱满，斗志昂扬

以最快速度投入工作状态

条件艰苦，我们克服

防护不足，我们节约

饮食差异，我们改变

没有解决不了的难题

我们是广中医代表

我们是杏林翘楚

辨证于精微

妙手以回春

我们是岐黄天使

护性命有道

士苍生不渝

我们曾说过

患者一个也不能少

我们展开双臂、敞开胸怀

最终我们超越亲人朋友般的存在

曾道"桂"人相助，"竹"报平安

却说同是中国人，共饮一江水

我们也说过

我们一个不能少

一起携手出发

便要一道欢呼凯旋

我们互相照应

彼此支持

我们成了对方的精神力量

我们有党员

我们有发展对象

那日，一名队员火线入党

我们一起在党旗下宣誓

铿锵誓言现还萦绕在耳畔

拳拳之心，铮铮铁骨

国有难，召必回，战必胜

我们也曾想家

却从不曾述诸于口

我们将心思深藏

将思念化作战斗的动力

我们相互慰藉，互相取暖

早日完成征战

待革命胜利再话家常

那天，战地前方的桃花开了

点点樱红缀满枝头

那天，街边的柳树发芽了

满眼装不下的绿意

一眨眼，春天来了

花红柳绿，春意盎然

一眨眼，春天来了

胜利的号角就快吹响了

我亲爱的战友

我们说

革命党员一块砖，哪里需要哪里搬

披上白衣，便能一往无前

我们也说

以一身白衣，舍一己安危，守一方平安

青山一道同战"疫"，竹溪何曾是两乡
我们还说
憾未参军保家卫国，幸能从医救死扶伤
世间最光荣之事
莫过于为国为民去战斗

最终，我们取得了阶段胜利
捻指细数，二十四日的战斗
风雨同舟，携手与共
时隔三十八天，平安返邕
由衷道一声
后方辛苦了
我们回来了

这一疫
我们青丝蘸白雪
我们容颜显沧桑
我们哭过、笑过
但我们还是原来的模样
不忘初心，赤忱报国
历尽千帆，归来仍是少年

我亲爱的战友
在同一片天空下
拨开阴霾
沐浴艳阳
静看花开花落
坐观云卷云舒
许一个来年共赏盛世繁华的约定

庚子疫记

四川省中医药科学院中医研究所　刘若阳

亥末子初，岁在庚子，春意渐闹，新桃旧符千万户，迎新事也。忽闻荆楚大地，无名病现，继而疫气横流，医者乏术，寤寐辗转，不得其效。烟波江上日云愁，芳草晴川余空楼，众人惶惶惕惕，罩面而行。

是日也，国医大者，逆行援鄂，急呈中央，令各级省市，闭关封地，居家抗疫。爆竹除岁之际，万家团圆之时，思全大家而小家方安，战"疫"即战役，白衣亦执甲，毅辞亲友，入川军之伍，不破楼兰，誓终不还。星火汇聚，终成燎原之势。或运筹帷幄，总领抗疫之纲；或游于红区，抚慰疾苦之心。难多法更多，因陋就简，不辞辛劳，只为顺畅呼吸；"肺"话连篇，云上会诊，只因蜀汉同心。岐黄入世，无问西东，汇杏林之佳品，呈三药三方；传导引之绝技，调疾后病体；著防疫之读本，护莘莘学子；行钩索之科研，究本立法领。前线奔赴忙，更有后方指挥部大本营，调物资，保生活，护家园，倾国力，得各界相助，医患一心，终挟雷神火神之怒，溃疫毒于神州大地。

自援鄂归来，常思先贤之训，国之富富少年，国之强强少年；富强少年之道，在使其明民族之凝聚，民众之大义；故进校园，走社区，讲英雄之事，阐抗疫之法，述爱国卫生运动之真谛，弘中医药之正气，扬中华医学之神威。回望春已至，逝者已矣，生者如斯。每忆汉地战"疫"之时，未尝不慨于国人之团结，守望相助，平凡亦英雄。固知人命至重，有贵千金，万物共好，不分彼此。

四川省第二中医医院大年初一为第一批援鄂医疗队队员举办出征仪式

四川省卫健委大年初一为四川省
第一批援鄂医疗队队员壮行

四川省第一批援鄂医疗队抵达武汉市红十字会医院

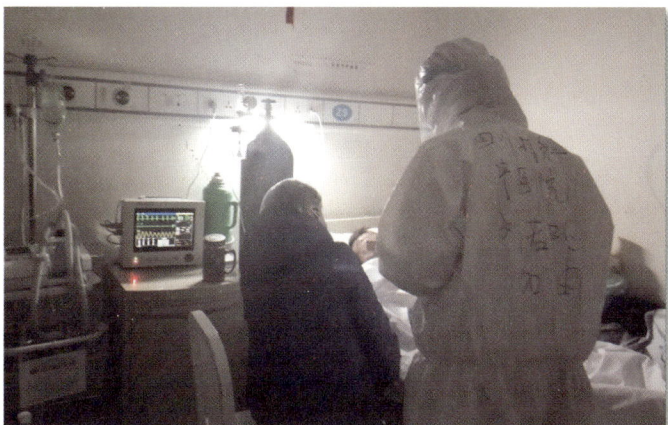

第一批援鄂医疗队抵达武汉市红十字会医院开展一线救治工作

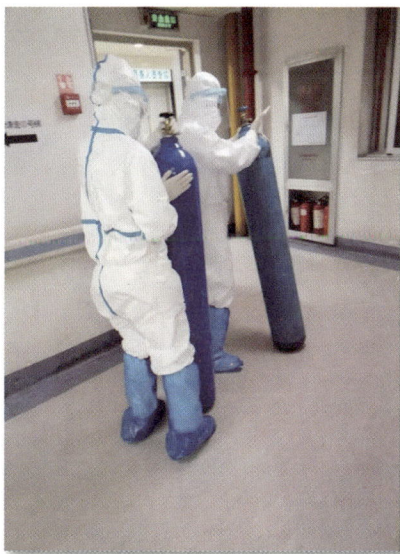

为保证患者吸氧，第一批援鄂医疗队队员
周茂娟上阵搬氧气罐，每个氧气罐重约
50kg，平均 2～3 小时更换 1 次

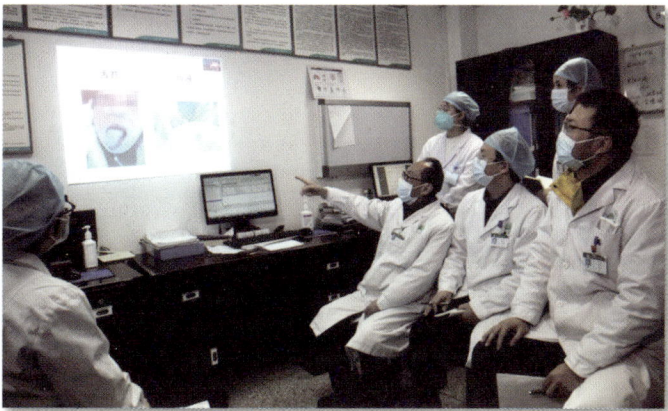

四川省名中医唐廷汉及团队为患者会诊

援鄂医疗队归蜀后走进校园讲述抗疫故事

医院为武汉前线工作人员准备物资

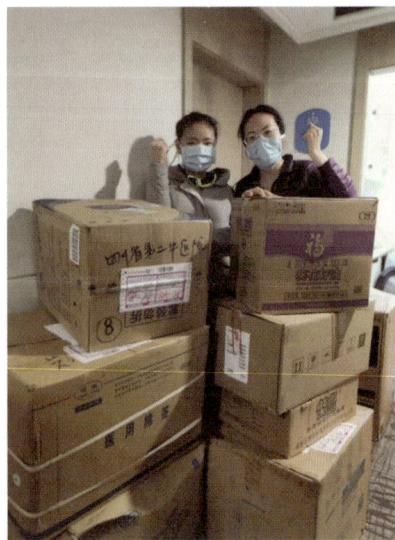

援鄂医疗队在前线收到医院寄来的物资

抗 疫 记

中国中医科学院针灸研究所　**王京京**

己亥岁末，神州大地歌舞升平喜庆祥和。华夏儿女归心似箭盼新春。然祸福无常，风云变幻，鄂地江城疫情突现。初时，不为人识，或疑为寻常之疾，未以为患。庚子之年，疫瘟日盛猖獗，户与户相接，人与人频传，除却鄂郡，他地再现。

值此危难时刻，有识之士振臂疾呼，引大众侧目而警觉，后吹哨者频现，唯钟南山言人传人而为权威也。难发突兀，恐慌遍布于市。凡时民众不备之物广为稀缺，各种纷议不绝于耳。适值春运之期，江城九省通衢，人涌如潮，万千流动，予流毒可乘之机。

瘟疫当头，彰显大国制度之优。封城！困瘟疫于内，待以治之。行动！宣危害于外，众人皆知。江城百姓忍一时之苦，替民族扛难。普天大众耐万种悲情，为武汉讴歌。顷刻间，万千医护急赴抗疫前线，多少豪杰为国排忧解愁。古往今来，中华民族，诸多苦难，愈挫愈强，涌现更多民族脊梁。

志士出于平凡，英雄来自身边。张伯礼院士老骥伏枥，岂止志在千里，一颗赤胆永留武汉。黄璐琦院士勇挑重担，不仅领导有方，身先士卒冲锋在前。全小林院士不离一线，除夕夜奔江城，弃小家为大国师者风范。诸师者之无畏，医者之仁心，智者之仁术，阻瘟疫免伤患者身，释关爱温暖患者心。大医精诚！

中西医者，道不同心同，拔苦与乐，救生命于危难，还百姓以健康。清肺排毒汤，源于古方，阻瘟疫于初始，祛湿毒于表里，令疫情节节败退，毁灭其猖狂。造传统医学之势，为中医同仁奋斗之所得也。

困守时，莫慌张。熏艾草，喷酒精，杀病毒于初始。佩口罩，勤洗手，阻飞沫于外端。欲出行，且思量，忍一时之惆怅，获经年之健康。待到神州疫情尽，笑语欢歌再辉煌！

抗疫战歌：白衣天使颂

国家中医药管理局离退休干部办公室　宋文义

庚子伊始新春年，
新冠倏传汉口岸。
黄鹤楼下风云急，
疫情肆虐民不安。

危急时刻当机断，
中央决定封武汉。
高铁疾驶机天翔，
数万大军三镇援。

临危不惧本色显，
白衣天使首冲前。
精忠报国赤子心，
舍己救人重担肩。

晨婚暮别男子汉，
视死如归赴前线。
一颗红心效祖国，
不获全胜家不还。

战场一上一整天，

不餐不饮救病员。
厚重护服汗浸透，
疲惫不堪坐地眠。

美女削发如儿男，
个个脸勒痕斑斑。
电视面前看现场，
感人肺腑泪湿面。

英雄天使大爱展，
父子母女同城战。
近在咫尺不相逢，
颗颗丹心映九天。

为救重症身感染，
痊愈转身救病患。
昼夜不眠战死神，
宝贵生命为国捐。

七旬院士鏖战连，
急性胆囊炎症险。
就地手术胆切除，
伤口未愈战地返。

国宝院士钟南山，
坐镇指导在前沿。
一言九鼎人敬仰，
赫赫战功世人赞。

冒险武汉疫情探，
生死攸关对策选。
古稀挂帅千秋颂，
蹇蹇匪躬李兰娟。

中西"八仙"聚武汉，
为国为民良策献。
战略战术细布防，
步步为营战功添。

大疫面前肩并肩，
中西结合克难关。
优势互补显奇效，
中医中药呈亮点。

湖北武汉保卫战，
浴血奋战数十天。
举国上下一条心，
战胜疫情凯而旋。

驱散乌云艳阳天，
白衣天使头功建。
中华儿女英雄志，
刻骨铭心万世传。

抗疫五季有思

黑龙江中医药大学附属二院南院　　景　伟

　　今展卷欲书"杏林礼赞，手书心声"之文，竟无语凝噎，不由泪满襟衫，思之前后，大疫以来，慷慨之事俯首皆是，感天之声侧耳尽闻，耳闻目睹，日日感慨，然此类人尽皆晓，罗列更难叙感念之情，唯近日感慨颇多，遂书此抗疫之文。身在岐黄，书当不离内经之文。然经文之旨莫贵于运气，运气之重莫在于五季之序，细思之下，抗疫之精神与五季之序暗然而和，故斗胆借用岐黄先圣之法，书抗疫感怀之文。然抗疫之时，全民皆奉献，只因身在岐黄，于医者之精神感悟颇多，故略述于文中，确无厚此薄彼之意。以此为序，略作小解。

　　坚成之纪，火金之岁，天刑之年，大疫。经言年有五季，医之所谓春、夏、长夏、秋、冬也。以此喻抗疫，恰如其分也。春木之生，如疫之初，若医之初征。夏火之长，如疫之盛，若医之温暖。长夏土之化，如疫之平，若医之承载。秋金之收，如疫之退，若医之无闻。冬水之藏，如疫之殁，若医之坚守。此为抗疫之五季也。然岁之迁，周而复始，今冬之藏，为彼春之生。抗疫精神之藏，亦成民族生生不息之力也。

　　春之木，继往年之冬精，阳气初萌，生机满溢，一片向荣。忆疫之初起，四海之内无不恐慌，皆闭户塞牖，近而不敢及，语而不敢高声，心中惴惴恐生不测。然此之时，为医者之所见，请战之书纷至沓来，请愿之语响于耳畔，或曰不念生死，不计酬报；或曰苟利国家生死以，岂因祸福避趋之；或曰余尚无妻室，父母健，为民殒身，未为不可；或曰余有妻室，有父母，人间之美已尽享，为民殒身，未为不可也……然此等大爱之语，言之者尚为人子，未尝历风雨，不曾经坎坷，然其毅然之词动感天地，岂非国之希望，医之栋梁哉？岂非国之春生之气耶？斯如民之所言：何为勇士？无非初入医门，效法先贤，着战衣，救死伤，慷慨赴死者也。呜呼！世言年少之无用者多，言其不谙世事，不做学问，无有大义。怪哉缪也。试问赴国难者岂无少年？芳华正美，风华正茂，勇而向前，何尝言退？国之生机在此，医之生机在此，为春之生也。

夏之火，游行其间，促枝繁，助叶茂，以其暖而安万物，用其热而祛阴寒。疫之盛也，岂非如此？医之暖也，岂非同理？八方一家，九州同室，举国皆勇，繁荣之象也。除夕之夜，医者尽有弃家舍亲之勇，更有离妻别子之痛，大孝而不言己所往，挚爱而不述己所惧，唯拯救含灵之语，彻夜在耳，不敢慢待。天下医者以万计，四海之内，如江河之奔涌而共聚一地。然医者尚有子，隔空相拥者有之，见面不识者有之，阴阳相隔者亦有之。着小处，有以己之食果他人之腹者，以己之衣御他人之寒者；有见而不能相拥之夫妻，有思而不能相见之至亲。举无大小，皆着暖意，于四海之内游行，安民之忧虑，助国之繁荣。此非夏之象耶？余尝感业医之难，无所适从之感油然生矣。盖不解圣人为生民立命之志，为往圣继绝学之心因何而生。当此之时，全然而解，大爱义举如夏生之火，赴薪而成燎原之势，诸多心志，皆在生民之命也。医之暖意在此，大爱之长亦在此，为夏之火也。

长夏之土，无谓善恶，尽皆载之，而后化之以养万物。医者如土，承载奉献，殒身不惧。试看医者，染疫者愈而继战者不可谓不多，伤而无怨者不可谓少。有故意伤医者，以刀相见，然医者皆无怨，尽皆负伤而赴战；更有他国言而不逊者，亦未能动其毫厘。此皆为舍命而为也。然至于爱命，善恶一也，医患一也。余尝闻伯礼先生不顾生死安危，不避人之所恶，尝言：吾辈为医者尚不敢在前，于民何能安心？此语尽道医者之心声，身先士卒，冲锋在前，不谈生死，不计酬劳。此尽皆为土德，言其包容之德，象其舍生之心也。

秋之金，如叶之落，如果之熟，如疫之损，若离家之归。疫之损时，举国欢腾，追思之日，难掩涕泪。然不敢忘者，为民殒命之英烈也。初春离家，却无秋时之归；初秋叶落，却无归根之路。追忆之余，当有所思。逝者已去，然我辈生者当继之，不唯继之以医之术，亦当继其为医之神，此亦为秋之果也。其德类金，虽肃杀悲凄，但不能失其志也，当收果为精，化而为神也。收之德，虽收而不忘明春之生，前赴后继之象也。

冬之水，处人之所恶，利万物而不争。冬之意，在藏也，如大医藏而不言其难，避而不说其苦，亦如疫之灭，不复生矣。抗疫之精神，藏于此也，书之于册，记之于史，传而承之，使其永生而不灭，为后世所用也。冬之用，坚守也，坚医者之初心，守仁术之要义，冬之象也。

呜呼！国之强者，民之幸也；民之强者，国之幸也，家国天下，古而一也。壮哉我大国之风，临大疫而收放有序，万民同而张弛有度。危难之际，见忘我之勇士；大疫之时，有敢死之英烈。五季之喻，可明也。春喻初心，喻国之希望；夏喻义举，比人之真情；长夏喻厚德，成医之无私；秋喻不息，承前人之精神；冬喻勿忘，守医之要义，助国之希望。

大义善举者俯首皆是，不唯医者，余不敢忘也，余所业为医，故不敢妄论其他。然于国于民行大义者皆为勇士，尽皆俯首拜谢。

自在飞花，亦如清梦；无边丝雨，绵如哀愁，只愿英雄安好，英烈安息！

战 疫 赋

辽宁中医药大学2017级中西医临床医学1班　**马占泽**

忽闻荆桃气暖，睡眼惺忪自醉，昏昏然不知昼夜，怅怅然不明所以，忽而，亮光乍现，继而身处楼巅。眺眼望去，一派凄清场面。

仙鼠寒战，荆楚发炎。昔日记忆之江城，容貌大变。万人空巷不复，车水马龙何存？熙攘之闹市难寻，鼎沸之人声寂然。人人白布蒙口，疫情阴霾不散。忽现一人咳，继而百人咳、万人嗽，疾人求助医士，乃责华盖之疾变。是疫也，传变之迅疾，夺人之功夫，非寻常之疾患也，前有非典之为鉴，恐失治疫之良机。医者连夜呈报，人人谈疫色变。

不日，国令出：九省通衢闭，人不可出入。此疫，乃人人之疾患，如有外出归家者，须自行隔离半月，无恙者方可还乡。其人若有咳、热、泻、乏诸症，须自就医，报其踪迹，以寻其染者。然国人毋须自疑，健体宽心可矣。是时，恰逢新春，国人闻令后，皆闭门而不出，由此，疫稍稍缓矣。

然荆楚之疫日盛，在鄂之医、资、床已临尽矣，俄而择九州之医精湛者，急集援鄂；集华夏之资优厚者，直抵荆楚；派海内之技工巧者，驰建火雷。身着白衣白帽者穿入其间，解人苦楚；载物资车架者往来出入，火速驰援；平地万顷，须臾间二神耸立，世人惊叹。举神州上下之力，聚中夏力量之源，得海外诸友邦相助，华夏安然。

此疫，医染者千计，当为英雄。疾患拭咽易咳，唾染而感之危甚。衣着其身一日而不脱，汗似雨下般，辞亲人忧虑之眸，赴战疫抗击之前线。忘个人之死生，逆人流而驰援，驱疫情之阴霾，安人世之疾恙。古语云：大医精诚。若此者，盖前人所述之大医。悬壶济世，白衣执甲，九死无怨。

针砭药石，四诊合参，温凉寒热疗人病疾，五味四气助人康健，千载文化积淀，筑疗病活人之基，数辈潜心钻研，护中华儿女平安。荆楚之疫，华夏医术展非凡姿态，博采众家之长，古方今用，传承精华，守正创新。三因兼顾疗其病痛，活人无数；标本同治疗人疾苦，愈人万千。

在鄂之岐黄医者，义胆忠肝，忘个人之疾苦，护一方之平安。发中西结合之号召，挺中医药人之脊梁。令江城樱花重娇艳，珞珈山下袅炊烟，少顷，卿卸下白衣，疲倦之面难掩更甚之笑颜。若此者，真乃吾辈之楷模也。

忽而天地皑皑白雪，寒英过后，鱼跃河面，绿树吐新，荆楚生机复现，行人熙攘，笑语欢声，波光粼粼，天水一线，在鄂之医者，皆功成而返，欢呼阵阵，阴霾消散。荆楚荆桃花开，飘香十里堤岸，白日光彩依旧，温暖万里河山。

又闻鸡鸣犬吠，忆梦如真似幻，仰望天际之弥高，望之坤灵之弥远。经疫而不垮，多难而兴邦。今中华之盛世，国泰民安，希明日之华夏，愈加灿烂！

庚子年春，神游于荆楚，立黄鹤楼巅，视诸般情景，觉醒，有感于斯文。

平民英雄

浙江省余姚市第四人民医院　**姚红琳**

当所有人都在计划春节行程，医院却召开一个比一个紧急的会议，武汉暴发了不明原因的病毒性肺炎，面对春运返乡，很有可能在全国暴发。这个最后被定义为新型冠状病毒肺炎的疫情，让所有人都过了一个不一样的年。

母亲总会时不时打电话，问我和丈夫什么时候休息，带着女儿过去吃饭。我告诉他过年不要聚餐了，出去记得戴上口罩。母亲似乎不太能理解，甚至觉得是我太过于职业敏感，有点小题大做，我的提醒，并没有动摇她对传统习俗的执着。周围的商界还是热闹的气象，医院里面的气氛已经越来越凝重，领导时不时会过来检查，并一再强调卫生消毒和个人防护工作。全体医务人员随时待命，加班加点守好各自岗位，领导昼夜指挥，心系人民；有人站岗值守，风雨无阻；有人挨家挨户，登记排查；有人身披"战甲"，视死如归。每天楼下大厅都会传来阵阵熏香，苍术、白芷、艾叶以作芳香避秽之功。中药房热火朝天的抓药煎药，给予身处一线的医务人员和隔离人员未病先防、既病防变的全力支持。医患身上都佩着香囊，仿佛这个不是年，而是端午。

除夕前一天，浙江发布重大公共卫生一级响应，母亲打电话过来，说村里挨家挨户在宣传关于新冠病毒的事。她不喜欢消毒水的味道，我推荐给她艾叶熏香的方法，并且重复了之前的叮嘱，她也开始接受我的提醒。

疫情的控制似乎不太乐观，有些人并不会因为一个一级响应而停止自己闹动的心。关于新冠病人的增加一直没有停止。医院发出了志愿者报名，派往各个路口去执勤。我的丈夫既作为中医师，又作为党员，早已经做好准备。执勤的那段时间，他回家就是马上洗澡睡觉，居然都没发现那盆他平时视如珍宝，连黄一片叶子都会杞人忧天的兰花，被女儿翻过盆了。而我也不忍跟他多说一句话，怕打扰他的休息。有一天他回家，我看他似乎有点面带喜悦，我问他关于执勤的情况，他告诉我，路口会有各种各样的人，而且他执勤的点目前也不能很好地挡风遮雨，但是那天志愿者们送了一碗热馄饨，是好心人家里做好送来的……他有板有眼跟我描述着那个给他们送热馄饨的人，还绘声绘色的跟我讲着如何狼狈地吃。我知道那段时间天气不太友善，有些人对于这些刚出现的卡点似乎也不太理解，但是那个我连名字都不知道的好心人送的那碗热馄饨，足够打败那些站岗人员一整天心中积累的寒冷。

妈妈打来电话，说村里只留了一条重要通道，其他路都被封了，路口也设置了卡点，而年过花甲的姑父，作为老党员，更是奔波于各家各户，忙着做宣传，让村民们不要出门，不要串门。母亲告诉我，自己这几天一直都待在家里没出门，地里有菜，饮食没有问题。她还骄傲地告诉我她去村里捐了她一个月多的退休金，村里好多人都有去捐款的，村干部还有来发消毒防护物品的，有些还是个人捐赠的。

大学同学萍萍发来信息，这个我记忆中大大咧咧的女孩，那天却一改往日的聊天风格，居然谈起来了她的理想，还有她从前从来没说起过的小秘密。那段时间，新闻时而会跳出医护人员感染甚至牺牲的新闻，在那个寂静的夜里，电话那头的她缓缓地向我流淌她自己的心事。

时光流逝，乌云渐渐拨开，在浙江连续几天本土新冠肺炎病例增长为零之后，从重大公共卫生一级响应变成了二级响应，新闻才发布没多久，我就接到了母亲的电话，依然是问我什么时候带女儿过去。我告诉她下个休息日就过去。大学同学萍萍发来消息，自豪地告诉我前段时间她在她们那边最严重的隔离区做医护志愿者。她描述着那时候的点点滴滴，还有那时候的胡思乱想，虽然任何的报道都不会有她的影子，但是我知道那段经历足以让她骄傲一辈子。

回娘家的那天，我给女儿戴好了口罩，到母亲家的时候碰到了以前的邻居去地里割菜，看到我们有点兴奋地想跟我们打个招呼，张开的嘴却又马上停止了，用手肘把嘴巴遮了起来，然后开始跟我寒暄。我把配好的药给了妈妈，和她一起看着电视聊着天，妈妈说最近家里的电视几乎只看中央电视台，那天新闻报道钟南山院士对于疫情防控的指导，这个已是耄耋之年的老人，从疫情一开始就出来指挥，早就成了百姓心中的英雄，这个坐在我旁边文化程度不高的农村妇女，甚至能复述好多钟南山讲过的话。

眺望窗外，已经春暖花开，艾香飘远，扫除前方阴霾，胜利不仅是那些英雄的努力，更是一群人的接力。

青春在"战火"中燃烧

《中国中医药报》社有限公司　罗乃莹

> "如果提前了解了你们的人生，不知道你们是否还会有勇气前来。"
>
> ——《无问西东》

17年前，我10岁，漫长的假期里，我看着电视播报关于"非典"的新闻，看到瘦弱的记者坚毅的目光，心生崇敬和向往。那时的我在心底里萌生了一颗种子，以后我也要在新闻现场，在危难时告诉大家，不要怕。

17年后，我如愿成为一名初出茅庐的记者。但我没想到，儿时那段刻骨铭心的记忆再次上演，而我已经可以站在新闻战线的最前沿。

踏上奔赴武汉的道路，我知道，这不是一段轻松的旅程，但确是我人生成长最有价值的一段旅程。在武汉参与抗疫的64天，会成为我青年时代最难忘的记忆。

它让我重新认识自我。

决定奔赴武汉，我不是没有畏惧。我永远会记得2020年2月6日，在驶向武汉的高铁列车上，车厢空无一人，我看着窗外的景象从大雪纷飞到细雨绵绵，一路上不停收到亲友的问候，听到电话那头倾泻而出的哭腔，我也忍不住泪水奔涌。这个世界上最能打动人的，是一种叫义无反顾的情感。我内心涌动的激情、热血和对武汉人民的同情与担忧远远超过了畏惧。曾经在武汉度过了美好的大学生活，我对这座城市的遭遇感同身受。我知道，是爱让我生发出勇气，超越自我。

它让我更加坚韧。

在武汉的64天，我们和武汉人一同经历困苦，一同在灾难中感受人性的光芒，彼此支撑、互助。还记得我第一次进"红区"特别紧张，在病房里看到一个

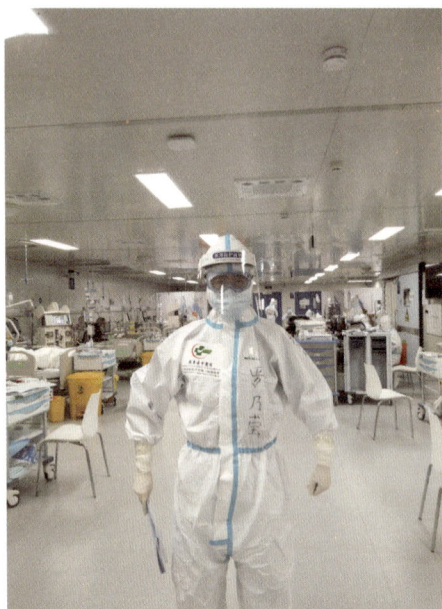

作者在雷神山医院 ICU 采访

乐观的大妈，她的病情稍有好转，但仍戴着呼吸机。她见到我特别开心，笑着跟我开玩笑。她的笑容就像饱经战火摧残的废墟里开出的花朵，是那么真实，那么令我动容。这笑容让我明白要如何看待生命，如何面对苦难。

来自全国各地的援鄂医护人员驰援奔赴，他们有的在缺少防护物资的紧要关头第一时间进入病区，安抚病人和医护人员；有的克服自己家庭的困难和生理上的种种不适，在他乡与病毒作斗争。我不能用笔一一记录他们每个人的样子，但我永远会记得2020年的春天，白色隔离衣保护着的坚毅的目光和美丽的心灵。他们让我知道生命的坚韧。

它让我重塑人生理想。

我也曾经在平淡的日子里迷茫，不知道人生的方向。面临生命的未知、生存的压力，青年时期对我而言似乎并不容易。但在武汉的日子让我重新燃起心中炽热的火。

鲁迅曾说：愿中国青年都摆脱冷气，只是向上走，不必听自暴自弃者流的话。能做事的做事，能发声的发声。有一分热，发一分光。就令萤火一般，也可以在黑暗里发一点光，不必等候炬火。经历这段"战火纷飞"的日子，我认识到我们生而为人的渺小，也感受到顶天立地的人又是何等伟大。或许未来，人生的道路依然会布满荆棘，但在艰苦奋斗中砥砺意志品质、在实践中增长工作本领的新时代青年人如今心有定锚，不会再畏惧风雨。

做一个真诚、善良、珍爱生命的人，在祖国需要的地方燃烧光和热。这是我对正处在青年时代的自己做出的郑重承诺。

星星之火，可以燎原

中国中医科学院望京医院　韩苗苗

2019年刚落下帷幕，随之我们迎来了一个14亿人民难忘的2020年。平时都市里车水马龙，熙熙攘攘的人群好不热闹，而此时的街道上冷冷清清，偶尔出来的人们面戴口罩，行色匆匆。

"新型冠状病毒感染的肺炎"刷屏着各大媒体新闻平台，这个陌生的新名词时刻牵动着14亿人民的心。防控新型冠状病毒感染的肺炎疫情形势严峻，在这场看不见"敌人"、没有硝烟的战役中，却有这样一群人，一群平凡而伟大的人，逆流而上，用尚且稚嫩的肩膀，众志成城，扛起了"爱的桥梁"。

本是除夕团圆的日子，作为医护人员的我们，接到了支援武汉的通知。当时我的心情无比沉重，作为医护人员我们应该首当其冲，可对于新型冠状病毒感染的肺炎病毒并不了解，没有防护经验，也没有急救经验，只在普通病房待过的我，担心自己无法担此重任；可作为医护人员，面对国家，医院和护士长的号召，心中的责任感在不停地呐喊。

我给爸妈打了电话，父母说只希望我一生平安，他们哭了，我也哭了；为人妻子，我给爱人打了电话，他默默不语。护士长她第一个报名，然后刘晓云老师在群里报名了。她虽然工作时间比较长，工作经验也很丰富，专业知识和技能都很强，但是她是两个孩子的妈妈，大女儿刚上小学，小女儿才刚会走路；虽然她上有老、下有小，但她义无反顾，做好了一切上战场的准备。那个平时聊天总把孩子挂在嘴边的小云老师，此刻却说："因为穿上了这身白衣，戴着护士帽，有了信仰，即使害怕也不能后退，而且我作为一名老护师应该作出贡献"。

科里那些还没成家的护士都纷纷踊跃报名，鞠榕榕说："我没负担，所以我要报名。"这个重大的决定，让我们对她刮目相看。还有张满玲，她说："我和榕榕一样，没成家，我是护师，我是湖北人，我要去支援家乡。"还有秦靖云老师，她都是一位身怀六甲的准妈妈了，面对号召都义无反顾地站出来，要身披盔甲，上阵杀敌去。

面对她们如此无畏、无惧、果敢、勇毅的精神，我也迈出了脚步。我告诉我的父母和爱人，这是我的责任，我会好好接受培训，学习如何防护，掌握抗疫技能和知识，我相信我们会胜利，平安归来。生在这个团队我无比骄傲，是她们让我坚定信心，我要参加到队伍中，我们前往疫情一线，用担当践行"白衣天使"的初心。

星星之火，可以燎原。全国31个省区市2.86万名护士参加支援湖北救治，他们个个铭记着初心、担负着使命，选择了"逆行"。无论是疫情战场上的"新兵"，还是经验丰富的"老兵"，他们都在用自己的行动做好力所能及的事，他们都在自己平凡的岗位上辛勤耕耘，他们点燃了湖北胜利的曙光！

中华儿女战新冠

中国中医科学院中医基础理论研究所　**王国为**

新冠初起

己亥岁末，天气湿寒，相火扰动，疫疠潜藏。①

不明肺炎，鱼肆肇端，浸淫江汉，渐欲弥漫。②

新春旋至，国家决断，英雄之城，遂予封关。

楚天汉地，人心惶惶，家家闭户，百业关张。

患者日增，救治慌忙，疫毒肆虐，其势嚣张。

众志成城

疫疠无情，英雄有义，中央部署，全国响应。

各省医护，四万精英，为民福祉，砥砺前行。

火神、雷神，撼瘟疫而迅疾；

方舱、隔离，护百姓于危际。③

山川异域，风月同天，岂曰无裳，与子同衣。

华夏子孙，捐资献物，以表同胞之情。

友邦团体，尽心尽力，共铸患难之谊。

---

　①相火扰动，疫疠潜生：《素问·六元正纪大论》言己亥年："终之气，畏火司令……其病温厉"。

　②此节大意：新冠肺炎初起，尚未查明病原，诊为"不明肺炎"，初起患者多与位于武汉市江汉区的华南海鲜市场有关。

　③此节大意：党中央统一指挥、协调调度，全国四万余名优秀医务人员驰援武汉；抗疫工作中，紧急改造武汉多家定点医院，并以"中国速度"建成火神山医院、雷神山医院、多所方舱医院、多处集中隔离场所。中央赴湖北指导组明确要求，对新冠病患以及疑似病例、密切接触者应收尽收、不漏一人，体现了人民至上、生命至上的理念。

湖北人民，更振精神，立志愿，

协社区，助医护，拥军警，勇担当，共战"疫"！

岐黄战"疫"

岐黄传人，临危受命，大疫当前，无惧风雨。

承医圣之要旨，扬青蒿素精神，

立国家之队伍，聚杏林众豪杰。

深入金银潭，勇济江夏舱，

披荆斩棘，昼夜奋战，

足迹遍达荆楚大地。

五个首次铸就传奇，① 三药三方尽显威力。②

清肺排毒，源自经方；化湿、宣肺，共败毒瘴；

金花、连花，再战新冠；气血必净，疫疠消散！

救济苍生

杏林春暖百花开，一轮红日凤来仪。③

回首危难渐消逝，警惕全球疫泛起。

时艰之际，独善其身不坠志；

共创佳绩，达济天下圣贤心。

化害为利医之宝，转危为机民之智。

人类命运肝胆照，地球本为共同体。

今以此文明吾志，共守初心担使命。

中华民族历荣辱，伟大复兴我辈行！

---

①五个首次：张伯礼院士言，中医药防治新冠形成五个"首次"：首次大范围有组织实施早期干预，首次全面管理一个医院，首次整建制接管病区，首次中西医全程联合巡诊和查房，首次在重型、危重型患者救治中深度介入，这是两千年以来所未有的。

②三药三方：三药指金花清感颗粒、连花清瘟胶囊、血必净注射剂。三方指清肺排毒汤、化湿败毒方、宣肺败毒方，清肺排毒汤源自《伤寒论》的5个经方，化湿败毒方和宣肺败毒方是黄璐琦院士团队和张伯礼院士团队通过武汉一线总结创制的有效方。

③一轮红日凤来仪：4月20日北京上空出现七彩祥云，形似凤凰，一轮红日相随相伴，众人皆言"有凤来仪"。4月21日，陕西延安上空亦出现七彩祥云。

疫情当前　人人有责

国家中医药管理局离退休干部办公室　耿丽亚

从2019年12月开始，就不断有武汉新型冠状病毒染病的消息传来，每个人都为武汉疫情的发展感到担忧。到了2020年1月底武汉的疫情迅速扩散，武汉的医院里人满为患，床位紧张，许多患病居家隔离。党中央国务院决定调派全国的医护人员赶往武汉救援，短短的半个月时间，赶往武汉救援的各地医护人员达到3万人，一场全民抗疫的人民战争已经打响。

北京市作为一个拥有2000多万人口的特大城市，防控疫情的任务更是不容有失。北京市委市政府对各区县下达指示，要求各级要层层把关，绝不能让疫情在北京扩散。北京必须拴牢防疫这根弦，要全面设防，不能有丝毫马虎，在各个社区、乡村都要设岗，设立出入证制度，绝不能让疫情在北京蔓延。一声令下，所有乡镇街道社区都行动起来了。为了防控疫情，各个小区都排出了值班表，居民们纷纷报名加入志愿者队伍，决心为保卫北京，防止疫情扩散贡献出自己的一份力量。

春节后北京下第一场大雪那天上午，冒着鹅毛大雪的我去位于隔壁小区的居委会办公室报名当志愿者。路上很滑，不敢走快，到小区的北门时，这个常走的大门被锁了。原来疫情期间每个小区只能开一个门进出，因多日没出过门，所以我一直不知道。我又踩着积雪绕到小区的南门。此时这个小区大门有个志戴着红袖章的志愿者问我："有没有出入证？"我说："没有，我是找社区登记，报名当志愿者的。"他说："谢谢你了，进去吧。"

走进居委会，填写登记表。居委会的工作人员让我回家等着，她们排好班会通知我的，还把我加入了志愿者微信群里。过了几天，志愿者群里发出了排班表，已经把我排上了。

第一天我是在小区大门口值白班。戴上红袖章，站在大门外，检查每一个进出居民的出入证。大冷的天居民们进出多是出去买菜购物，回来时他们两手都提

着大包小包的东西。查出入证时，他们就得放下手里东西找出自己的出入证。因此我们尽量态度和蔼地说："您好，看一下您的出入证。"几乎所有的居民都很配合。对于那些从外地回到北京的人，不仅要给他们测体温，还要做登记，写清楚从哪里回来、住址等，以便社区能及时掌握情况，还要提醒他们尽快到居委会领取出入证。一位女士带着女儿从非洲摩洛哥旅游回来才下飞机，我们不仅给她们测体温，还把最近北京和武汉的疫情发展情况告诉她们，让她们注意防范，出门戴口罩，多洗手、勤通风。

2020年2月16日北京刮了一整天的大风，气温骤降。到了晚上风越刮越大，气温也越来越低了。这天我值晚班。顶着大风我来到小区大门口。呜呜的大风响彻耳边，值班帐篷也被大风吹得东倒西歪，我们赶紧把帐篷收起来。一个又一个下班或外出的人回家了，我们按要求让他们出示自己的出入证。有一个从河北唐山刚回京的北漂打工者，除了给她测体温、做登记，我们还告诉她北京市规定，所有外地回京人员一律要在家隔离14天，不能马上去上班。天黑风大，站在原地两腿感觉很冷，我就在大门口来回走动踩脚，增加热量。很多年轻人外卖叫得特别多，没一会儿大门外桌子上堆满了外卖，外卖小哥给订餐的住户打电话通知他们下楼取餐。慢慢地所有外卖都被住户取走了。一辆一辆的私家车也回来了，上了一天班的人们也累了，我们赶紧给车里的人们测体温，查出入证，这大门里是他们温暖的家。

晚上8点，接班的人来了。接我班的是一位大姐，看她穿的棉衣很厚实，我也放心了。摘下值勤的袖标，互道了声"辛苦了"就赶紧往家跑。天真冷，我已冻得透心凉。回家洗手消毒，赶紧喝杯红糖水暖和暖和，再看看新闻上各地疫情通报。疫情当前，人人有责。相信在全民团结一致的努力下，我们定能早日战胜疫情，希望武汉人民早日康复，希望全国人民太平安康。

武汉街头的敬礼

陕西省西安中医脑病医院　**白海生**

　　2020年春节前夕，正当全国人民沉浸在节日的气氛当中之时，一场突如其来的"瘟疫"让整个湖北武汉陷入风口浪尖之中。一时之间，人们谈"疫"色变。

　　随着发病人数逐渐增多，一时之间，武汉告急，湖北告急。为了更好地抗击武汉当地的疫情，国家发出号召，全国各地纷纷响应，派员捐物，用各种不同的方式支援武汉。火神山、雷神山两座医院几乎是一夜之间从天而降，建设者们夜以继日，加班加点，创造了真正的中国奇迹。2020年2月7日，我跟随陕西非公医疗队来到武汉，定点支援协和武汉红十字会医院，在九楼重症监护病房与四川华西医疗队共同收治新冠肺炎重症患者。

　　到达武汉是当天夜里8点多，大街上几乎看不到行人与车辆，武汉人民全都自觉居家不外出。但是几乎所有楼体外的灯光都是璀璨夺目，"武汉加油""中国加油""武汉必胜""感谢有你"的标语给人一种"战必胜"的强烈印象。

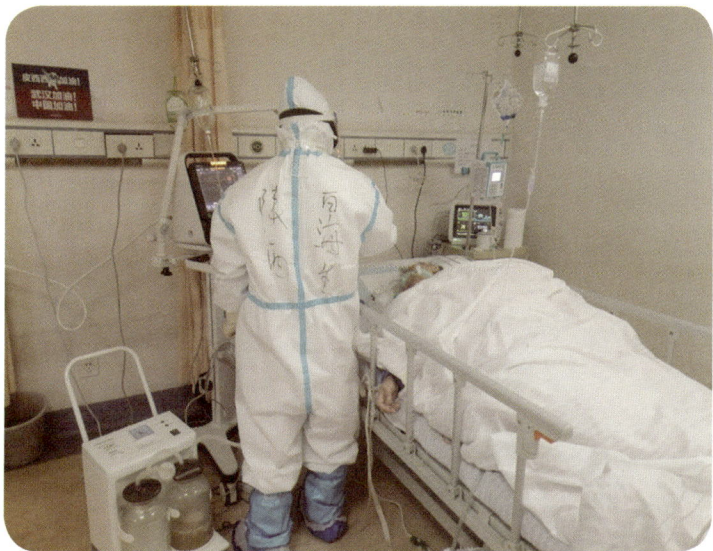

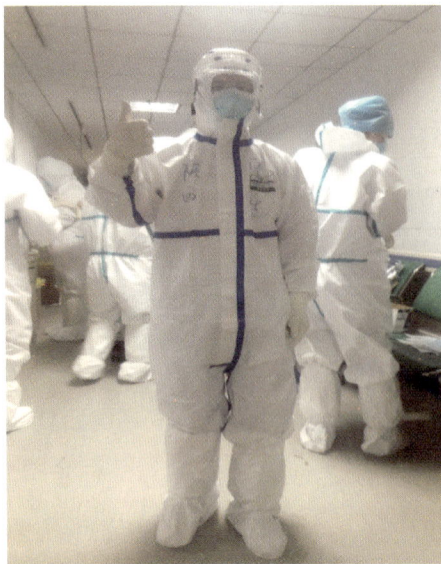

所有医护人员放弃了休假，全员到岗；各职能部门及公安民警各司其职，无怨无悔；人民群众响应号召，居家隔离；志愿者无私奉献，甘做人梯。新冠肺炎疫情的传播速度迅速减慢，在短短两个多月就得到了有效控制。

初到武汉之时，所有队员对新冠肺炎都心生恐惧，生怕稍一疏忽自己就会被感染。第二天一大早，大家都全副武装地乘坐专职的601路公交车去医院熟悉环境，这才发现，大街上执勤的民警、穿着志愿者服装的骑车人、开公交车的司机师傅、医院执勤的安保人员都是那么从容不迫、尽职尽责。而且他们每一个人都对我们医疗队员满脸笑容地说着同一句话："感谢你们！"每当我们医疗队的公交车经过时，都会有素不相识的路人挥手致敬，还有鞠躬致谢的陌生人。在武汉的52天里，这样的事情每天都在不经意间一幕一幕地重演，仿佛每一个挥手致意都定格在那里，永久的保留。其实，他们所说的每句感谢的话语，都应该送给他们自己。他们每一次挥手，都应该是全国人民对他们的祝福；他们的每一个眼神，都应该是全国人民对他们的敬仰；他们的每一次鞠躬，都让他们变得更加伟大；他们的所作所为，足以惊动天地。

今天，疫情控制住了，武汉胜利了，生活终于按下了重启键，武汉人民的付出与牺牲，全世界都看在眼里。武汉人民识大体、顾大局，用实际行动彰显了中华民族同舟共济、守望相助的国家情怀，武汉不愧为英雄的城市，赢得了全国人民、全世界人民的感谢与尊重。